Workshop
Typografie & Printdesign
Ein Lern- und Arbeitsbuch

Martina Nohl ist gelernte Schriftsetzerin, Berufspädagogin und arbeitet als Berufsschullehrerin, Trainerin, Coach und Autorin in der Druck- und Medienbranche.

In die vorliegende Neuauflage sind wiederum einige Jahre praktischer Anwendung dieses Buches in der Lehre und das Feedback meiner Schüler und Klienten eingeflossen. Herzlichen Dank allen Beteiligten! Ich freue mich, dass das Konzept des Lern- und Arbeitsbuchs zum Dauerbrenner geworden ist. Weitere Anregungen gerne an folgende Adresse: www.meinberufsweg.de

Martina Nohl

Workshop Typografie & Printdesign

Ein Lern- und Arbeitsbuch

dpunkt.verlag

Lektorat: Barbara Lauer, Bonn
Copy-Editing: Annette Schwarz, Ditzingen
Satz/Layout: Martina Nohl
Umschlaggestaltung: Helmut Kraus, www.exclam.de
Herstellung: Frank Heidt
Druck und Bindung: Himmer AG, Augsburg

Bibliografische Information Der Deutschen Bibliothek
Die Deutsche Bibliothek verzeichnet diese Publikation
in der Deutschen Nationalbibliografie; detaillierte bibliografische
Daten sind im Internet über <http://dnb.ddb.de> abrufbar.

ISBN 978-3-86490-089-1
3. Auflage 2013
Copyright © 2013 dpunkt.verlag GmbH
Wieblinger Weg 17, D-69123 Heidelberg

Die vorliegende Publikation ist urheberrechtlich geschützt. Alle Rechte vorbehalten. Die Verwendung der Texte und Abbildungen, auch auszugsweise, ist ohne die schriftliche Zustimmung des Verlages urheberrechtswidrig und daher strafbar. Die gilt insbesondere für die Vervielfältigung, Übersetzung oder die Verwendung in elektronischen Systemen.
Es wird darauf hingewiesen, dass die im Buch verwendeten Soft- und Hardware-Bezeichnungen sowie Markennamen und Produktbezeichnungen der jeweiligen Firmen im allgemeinen warenzeichen-, marken- oder patentrechtlichem Schutz unterliegen.
Die interpretierenden Texte zu den Bildzitaten finden Sie – wenn sie nicht direkt im Hauptteil vermerkt sind – im Lösungsteil im Downloadbereich zum Buch.

Alle Angaben und Programme in diesem Buch wurden mit größter Sorgfalt kontrolliert. Weder Autor noch Verlag können jedoch für Schäden haftbar gemacht werden, die in Zusammenhang mit der Verwendung dieses Buches stehen.

Dieses Buch wurde überwiegend mit Schriften der Linotype Library GmbH, Bad Homburg gesetzt:
Sie sind erhältlich im Internet unter www.linotype.com
Weiterhin danken wir folgenden Firmen für die Bereitstellung einzelner Schriften:
Elsner+Flake für Autograph, PendryScript, DigitalSans und Today, FontShop für FF DIN
und URW für Nimbus Sans. Allen Schriftentwicklern der Freefonts ebenfalls herzlichen Dank!

Inhalt

1 Einführung
Typografie 2
Sinnliche Buchstaben 3
Typografischer Input 5

2 Handwerkszeug
Manuelle Hilfsmittel 8
Zeichen 11
Schriftschnitte und -familien 12
Einheitensystem 16

3 Lesbarkeit
Grundlagen der Lesbarkeit 20
Gestaltungsprinzip: Reduktion 24
Laufweite 30
Ausgleichen 32
Wortabstand 35
Zeilenabstand 36
Satzarten 38
Figuren- oder Formsatz 43
Satzbreite 45
Auszeichnungsarten 46
Gestaltungsprinzip: Kontrast 50

4 Schrift
Schriftcharakter 60
Schriften erkennen 66
Schriften klassifizieren 70
Schriften präsentieren 77
Schriften mischen 80

5 Seitenaufbau
Format 86
Goldener Schnitt 88
Satzspiegel 90
Grundlinienraster 92

6 Gestaltungselemente
Gestaltungsprinzipien:
Rhythmus und Dynamik 96
Linien und Rahmen 102
Effekte 107
Flächen 108
Schmuckelemente 111

7 Insiderwissen
Korrekturlesen 116
Mikrotypografie 118
Fachjargon 128
Typostile im 20. Jahrhundert 132
Typotrends im 21. Jahrhundert 138

8 Farbe
Farbparameter 142
Farbgebung 146
Farbkreis 148
Farbharmonien 149
Farbkontraste 151
Farbakkorde 158

...Inhalt

9 Metatypografie
Typografischer Instinkt   164
Diskussion über Typografie   165
Bewertungsgutachten   170
Bewertung von Typografie   173
Semiotik   176

10 Arbeitstechniken
Scribbeln   180
Visualisieren   186
Ideen finden   194
Entwerfen   202

11 Layoutgestaltung
Seitenbausteine   208
Wahrnehmungsgesetze   211
Linienführung   219
Positionswahl   223
Kommunikation der Elemente   224
Umbruch   229
Bildintegration   235
Gestaltungsraster   238

12 Bild
Layout-Bild-Verhältnis   256
Bildform   257
Bildausschnitt   258
Aufnahme   260
Bilddramaturgie   263
Text-Bild-Partnerschaft   265
Text auf Bild   270
Freisteller   271

13 Webdesign
Webdesign-Einführung   274
Schrift- und Textgestaltung   275
Farbe am Bildschirm   282
Bilder im Web   286
Navigation   289
Layoutgestaltung im Netz   293

Literaturempfehlungen   301

Webadressen   304

Anhang   305

Bildnachweise   331

Gestaltungsaufgaben   332

Index   333

Downloadbereich
www.dpunkt.de/buecher/typografie

Zusatzkapitel Gestaltung präsentieren
Lösungen
Material zu den Aufgabenstellungen

Vorwort

Für Azubis und Schüler

Wenn Sie heute einen Beruf wie den des Mediengestalters lernen möchten, stehen Sie oft im gestalterischen Teil der Ausbildung vor verschlossenen Türen, da alle „Kreativen" um Sie herum entweder keine Zeit zum Erklären haben oder ihr jahrelang erworbenes Know-how nicht erklären können, weil sie „aus dem Bauch heraus" gestalten.

LehrerInnen an Schulen sind oft überfordert, denn gerade bei Gestaltungsaufgaben sollte eigentlich individuelle Präsentation, Auseinandersetzung und Auswertung erfolgen. Das ist in dem begrenzten Personal- und Zeitrahmen unseres derzeitigen Schulsystems nicht zu leisten.

So bleibt Ihnen meines Erachtens nur die Möglichkeit, Eigeninitiative zu entwickeln, um Ihre Gestaltungsfähigkeiten zu verbessern. Dazu soll Ihnen dieses Buch Hilfestellung und Anregung geben. So können Sie es in freien Stunden oder Leerlaufzeiten, die es in jedem Betrieb oder jeder Schule gibt, in die Hand nehmen und die eine oder andere Aufgabe lösen. Wenn Sie jeden Tag nur fünf Minuten etwas dazulernen, entspricht das immerhin etwa vier zusätzlichen Fortbildungstagen pro Jahr!

Das Buch ist so aufgebaut, dass es mit einer gewissen Logik von vorne bis hinten durchgearbeitet werden kann, denn die Aufgaben innerhalb eines Bereiches werden zunehmend schwieriger und die Lernbereiche an sich werden fortlaufend komplexer.

Vielleicht haben Sie auch Lust, sich in Gruppen mit oder ohne Lehrer zu organisieren. Zusammen macht Gestalten eben mehr Spaß. Vor allem erhalten Sie Anstöße durch die Arbeiten der anderen und kompetentes Feedback.

Die weibliche Form wird im gesamten Buch aus Gründen der leichteren Lesbarkeit nur ab und zu integriert, sorry an alle Geschlechtsgenossinnen...

Für Studierende

Angenommen, Sie haben einen medientechnischen oder kommunikationstechnischen Studiengang gewählt, so werden Sie vom ersten Semester an gestalterische Problemstellungen lösen wollen (und sollen). Um hierbei effektiv und kreativ an die eigentliche Problemlösung herangehen zu können, benötigen Sie ein gestalterisches Basiswissen, das Sie in dieser Art selten vermittelt bekommen. Vielleicht bringen Sie eine gestalterische Ausbildung oder Schulkenntnisse mit, vielleicht haben Sie sich auch einiges in Praktika schon „abgeguckt". Mag sein, dass Ihnen allerdings eine knappe Zusammenfassung fehlt, durch die Sie Ihre

Kenntnisse und Fertigkeiten ergänzen können, oder dass Sie einfach einige Kapitel im Überblick lesen, um sich selbst Ihre Gestaltungsstrukturen zu erarbeiten.

So können Sie dieses Buch als Baustelle betrachten. Lesen Sie nach, was Sie interessiert, führen Sie Aufgaben als „Vorübungen" für komplexere Projekte durch, oder setzen Sie das Gelesene direkt an Ihren Projekten um.

Für Lehrende

Gestaltung zu unterrichten ist eine schöne Aufgabe! (Bis es ans Bewerten geht...) Um Ihnen und Ihren SchülerInnen diese Aufgabe noch interessanter und reizvoller zu „gestalten", wurde dieses Buch geschrieben. Denn oft fehlen im Alltag die Zeit und Ruhe, Kriterien festzulegen, Aufgaben auszudenken, Materialien auszuarbeiten etc. Viele Aufgaben eignen sich auch als Hausaufgaben.

Speziell das Kapitel Metatypografie bietet Ihnen ein Grundgerüst, mit dem die ewigen Gestaltungsdiskussionen in produktive Bahnen gelenkt werden können.

Verwenden Sie das Buch als Fundgrube und „Steinbruch" oder arbeiten Sie einzelne Kapitel mit Ihren Lernenden komplett durch. Curriculum- oder Lernfeldbezüge etc. müssten sich in ausreichender Anzahl finden lassen...

Allerdings rate ich Ihnen, die Aufgaben vorher selbst einmal zu versuchen, denn nur so sind Sie gewappnet für die Fragen und Kritikpunkte der Lernenden, die ja (zum Glück) immer kommen... Die Lösungen sollen wiederum eine Hilfestellung sein, es ist immer ein Erfolgserlebnis, etwas selbst besser lösen oder erklären zu können!

Ihnen allen viel Spaß beim Ausprobieren, Üben und Dazulernen
wünscht Martina Nohl

Organisation des Downloadbereichs

Im Downloadbereich des Buches finden Sie die Lösungen zu den Aufgabenstellungen, ein Ergänzungskapitel und viele Materialien zum Ausdrucken: **www.dpunkt.de/buecher/typografie**.

Für jedes Kapitel gibt es einen Ordner mit Kapitelnummer. Darin befinden sich die einzelnen Aufgabenmaterialien mit den jeweiligen Aufgabennummern, auf die im Buch verwiesen wird. Wenn mehrere Dateien zu einer Aufgabenstellung gehören, wurden die Dateien zu einer gezippt.

Die PDF-Dateien lassen sich im Adobe Reader öffnen, die aktuelle Version können Sie jeweils im Internet kostenlos unter der Adresse **www.adobe.com** downloaden. Die Dateien lassen sich beliebig oft ausdrucken. Überlegen Sie vorher, welche Papiersorte Sie verwenden, eventuell wollen Sie manches Material öfter benutzen oder Spielkarten auf festerem oder farbigem Papier ausdrucken. Alle Dateien lassen sich auf einem A4-Drucker ausgeben.

Sollten Sie Schwierigkeiten bei der Ausgabe von PDF-Dateien haben, die viele Schriften enthalten, hier ein paar Hilfestellungen:
- Legen Sie Ihren Drucker als Standarddrucker fest.
- Drucken Sie die Seiten einzeln.

Die Textdateien können in jedem beliebigen Texteditor geöffnet werden. Eventuelle Sonderzeichen (z. B. der Halbgeviertstrich) erscheinen erst im Layoutprogramm oder müssen manuell korrigiert werden (Mikrotypografie ...).

Bildverwendung und -rechte

Die Bilddateien dürfen nur zu Übungszwecken verwendet werden. Die Inhaber der Rechte entnehmen Sie bitte dem Bildnachweis oder dem Aufgabenblatt.

Font-Tool

Mit dem Font-Tool erhalten Sie ein hilfreiches Programm, mit dem Sie sich in übersichtlicher Form den kompletten ASCII-Zeichensatz eines Schriftschnittes ansehen und ausdrucken können. Sie können so jedes Zeichen im Layoutprogramm über den ASCII-Code (Alt + Ziffernblock der Tastatur) abrufen. Diese Funktion ist besonders für Symbolschriften nützlich. Eine nähere Beschreibung finden Sie in der PDF-Datei „ASCII_Tab_readme.pdf". Starten Sie die Exe-Datei des heruntergeladenen und entzippten Font-Tools über Doppelklick auf die Datei. Dieses Programm läuft nur auf dem PC!

*Man sollte nicht sein ganzes Leben
mit Buchstaben verbringen,
es gibt ja noch die Typografie.*
Hans Peter Willberg

Typografie
»Liebe zu Buchstaben und Wörtern«

Sie alle sind mit einem ganz natürlichen Verständnis von Typografie aufgewachsen. Vielleicht erinnern Sie sich noch an den Prozess des Lesen-Lernens. Möglicherweise kam es Ihnen auch wie ein Wunder vor, dass sich aus 26 Buchstaben alle Dinge Ihrer Umwelt zusammensetzen ließen. Zur Erinnerung die ersten Leseeindrücke eines Mädchens:

Buchstaben als Bilder

„Das A sah aus wie eine Zipfelmütz […]. B stand mit seinem blubbernden Bauch vor der Mühle und verschacherte seine schöne Tochter […]. Im C hing der Sichelmond am Himmel, Sterntaler regneten dem armen Mädchen ins Hemdlein. Das D roch nach Gift, giftige Apfelhälfte im Halse von Schneewittchen. […]

Buchstaben und ihr Laut

Jeden Buchstaben gab es in groß und klein wie Eltern und Kinder, doch die kleinen sahen den großen beileibe nicht immer ähnlich. A und a. B und b. R und r. E und e. G und g. H und h. Die Kurve vom d dem D entgegengesetzt. Einen Grund dafür gab es nicht. […] Tröstlich, daß sich kleine und große Buchstaben gleich anhörten, ein schrumpeliges e nicht schwächlicher klang als ein dreigestrichenes E; ein h nicht leiser gehaucht wurde als sein großer stabiler Verwandter; ein P nicht lauter knallte als ein p, auch wenn das Püppchen sein Bein mal unter die Linie streckte, mal auf ihr balancierte. […]

Wörter und ihre Lautbestandteile

Es gefiel mir, daß die Selbstlaute nicht ohne die Mitlaute, die Mitlaute nicht ohne die Selbstlaute auskamen, daß jeder auf jeden angewiesen war, wenn er etwas darstellen wollte. Fehlte ein Teil, brach das Wort zusammen. Stahl sich das u aus der Kuh, blieb nichts als ein Knacklaut hinten im Gaumen, ließ das K den Rest im Stich, muhte das uh dumpf hinterher. […]

Laute ergeben Bedeutungen.

Ulla Hahn (2001): Das verborgene Wort; DVA, S. 55 f.

Also hatten die Laute eine wirkliche Bedeutung. Derheiligeaufdemrost meinte wirklich einen Heiligen auf dem Rost. Wort und Ding mußten aufeinanderliegen, dann hatte der Wortlaut einen Sinn. Erst das Begreifen der Einheit von Schrift, Laut und Wirklichkeit, erst das war Lesen."

Genau das ist das Geheimnis der Typografie. Hinter einer Ansammlung von Linien und Formen verbirgt sich eben mehr: Einerseits entstehen Wörter mit festen Bedeutungen, andererseits ergeben sich aber durch das Zusammenspiel der Buchstaben, der Worte, der Zeilen und Spalten weitere Interpretationen, „Schwingungen" und Emotionen. Mit dieser zusätzlichen Bedeutungsebene und ihrer bewussten Steuerung befasst sich die Typografie.

Sinnliche Buchstaben
»Typografie wird be-greifbar«

Typografen haben sich diese kindliche Liebe zu den Buchstaben und Wörtern erhalten, denn wer wollte sonst so viel Zeit damit verbringen, sie in manueller Kleinarbeit in Höchstform zu bringen, damit sie den Lesevorgang so gut wie möglich unterstützen? Typophile haben aber auch Lust am Buchstaben an sich, der gar kein Sinnträger mehr sein muss, sondern durch seine Form begeistert; auch das gehört zur Typografie und macht deren künstlerischen Anteil aus.

Bevor Sie sich dem Handwerk Typografie zuwenden, finden Sie nun selbst einen freien, kindlichen Zugang zur Typografie, der Spaß macht, bei dem Typografie anfassbar ist und auf keinen Fall nur steril am Computer erzeugt wird. Dazu sollen Ihnen folgende Übungen als Anregungen dienen, die Sie am besten in der Gruppe ausführen.

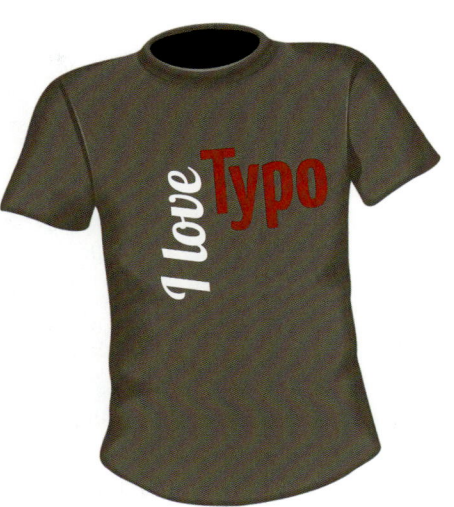

1.1 Vorübungen
Typo-T-Shirts bedrucken
- Besorgen Sie sich Buchstaben aus allen möglichen Materialien (Bleibuchstaben, Holzlettern, alte Flexoformen, Stempel). Wenn Sie keine fertigen Buchstaben finden können, stellen Sie selbst Buchstaben her, z. B. aus Kartoffeln, Moosgummi, Kork …
- Bedrucken Sie Ihre T-Shirts mit typografischen Spielereien oder Wörtern, in denen Sie Einzelbuchstaben spiegeln, vertauschen, drehen etc.
- Wenn Sie gleich am Computer loslegen wollen, können Sie Typogramme entwerfen. Das sind Worte, die typografisch als kompaktes „Zeichen" angelegt werden. Dann setzen Sie es in Ihrem bevorzugten Grafik- oder Layoutprogramm um, drucken es aus oder nehmen eine PDF-Datei mit und lassen es in einem Copyshop auf ein T-Shirt drucken.

Sie nehmen die Schönheit der Einzelbuchstaben wahr. Sie steigern Ihre Experimentierfreude mit Worten. Und nicht zuletzt bekennen Sie sich in der Öffentlichkeit (durch Tragen des T-Shirts) als Typophile …

Typotiere entwerfen

Kopieren Sie die Buchstabenvorlagen auf Folien, schneiden Sie Einzelzeichen aus. Bauen Sie aus Einzelzeichen Typotiere, indem Sie die Buchstaben als Formen ansehen. Deuten Sie Konturen nur an …
Hinterlegen Sie die Tiere mit kräftigen Farbflächen, z. B. aus farbigem Tonpapier, und vermeiden Sie Verläufe. Sie können diese Entwürfe in einem Grafikprogramm nachbauen und daraus Typopostkarten anfertigen, die Sie mit anderen austauschen oder als Werbeträger verwenden können.

Material zum Download:
01_01_Buchstabenbögen.pdf

Sie lernen Linien zu sehen, die nur angedeutet sind, abstrahieren Buchstaben zu Grundformen und entwickeln typografischen Humor.

Sie entwickeln ein Gefühl für Buchstabenabstände und Proportionen und erleben die sinnliche Lust am Buchstaben …

Typo-Art

■ Bauen Sie alleine oder in Kleingruppen auf größeren Formaten innen oder in der Natur konkrete oder abstrakte Bilder aus essbaren Buchstaben (z. B. Fruchtgummibuchstaben, Nudelbuchstaben, Russisch Brot) oder stellen Sie sich diese Buchstaben wiederum selbst aus unterschiedlichem biegsamen oder kleinteiligem Material her.

Die Grafikerin Belinda Baade verfolgte die Sieben im Alltag.

Zufalls- und Detailtypo

■ Schneiden Sie Buchstaben aus Zeitungsüberschriften aus, oder schneiden Sie Buchstabenfragmente aus ein oder mehreren Zeichen oder schneiden Sie einzelne Wörter aus oder verwenden Sie fertige Buchstaben (Nudelbuchstaben, Bleibuchstaben, Buchstaben aus einem Stempelkasten, Buchstabenkärtchen für Kinder etc.).

■ Alle diese Einzelbestandteile können Sie in die Hand nehmen oder in einen Würfelbecher geben und auf ein vorbereitetes Format werfen, kippen oder wischen. Fotografieren Sie Ergebnisse, die Ihnen gefallen.

■ Gehen Sie mit offenen Typo-Augen durch die Welt, nehmen Sie Buchstabendetails wahr, die Sie als Form interessieren. Unser Alltag ist voller Buchstaben und Zeichen. Verfolgen Sie einen Buchstaben oder ein Zeichen in seinen unterschiedlichen Ausprägungen. Erstellen Sie eine Fotodokumentation.

Typografischer Input
»Ideen finden und sammeln«

Typografen sind kreative Leute oder sollen es zumindest sein. Kreativität ist keine geheimnisvolle Gabe, die nur andere haben. Kreativität ist wie eine Pflanze, die auf vorbereitetem Boden keimt, wächst und richtig stark wird.

Um die Kreativität anzukurbeln, gibt es mehrere Möglichkeiten. Die aktive Vorgehensweise ist das Gestalten selbst. Je mehr man gestaltet, desto interessanter wird die Pflanze, desto mehr Pflänzchen gehen auf – und irgendwann kann man gar nicht mehr aufhören mit dem Pflanzen, weil es so schön ist.

Psychologen sprechen von dem „flow", dem Erlebnis, bei dem Sie Ihre Umwelt komplett vergessen werden. Es soll vorkommen, dass Sie sogar vergessen, etwas zu essen, oder der Druck auf die Blase völlig nebensächlich wird, so sehr sind Sie in Ihre Arbeit vertieft.

Die passive Vorgehensweise ist das Lockern des Bodens, indem Sie sich mit vielen Gestaltungsprodukten auseinandersetzen. Das können Sie ausgezeichnet beim Sammeln. Gehen Sie mit offenen Augen durch die gestaltete Welt, nehmen Sie Druckprodukte mit, die Sie gut finden und solche, die Sie für ausnehmend scheußlich halten. Legen Sie sich einen großen Karton oder Ordner an. Nicht zuletzt dient er als Fundgrube, wenn Ihnen tatsächlich mal nichts einfällt.

Versuchen Sie, in Worte zu fassen, was Ihnen an den Produkten gefällt („find ich gut" genügt nicht), nur so werden Sie diese Erkenntnisse für eigene Entwürfe fruchtbar machen können.

Eine Methode, die das aktive und passive Ideensammeln verbindet, ist das Skizzenbuch.

1.2 Skizzenbuch

- Legen Sie sich ein Skizzenbuch an, am besten ein Spiralbuch zwischen DIN A5 und DIN A4, das in der Dicke noch wachsen kann.
- Gewöhnen Sie sich an, es überall mit herumzutragen. Legen Sie kleine Fundstücke sofort hinein, skizzieren Sie auffallende Dinge, z.B. interessante Typofundstücke, die Sie nicht mitnehmen können, oder kleben Sie Fotos ein. Auch Ihre Netzfunde haben dort Platz.
- Schreiben Sie ab und zu ein Datum hinein, dass Sie den Überblick über Ihre grafische Entwicklung behalten.
- Organisieren Sie am Kurs- oder am Schuljahresende eine Ausstellung, in der Sie die ganzen Skizzenbücher oder thematische Auszüge ausstellen.

Notieren Sie, welche Dinge Ihnen spontan einfallen, die Sie sammeln können:

1 Letzte Ausgabe (Titelseite) der Financial Times Deutschland
2 opensourceway, flickr.com
3 Surfen, Axel Müller, pixelio.de
4 See-min Lee, flickr.com

Notizen:

› *Typografie hat im Wesentlichen ein praktisches und nur zufällig ein ästhetisches Ziel.*

STANLEY MORRISON

2 Handwerkszeug

Manuelle Hilfsmittel
»Typometer, Fadenzähler & Co«

Bevor Sie in die typografische Großproduktion einsteigen, statten Sie Ihren Arbeitsplatz nach Möglichkeit mit einigen nützlichen Dingen aus.

Die Anschaffung eines Typometers und eines Fadenzählers werden Sie nicht bereuen, da Sie exakt arbeiten müssen. Stellen Sie sich vor, Sie sollen einen Text auf den Zehntelmillimeter genau nachsetzen, dazu müssen Sie Schriftgröße, Zeilenabstand und Linienstärke bestimmen, das wird ohne sinnvolles Maßwerkzeug schwierig.

Achten Sie beim Kauf eines Typometers darauf, dass es in DTP-Punkt misst. Es kommt auf Ihr Arbeitsgebiet an, welche weiteren Funktionen Sie benötigen (s. Aufgabe).

Den Fadenzähler, der nichts anderes ist als eine Lupe, die den richtigen Abstand zum Auge schon mitbringt, können Sie einsetzen, um die Passgenauigkeit von mehrfarbig gedruckten Produkten zu beurteilen oder für alle Feinheiten, die in Ihrem Arbeitsalltag anfallen, z. B. bei Linienanschlüssen von Tabellen oder bei der Bestimmung kleiner Schriften.

Ein Skalpell ist mit dem Aussterben der Filmmontage vermeintlich überflüssig geworden, es leistet Ihnen aber gute Dienste beim Ausschneiden, wenn Sie Dummys herstellen. Oder wenn Sie scribbeln, dann schneiden Sie damit gelungene Bildteile aus, die Sie aufkleben, um daran weiter zu arbeiten. Schneiden Sie entlang eines Stahllineals, so ärgern Sie sich nicht über demolierte Plastiklineale. Empfehlenswert sind Längen von 30 bis 50 cm. Das luxuriöse Gegenstück zum Skalpell ist die Schneidematte, die sich nach dem Schnitt, wenn er vertikal oder horizontal auf ihr ausgeführt wird, immer wieder schließt. Es werden verschiedene Größen und Qualitäten angeboten. Im Format DIN A2 können Sie sie gleich als Schreibtischunterlage verwenden.

Trotz Color-Management ist die Farbe am Bildschirm selten die Farbe, die auch später im gedruckten Endergebnis erscheint. Deswegen sollten Sie sich Farbtafeln besorgen, in denen die Farben mit ihren CMYK-Anteilen abgebildet sind. Fragen Sie diesbezüglich bei der Druckerei an, mit der Ihre Firma überwiegend zusammenarbeitet.

Beachten Sie auch, dass sich die Farbe je nach verwendeter Papiersorte verändert.

Ein HKS- und/oder Pantone-Fächer leistet Ihnen gute Dienste bei der Arbeit mit Sonderfarben. Darüber hinaus ist hier jede Sonderfarbe in den entsprechenden CMYK-Anteil „übersetzt".

Einen ersten Überblick geben Ihnen die Farbtafeln im Anhang.

2 Handwerkszeug | Manuelle Hilfsmittel

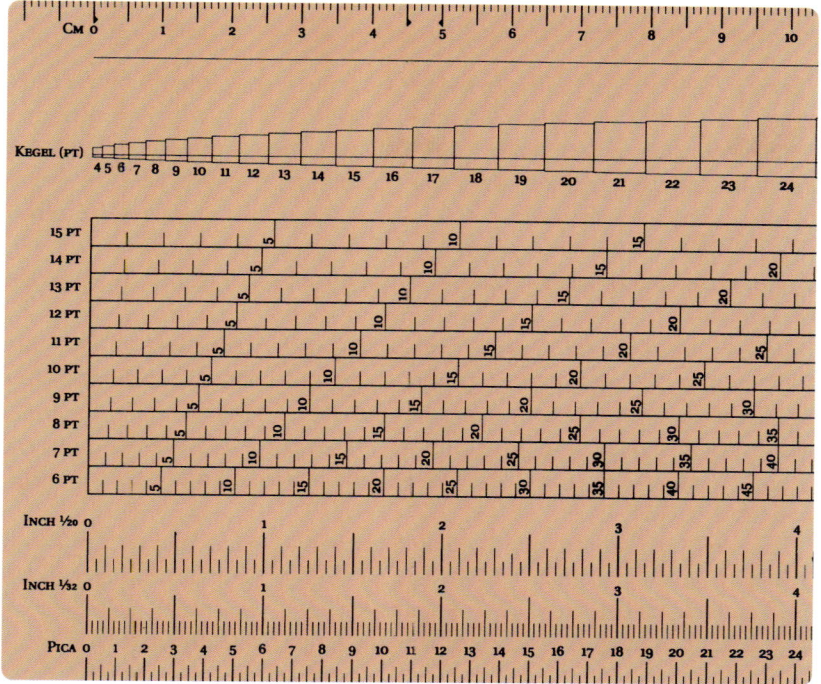

Wenn Sie gerade kein Typometer zur Hand haben, aber für dieses Buch Schriften messen sollen, können Sie diese Skala verwenden. Messen Sie hiermit die Kegelhöhe der Schrift in DTP-Punkt. (Vorsicht: Die Kegelhöhe beinhaltet die Unterlänge!)

Ausschnitt aus dem PAGE-Typometer (verkleinert)

5 p
6 p
7 p
8 p
9 p
10 p
11 p
12 p
14 p
16 p
18 p
20 p
24 p
28 p
32 p
36 p

2.1 Typometer

- Sammeln Sie Typometer in Ihrer Firma, vergleichen Sie auch die Angebote in den einschlägigen Fachkatalogen. Welche „Features" bieten die einzelnen Typometer? Welches Punktsystem wird verwendet?
- Vergleichen und messen Sie folgende Versalhöhen. Hier sehen Sie, wie unterschiedlich Schriften „ausfallen". Alle Schriften sind in 10 p abgebildet:

Versalhöhenvergleich (Verdana)   Versalhöhenvergleich (Gill)
Versalhöhenvergleich (Gabriola)   Versalhöhenvergleich (Futura)
Versalhöhenvergleich (Tahoma)   Versalhöhenvergleich (Myriad)
Versalhöhenvergleich (Bodoni)   Versalhöhenvergleich (Times)

- Bestimmen Sie nachfolgende Schriftgrößen in Punkt. Messen Sie auch die Zeilenabstände zwischen ihnen und entscheiden Sie, ob diese in Punkt oder Millimeter angelegt wurden.

Schriftgröße:	Zeilenabstand:
1	
2	
3	
4	
5	
6	

1 Schriftgröße
2 Schriftgröße
3 Schriftgröße
4 Schriftgröße
5 Schriftgröße
6 Schriftgröße

Weitere Arbeitsmittel

Dieses Arbeitsbuch ist kein vollständiges Handbuch, so werden Sie zur weitergehenden Information gelegentlich auf andere Werke zurückgreifen müssen.

Einige Bücher, die ich Ihnen guten Gewissens empfehlen kann, finden Sie im kommentierten Literaturverzeichnis. Für Einsteiger erscheinen die Preise teilweise sehr hoch, das erklärt sich u.a. über die oft ausgezeichnete Verarbeitungsform. Bauen Sie Ihre typografische Bibliothek einfach nach und nach auf. Es gibt sicher immer wieder Anlässe, an denen jemand Ihnen etwas schenken möchte.

Wenn Ihnen der in diesem Buch angegebene Schriftenkanon für Ihre Gestaltungsarbeiten nicht mehr genügt, empfehle ich Ihnen: TypeSelect – Der Schriftenfächer von Michael Wörgötter aus dem Hermann Schmidt Verlag, Mainz. Dieses praktische Arbeitsmittel präsentiert eine Auswahl von 226 Schriften mit über 1000 Schnitten mit komplettem Zeichensatz, Schriftmuster und Bezugsquelle.

Darüber hinaus benötigen Sie Schriftmusterbücher der Firmen, mit deren Schriften Sie arbeiten wollen. Diese sind meist gegen geringes Entgelt bei den Firmen direkt zu beziehen. Über den Katalog von FontShop erhalten Sie eine Übersicht der verfügbaren Schriften der gängigsten Schriftenhersteller.

Der komplette Monotype-Schriftenkatalog ist beispielsweise auf der Website **www.linotype.com** > Produktkatalog > Online-Publikationen > Schriftenkatalog A – Z einsehbar.

Als Korrekturprofi sollten Sie über einen aktuellen Rechtschreibduden, ein Fremdwörterbuch (z. B. auch wegen korrekter Trennungen) und ein englisches Wörterbuch verfügen. Hier gibt es ab und zu das Dreierpaket als kostengünstige Paperback-Sonderausgabe beim Duden-Verlag oder inzwischen auch in digitaler Form.

Fachwörterbücher selbst brauchen Sie nicht, wenn Sie einen Internetanschluss zur Verfügung haben. Typografische Glossare finden sich inzwischen in ausreichender Zahl im Netz. Dennoch sollten Sie stets mindestens zwei Quellen konsultieren, da durch ungeschickte Erklärungen und unpräzise Formulierungen leicht Missverständnisse entstehen.

2.2 Internetrecherche Glossare

■ Überlegen Sie sich zuerst einige Stichwörter, mit denen Sie in den Suchmaschinen nach Glossaren zum Thema Typografie suchen können:

_____

_____

_____

■ Wenn Sie nicht weiterkommen, schauen Sie unter den Webadressen im Anhang, auch hier wird auf Glossare verwiesen.

Einige Internetadressen von Schriftherstellern oder -vertrieben:
(alle Angaben ohne Gewähr)

www.linotype.com
www.adobe.com/de/products/type.edu.html
www.fontshop.de
www.fontfont.com
www.urwpp.de (> andere Bibliotheken liefert den Zugang zu kleineren Schriftenlabels)
www.emigre.com

In diesem Buch wird bewusst auf ein Glossar verzichtet, da Sie im Kapitel „Insiderwissen" Ihr eigenes Glossar erstellen werden.

Zeichen
» Die Grundbausteine der Typografie «

Der Begriff Typografie setzt sich aus zwei griechischen Wörtern zusammen: „Typos" bedeutet „Form" und „graphein" unter anderem „schreiben". Man übersetzt also: Typografie bedeutet, mit Formen zu schreiben. Im engeren Sinn wird Typografie als Gestaltung mit Buchstaben bezeichnet, im weiteren Sinne wird der Begriff inzwischen aber für jede Gestaltung, die Text, Bild und andere Gestaltungselemente beinhaltet, verwendet.

Das Zeichen ist die kleinste Einheit in der Typografie. Wie jede geometrische Form hat das Zeichen eine Breite, Höhe und evtl. noch einen Winkel.

Die gesamte Schriftgröße (Schrifthöhe, Kegelhöhe) besteht aus Oberlänge, Mittellänge (x-Höhe), Unterlänge. Die Höhe der Großbuchstaben wird als Versalhöhe bezeichnet. Bei manchen Schriften ist sie kleiner als die Oberlänge. Die Schrift lässt sich so in einem Vier- bzw. Fünf-Linien-System darstellen.

Wie jeder Handwerker, bevor er Werkstücke oder Projekte anfertigen oder durchführen kann, erst einmal den Umgang mit seinen Arbeitsmitteln und Materialien kennen lernen sollte, ist es notwendig, dass Sie sich mit den Ihnen zur Verfügung stehenden „Werkzeugen" vertraut machen.

2.3 Beschriftung
Tragen Sie die Begriffe Ober-, Unter-, Mittellänge, Versalhöhe und Schriftgröße an der richtigen Stelle ein:

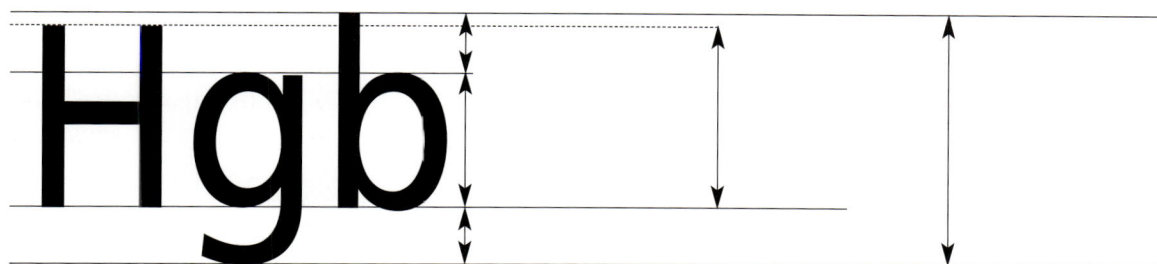

In der Druckindustrie dürfte nach einer EG-Rechtsverordnung von 1978 nur noch das metrische Maßsystem verwendet werden. Aus traditionellen Gründen verwendet man aber weiterhin das 12er-System. Heute hat sich in der Druckindustrie der „DTP-Punkt" etabliert: 1 Punkt = 0,353 mm. Der Millimeter an sich wäre als kleinste Maßeinheit für das Vermessen von Schrift zu grob.

Ganz genau:
DTP-Punkt   0,35277 mm
Pica-Point   0,35147 mm
Didot-Punkt 0,37597 mm

2.4 Schriftgrössenberechnung
Berechnen Sie Schriftgröße (SG) und Versalhöhe (VH), um ein Gespür für die Maßverhältnisse zu bekommen.

	mm SG	mm VH (ca. 70 % der SG)
6 p =		
8 p =		
9 p =		
10 p =		
12 p =		

Schriftschnitte und -familien
»Die ganze Sippschaft«

Wie jeder Mensch verschiedene Körperteile besitzt, weist auch jeder Buchstabe verschiedene Partien seines „Korpus" auf. Beim Sprechen über Schrift sind diese von Belang, also gewöhnen Sie sich gleich den „Fachjargon" an.

2.5 Fachbegriffe zuordnen
Tragen Sie die richtigen Zahlen in die Beschriftungskreise ein.

Grundstrich 1
Haarstrich 2
Achse der Rundungen 3
Serife 4
Auslauf/Endstrich 5
Tropfen/Kugelendung 6
Anstrich/Ansatz 7
Dachansatz 8
Binnenraum/Punzen 9

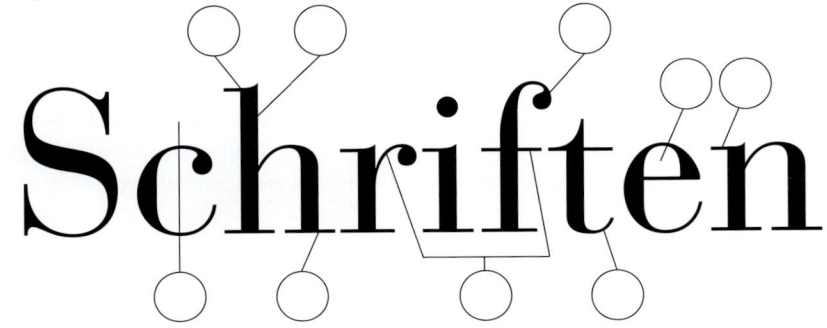

Die drei Dimensionen, in denen sich Schrift verändern kann, sind:
- Strichstärke (Schriftstärke)
- Breite
- Winkel (Schriftlage)

2.6 Dimensionen der Schrift
Schneiden Sie aus Zeitungen/Zeitschriften/Prospekten etwa gleich große Buchstaben (ohne Serifen) aus, kleben Sie sie in die Kästchen ein, so dass sich in der Reihe eine Entwicklung zeigt.

Diese drei Dimensionen können jeweils noch kombiniert werden, daraus ergibt sich eine fast unüberschaubare Menge an Schriftschnitten. Die Schriftschnitte wurden früher tatsächlich in Blei geschnitten, heute werden sie von den Schriftkünstlern nicht etwa aus einer Ausgangsschrift durch elektronische Modifikation hergestellt, sondern jeweils extra gezeichnet, „zugerichtet" und manuell ausgefeilt. Die Menge aller Schriftschnitte einer Schrift nennt man Schriftfamilie. Wie viele Familienmitglieder eine Schrift aufweist, hängt vom Schriftkünstler ab. Meistens gibt es mindestens die Schnitte: normal, fett, kursiv und fettkursiv. Welche der Dimensionen zuerst genannt wird, ist nicht festgelegt, meist jedoch die Strichstärke.

Da Schriftschnitte international vertrieben werden, finden Sie bei verschiedenen Anbietern auch englische und französische Bezeichnungen der Schriftschnitte. Manchmal werden die Schriftschnitte mit einem Nummernsystem bezeichnet, das aber bis heute nicht vereinheitlicht ist.

Stark ausgebaute Schriften weisen sogar mehrere Schriftfamilien auf, diese „Schriftsippen" bestehen also z. B. aus Schriftfamilien mit Serifen, mit Teilserifen und ohne Serifen.

Hinweis:
Schriftsippen werden oft als **Corporate Type** verwendet, das sind Hausschriften mit vielen Schnitten, die die Firmen ausschließlich verwenden. Manchmal sind sie speziell für das Unternehmen entwickelt. Werden bestehende Schriften modifiziert und für die Bedürfnisse eines Unternehmens angepasst, spricht man von Custom Type.

Schriftsippe Rotis

Schriftfamilie 1 Rotis Serif	Schriftfamilie 2 Rotis Semi Serif	Schriftfamilie 3 Rotis Semi Sans	Schriftfamilie 4 Rotis Sans Serif
Schriftschnitt 1 Rotis Serif	Schriftschnitt 1 Rotis Semi Serif	Schriftschnitt 1 Rotis Semi Sans	Schriftschnitt 1 Rotis Sans Serif
Schriftschnitt 2 *Rotis Serif, kursiv*	Schriftschnitt 2 **Rotis Semi Serif, fett**	Schriftschnitt 2 *Rotis Semi Sans, kursiv*	Schriftschnitt 2 *Rotis Sans Serif, kursiv*
Schriftschnitt 3 **Rotis Serif, fett**	...	Schriftschnitt 3 **Rotis Semi Sans, fett**	Schriftschnitt 3 **Rotis Sans Serif, fett**
...		...	...

Exkurs OpenType

OpenType basiert auf dem Unicode-Standard, in dem für jedes Zeichen aus jeder Sprache bzw. auch aus jedem technischen Umfeld ein digitaler Code festgelegt wird. So „wissen" z. B. alle Schriften, Betriebssysteme und die entsprechenden Programme, die Unicode unterstützen, dass der Kleinbuchstabe „t" den Unicode 0074 hat. Der Unicode sei „so eine Art typografische UNO, in der eines Tages jede Schriftkultur ihren Sitz haben sollte" (Prof. Bergerhausen, Mainz).

Die erste Ebene, auf die man auch über die Programme direkt zugreifen kann, enthält rund 65 000 Zeichen, der Code wird aber mit jeder Version weiter ausgebaut.

Der 32-Bit-Code könnte 2 147 483 648 Zeichen beschreiben, man einigte sich jedoch erst einmal auf die Beschreibung der ersten 17 Unicode-Ebenen, also 1 114 112 Zeichen. Ganz schön viel, meinen Sie? Allein die chinesischen Schriftzeichen belaufen sich schon auf 40 000!

www.unicode.org

Die meisten Zeichen im Unicode sind völlig unbekannt, so wurde in der Fachhochschule Mainz unter **www.decodeunicode.org** ein Projekt ins Leben gerufen, in dem die 65 000 zugänglichen Zeichen als GIF-Abbildungen dargestellt sind und zum jeweiligen Symbol Informationen zusammengetragen werden.

Die konkrete Ausführung der OpenType-Fonts bleibt noch weit hinter den zukünftigen Möglichkeiten zurück, immerhin gibt es inzwischen Schriften mit mehreren tausend Zeichen, z. B. die Everson Mono mit über 30 000, die Arial Unicode von Microsoft mit ca. 50 300.

Die Vorteile von OpenType aus produktionstechnischer und gestalterischer Perspektive sind:
- Es gibt einen herstellerübergreifenden Standard, dadurch vereinfachen sich die Qualitätssicherung, das Marketing und der Vertrieb digitaler Schriften sowie der internationale Workflow erheblich. Auch auf Anwenderseite vereinfacht sich die Fontverwaltung durch das Zusammenfassen der Outline-, Bitmap- und Maßdaten in nur einer Fontdatei.
- Die typografische Qualität erhöht sich, indem z. B. Kapitälchen, Mediäval-Ziffern und Expert-Schnitte in nur einer Fontdatei vorliegen. Zudem lassen sich Schriften mit optischen Varianten, also angepasst an verschiedene Größenanforderungen, realisieren. OpenType Pro Opticals enthalten vier Zeichensets in den Größenbereichen Caption (6–8p), Regular (9–13p), Subhead (14–24p) und Display (25–72p). Damit lässt sich absolut hochwertige Typografie produzieren.

2.7 Bezeichnung Schriftschnitte

Nehmen Sie Schriftmusterbücher zur Hand und finden Sie die deutschen, englischen und evtl. französischen Bezeichnungen der einzelnen Schriftschnitte heraus. Tragen Sie die Strichstärke links und die Schriftbreite oben ein, die Lage ergänzen Sie ebenfalls oben. Die Bezeichnung „normal" wird meist weggelassen. Der Schnitt „book" ist eine etwas schmalere Variante des Normalschnitts.

2.8 Schriftschnitte erkennen

Ordnen Sie mit Hilfe von Verbindungslinien den Schriften die richtige Schnittbezeichnung zu. Versuchen Sie zusätzlich anhand des Schriftbildes die deutsche Schnittbezeichnung zu nennen.

Hinweis:
Sie können bei dieser Aufgabe nur „schätzen", weil Ihnen der Regular-Schnitt nicht bekannt ist.

Frutiger — Light

Univers — Book

Futura — Heavy

Kabel — Semibold

Thesis — Italic

Garamond — Fett

Eurostile — Ultra Black

𝔉𝔯𝔞𝔨𝔱𝔲𝔯 — Light-Italic

Bodoni — Normal

Helvetica — Extra Bold

2.9 Schnitte einer Schriftfamilie

- Kreisen Sie alle zusammengehörigen Schnitte einer Schrift mit der gleichen Farbe ein. Welches Wort ergeben jeweils die zusammengehörigen Buchstaben? Und wie lautet der Lösungssatz?
- Um welche Schriften handelt es sich?

R Schriftmuster   **C Schriftmuster**   A *Schriftmuster*

D Schriftmuster   L *Schriftmuster*   I Schriftmuster

T *Schriftmuster*

Z Schriftmuster   E **Schriftmuster**

C Schriftmuster

G Schriftmuster   O Schriftmuster

H Schriftmuster

H Schriftmuster   W *Schriftmuster*

N *Schriftmuster*

A Schriftmuster

Einheitensystem
»Schriften sind ‚zugerichtet'«

2.10 Buchstabenabstände

Material zum Download:
02_10_Versalien.pdf

- Schneiden Sie die Großbuchstaben knapp am Schriftbild aus und legen Sie daraus das Wort „Ausgleichen". Achten Sie auf gute Abstände zwischen den Buchstaben, wenn Sie das Wort im Kasten festkleben.

- Alternativ:
Legen Sie Ihren Namen mit Russisch Brot (erhältlich in den Süßwarenregalen der Supermärkte), verwenden Sie keine deformierten Buchstaben, achten Sie ebenfalls auf ausgeglichene Buchstabenabstände.
- Wonach richten Sie sich bei der Größe der Buchstabenabstände?
- Wann fallen kleine Unregelmäßigkeiten in den Buchstabenabständen weniger auf?
- Welche Buchstabenkombinationen haben Sie näher aneinandergeschoben und warum?

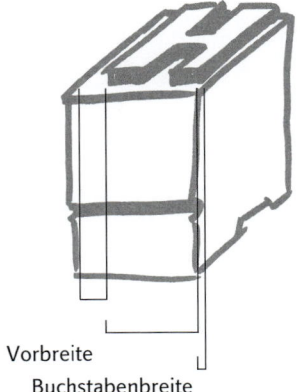

Vorbreite
Buchstabenbreite
Nachbreite

Geviert: (Schriftgröße × Schriftgröße) in bestimmte Anzahl von Einheiten aufgeteilt

Dickte
Jeder Buchstabe beansprucht einen bestimmten Raum, wie auch jeder Mensch einen Raum um sich braucht, um sich wohl zu fühlen, der größer ist als seine eigentliche Körperausdehnung.

Bei Buchstaben ist dieser Raum vom Schriftgestalter angelegt, er besteht aus der eigentlichen Breite des Buchstabens und etwas Abstand davor (Vorbreite) und etwas Abstand danach (Nachbreite). Am besten können Sie das an einem alten Bleibuchstaben sehen, da war der Abstand (das so genannte „Fleisch") schon mit an den Buchstaben gegossen. Heute existieren diese Werte elektronisch als Einheiten.

Geviert
Grundlage zur Bemessung dieser Einheiten ist das Geviert. Auch dieser Begriff stammt noch aus der Bleisatzzeit. Er bemisst sich aus der Schriftgröße im Quadrat. Dieses Kästchen wird vertikal in Scheiben geschnitten, eine Scheibe entspricht einer Einheit. Aus wie vielen Einheiten sich ein Geviert zusammensetzt, ist je nach Schriftenhersteller bzw. Layoutsoftware unterschiedlich. Adobe-Programme arbeiten beispielsweise mit 1000, bei der Layoutsoftware Quark XPress sind es 200 Einheiten. Je feiner die Einheiten, desto genauer kann nun die Schriftzurichtung erfolgen, also die Dicktenwerte der Einzelbuchstaben, bzw. können deren Abstände zueinander festgelegt werden.

Einheiten wachsen mit. Das ist der große Vorteil des Gevierts als relativer Maßeinheit gegenüber festen Maßeinheiten wie z. B. Bruchteilen eines Millimeters. So bleiben die Proportionen stets erhalten.
Beispielrechnung: Wie viel mm entsprechen einem 12-p-Geviert?
12-p-Geviert: $(12 \times 0{,}353 \text{ mm})^2 = 4{,}236 \text{ mm}^2$

- Berechnen Sie ein 36-p-Geviert:
- Wie groß ist ein Viertelgeviert im Layoutprogramm InDesign?

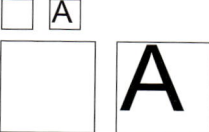

Beobachten Sie, dass die Breite des „A" im Verhältnis zum Geviert anteilig immer die gleiche bleibt, z. B. ca. ²/₃ oder z. B. ca. 700 Einheiten.

Aufgrund dieser praktischen Eigenschaft des Gevierts, dass es in allen Schriftgrößen proportional mitwächst, wird es zur Definition von relativen Abständen verwendet, z. B.:
- Einzüge am Anfang eines Absatzes
- Gliederung von Nummern (z. B. Telefon, Bankleitzahlen)
- Definition von Abständen bei bestimmten Satzzeichen oder Abkürzungen (z. B. Gedankenstrich, Auslassungspunkte)

Stellen Sie sich vor, der Kunde nimmt Änderungen an der Schriftgröße vor, dann wachsen Ihre Abstände automatisch mit, wenn Sie die Schriftgröße neu festlegen, andernfalls müssten Sie jeweils die Abstände neu anpassen.

2.11 Recherche Layoutprogramm

Um das Geviert oder Teile davon praktisch einsetzen zu können, müssen Sie allerdings erst herausfinden, wie Sie es in Ihrem Layoutprogramm eingeben. Suchen Sie in der Hilfe nach den Tastaturkürzeln für:

das Geviert: _____ den Geviertstrich: _____

das Halbgeviert: _____ den Halbgeviertstrich: _____

das Viertelgeviert: _____

- Finden Sie heraus, mit welchem Einheitensystem Ihre Layoutsoftware arbeitet. Aus wie vielen Einheiten setzt sich das Geviert zusammen?
- Wie viele Einheiten müssen Sie demnach eingeben, um zwischen Ziffernblöcken ein Viertelgeviert Abstand zu erhalten?
- Erkundigen Sie sich, wie viele Einheiten in Ihrer Agentur oder Ihrer Firma normalerweise für diese Abstände verwendet werden.

Die gewöhnlichen Ziffern haben übrigens jeweils die Breite eines Halbgevierts, so dass sie beim Tabellensatz stets untereinander stehen.
   Die Buchstabenbreiten so genannter Monospace-Schriften wie der Courier basieren ebenfalls (annähernd) auf einem Halbgeviert.

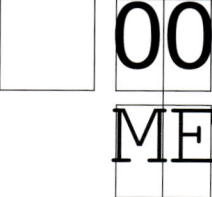

Notizen:

Typografie ist: Auswählen, Gliedern, Anordnen und logisch Lesbarmachen von Schrift.
KURT WEIDEMANN

3 Lesbarkeit

Grundlagen der Lesbarkeit
»Das tägliche Brot«

Im Zeitalter der Informationsflut ist es wichtig, Informationen innerhalb kürzester Zeit erfassen zu können. Dazu müssen sie typografisch so aufbereitet sein, dass das schnelle Erfassen möglich ist und so gut es geht unterstützt wird.

Es gibt zahlreiche Versuchsreihen mit Blickaufzeichnungskameras, die das Leseverhalten aufnehmen. Aus der Analyse werden Erkenntnisse für die Lesbarkeit gewonnen. Doch auch hier brauchen Sie keine langen Studien, um das Wesentliche selbst zu erkennen.

Mögliche Fehler beim Aufbau eines Textblockes:

- Die Grundschrift kann eine völlig unleserliche Schrift sein.
- Die Buchstaben können insgesamt zu eng oder zu weit stehen, so dass man nicht mehr wie gewohnt mehrere Worte gleichzeitig erfassen kann.
- Es können unschöne Lücken zwischen Wörtern auftreten (z. B. beim Blocksatz).
- Die Zeile kann so lang sein, dass das Auge des Betrachters den Anschluss vorne zur nächsten Zeile nicht auf Anhieb findet.
- Die Zeilen können zu weit auseinander oder zu eng aneinander stehen, so dass die Seite keinen gleichmäßigen Grauwert besitzt.
- Der Leseanfang kann durch die ungünstige Wahl der Satzart schlecht gefunden werden.
- Die Schrift kann modifiziert sein und dadurch ihrer vom Schriftdesigner sorgfältig ausgearbeiteten Lesbarkeit beraubt sein.
- Die Schriftgröße kann im Verhältnis zum Leseabstand (üblicherweise ca. 30 cm) zu groß oder zu klein sein.

3.1 LESBARER BLINDTEXT

- Erfassen Sie einen Blindtext oder scannen Sie ihn ein (*OCR*), Sie werden ihn noch oft benötigen. Finden Sie einen Text, der Ihnen sympathisch ist. Beachten Sie jedoch bei Veröffentlichung das Urheberrecht, wenn der Autor noch keine 70 Jahre tot ist!
- Gestalten Sie im Format DIN A4 einen zwei- oder dreispaltigen Satz mit einer Schrift Ihrer Wahl. Verwenden Sie dazu Ihren Blindtext. Feilen Sie so lange an der Lesbarkeit, bis Sie Ihrer Meinung nach optimal ist, vergleichen Sie Ihre Ergebnisse untereinander.

3.2 LESBARKEITSBEWERTUNG

Diskutieren Sie die Lesbarkeit der einzelnen Blöcke der folgenden Seiten, vergeben Sie Nummern von gut lesbar bis schlecht lesbar und bilden Sie so Hierarchien innerhalb der einzelnen Kriterien.

Vergleichen wir die Konstruktion eines Textes mit dem Bau eines Hauses. Das kleinste Element des Hauses ist der Baustein, bei uns der Buchstabe. Er steht in Beziehung zur Umgebung. Wird beim Haus nicht ordentlich Stein neben Stein und Stein auf Stein gemauert, besteht Einsturzgefahr. Beim Text besteht „nur" die Gefahr der Unleserlichkeit. Wenn Sie denken, das sei weniger schlimm, bedenken Sie, dass Information das Gold der Zukunft ist…

Unter **www.freie-typografische-partei.de** finden Sie einen Professor mit seinen Studenten, die für Lesbarkeit streiten. Vielleicht inspirieren Sie deren „Wahlplakate" zu eigenen Arbeiten über die Grundlagen der Lesbarkeit?

Optical Character Recognition
Texte werden mit Hilfe von Texterkennungssoftware eingescannt und stehen wieder als bearbeitbare Texte zur Verfügung.

Text: „Wehschnittchen und Drosselbart", mit freundlicher Genehmigung von Hans-Jürgen Lenhart

3 Lesbarkeit | Grundlagen

Kriterium Schriftart

Welche Merkmale weisen die schlechter lesbaren Schriften auf? Welche Merkmale finden Sie bei den gut lesbaren?

◁1 Es war zweimal zur alten Zeit der großen Bauernfäng, da löbbet einst wohl hinter den Bergen der König Klops. Gehabt sich wohl ein Töchterlein, reibliezend und so fein, daß duftet danzen Dag wie Kasparin, wie Melchion und Salbatham. Und sie geheißt Wehschnittchen, weil beim Schnaareheiden immer Aua und so sich Zopfen langer flocht. Die Zinpressin habt ein Schwester, die da Gretl heißen und sein bollergrimmlich bös mit Rukken-

◁2 Es war zweimal zur alten Zeit der großen Bauernfäng, da löbbet einst wohl hinter den Bergen der König Klops. Gehabt sich wohl ein Töchterlein, reibliezend und so fein, daß duftet danzen Dag wie Kasparin, wie Melchion und Salbatham. Und sie geheißt Wehschnittchen, weil beim Schnaareheiden immer Aua und so sich Zopfen langer

◁3 Es war zweimal zur alten Zeit der großen Bauernfäng, da löbbet einst wohl hinter den Bergen der König Klops. Gehabt sich wohl ein Töchterlein, reibliezend und so fein, daß duftet danzen Dag wie Kasparin, wie Melchion und Salbatham. Und sie geheißt Wehschnittchen, weil beim Schnaareheiden immer Aua und so sich Zopfen langer flocht. Die

◁4 *Es war zweimal zur alten Zeit der großen Bauernfäng, da löbbet einst wohl hinter den Bergen der König Klops. Gehabt sich wohl ein Töchterlein, reibliezend und so fein, daß duftet danzen Dag wie Kasparin, wie Melchion und Salbatham. Und sie geheißt Wehschnittchen, weil beim Schnaareheiden immer Aua und so sich Zopfen langer flocht. Die Zinpressin habt ein Schwester, die da Gretl heißen und sein bollergrimmlich bös mit Rukkenbück. Und*

◁5 Es war zweimal zur alten Zeit der großen Bauernfäng, da löbbet einst wohl hinter den Bergen der König Klops. Gehabt sich wohl ein Töchterlein, reibliezend und so fein, daß duftet danzen Dag wie Kasparin, wie Melchion und Salbatham. Und sie geheißt Wehschnittchen, weil beim Schnaareheiden immer Aua und so sich Zopfen langer flocht. Die Zinpressin habt ein

◁6 Es war zweimal zur alten Zeit der großen Bauernfäng, da löbbet einst wohl hinter den Bergen der König Klops. Gehabt sich wohl ein Töchterlein, reibliezend und so fein, daß duftet danzen Dag wie Kasparin, wie Melchion und Salbatham. Und sie geheißt Wehschnittchen, weil beim Schnaareheiden immer Aua und so sich Zopfen langer flocht. Die Zinpressin habt ein Schwester, die da Gretl

◁7 Es war zweimal zur alten Zeit der großen Bauernfäng, da löbbet einst wohl hinter den Bergen der König Klops. Gehabt sich wohl ein Töchterlein, reibliezend und so fein, daß duftet danzen Dag wie Kasparin, wie Melchion und Salbatham. Und sie geheißt Wehschnittchen, weil beim Schnaareheiden immer Aua und so sich Zopfen langer flocht. Die Zinpressin habt ein Schwester, die da

Kriterium Schriftgröße

Welche Schriftgröße empfinden Sie aus 30 cm Entfernung als Buchschrift am angenehmsten? Messen Sie Schriftgröße und Zeilenabstand mit dem Typometer.

◁1 Es war zweimal zur alten Zeit der großen Bauernfäng, da löbbet einst wohl hinter den Bergen der König Klops. Gehabt sich wohl ein Töchterlein, reibliezend und so fein, daß

◁2 Es war zweimal zur alten Zeit der großen Bauernfäng, da löbbet einst wohl hinter den Bergen der König Klops. Gehabt sich wohl ein

◁3 Es war zweimal zur alten Zeit der großen Bauernfäng, da löbbet einst wohl hinter den Bergen der König

◁4 Es war zweimal zur alten Zeit der großen Bauernfäng, da löbbet einst wohl hinter den Bergen der König Klops. Gehabt sich wohl ein Töchterlein, reibliezend und so fein, daß duftet danzen Dag wie Kasparin, wie Melchion und Salbatham. Und sie

◁5 Es war zweimal zur alten Zeit der großen Bauernfäng, da löbbet einst wohl hinter den Bergen der

Kriterium Zeilenbreite
Wie viele Worte pro Zeile sind gut lesbar? Welche Maßnahme könnte den Text bei langer Zeilenbreite etwas lesbarer machen?

◀ 1 Es war zweimal zur alten Zeit der großen Bauernfäng, da löbbet einst wohl hinter den Bergen der König Klops. Gehabt sich wohl ein Töchterlein, reibliezend und so fein, daß duftet danzen Dag wie Kasparin, wie Melchion und Salbatham. Und sie geheißt Wehschnittchen, weil beim Schnaareheiden immer Aua und so sich Zopfen langer flocht. Die Zinpressin habt ein Schwester, die

◀ 2 Es war zweimal zur alten Zeit der großen Bauernfäng, da löbbet einst wohl hinter den Bergen der König Klops. Gehabt sich wohl ein Töchterlein, reibliezend und so fein, daß duftet danzen Dag wie Kasparin, wie Melchion und Salbatham. Und sie geheißt Wehschnittchen, weil beim Schnaareheiden immer Aua und so sich Zopfen langer flocht. Die Zinpressin habt ein Schwester, die da Gretl heißen und sein bollergrimmlich bös mit Rukkenbück. Und das Gretl immer hänseln das Wehschnittchen op dem Zopfen, weshalb rotzeschluchze sie verschnofft.

◀ 3 Es war zweimal zur alten Zeit der großen Bauernfäng, da löbbet einst wohl hinter den Bergen der König Klops. Gehabt sich wohl ein Töchterlein, reibliezend und so fein, daß duftet danzen Dag wie Kasparin, wie Melchion und

◀ 4 Es war zweimal zur alten Zeit der großen Bauernfäng, da löbbet einst wohl hinter den Bergen der König Klops.

◀ 5 Es war zweimal zur alten Zeit der großen Bauernfäng, da löbbet einst wohl hinter den Bergen der König Klops. Gehabt sich wohl ein Töchterlein, reibliezend und so fein, daß duftet danzen Dag wie Kasparin, wie Melchion und Salbatham. Und sie geheißt Wehschnittchen, weil beim Schnaareheiden

Kriterium Satzart
Welche Satzarten sind für lange Lesetexte nicht geeignet? Welche Satzart ist nur in ausreichender Zeilenlänge gut lesbar? Wie viele Worte sollten dabei schätzungsweise mindestens in der Zeile stehen?

Es war zweimal zur alten Zeit der großen Bauernfäng, da löbbet einst wohl hinter den Bergen der König Klops. Gehabt sich wohl ein Töchterlein, reibliezend und so fein, daß duftet danzen Dag wie Kasparin, wie Melchion und Salbatham. Und sie geheißt Wehschnittchen, weil beim Schnaareheiden immer Aua und so sich Zopfen langer flocht.

◀ 1 Es war zweimal zur alten Zeit der großen Bauernfäng, da löbbet einst wohl hinter den Bergen der König Klops. Gehabt sich wohl ein Töchterlein, reibliezend und so fein, daß duftet danzen Dag wie Kasparin, wie Melchion und Salbatham. Und sie geheißt Wehschnittchen, weil beim Schnaareheiden immer Aua und so sich Zopfen 2 ▶

Es war zweimal zur alten Zeit der großen Bauernfäng, da löbbet einst wohl hinter den Bergen der König Klops. Gehabt sich wohl ein Töchterlein, reibliezend und so fein, daß duftet danzen Dag wie Kasparin, wie Melchion und Salbatham. Und sie geheißt Wehschnittchen, weil beim Schnaareheiden immer Aua und so sich Zopfen langer flocht.

◀ 3 Es war zweimal zur alten Zeit der großen Bauernfäng, da löbbet einst wohl hinter den Bergen der König Klops. Gehabt sich wohl ein Töchterlein, reibliezend und so fein, daß duftet danzen Dag wie Kasparin, wie Melchion und Salbatham. Und sie geheißt Wehschnittchen, weil beim Schnaareheiden immer Aua und so sich Zopfen langer 4 ▶

◀ 5 Es war zweimal zur alten Zeit der großen Bauernfäng, da löbbet einst wohl hinter den Bergen der König Klops. Gehabt sich wohl ein Töchterlein, reibliezend und

◀ 6 Es war zweimal zur alten Zeit der großen Bauernfäng, da löbbet einst wohl hinter den Bergen der König Klops. Gehabt sich wohl ein Töchterlein, reibliezend und

◀ 7 Es war zweimal zur alten Zeit der großen Bauernfäng, da löbbet einst wohl hinter den Bergen der König Klops. Gehabt sich wohl ein Töchterlein, reibliezend und

3 Lesbarkeit | Grundlagen 23

Kriterium Laufweite
Welcher Textblock ist am angenehmsten zu lesen?

◀1 Es war zweimal zur alten Zeit der großen Bauernfäng, da löbbet einst wohl hinter den Bergen der König Klops. Gehabt sich wohl ein Töchterlein, reibliezend und so fein, daß duftet danzen Dag wie Kasparin, wie Melchion und Salbatham. Und sie geheißt

◀2 Es war zweimal zur alten Zeit der großen Bauernfäng, da löbbet einst wohl hinter den Bergen der König Klops. Gehabt sich wohl ein Töchterlein, reibliezend und so fein, daß duftet danzen Dag wie Kasparin, wie

◀3 Es war zweimal zur alten Zeit der großen Bauernfäng, da löbbet einst wohl hinter den Bergen der König Klops. Gehabt sich wohl ein Töchterlein, reibliezend und so fein, daß duftet danzen Dag wie Kasparin, wie Melchion und Salbatham. Und sie geheißt Wehschnittchen, weil beim Schnaareheiden immer Aua und so

◀4 Es war zweimal zur alten Zeit der großen Bauernfäng, da löbbet einst wohl hinter den Bergen der König Klops. Gehabt sich wohl ein Töchterlein, reibliezend und so fein, daß duftet danzen Dag wie Kasparin, wie Melchion und

◀5 Es war zweimal zur alten Zeit der großen Bauernfäng, da löbbet einst wohl hinter den Bergen der König Klops. Gehabt sich wohl ein Töchterlein, reibliezend und so fein, daß duftet danzen Dag wie Kasparin, wie Melchion und

Kriterium Zeilenabstand
Welcher Textblock liest sich am besten?
Berechnen Sie den Zeilenabstand dieses Blockes, vergleichen Sie ihn mit der Faustformel:
(Schriftgröße in Punkt) : 2 = Zeilenabstand (ZAB) in mm
Wann lässt sich ein sehr großzügiger Zeilenabstand rechtfertigen?

◀1 Es war zweimal zur alten Zeit der großen Bauernfäng, da löbbet einst wohl hinter den Bergen der König Klops. Gehabt sich wohl ein Töchterlein, reibliezend und so fein, daß duftet danzen Dag wie Kasparin, wie Melchion und Salbatham. Und sie geheißt Wehschnittchen, weil beim Schnaareheiden immer Aua und so sich Zopfen langer flocht. Die Zinpressin habt ein Schwester, die da Gretl heißen und sein bollergrimmlich bös mit Rukkenbück. Und das Gretl immer hänseln das Wehschnittchen op dem Zopfen, weshalb rotzeschluchze sie verschnofft.

◀2 Es war zweimal zur alten Zeit der großen Bauernfäng, da löbbet einst wohl hinter den Bergen der König Klops. Gehabt sich wohl ein Töchterlein, reibliezend und so fein, daß duftet danzen Dag wie Kasparin, wie Melchion und Salbatham. Und sie geheißt Wehschnittchen, weil beim Schnaareheiden immer Aua und so sich Zopfen langer flocht. Die Zinpressin habt ein Schwester, die da Gretl heißen und sein bollergrimmlich bös mit Rukkenbück. Und das Gretl immer

◀3 Es war zweimal zur alten Zeit der großen Bauernfäng, da löbbet einst wohl hinter den Bergen der König Klops. Gehabt sich wohl ein Töchterlein, reibliezend und so fein, daß duftet danzen Dag wie Kasparin, wie Melchion und Salbatham. Und sie geheißt Wehschnittchen, weil beim Schnaareheiden immer Aua und so sich Zopfen langer flocht. Die Zinpressin habt ein Schwester, die da Gretl heißen und sein bollergrimm-

◀4 Es war zweimal zur alten Zeit der großen Bauernfäng, da löbbet einst wohl hinter den Bergen der König Klops. Gehabt sich wohl ein Töchterlein, reibliezend und so fein, daß duftet danzen Dag wie Kasparin, wie Melchion und Salbatham. Und sie geheißt Wehschnittchen, weil beim Schnaareheiden immer Aua und so sich Zopfen langer flocht. Die Zinpressin habt ein Schwester, die da Gretl heißen und sein bollergrimmlich bös mit Rukkenbück. Und das Gretl immer hänseln das Wehschnittchen op dem Zopfen, weshalb rotzeschluchze sie verschnofft.

Gestaltungsprinzip: Reduktion
»Weniger ist mehr«

Es mag am Anfang ein geradezu schmerzlicher Lernprozess sein, sich beschränken zu müssen. Die eigene Kreativität wird der schnellen Informationsübertragung untergeordnet. Ihre Kreativität nimmt damit am Anfang eine „dienende Funktion" ein.

Bewahren Sie sich aber unbedingt Ihre Gestaltungslust, Ihre kreativ-chaotische Fähigkeit, ein Blatt Papier zu füllen, denn auch diesen Anteil werden Sie noch benötigen!

Sie als Typografen sind die Personen, von denen die Rettung im Informationsdschungel erwartet wird. Tragen Sie dazu bei, dass Leserinnen und Leser den Wald unter den Bäumen wieder sehen und die Nadel im Heuhaufen finden.

Als Erstes lernen Sie daher, zu Reduktionskünstlern zu werden. All die kreativen Auswüchse der „Urtypografie" (also der ungeschulten Gestaltungslust) werden Ihnen leider erst einmal genommen werden. Sie werden lernen, das Wesentliche herauszuarbeiten. Wie Sie mit diesem gefundenen Schatz dann später gestalten, erfahren Sie in den folgenden Kapiteln.

3.3 Hierarchien bilden
Lesen Sie folgenden Anzeigentext und nummerieren Sie die Zeilen nach ihrer inhaltlichen Wichtigkeit:

Text:
Lernen Sie heute den Beruf, der Ihnen auch morgen noch Spaß macht!
Ausbildung zur staatlich anerkannten Kosmetikerin
Fordern Sie unverbindlich Unterlagen an.
Staatlich anerkannte Berufsfachschule für Kosmetik
Ebertanlage 15, 69234 Heidelberg, Tel. 06221/552266, Fax 552267

Sie sehen, es kann in Einzelfällen Diskussionen geben, aber die Mehrheit wird sich auf eine wichtigste Zeile einigen können. Das ist auch die Einschätzung, die unter Ihrem Zielpublikum voraussichtlich verbreitet sein wird. Das heißt, diese Zeile trägt die Hauptinformation und sollte sofort erfasst werden können.

Das kann sie allerdings erst, wenn der Rest typografisch in den Hintergrund tritt und nicht jede Zeile der anderen den Rang streitig macht, indem die eine bunter ist als die andere, diese aber dafür größer, die dritte eingerahmt, damit man sie auch noch beachtet, usw.

Vergleiche Beispiele auf S. 26

3.4 Kleinanzeige
Gestalten Sie obige Anzeige im Format 80 × 80 mm in zwei Gruppen. Die eine Gruppe gestaltet ganz unbedarft, ohne viel nachzudenken und ohne sich in der Wahl der Farben, Schriften und bei sonstigen Gestaltungselementen einzuschränken. Die andere Gruppe gestaltet nach folgenden Reduktionshinweisen:
1. Gestalten Sie die Anzeige so schlicht und einfach, wie Sie nur können. Verwenden Sie keine Bilder, keine Farben, keine sonstigen Schmuckelemente.

2. Gestalten Sie nur mit einer Schriftart, verwenden Sie – wenn Sie unbedingt Abwechslung brauchen – deren Schriftschnitte zu Auszeichnungszwecken, also um Wichtiges hervorzuheben.
3. Reduzieren Sie die Anzahl der Schriftgrößen; Sie werden staunen, in den meisten Fällen kleiner und mittlerer Gestaltungsprodukte reichen ein bis drei verschiedene Schriftgrößen völlig aus.
4. Reduzieren Sie die Satzachsen, die das Auge führen sollen. Finden Sie hier die lesefreundlichste Anzahl in Zusammenhang mit der Zeilenlänge heraus. Pro Zeile sollten in diesem Fall nicht mehr als 6–8 Wörter stehen.
5. Fassen Sie die einzelnen Gestaltungselemente zu Blöcken zusammen, so dass den Lesenden eine optische Struktur vorgegeben wird. Achten Sie dabei auf ausreichenden Zeilenabstand.

Vergleichen Sie die Ergebnisse der beiden Gruppen (oder Ihre eigenen beiden Versuche). Diskutieren Sie:
- welche Anzeigen Ihnen persönlich besser gefallen,
- welche funktionaler in Bezug auf die Zielgruppe (hier: zukünftige Azubis) sind und
- welche professioneller wirken.

Finden Sie Verkaufsargumente für die a| reduzierten und die b| fröhlich-chaotischen Varianten.

a|

b|

Ein Grundprinzip der Typografie wird Ihnen gleich zu Beginn auffallen: Grundsätzlich ist alles erlaubt, und es kann alles begründet werden.
Ob es allerdings für spezielle Einsatzbereiche sinnvoll ist, bestimmte Dinge auch auszuführen, sei dahingestellt. Wenn Sie z. B. eine Fliege fangen wollen, können Sie das mit Ihrer Hand, mit einem Schuh oder mit einer Zeitung tun. Profis im Fliegenfangen schaffen das, egal mit welchem Werkzeug (vielleicht erwischen Sie aber auch nur lahme Fliegen…). Die meisten (eher durchschnittlich Begabten) werden die beste Trefferquote mit einer luftdurchlässigen Fliegenklatsche haben. Und auf die beste Trefferquote kommt es in der Typografie an, zumindest in dem Teil der Typografie, der verkauft und gelesen werden soll.

3.5 Neugestaltung

Gestalten Sie folgende Anzeigen nach den Kriterien der Reduktion neu. Das Format sollte erhalten bleiben, darf aber auch Hochformat werden. Das Logo soll ebenfalls reduziert neu gestaltet werden. Lesen Sie dazu den Logocheck!

Vergleiche dazu die Lösung aus der Praxis (5 Jahre später…): 03_05_Baumschule.pdf

1. _____
2. _____
3. _____
4. _____
5. _____
6. _____
7. _____
8. _____

3.6 Analyse Reduktionsbeispiele

- Führen Sie sich nochmals die Faktoren vor Augen, die Sie bei der Reduktionsarbeit abchecken. Schreiben Sie sie in die linke Spalte.
- Zählen Sie nun anhand dieser Liste die Menge unterschiedlicher Elemente je Faktor in Beispiel 1, 2 und 3. Zum Beispiel: Faktor Schriftgröße, Verwendung: drei verschiedene.
- An welchen Stellen hätte man in Beispiel 1 bis 3 als Reduktionskünstler noch weiter reduzieren können?
- Welche Aspekte der Lesbarkeit könnte man bei Beispiel 4 verbessern?

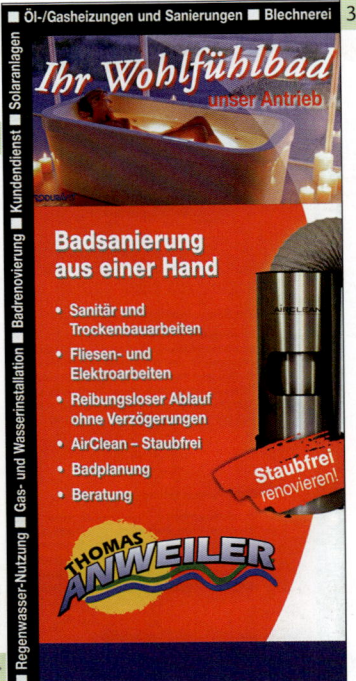

Beispiele nicht reduziert gestalteter Printprodukte

Flyer Pizzeria   1
Flyer Sanitärbetrieb   2
Flyer Naturschutz   3
Seite aus Pflegebroschüre   4

3.7 Verwilderte Typografie

Durch welche Maßnahmen würden Sie die Typografie dieser Seite in den Griff bekommen? Zählen Sie sie auf und bilden Sie eine Reihenfolge, wie Sie bei der Reduktion vorgehen würden.

Beispiel eines Produktflyers, der durch gezielte Reduktion in seiner Struktur sofort erfasst werden könnte…

3.8 Analyse Reduzierte Gestaltung

Schauen Sie sich folgende Printprodukte an:
- Welche Faktoren sind reduziert eingesetzt?
- Mit welchen Mitteln wurde auch ohne viele Effekte eine interessante Gestaltung erreicht?

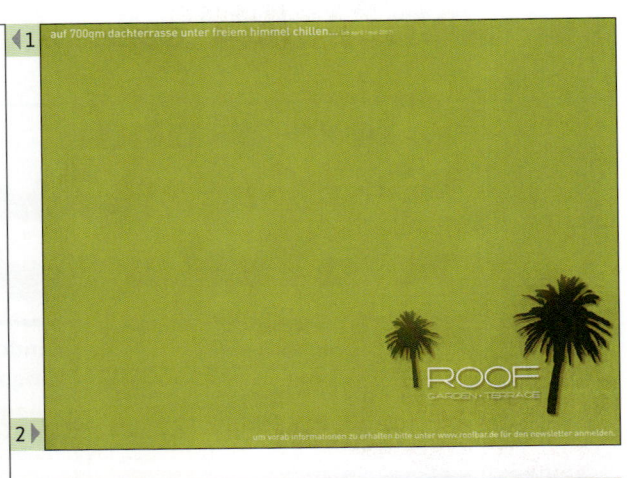

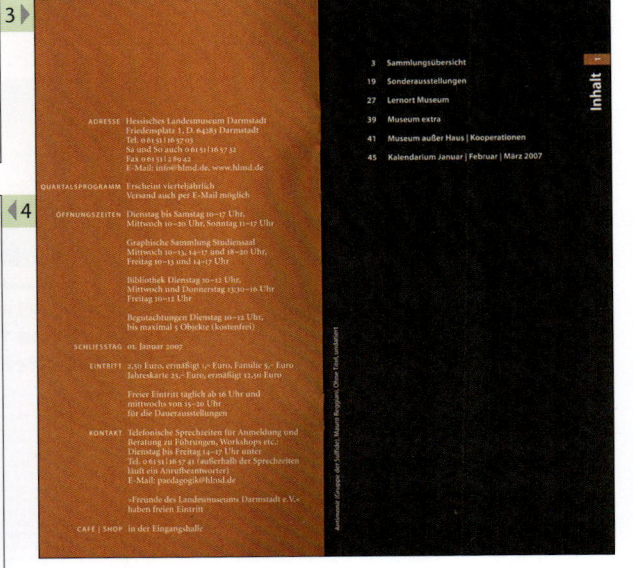

Bildbeispiele, in denen Gestaltungsmittel reduziert eingesetzt wurden:

Seite „greenpeacemagazin" 1
Anzeige Roof 2
Flyer Landesmuseum Darmstadt 3
Anzeige Hermes 4
Imagebroschüre Suisse 5
Flyer Kammermusiktage 6
Visitenkarte 7
Stellenanzeige 8

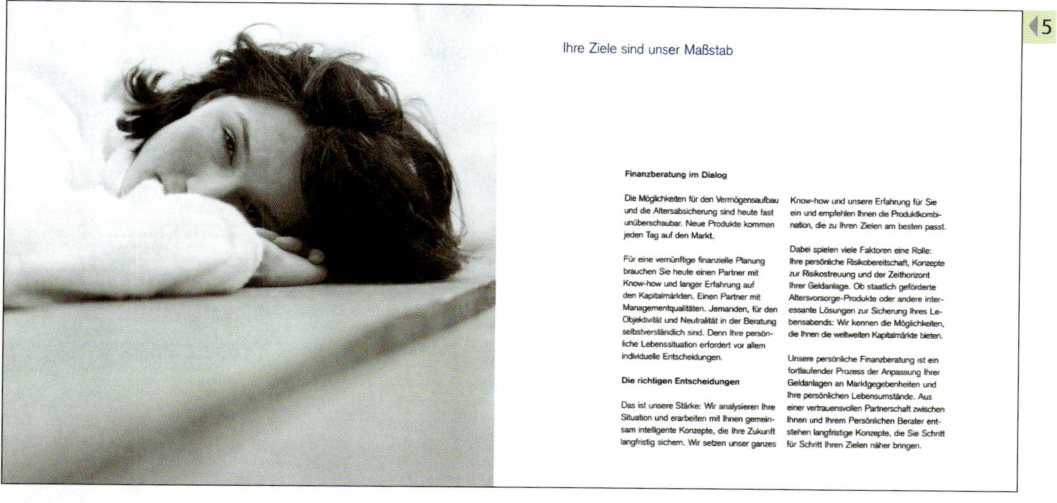

3.9 Produkt Speisen- und Getränkekarte

Beschreiben Sie Art und Ambiente eines Restaurants, Bistros oder Cafés Ihrer Wahl schriftlich in einigen Sätzen. Gestalten Sie die Außenseite und eine beliebige komplette Innenseite einer Speisen- oder Getränkekarte passend zu diesen Angaben nach den Kriterien der Reduktion.

Material zum Download:
03_09_Speisekarte.pdf

Laufweite

»Wie viel Raum benötigen Buchstaben zum Atmen?«

Das Einstellen der Laufweite wird im Englischen tracking genannt.

Bis der Schriftdesigner eine Schrift so „zugerichtet" hat, dass die Vor- und Nachbreiten optimal gewählt wurden, damit möglichst viele Buchstabenkombinationen optimale Abstände zueinander aufweisen, ist viel Zeit und Arbeitsaufwand nötig. In die Buchstabenabstände sollte also nur in Ausnahmefällen eingegriffen werden, da die Laufweite bei qualitativ hochwertigen Schriften für die normalen Lesegrößen einer Schrift schon optimiert ist.

Es kann allerdings sein, dass Sie die Laufweite einer Schrift leicht anpassen müssen. Wenn Sie das für die komplette Schrift (meist für mehrere Textzeilen) vornehmen, spricht man von

- Unterschneiden: bei einer Verringerung der Buchstabenabstände
- Spationieren: bei einer Vergrößerung der Buchstabenabstände

Sie fügen also zwischen den Buchstaben Einheiten zur Vor- bzw. Nachbreite hinzu oder Sie reduzieren Einheiten.

Die Begriffe Unterschneiden und Spationieren stammen auch noch aus der Bleisatzzeit. Beim Unterschneiden wurden Teile der Bleibuchstaben abgeschnitten, damit die Buchstaben näher zusammenrücken können, beim Spationieren wurden dünne Bleischeibchen (Spatium) zwischen die Buchstaben geschoben, damit diese weiter auseinanderstehen.

Praxisfälle einer Laufweitenveränderung:

- Sie setzen Schrift in sehr kleinen Schriftgraden (< 7p), dann müssen Sie meist die Laufweite etwas erhöhen.
- Bei Schrift in größeren Schriftgraden (> 20p) kann es sein, dass die Laufweite etwas reduziert werden kann.
- Sie lassen Text in ein vorgegebenes Layout einfließen und erhalten in einigen Fällen unschöne Trennungen, oder wenige Worte passen nicht mehr in Ihre Seite, dann ist es möglich, für wenige Zeilen die Laufweite etwas zu verringern oder zu erhöhen, um einen anderen Zeilenumbruch zu erhalten.
- Die Schrift erscheint Ihnen insgesamt für Ihren Einsatzzweck zu weit oder zu eng, dann können Sie die Laufweite leicht anpassen, wozu es allerdings schon eines geschulten typografischen Auges bedarf.
- Sie verwenden vom Kunden vorgegebene Schriften, die evtl. von Billigherstellern produziert wurden und auf deren Laufweite nicht die notwendige Sorgfalt verwendet wurde – dann können Sie auch verbessernd eingreifen.

Links: 8 p / Originallaufweite
Rechts: 8 p / +15 Einheiten (InDesign)

Es war zweimal zur alten Zeit der großen Bauernfäng, da löbbet einst wohl hinter den Bergen der König Klops. Gehabt sich wohl ein Töchterlein, reibliezend und so fein, daß duftet danzen Dag wie Kasparin, wie Melchion und Salbatham. Und sie geheißt

Es war zweimal zur alten Zeit der großen Bauernfäng, da löbbet einst wohl hinter den Bergen der König Klops. Gehabt sich wohl ein Töchterlein, reibliezend und so fein, daß duftet danzen Dag wie Kasparin, wie Melchion und Salbatham. Und

3 Lesbarkeit | Laufweite | 31

Es war zweimal zur alten Zeit

Es war zweimal zur alten Zeit

Oben: 20 p / Original-Laufweite
Unten: 20 p / −20 Einheiten
(InDesign)

3.10 Laufweite

Kreuzen Sie an, welcher Textblock Ihrer Meinung nach die ursprüngliche Laufweite aufweist, und schätzen Sie die Laufweitenveränderung der anderen Textblöcke in Einheiten (InDesign) ab.

◁ 1
Es war zweimal zur alten Zeit der großen Bauernfäng, da löbbet einst wohl hinter den Bergen der König Klops. Gehabt sich wohl ein Töchterlein, reibliezend und so fein,

Laufweite:

◁ 2
Es war zweimal zur alten Zeit der großen Bauernfäng, da löbbet einst wohl hinter den Bergen der König Klops. Gehabt sich wohl ein Töchterlein, reibliezend und so fein, daß duftet danzen

Laufweite:

◁ 3
Es war zweimal zur alten Zeit der großen Bauernfäng, da löbbet einst wohl hinter den Bergen der König Klops. Gehabt sich wohl ein Töchterlein, reibliezend und so fein, daß duftet danzen Dag wie

Laufweite:

◁ 4
Es war zweimal zur alten Zeit der großen Bauernfäng, da löbbet einst wohl hinter den Bergen der König Klops. Gehabt sich wohl ein Töchterlein, reibliezend und so fein, daß duftet danzen Dag wie Kasparin, wie Melchion und Salbatham. Und

Laufweite:

◁ 5
Es war zweimal zur alten Zeit der großen Bauernfäng, da löbbet einst wohl hinter den Bergen der König Klops. Gehabt sich wohl ein Töchterlein, reibliezend und so fein, daß duftet danzen Dag wie

Laufweite:

◁ 6
Es war zweimal zur alten Zeit der großen Bauernfäng, da löbbet einst wohl hinter den Bergen der König Klops. Gehabt sich wohl ein Töchterlein, reibliezend und so fein, daß duftet danzen Dag wie Kasparin, wie Melchion und

Laufweite:

◁ 7
Es war zweimal zur alten Zeit der großen Bauernfäng, da löbbet einst wohl hinter den Bergen der König Klops. Gehabt sich wohl ein Töchterlein, reibliezend und so fein, daß duftet danzen Dag wie

Laufweite:

◁ 8
Es war zweimal zur alten Zeit der großen Bauernfäng, da löbbet einst wohl hinter den Bergen der König Klops. Gehabt sich wohl ein Töchterlein, reibliezend und so fein,

Laufweite:

◁ 9
Es war zweimal zur alten Zeit der großen Bauernfäng, da löbbet einst wohl hinter den Bergen der König Klops. Gehabt sich wohl ein Töchterlein, reibliezend und so fein, daß duftet danzen Dag wie Kasparin, wie Melchion und

Laufweite:

Ausgleichen
»Zusätzliche Zuwendung für Buchstabenpaare«

Das Ausgleichen von Buchstabenpaaren wird im Englischen mit dem Begriff kerning bezeichnet.

Schlaglöcher auf der Autobahn behindern ja auch den Verkehrsfluss ...

Da sich das Schriftbild dem Textinhalt unterordnet und den Lesefluss möglichst unterstützen und nicht behindern sollte, dürfen keinerlei störende Stellen den Grauwert des Textes unterbrechen.

Dieser einheitliche Grauwert wird allerdings dann beeinträchtigt, wenn es durch besondere Buchstabenkonstellationen zu optischen Löchern oder unerwünschten Verdichtungen im Satzbild kommt.

Für die normalen Lesegrößen haben die Schriftgestalter die Korrekturen durch so genannte Ästhetiktabellen schon vorgenommen. Diese Information wird vom Schriftenhersteller in einem Teil der Schriftdatei mitgeliefert. Wie viele Kerning-Paare die Schrifthersteller definieren, hängt von der Qualität der Schrift ab und kann von 100 bis mehr als 1000 Paaren gehen.

In dieser Ästhetiktabelle sehen Sie den Inhalt der *.afm-Datei der Schriftart Gill. Sie erkennen die unterschiedlichen Unterschneidungswerte zwischen den Buchstabenkombinationen oder Kombinationen von Buchstaben und Satzzeichen in Einheitenwerten.

A C -40	K O -120	R Y -100	W a -60	comma quotedblright -100	o v -10	r r -10
A G -40	K e -60	T A -100	W comma -130	comma quoteright -100	o w -10	r semicolon 40
A O -40	K o -60	T O -65	W e -90	comma space -100	o x -15	r t 20
A Q -40	K u -50	T a -125	W hyphen -100	d d -10	o y -20	r v 30
A T -100	K y -75	T colon -30	W o -90	e comma 20	p comma -30	r y 30
A U -20	L T -100	T comma -125	W period -130	e v -15	p period -30	s w -10
A V -80	L V -100	T e -150	W u -75	e w -15	p y -35	semicolon space -100
A W -80	L W -100	T hyphen -170	W y -30	e y -15	period quotedblright -100	space A -100
A Y -110	L Y -110	T o -150	Y A -110	f dotlessi -10	period quoteright -100	space T -125
A v -25	L quotedblright -80	T period -125	Y O -80	f e -10	period space -100	space V -150
A w -25	L quoteright -80	T r -125	Y S -20	f o -10	quotedblleft	space W -125
A y -25	L y -30	T semicolon -30	Y a -120	f quotedblright 80	quoteleft 60	space quotedblleft -100
B A 20	O A -40	T u -140	Y colon -30	f quoteright 80	quoteright d -80	space quoteleft -100
C A 25	O T -65	T w -150	Y comma -130	g o -10	quoteright	v comma -60
C comma 25	O V -40	T y -125	Y e -130	g y 20	quoteright r -80	v e -20
C period 25	O W -40	U A -25	Y hyphen -150	h y -35	quoteright s -80	v o -20
D A -55	O X -80	U comma -25	Y o -140	k e -30	quoteright t -40	v period -60
D V -50	O Y -80	U period -25	Y period -130	k o -30	quoteright v -25	w comma -60
D W -50	O comma -60	V A -80	Y semicolon -30	l w -10	r c -25	w e -20
D Y -100	O period -60	V G -40	Y u -120	l y -10	r colon 40	w o -20
D comma -75	P A -80	V O -40	a p -10	m u -10	r comma -100	w period -60
D period -75	P comma -150	V a -80	a v -35	m y -35	r d -15	x e -30
F A -50	P e -25	V comma -130	a w -35	n u -10	r e -20	y comma -80
F comma -140	P o -25	V e -100	a y -40	n v -15	r hyphen -80	y e -20
F e -15	P period -150	V hyphen -100	b comma -10	n y -20	r o -20	y o -20
F o -15	R O -60	V o -100	b period -10	o comma -30	r period -100	y period -80
F period -140	R T -90	V period -130	b y -10	o period -30	r q -25	
J e -20	R U -30	V u -75	c comma 20			
J o -20	R V -80	W A -80	c period 20			
J u -20	R W -75	W O -40	colon space -100			

Finden Sie auch die deutschen Bezeichnungen für die in der Liste geführten Satzzeichen heraus (z. B. über die Glyphentabelle in InDesign).

Die häufigste Art des Ausgleichens erfolgt aber manuell im Layoutprogramm bei *größeren* Schriftgraden und im *Versalsatz*. Beachten Sie, dass auch Wortabstände mit ausgeglichen werden.

Es gibt hierbei keine vorgeschriebenen Werte, das Ausgleichen bleibt weitgehend Ihrem typografischen Gefühl überlassen. Verschiedene Personen gleichen eine Zeile auch verschieden aus. Ziel ist aber jeweils, einen einheitlichen Grauwert zu erreichen.

Versalien: Großbuchstaben

Die bequeme Variante des Ausgleichens ist das Erhöhen der Laufweite im Versalsatz; dadurch fallen Unregelmäßigkeiten weniger auf…

Methoden des Ausgleichens:
Finden Sie selbst heraus, mit welcher Methode Sie am besten zurechtkommen.

1. Bestimmen Sie die Grundform der Buchstaben. Wenn bestimmte Grundformen (z. B. Dreieck und Rundung) aneinanderstoßen, ergeben sich auffallende Löcher. Kreisen Sie diese ein und verändern Sie die Laufweite zwischen den Buchstaben.

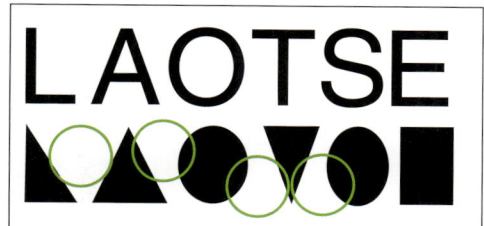

2. Stellen Sie das Wort auf den Kopf, hier sehen Sie oft die entstehenden Lücken besser. Zeichnen Sie Pfeile nach außen für „Raum raus" und Pfeile mit der Spitze nach innen für „Raum rein".

3. Kneifen Sie die Augen zusammen, bis das Schriftbild verschwimmt und Sie eine Art Graueindruck erhalten. Jetzt fallen Ihnen die Löcher und Verdichtungen besser auf als bei „Scharfstellung" der Augen.

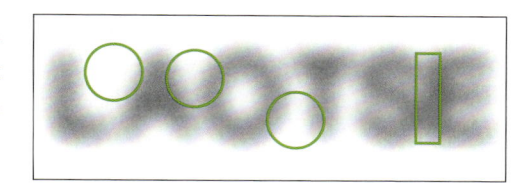

4. Beachten Sie die Formen, die zwischen den Buchstaben entstehen. Diese müssen von der durchschnittlichen Ausdehnung her etwa gleich groß werden. (Maler verwenden oft eine Grundstrichstärke als durchschnittlichen Abstand zwischen den Buchstaben und zwischen Rundungen nur die Hälfte.)

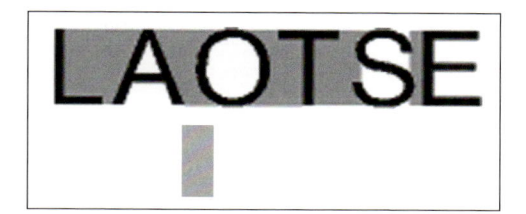

3.11 Buchstabenpaare
Finden Sie in der Ästhetiktabelle links die Zeichenpaare mit den größten Werten. Diese müssen Sie häufig auch bei anderen Schriften manuell korrigieren.

3.12 Ausgleichsmethoden

Gleichen Sie folgende Zeilen jeweils nach der angegebenen Methode aus.

1. Bestimmen Sie die Buchstabengrundformen. Kreisen Sie die Löcher ein.

DIE KUH LIEF UM DEN TEICH

2. Zeichnen Sie die Stellen ein, in denen Einheiten weggenommen oder eingefügt werden müssen.

BLUMENTOPFERDE (auf dem Kopf stehend)

3. Beurteilen Sie rein visuell, wo sich Löcher und Verdichtungen im Satzbild ergeben.

Ceterum censeo Chartarginem esse delendam

Ein ähnliches Spiel namens „**KERN**" finden Sie als App für iPhone oder iPad des Herstellers FORMation.

4. Nähern Sie sich dem Thema Ausgleichen spielerisch:
Unter **http://type.method.ac** finden Sie ein Kerning-Game. Das Spiel startet, wenn Sie den blauen Buchstaben nach links in die richtige Position bringen. Jeweils der erste und letzte Buchstabe sind fest verankert. Die anderen sollen Sie in die richtige Position bringen, so dass das Wort ausgeglichen ist. Sie erhalten ein Feedback über Ihre Trefferquote.

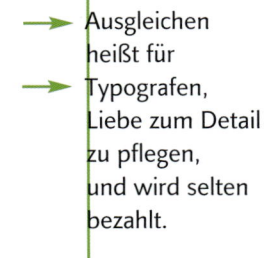

→ Ausgleichen heißt für
→ Typografen, Liebe zum Detail zu pflegen, und wird selten bezahlt.

Randausgleich
Eine letzte Form des Ausgleichens ist der ästhetische Randausgleich. Um ruhigere Satzkanten zu erhalten, sollten Buchstaben, die sehr viel Freiraum am Anfang aufweisen, an der Satzkante nach vorne gestellt werden. Ebenso wird mit Buchstaben oder Satzzeichen an der hinteren Satzkante verfahren, so ragen z. B. die Divise über die Satzkante hinaus. Diese Einstellung erlauben allerdings nicht alle Layoutprogramme. Ziehen Sie die Hilfe Ihres Layoutprogrammes zurate, um zu wissen, ob Sie Randausgleich programmgesteuert vornehmen können.

Wortabstand
»Platz für die Ellenbogen«

Ziel eines guten Wortabstandes ist die klare Trennung der Wörter untereinander, ohne dass Lücken den Lesefluss stören.

Wer viel liest, erfasst mehrere Wörter mit einem Augensprung gleichzeitig, dies würde erschwert, wenn die Wörter zu weit auseinanderstehen. Weiterhin muss der Wortabstand geringer sein als der Abstand zwischen den Zeilen, damit die Zeile als vorrangige Einheit vor dem Textblock wahrgenommen wird.

Als Wortzwischenraum hat sich der Wert eines Drittelgevierts oder der Buchstabeninnenraum (Punzen) des „n" bewährt.

Der ⁿAbstand ⁿzwischen ⁿWörtern

In Layoutprogrammen können Sie den Wortabstand meist nur beim Blocksatz beeinflussen, achten Sie hier darauf, dass er 80 % des optimalen Wortabstands nicht unter- und 130 % nicht überschreitet.

3.13 Vorübung Zeilenabstand
- Schneiden Sie aus Zeitungen, Zeitschriften, Broschüren etc. einige Textblöcke aus, von denen Sie denken, dass sie bezüglich des Zeilenabstandes optimal lesbar sind. Kleben Sie sie in den Kasten ein.
- Vermessen Sie Schriftgröße und Zeilenabstand (von Schriftlinie zu Schriftlinie) mit dem Typometer. Wie viel Prozent beträgt Ihr Zeilenabstand im Verhältnis zur Schriftgröße? Schreiben Sie die Werte zu den Textblöcken.

Zeilenabstand
»Zwischen Abgrenzung und Zusammenhalt«

Werden Sie gefragt, wie groß Sie den Zeilenabstand im Layoutprogramm in der Regel eingeben, antworten die meisten: Schriftgröße plus zwei oder drei Punkt. Das funktioniert bei den Lesegrößen der Schrift (ca. acht bis zwölf Punkt), versagt aber bei anderen Schriftgrößen.

Im Sprachgebrauch zum Zeilenabstand (ZAB) geht es oft durcheinander, deswegen sollen hier erst einige Begriffe erklärt werden:

Kompresser Satz
kein ZAB, Ober- und Unterlängen können sich berühren

> Gute Typografie sucht nicht nach allem, was noch möglich ist, sondern fragt nach dem, was nötig ist

12 p / 12 p

Durchschuss
Bleisatz-Bezeichnung für Abstandhalter zwischen den Zeilen

> Gute Typografie sucht nicht nach allem, was noch möglich ist, sondern fragt nach dem, was nötig ist

12 p mit 2 p Durchschuss

Der voreingestellte Zeilenabstand in den Layoutprogrammen steht auf 120 %, das heißt 12 p Zeilenabstand bei einer Schriftgröße von 10 p. Dieser Zeilenabstand ist für die meisten Einsatzgebiete zu gering. Zurzeit geht zudem der typografische Zeitgeist zu großzügigeren Zeilenabständen.

Zeilenabstand
gemessen von Schriftlinie zu Schriftlinie, in Punkt oder Millimeter angegeben

> Gute Typografie sucht nicht nach allem, was noch möglich ist, sondern fragt nach dem, was nötig ist ZAB

12 p mit 5,5 mm Zeilenabstand

Optische Faustregel:
Der optische Raum zwischen den Zeilen sollte der Höhe der Mittellängen der Schrift entsprechen.

> Gute Typografie sucht nicht nach allem, was noch möglich ist, sondern fragt nach dem, was nötig ist

12 p / 14,5 p

Dieser Hinweis kann zur optischen Kontrolle dienen, allerdings nicht zur numerischen Eingabe des Zeilenabstands im Layoutprogramm.

Rechnerische Faustregel:
Diese „Formel" führt zu großzügigen Zeilenabständen, die in Millimetern eingegeben werden. Das hat den Vorteil, dass sich der Seitenaufbau (z. B. beim Einsatz eines Gestaltungsrasters) besser berechnen lässt.

Schriftgröße (in p) : 2 = Zeilenabstand (in mm)

Sie können die Einheit p in Ihrem Layoutprogramm meist mit der mm-Einheit überschreiben.

Gute Typografie sucht nicht nach allem, was noch möglich ist, sondern fragt nach dem, was nötig ist

12p/6 mm

Ist Ihnen dieser Zeilenabstand zu groß, können Sie durchaus wieder etwas abziehen, verwenden Sie jedoch keine kleineren Schritte als 0,25 mm.

3.14 ZAB, Schrift und Zeilenlänge
Sicher haben Sie bei der Vorübung schon festgestellt, dass der Zeilenabstand immer in Wechselwirkung zur Zeilenlänge, zur Schriftgröße und zur Schrift selbst steht. Diskutieren und ergänzen Sie folgende Sätze:

- Längere Zeilen benötigen _____ ZAB, kürzere Zeilen benötigen _____ ZAB.
- Größere Schriften benötigen _____ ZAB, für kleinere Schriftgrößen verwenden Sie _____ ZAB.
- Eng laufende Schriften verlangen _____ ZAB, breite Schriften brauchen _____ ZAB.
- Schriften mit hohen Mittellängen benötigen _____ ZAB, Schriften mit niedrigeren Mittellängen brauchen _____ ZAB.
- Fette Schriftschnitte verlangen nach _____ ZAB, für leichte, luftige Schriftschnitte verwenden Sie _____ ZAB.

Also lustig, meine Lieben, und fröhlich gegessen und lasst es eurem Bauch und euren Lenden dabei wohl sein; aber vergesst mir auch das Trinken nicht, ihr Eselsgesichter …

Angepasster Zeilenabstand von der zweiten zur dritten Zeile nur 18 p statt 20 p, da die zweite Zeile keine Unterlängen aufweist.

Normalerweise ist der Zeilenabstand zwischen den Zeilen gleich, bei Überschriften kann es aber vorkommen, dass der Zeilenabstand angepasst werden muss, wenn z. B. in einer Zeile gar keine Unterlängen vorkommen.

Spielerische typografische Trends lassen den ZAB ganz weg oder verschränken die Zeilen absichtlich, so dass sich Unterlängen und Oberlängen berühren oder ineinanderfließen.

Satzarten
»Lassen Sie's flattern«

3.15 Vorübung Zeilenfall

■ Lesen Sie die Kurzbeschreibung der Satzarten in der Tabelle (den Rest erst später!), dann zeichnen Sie mit einem Textmarker die verschiedenen Satzarten in die vorgesehenen Kästchen ein, indem Sie durchgehende Striche ziehen, die die Zeilen darstellen.

■ Fühlen Sie den Zeichenfluss, den Ihre Hand beim Scribbeln ausführt; dieser ist vergleichbar dem Lesefluss. Tragen Sie Beobachtungen (z. B. Stockungen, Orientierungsschwierigkeiten etc.) unter die Satzart ein.

linksbündiger Flattersatz	rechtsbündiger Flattersatz	Blocksatz

Rausatz	Mittelachsensatz	freier Zeilenfall

■ Welche Satzart(en) erlaubt/erlauben ein freies Ausschwingen der Augenbewegung?
■ Bei welchen Satzarten hat das Auge keine Schwierigkeiten, den Zeilenanfang schnell zu finden?
■ Welche Satzarten wirken a) unordentlich b) „billig" c) statisch, ordentlich d) dynamisch e) harmonisch f) symmetrisch g) verspielt, frech?

3 Lesbarkeit | Satzarten

Satzart	Linksbündiger Flattersatz	Rechtsbündiger Flattersatz	Blocksatz
Beispiel	Es war zweimal zur alten Zeit der großen Bauernfäng, da löbbet einst wohl hinter den Bergen der König Klops. Gehabt sich wohl ein Töchterlein, reibliezend und so fein, daß duftet danzen Dag wie Kasparin, wie Melchion und Salbatham. Und sie geheißt Wehschnittchen, weil beim Schnaareheiden immer Aua und so sich Zopfen langer flocht. Die Zinpressin habt ein Schwester, die da Gretl	Es war zweimal zur alten Zeit der großen Bauernfäng, da löbbet einst wohl hinter den Bergen der König Klops. Gehabt sich wohl ein Töchterlein, reibliezend und so fein, daß duftet danzen Dag wie Kasparin, wie Melchion und Salbatham. Und sie geheißt Wehschnittchen, weil beim Schnaareheiden immer Aua und so sich Zopfen langer flocht. Die Zinpressin habt ein	Es war zweimal zur alten Zeit der großen Bauernfäng, da löbbet einst wohl hinter den Bergen der König Klops. Gehabt sich wohl ein Töchterlein, reibliezend und so fein, daß duftet danzen Dag wie Kasparin, wie Melchion und Salbatham. Und sie geheißt Wehschnittchen, weil beim Schnaareheiden immer Aua und so sich Zopfen langer flocht. Die Zinpressin habt ein Schwester, die da Gretl heißen und sein bol-
Beschreibung	Die glatte Satzkante ist links. Die Zeilen „flattern" rhythmisch, z. B. lang/kurz/mittellang/kurz.	Die glatte Satzkante ist rechts. Die Zeilen „flattern" rhythmisch z. B. lang/kurz/mittellang/kurz.	Alle Zeilen sind gleich lang. Die Wortabstände ändern sich.
Verwendungs-regeln	Flatterzone sollte max. 1/5 der Zeilenlänge betragen. Wenn Trennungen erfolgen, sollten sie dem Inhalt folgen. Lassen Sie im Zeilenrhythmus nach Möglichkeit keine Treppen oder Löcher entstehen (aber Sinn geht vor!)	Siehe linksbündiger Flattersatz, die Flatterzone sollte etwas kleiner gehalten sein.	Zeilen mit weniger als 40 Zeichen vermeiden (Spaltenwürmer); Wortabstand sollte zwischen minimal 80% und max. 150% variieren; Nicht mehr als drei Trennungen in Folge; kein Austreiben der Zeile durch variable Buchstabenabstände!
Einsatzbereich	ästhetische, gut lesbare Druckprodukte; lyrische Texte	Marginalien (Randbemerkungen) Bildunterschriften Tabellenspalten (Zahlen)	sachliche Drucksachen Büroanwendungen, Diplomarbeiten

Spaltenwürmer:

Es war zweimal zur alten Zeit der großen Bauernfäng, da löbbet einst wohl hinter den Bergen der König Klops. Gehabt sich wohl ein Töchterlein, reibliezend und so fein, daß duftet danzen Dag wie Kasparin, wie Melchion und Salbatham. Und sie geheißt Wehschnittchen, weil beim

(übertrieben dargestellter) Blocksatz mit variablen Buchstabenabständen (in der deutschen Typografie „verpönt"):

Es war zweimal zur alten Zeit der großen Bauernfäng, da löbbet einst wohl hinter den Bergen der König Klops. Gehabt sich wohl ein Töchterlein, reibliezend und so fein, daß duftet danzen Dag wie Kasparin, wie Melchion und Salbatham. Und sie geheißt Weh-

Flatterzone:

Es war zweimal zur alten Zeit der großen Bauernfäng, da löbbet einst wohl hinter den Bergen der König Klops. Gehabt sich wohl ein Töchterlein, reibliezend und so fein, daß duftet danzen Dag wie Kasparin, wie Melchion und Salbatham. Und sie geheißt Wehschnittchen, weil beim Schnaareheiden

Treppenbildung und Löcher im Flattersatz:

Es war zweimal zur alten Zeit der großen Bauernfäng, da löbbet einst wohl hinter den Bergen der König Klops. Gehabt sich wohl ein Töchterlein, reibliezend und so fein, daß duftet danzen Dag wie Kasparin, wie Melchion und Salbatham. Und sie geheißt Wehschnittchen, weil beim

Satzart	Rausatz / Rausatz in schmalen Spalten	Lyrischer Mittelachsensatz	Mittelachsensatz	Freier Zeilenfall in der Anzeigentypografie	Freier Zeilenfall
Beispiel	trüger, **Tom Hanks** den FBI-Agenten, der ihn jagt. Für einen US-Kritiker ist es Spielbergs lustigster Film und DiCaprios **beste Leistung seit** „Gilbert Grape". Am 20.2. startet dann Martin Scorseses lang erwarteter Film „**Gangs of New York**". In dem düsteren, blutgetränk- ... Es war zweimal zur alten Zeit der großen Bauernfäng, da löbbet einst wohl hinter den Bergen der König Klops. Gehabt sich wohl ein Töchterlein, reibliezend und so fein, daß duftet danzen Dag wie Kasparin, wie Melchion und Salbatham. Und sie geheißt Wehschnittchen, weil beim Schnaareheiden immer Aua und so sich Zopfen langer flocht. Die Zinpressin habt ein Schwester, die da Gretl	Sehnsucht

Die Sehnsucht
läßt die Erde durch die Finger rinnen
alle Erde dieser Erde
Boden suchend
für die Pflanze Mensch

Hilde Domin | Es war zweimal zur alten Zeit der großen Bauernfäng, da löbbet einst wohl hinter den Bergen der König Klops. Gehabt sich wohl ein Töchterlein, reibliezend und so fein, daß duftet danzen Dag wie Kasparin, wie Melchion und Salbatham. Und sie geheißt Wehschnittchen, weil beim Schnaareheiden immer Aua und so sich Zopfen langer flocht. Die Zinpressin habt ein | **40 Jahre Schogetten: Senkt die Krüminalität** Schogetten sind herrlich einfach zu genießen. Ohne jeden Kraftaufwand und ohne seine kriminellen Folgen – wie etwa die gefürchteten Schokoladensplitter! | Es war zweimal zur alten Zeit der großen Bauernfäng, da löbbet einst wohl hinter den Bergen der König Klops. Gehabt sich wohl ein Töchterlein, reibliezend und so fein, daß duftet danzen Dag wie Kasparin, wie Melchion und Salbatham. Und sie geheißt Wehschnittchen, weil beim Schnaareheiden immer Aua und so sich Zopfen |
Beschreibung	Die glatte Satzkante ist links. Die Zeilen „flattern" kaum. Es passt etwa so viel Text in die Zeilen wie beim Blocksatz.		Die Satzachse ist in der Mitte. Die Zeilen „flattern" rhythmisch z. B. lang/kurz/mittellang/kurz oder nach Sinnzusammenhang.		Die Zeilen „flattern" vorne und hinten und sind gegeneinander verschoben.
Verwendungs-regeln	Die Flatterzone ist wesentlich geringer als beim Flattersatz; sie sollte aber nicht zu klein angelegt werden, da sonst kein optischer Unterschied zum Blocksatz entsteht; max. vier Trennungen.		Es muss stets ein Kompromiss zwischen gutem Flatterrhythmus und Zeilenumbruch, der dem Sinn des Textes folgt, getroffen werden; die Zeilen dürfen nicht zu lang sein.		Hier dürfen vorne und hinten keine optischen Löcher entstehen; dabei sollte der Zeilenumbruch möglichst noch dem Inhalt folgen.
Einsatzbereich	funktionale Drucksachen, wenn geringe Nacharbeit (Kosten) gewünscht wird (auto. Umbruch)		Gedichte, Überschriften, Buchtiteleien, harmonische edel-konservative Drucksachen		Überschriften, Head-/Subheadlines in Anzeigen, Plakate, Zitate in Zeitschriften

3.16 Flattersatz

1. Zeichnen Sie mit Bleistift in folgenden Blindtext im Rausatz rein optisch einen guten Zeilenfall für den linksbündigen Flattersatz ein. Die Flatterzone sollte ca. 1/5 bis 1/6 der Satzbreite betragen. Sie können auch nur Teile von Worten stehen lassen. Vielleicht haben Sie auch eine Tippex-Maus zur Hand und decken die „Reste" weiß ab.

> In einem wunderschönen Bilderbuch für besonders liebe Kinder lebte einst ein i-Punkt. Der fühlte sich inmitten der anderen Buchstaben recht wohl. Er thronte voller Stolz auf seinem Platz, auf dem i in dem Wort Liebe. Alles hätte in schönster Ordnung sein können, wenn da nicht das gehässige L gewesen wäre. Es machte sich ständig über den kleinen Punkt lustig. „Seht euch nur diesen Schwächling an", spottete das L. „Eigentlich passt er überhaupt nicht in unsere Kreise. Er gibt ja so gut wie nichts her", kicherte das L boshaft und deutete dabei auf den Punkt. Es dauerte nicht lange, da begannen auch die anderen Buchstaben den Punkt zu verspotten. Der machte sich noch kleiner als gewöhnlich, um ja nicht aufzufallen. Sein sonst so schelmisches Gesicht wurde sehr traurig. „Was soll ich noch hier?", klagte er eines Tages. „Gewiss sind alle froh, wenn ich verschwinde." Also stieg der i-Punkt eines Nachts von dem Wort Liebe herunter und machte sich ganz allein auf den Weg. Nur er allein wusste, wie schwer ihm der Abschied von der vertrauten Umgebung fiel. Es dauerte jedoch nicht lange, da fragte ihn der Punkt unter einem Fragezeichen: „Wo soll's denn hingehen, Kollege?" „Das weiß ich auch noch nicht", erwiderte der i-Punkt. „Ich

Text: „Vom Pünktchen auf dem i", mit freundlicher Genehmigung von Elke Pavlovic-Sandheigl

2. Zeichnen Sie mit folgendem Korrekturzeichen für Zeilenumbruch jeweils den vermutlich richtigen inhaltlichen Zeilenumbruch des Gedichts Palmström von Christian Morgenstern.
Skizzieren Sie den Zeilenfall dann in etwa mit Bleistiftstrichen in entsprechender Länge unter das Gedicht. Hierbei sehen Sie, dass der Sinn-Umbruch Vorrang vor dem ästhetischen Umbruch hat.

> Palmström steht an einem Teiche und entfaltet groß ein rotes Taschentuch: Auf dem Tuche ist eine Eiche dargestellt sowie ein Mensch mit einem Buch. Palmström wagt nicht, sich hineinzuschneuzen. Er gehört zu jenen Käuzen, die oft unvermittelt-nackt Ehrfurcht vor dem Schönen packt. Zärtlich faltet er zusammen, was er eben erst entbreitet. Und kein Fühlender wird ihn verdammen, weil er ungeschneuzt entschreitet.

Material zum Download:
03_16_Überschriften.pdf

3. Schneiden Sie die Überschriftzeilen der Zeitung aus und bringen Sie sie in einen sinnvollen Mehrzeiler, der gleichzeitig den Kriterien eines guten linksbündigen Flattersatzes standhält. Kleben Sie die Zeilen wieder in den vorgesehenen Raum ein.

4. Schneiden Sie die Überschriftzeilen des Lifestyle-Magazins aus, erstellen Sie einen freien Zeilenfall und kleben Sie sie wieder ein.

Material zum Download:
03_16_Blindtext.pdf

5. Finden Sie mindestens sechs Satzfehler im folgenden Blocksatz? Achten Sie dabei auch auf Buchstaben- und Wortabstände. Setzen Sie den Text in der Frutiger 10 p neu und kleben Sie ihn über den fehlerhaften Text.
Fehler:

In einem wunderschönen Bilderbuch für besonders liebe Kinder lebte einst ein i-Punkt. Der fühlte sich inmitten der anderen Buchstaben recht wohl. Er thronte voller Stolz auf seinem Platz, auf dem i in dem Wort Liebe. Alles hätte in schönster Ordnung sein können, wenn da nicht das gehässige L gewesen wäre. Es machte sich ständig über den kleinen Punkt lustig. „Seht euch nur diesen Schwächling an", spottete das L. „Eigentlich passt er überhaupt nicht in unsere Kreise. Er gibt ja so gut wie nichts her", kicherte das L boshaft und deutete dabei auf den Punkt. Es dauerte nicht lange, da begannen auch die anderen Buchsta-

Figuren- oder Formsatz
»Und die konkrete Poesie«

Unter Formsatz versteht man das Setzen von Texten in Formen. Es bildet sich entweder eine positive Form – dann ist der Textblock die Form selbst (vgl. 1 und 2) – oder eine negative Form – dann umfließt der Text eine Form, oder die Form entsteht erst durch den umfließenden Text (vgl. 1, S. 44).

Formsatz kommt als Konturensatz vor, der sich dem Bild unterordnet, er wird dann verwendet, wenn eine Figur von Text umflossen werden soll; dies geschieht oft bei freigestellten Bildern. Vermeiden Sie auch hierbei Löcher im Satzbild (bei zu kurzen Zeilen) und lassen Sie nicht zu, dass die Buchstabenabstände variieren.

Figurensatz ist keine eigene Satzart, sondern ein spielerisches Mittel der Typografie. Man stellt hier den Inhalt anhand der Satz-Form dar. Dieses wurde durch die Zeiten gerne für Gedichte verwendet. Einige ältere und jüngere Beispiele sehen Sie auf diesen Seiten.

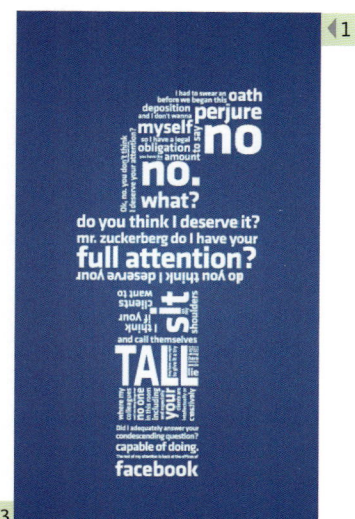

3.17 Figurensatz

- Suchen Sie selbst in Bibliotheken und im Internet Beispiele für konkrete Poesie und Typografik, die „mit Worten malt".
- Entwerfen Sie Ihren eigenen Figurensatz, indem Sie sich von Abbildung 1 und 2 inspirieren lassen. Arbeiten Sie schwarz-weiß und stellen Sie die fertige Arbeit auf eine Farbfläche. Fertigen Sie ein Leporello aus den (Gruppen-)Ergebnissen.
- Interessant sind auch Arbeiten der ASCII-Künstler, die den Grauwert einzelner Buchstaben verwenden, um Bilder über Buchstaben „nachzupixeln". Auf der Seite http://www.typorganism.com können Sie selbst Bilder hochladen und diese dann mit dem ASCII-O-Matic in ASCII-Zeichen umsetzen lassen.
- Auch die iPhone/iPad-App „TypeDrawing" ist in diesem Kontext interessant. Hier malen Sie visuelle Typo-Gemälde mit dem Finger.

1 angelo a. acevedo, flickr.com
2 Deividart, flickr.com
3 Barack Obama, erzeugt mit ASCII-O-Matic

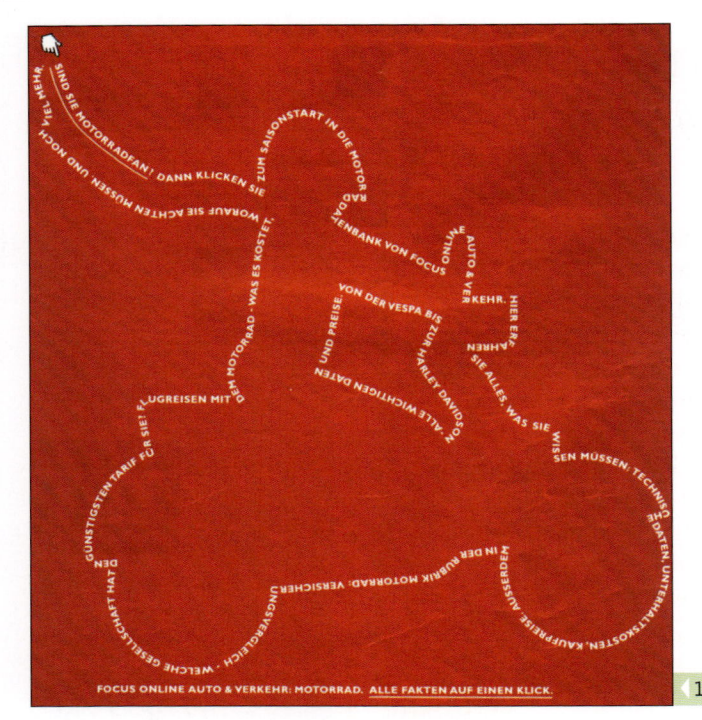

3.18 Analyse Formsatz

Untersuchen Sie die folgenden modernen Formsatzbeispiele. Versuchen Sie die unterschiedlichen Verwendungsansätze in Worte zu fassen.

- Soll der Text überhaupt gelesen werden?
- Könnte auch ein x-beliebiger Text als „Formgeber" dienen?
- Was macht einen überzeugenden Formsatz aus?

_____
_____
_____
_____
_____
_____

Weitere Beispiele modernen Form- und Konturensatzes:
Anzeige Focus 1
Katalog-Doppelseite 2
aus „Singuhr-Klangkunst" (Cyan)
Deutsche Bahn AG 3

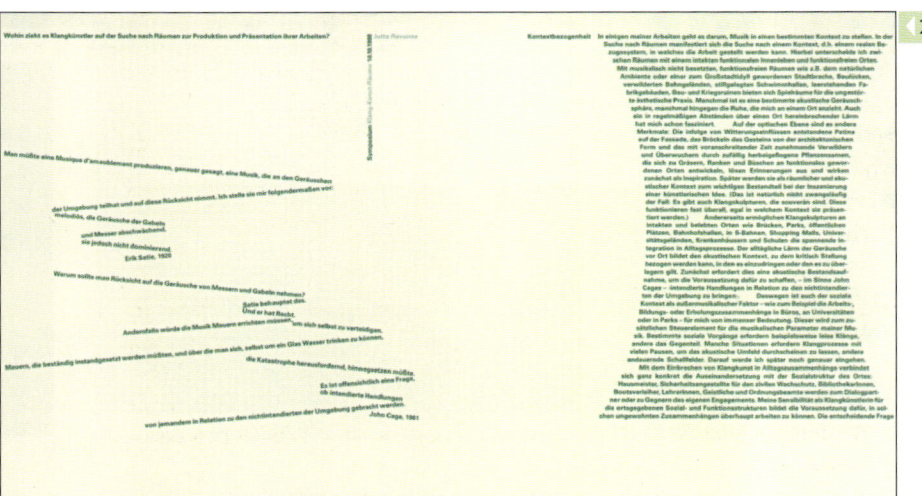

Satzbreite

»Wie viel soll das Auge springen?«

Als weiterer Faktor der Lesbarkeit eines Textblockes fehlt noch die Bestimmung der Spaltenbreite bzw. der Satzbreite eines Textblockes. Es muss stets gewährleistet sein, dass die Leseperson den Textanschluss in einer Spalte findet, ohne in der Zeile zu verrutschen. Da sich verwendete Schrift, Schriftgröße und Satzbreite stark gegenseitig beeinflussen, kann nicht von festen Breiten (z. B. in Zentimetern) ausgegangen werden, einen Richtwert bietet jedoch die Zeichen- oder Wortanzahl pro Zeile.

Interview-Ausschnitt aus „Source"; (Hrsg. Scheufelen)

Ob dieses Interview zum Lesen gedacht ist, sei dahingestellt ... Originalschriftgröße, Originalsatzbreite: 180 mm

3.19 ZEILENLÄNGE

Um ein Gefühl für die Lesbarkeit von Textblöcken in Abhängigkeit von der Zeilenlänge zu erhalten, tragen Sie einige Textblöcke zusammen, die Sie bezüglich der Zeilenlänge für optimal lesbar halten.
Ermitteln Sie die Werte Ihrer persönlichen Auswahl:
Wortanzahl pro Zeile von _____ bis _____
Zeichenanzahl (inkl. Leerzeichen) von _____ bis _____

Die mittlere Wort- oder Zeichenanzahl pro Zeile ermitteln Sie, indem Sie drei bis fünf aufeinanderfolgende Zeilen auszählen und das Ergebnis durch die Anzahl der ausgezählten Zeilen teilen.

Faustregeln zur Satzbreite:

- Vermeiden Sie Zeilenbreiten unter 35 Zeichen.
- Für längere Lesetexte haben sich Zeilen zwischen 45 und 75 Buchstaben bewährt.
- Serifenlose Schriften sollten maximal sieben bis neun Wörter pro Zeile aufweisen.
- Antiquaschriften mit Serifen führen durch die Serifen, die die Schriftlinie betonen, das Auge etwas besser in der Horizontalen, deswegen können hier neun bis elf Wörter in der Zeile stehen.
- Schriften mit hohen Mittellängen oder breiter laufende Schriften erfordern breitere Spalten.
- Schriften mit niedrigen Mittellängen oder schmal laufende Schriften erfordern schmalere Spalten.
- Je motivierter die Leser einzuschätzen sind, desto eher darf eine der Faustregeln „gebeugt" werden.

Auszeichnungsarten
»Mit Texten sprechen«

Stellen Sie sich die kleine Geschichte laut gelesen vor:

> Der Kriminalbeamte Slotterdiek schlich sich an der Hauswand entlang. **PÄNG**, krachte ein Schuss, er hastete über den schlecht erleuchteten Parkplatz und rief: Wer da? In dem Moment stolperte er über eine am Boden liegende Person, das war ja Kollege Augsburg! Betroffen beugte er sich hinunter und fragte mit rauer Stimme: **Können Sie mich hören?** Doch ein Blick in die glasigen Augen sagte ihm, dass alles z u s p ä t war. Da erwachte ein *unbändiger* Zorn in ihm, er sprang auf, doch schon fiel der nächste SCHUSSSS…

Auszeichnungsarten dienen dazu, den Lesenden zu helfen, den Text schneller zu erfassen. Dies kann durch gezielten Einsatz von Betonungen und Hervorhebungen bestimmter Wörter geschehen. Insgesamt sollte der Lesefluss (im Gegensatz zum lautmalerischen Beispiel oben) dabei möglichst wenig gestört werden, deswegen werden viele Auszeichnungsarten, die technisch machbar sind, in der professionellen Typografie nicht verwendet. Praktische Hilfestellung bei der Entscheidung für eine Auszeichnungsart erhalten Sie durch den Vergleich mit der gesprochenen Sprache.

3.20 Klang von Auszeichnungsarten
Wie klingen Ihrer Meinung nach folgende Auszeichnungsarten:

Auszeichnungsart	Bezeichnung	Klang
das *hervorgehobene* Wort		
das **hervorgehobene** Wort		
das h e r v o r g e h o b e n e Wort		
das hervorgehobene Wort		
das HERVORGEHOBENE Wort		
das Hervorgehobene Wort		
das hervorgehobene Wort		
das hervorgehobene Wort		
das **hervorgehobene** Wort		
das hervorgehobene Wort		

3.21 Auszeichnungen

- Setzen Sie den Text „Angst" von Hans-Jürgen Lenhart mit Hilfe von Auszeichnungen und Schriftmodifikationen typografisch um. Freie Formatwahl!
- Schauen Sie sich *danach* zum Vergleich das Lösungsbeispiel von Tina Funcke (Akademie für Kommunikation und Design Frankfurt) an.

Material zum Download:
03_21_Angst.zip

Übliche Auszeichnungsarten

Kursiv

Die Kursive ist in Mengentexten die dezenteste und wirkungsvollste Art, Wörter hervorzuheben. Sie bremst den Lesefluss leicht ab, ohne jedoch den Grauwert des Schriftbildes der Seite zu zerstören. Sie wird oft zur Hervorhebung fremdsprachlicher Begriffe oder Fachbegriffe sowie für Zitate eingesetzt. Um ganze Textpassagen zu gestalten, verwendet man sie beim Satz von Gedichten, bibliophilen Werken und Vorwörtern. (Der kursive Text kann wiederum mit dem Normalschnitt ausgezeichnet werden.)

Achten Sie allerdings darauf, dass der echte kursive Schriftschnitt vorhanden ist, sonst erhalten Sie eine elektronische Modifikation des Normalschnittes, die aussieht, als hätte man die Schrift „schiefgedrückt", wohingegen ein echter Kursivschnitt Elemente der handschriftlichen Gestaltung aufweist. Bei serifenlosen Schriften ist der Unterschied oft schwieriger festzustellen als bei Serifenschriften.

echte Kursive   *modifizierte Kursive*
echte Kursive   *modifizierte Kursive*

Kapitälchen

Kapitälchen existieren als eigener Schriftschnitt und sind Versalien in Höhe der Kleinbuchstaben. Die Großbuchstaben bleiben in der Höhe der Großbuchstaben erhalten.

ECHTE KAPITÄLCHEN
ELEKTRONISCHE KAPITÄLCHEN

ECHTE KAPITÄLCHEN
ELEKTRONISCHE KAPITÄLCHEN

Sie verlangsamen den Lesefluss – die Lesenden müssen die ausgezeichneten Worte sozusagen buchstabieren. Aber auch hier wird der Seitenrhythmus nicht unterbrochen, die Kapitälchen fügen sich gut in das Schriftbild ein. Sie werden meist für Eigen-, Autoren- und Ortsnamen oder zum Satz von römischen Ziffern eingesetzt.

Eine weitere Möglichkeit ist das Setzen der ersten Zeile hinter einem Initial oder das Setzen von ganzen Texten in Kapitälchen. Dies geschieht zum Beispiel bei feierlichen und repräsentativen Gestaltungsprodukten.

Auch die Kapitälchen können wieder durch elektronische Modifikation erstellt werden; das geschieht dann, wenn der Schriftschnitt nicht vorhanden ist. Man kann sie daran erkennen, dass die Strichstärke der Großbuchstaben und der Kapitälchenbuchstaben voneinander abweicht, bei echten Kapitälchen ist sie gleich. Sie finden Kapitälchenschnitte allerdings nur bei gut ausgebauten Schriftfamilien.

Versalien

Die schlechtere Auszeichnungsalternative zu Kapitälchen sind Versalien, denn diese verringern die Lesegeschwindigkeit erheblich und stören den Grauwert der Seite. Wenn sie eingesetzt werden, dann für den gleichen Zweck wie die Kapitälchen, beachten Sie aber Folgendes: Setzen Sie die Versalien minimal kleiner (auf ca. 90% der Schriftgröße), da die Strichstärke sich dann der Strichstärke des restlichen Textes angleicht, und sperren Sie sie leicht an.

Vermeiden Sie den Satz ganzer Zeilen in Versalien (auch bei Überschriften), da sie grundsätzlich schlechter lesbar sind als die gemischte Schreibweise.

Fett

Der halbfette oder fette Schriftschnitt eignet sich sehr eingeschränkt zur Auszeichnung von Mengentexten. Bei Zwischenüberschriften und Überschriften kann er allerdings gut eingesetzt werden.

Im Grundtext wird durch eine fette Hervorhebung das Wort meist überbetont. Auch wird das Satzbild durch dunkle Flecken unterbrochen. Wenn diese Wirkung allerdings bezweckt ist, zum Beispiel bei Nachschlagewerken oder Schulbüchern, die ein konsultierendes und selektierendes Lesen fördern wollen, dann ist die Auszeichnungsart richtig eingesetzt.

Ebenso bildet der fette Schriftschnitt eine Alternative zum Kursivschnitt im Nonprint-Bereich, da kursive Schriften durch die geringe Auflösung der Bildschirme meist schlecht lesbar sind.

Unübliche Auszeichnungsarten

Outline, schattiert und verzerrt

Die Auszeichnungsarten outline und schattiert finden Sie oft in der „selbst gemachten" Typografie. Wenn Sie sie einsetzen wollen, dann eventuell bei großen Überschriften, z. B. im Magazinbereich, ansonsten wirken sie schnell unseriös. Verzerrte Schriften sollten nur in seltenen Fällen eingesetzt werden!

Gesperrt

Die Auszeichnungsart gesperrt wurde früher verwendet, wenn die Setzerei aus Kostengründen keine zusätzlichen Schriftschnitte zur Verfügung hatte oder als Auszeichnung bei Frakturschriften; heute gibt es kaum einen Grund, sie einzusetzen, da sie den Lesefluss beeinträchtigen.

Anzeige Iberogast (Ausschnitt)
Beispiel einer inhaltlich begründeten (semantischen) und daher sinnvoll eingesetzten Schriftverzerrung

Unterstreichen

Auszeichnung durch Unterstreichen trifft man oft im Bürobereich an, bei typografischen Produkten selten, und wenn, dann sollten die Unterlängen aus der Unterstreichung ausgespart werden. InDesign ermöglicht inzwischen das genaue Einstellen von Unterstreichungsoptionen.

Gegenbewegung

Gegenbewegung

Andere Farbe

Die andersfarbige Auszeichnung findet sich ab und zu in der moderneren Typografie, sie legt aber ein erhebliches Gewicht auf die ausgezeichneten Textpassagen und sollte durch die andere „Klangfarbe" der ausgezeichneten Worte begründet werden können, z. B. bei Zwischenüberschriften.

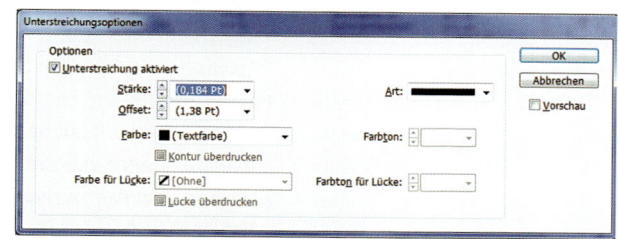

Andere Schrift

Wörter durch den Einsatz einer anderen Schrift auszuzeichnen, ist nicht empfehlenswert, da sie gleichsam in eine andere „Sprache" verfallen und das die Lesenden irritiert.

3.22 AUSZEICHNUNGEN

Welche Auszeichnungsarten würden Sie für folgende praktische Problemstellungen wählen?

1. Hervorhebung von Ortsnamen in einer Wegbeschreibung

2. Auszeichnung von Fachbegriffen, die in einem Glossar nachgeschlagen werden können, in einer Fachzeitschrift

3. Auszeichnung einer Zwischenüberschrift in einem Lifestyle-Magazin

4. In der Grundschrift einer Einladungskarte zur Überreichung des Bundesverdienstkreuzes

5. Auszeichnung von wichtigen Schlagworten in einem Schulbuch

6. Hervorhebung von betonten Wörtern in einem dialogischen Roman

7. Zitatensatz in einer Diplomarbeit

8. Auszeichnung von Autorennamen in einem Literaturverzeichnis

9. Satz von römischen Ziffern in einem Geschichtsbuch

Gestaltungsprinzip: Kontrast
»Die Inszenierung der Typografie«

Ein buntes Blatt auf dunklem Erdboden wirkt sehr viel mehr als das gleiche Blatt im ebenfalls bunten Herbstlaub.
Ein schönes, zartes Schneewittchen unter sieben buckligen Zwergen wirkt noch schöner und begehrenswerter.
Die eisgekühlte Coca-Cola in der Wüste ist wirkungsvoller als unter einem erfrischenden Wasserfall.
Das Nebeneinander ungleicher Dinge verstärkt die Wirkung dahingehend, dass ein Element sich in den Vordergrund schiebt, es setzt sich mit Unterstützung des gegensätzlichen Elements in Szene.

Sehen wir uns die beschriebenen Kontraste näher an:
Blatt
Farbkontrast, bunt – unbunt
Schneewittchen
ästhetischer Kontrast, attraktiv – unattraktiv
Coca-Cola
sensorischer Kontrast, erfrischend – heiß/durstig

Typografisch gestaltete Drucksachen sollen nicht nur gelesen werden, sondern sie sollen wirken. Die Typografie macht sich das Wahrnehmungsphänomen zunutze, dass ungleiche Elemente, wenn sie gegenübergestellt werden, noch ungleicher wirken. Die kontrastive Gestaltung dient zur Blickfangbildung, wodurch die Aufmerksamkeit des Betrachters erregt werden soll. Inhaltlich oder ästhetisch wichtige Elemente werden so in Szene gesetzt.

Kontraste haben also die Doppelfunktion, die Lesbarkeit durch bewusste Hierarchiebildung zu unterstützen und die Gestaltung spannungsvoller und interessanter zu machen.

3.23 Kontrastpaare
Ordnen Sie folgende Kontrastpaare den Typobildern auf der nächsten Seite zu:
1. **fett**/fein
2. **groß**/klein
3. **gerade**/kursiv
4. **symmetrisch**/asymmetrisch
5. positiv/**negativ**
6. viel/**wenig** (bedruckt/unbedruckt)
7. **horizontal**/vertikal
8. **verspielt**/sachlich
9. schmal/**breit**

3.24 Kontrastwirkung
- Ordnen Sie dem in Aufgabe 3.23 fett gedruckten (meist dominierenden) Teil eine mögliche Aussage und damit Wirkung zu; überlegen Sie sich dabei die Wirkung aus Sicht des stärkeren Elements.
- Diskutieren Sie danach die Zuordnungen, es gibt sicher mehrere Möglichkeiten.

a ich bin wichtig
b ich überzeuge durch starke Mittel
c ich bin ganz exquisit
d ich setze mich stärker durch
e ich wirke aufrichtig
f ich zeige mich überlegen
g seht, wie ordentlich ich bin
h ich verführe
i ich beanspruche Platz

3 Lesbarkeit | Gestaltungsprinzip: Kontrast   51

◁1

ko**trast**n

◁2

kontrast
kontrast
kontrast

kontrast kon kontrast kontrast
kontrast kontrast kontrast
kontrast trast kontrast kon kontrast kontrast kontrast kontrast
kontrast kontrast kontrast kont
kontrast kontrast
kontrast kontrast kontrast trast
trast kontrast kontrast kontrast
kontrast kontrast

◁3

kontrast
kontrast
kontrast
kontrast
kontrast
kontrast
kontrast
kontrast
kontrast
kontrast
kontrast
trast kontrast kontrast kontrast kon
kontrast

◁4

kon**trast**

◁5

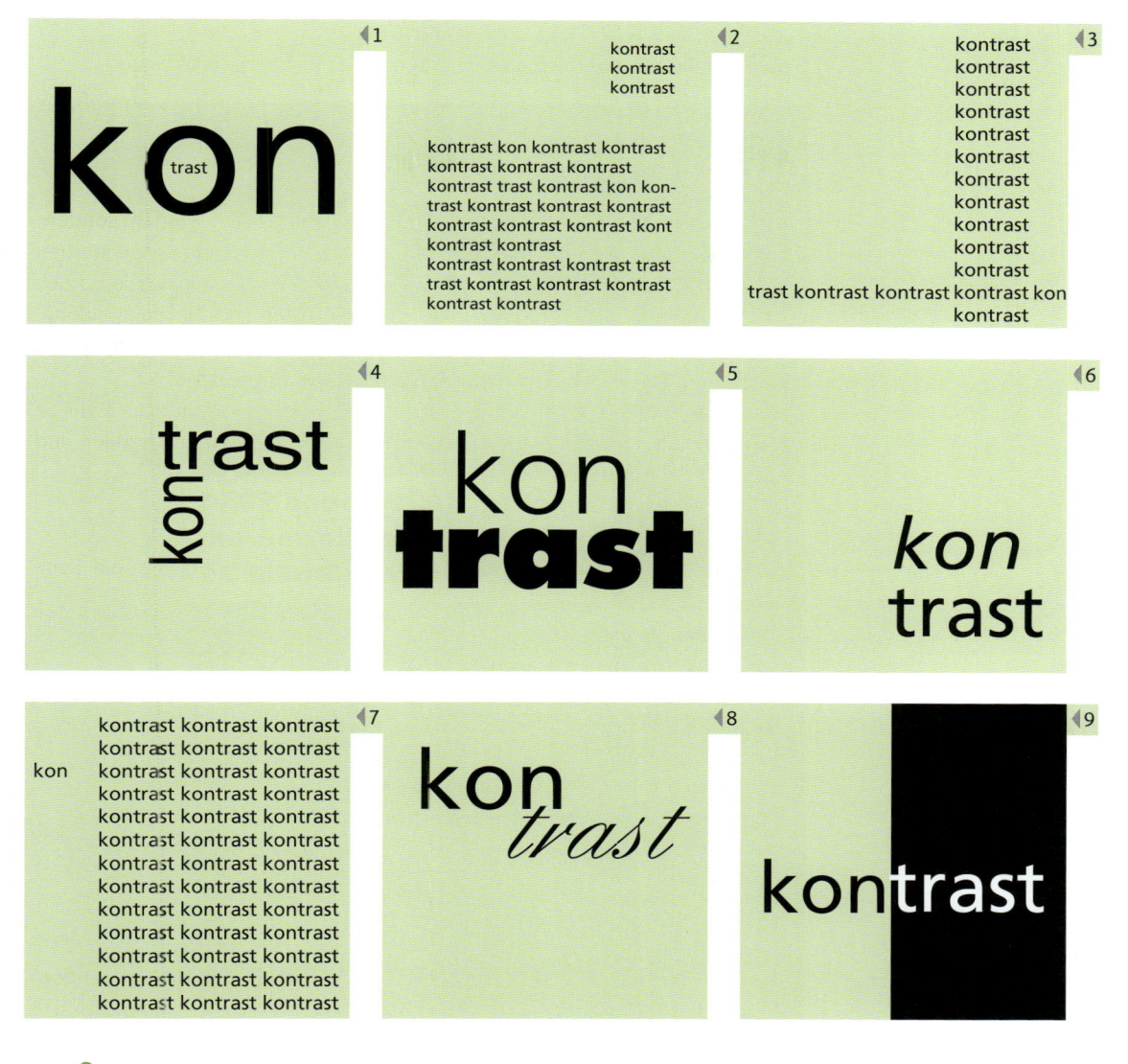

kon
trast

◁6

*kon
trast*

◁7

kon kontrast kontrast kontrast
kontrast kontrast kontrast
kontrast kontrast kontrast
kontrast kontrast kontrast
kontrast kontrast kontrast
kontrast kontrast kontrast
kontrast kontrast kontrast
kontrast kontrast kontrast
kontrast kontrast kontrast
kontrast kontrast kontrast
kontrast kontrast kontrast

◁8

kon
trast

◁9

kon**trast**

3.25 Sinneskontraste
Sammeln Sie Kontraste, die mit unseren Sinnen wahrgenommen werden können. Mit welchen typografischen Kontrastpaaren würden Sie diese Sinneskontraste darstellen?

_____
_____
_____
_____
_____
_____

3.26 ANALYSE KONTRASTPAARE FINDEN

Benennen Sie alle Kontrastpaare, mit denen das Plakat gestaltet wurde.

KINDERFEST

**Sonntag, 16. Februar 2014
im kath. Gemeindezentrum
Friedjof-Klinglein-Straße 25**

festes Programm:
ab 14.00 Uhr Kaffee, Saft und Kuchen
ab 16.00 Uhr Puppentheater „Piratenkiste"
mit dem Puppenspiel „Petersiliensalat"

Rahmenprogramm:
Malwettbewerb: Wer malt uns ein Logo?
Spiele, Schminken, Buttons machen

Alle Kinder sind herzlich eingeladen
Die kleinen Strolche (Familienzentrum)
Heidelberg, Vangerowstraße 17

Wenn Sie gestalten, werden Sie merken, dass es schwierig ist, sich auf einen Kontrast zu beschränken. Meist verwendet man intuitiv mehrere Kontraste gleichzeitig, um deutlich zu arbeiten. Kontraste können sich gegenseitig unterstützen, d. h., sie verstärken – gezielt eingesetzt – ihre Wirkung gegenseitig.

Wenig gelungen ist die kontrastive Gestaltung, wenn zu viele verschiedene Kontraste eingesetzt werden, so dass sich ihre Wirkung gegenseitig aufhebt. Meistens ist das der Fall, wenn es keine klare Schwerpunktbildung auf einzelnen Gestaltungselementen wie z. B. der Überschrift gibt.

3.27 Kontrastfaktoren

Welche Kontraste wurden gebündelt eingesetzt, um die Überschrift in Abbildung 1 vom Grundtext abzusetzen?

Gestalten sie also am Anfang mit stärkeren Kontrasten, als Sie das Ihrem natürlichen Empfinden nach tun würden. Erst wenn ein Element deutlich, oft mit allen Kontrastmitteln, die zur Verfügung stehen, in Szene gesetzt wird, fällt es auch wirklich auf (vgl. 5, S. 54).

3.28 Kontrastverwendung

Analysieren Sie folgende Printprodukte oder tragen Sie selbst einige Anzeigen aus Zeitschriften zusammen (z. B. Fernsehzeitschrift, Frauen- oder Herrenmagazine; Fachzeitschriften sind oft weniger geeignet).
1. Legen Sie eine Liste aller Kontraste an, die Sie finden können.
2. Unterstützen sich die Kontraste oder heben sie sich auf?
3. Wo hätten Kontraste deutlicher herausgearbeitet werden müssen?
4. In welcher Beziehung steht der Kontrasteinsatz zur Werbebotschaft?
5. Ist das Produkt im Hinblick auf Kontrastwahl und zu vermutende Zielgruppe als gelungen zu bewerten?

Beispiele kontrastiv gestalteter Printprodukte, deren Kontraste sich im besten Fall gegenseitig ergänzen und so zur Geltung bringen. Im weniger gelungenen Fall heben sie sich gegenseitig auf und werden wirkungslos.

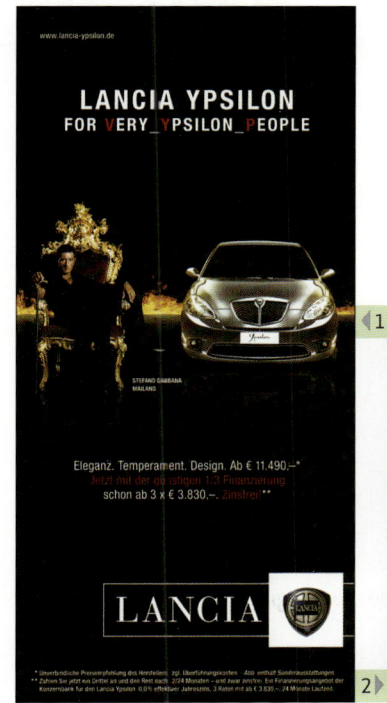

▶3

▶4

▶5 März 2007

hr-Sinfonieorchester   Annett Louisan

Do 15.03.2007
Fr 16.03.2007
•
Frankfurt
hr-Sendesaal
20.00 Uhr
•
Karten: 14,- €
(069) 155-2000
ABO

Die Auftragskomposition von Bob Brookmeyer wird ermöglicht durch die großzügige Unterstützung der »Freunde und Förderer der hr-Bigband e.V.«

hr-Bigband meets hr-Sinfonieorchester
•
Wolfgang Bleibel, sax
Bob Brookmeyer, Ltg
•
Ein spektakuläres Projekt, überraschende Begegnungen von Jazz und Klassik, Sinfonieorchester und Bigband verspricht dieser Abend. Drei Jazzarrangeure werden die erweiterten Klangmöglichkeiten erforschen. Am Anfang steht Clare & Brent Fischers Bigband-Adaption von Mussorgskys »Bilder einer Ausstellung«. Die synergetische Befruchtung von Musik durch Malerei ist dann auch Thema Jörg Achim Kellers, der sich von elf Bildern Edvard Munchs zu einem Konzert für Saxofon und großes Orchester inspirieren ließ. Als krönenden Höhepunkt des Abends werden die hr-Bigband und das hr-Sinfonieorchester im zweiten Teil des Abends gemeinsam ein Werk uraufführen, das eigens zu diesem Anlass bei dem großen amerikanischen Arrangeur und Komponisten Bob Brookmeyer in Auftrag gegeben wurde. Brookmeyer wird das Konzert auch dirigieren.

Sa 31.03.2007
•
Frankfurt
hr3@night
Veranstaltungsort aktuell unter
www.hrbigband.de

**hr3@night 2007:
Annett Louisan + 18**
•
Annett Louisan, voc
Jörg Achim Keller, Ltg
•
»Ich mag es total, mit schweren Wörtern leicht umzugehen«, sagt Annett Louisan, deren Stimme, sanft wie ein Flüstern im Wind, nur zu leicht über die Hintergründigkeit ihrer Texte hinwegtäuschen kann. Zwischen Pop und Chanson besetzt sie eine Nische, die spätestens seit Hildegard Knefs Abtritt von der Bühne in Deutschland verwaist war. Dabei zeigt die erfolgreiche Künstlerin mit Anklängen an Samba und Tango, an Jazz und Musette ein musikalisches Spektrum, das sich wohltuend vom Charts-Einheitsbrei abhebt. Normalerweise mit einem akustischen Quintett unterwegs, wird Annett Louisan ihre Chansons für hr3@night erstmals von einer Bigband begleiten lassen. Eine neue Erfahrung sowohl für die Künstlerin wie für ihr stetig wachsendes Publikum.

3 Lesbarkeit | Gestaltungsprinzip: Kontrast 55

1 Anzeige Lancia
2 Anzeige Tiger Balm
3 Postkarte Kunstmillion
4 Anzeige Bitburger
5 Flyer Hessischer Rundfunk
6 Anzeige Condor
7 Flyer Darmstadt
8 Inhaltsseite Event-Magazin
9 Anzeige Mini Cooper

3.29 Produkt Handzettel

Gestalten Sie nur mit dem Element der Schrift einen Handzettel in schwarz-weiß mit möglichst wenigen, aber deutlich ausgeführten Kontrasten im Format DIN A6.

Text:
> Romeo & Julia
> Tragödie von William Shakespeare
> Theateraufführung des Hebel Gymnasiums Frankfurt
> unter Leitung von Matthias Birschel
> Donnerstag 21.8.2014, 17.00 Uhr
> Samstag 23.8.2014, 20.00 Uhr
> Eintritt: 15 (10) €, Abendkasse

3.30 Produkt Plakat

Entwerfen Sie ein rein typografisches Plakat mit deutlichem Blickfang und maximal zwei Farben. Gestalten Sie plakativ (große, kräftige Schriften, Farbflächen, keine Verläufe!), denn Plakate sollten immer eine Fernwirkung haben. Vergessen Sie trotz kontrastiver Gestaltung nicht das Prinzip der Reduktion, Format DIN A3.

Text:
> Kammerkonzert des Ludwigshafener Kulturvereins
> Streichquartett op. 76 (4)
> Joseph Haydn
> „Die Zypressen" für Streichquartett
> Anton Dvořák
> Mirek Jonasz   1. Violine
> Otto Brinkmann   2. Violine
> Josef Baader   Viola
> Werner Nägeli   Cello
> Mittwoch, 18. März 2015 um 20.30 Uhr im Kulturverein
> Der Eintritt ist frei. Es wird um eine Spende
> für die deutsche Aids-Hilfe gebeten.

Bewertungskriterien:
Blickfang, themenangemessener Kontrasteinsatz
plakative Gestaltung, Fernwirkung
Gesamteindruck (Schrift- und Farbwahl, Lesbarkeit, Originalität)

3.31 Produkt Volkshochschulprogramm

Material zum Download:
03_31_Volkshochschule.zip

Gestalten Sie vier Seiten eines Volkshochschulprogramms. Gehen Sie dabei nach den Kriterien der Reduktion vor, aber bereichern Sie die Gestaltung auch durch kontrastive Mittel, z. B. in der Gestaltung der Themenbereich-Unterteiler.

3 Lesbarkeit | Gestaltungsprinzip: Kontrast **57**

3.32 Kontrastives Gestalten

- Gestalten Sie folgende Schriftzüge kontrastiv auf den vorgegebenen Formaten (Originalgröße) und kleben Sie sie ein. Anzahl und Art der Kontraste sind Ihnen freigestellt. Achten Sie jedoch darauf, welche das „Produkt" schon in sich trägt…
- Wenn Sie in einer Gruppe arbeiten, stellen Sie die verschiedenen Lösungen für ein „Produkt" jeweils auf einem Blatt gegenüber und drucken Sie sie zum Vergleich für alle Personen aus.

1 Magazintitel
2 Tubenaufdruck
3 Kundenkarte (Vorderseite)
4 Logo
5 Aufkleber
6 Praxis-Schild

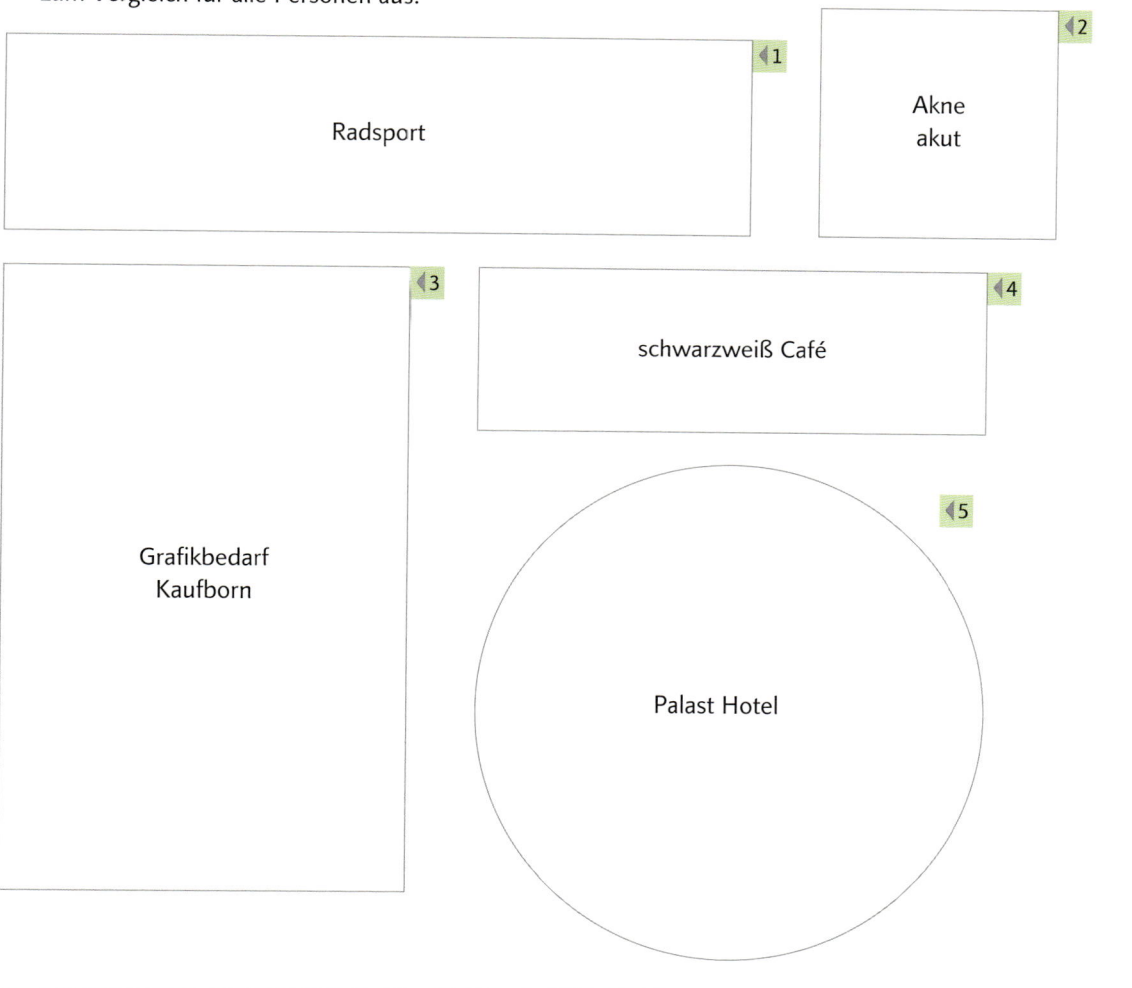

1 Radsport

2 Akne akut

3 Grafikbedarf Kaufborn

4 schwarzweiß Café

5 Palast Hotel

6 Feng-Shui-Beratung

Notizen:

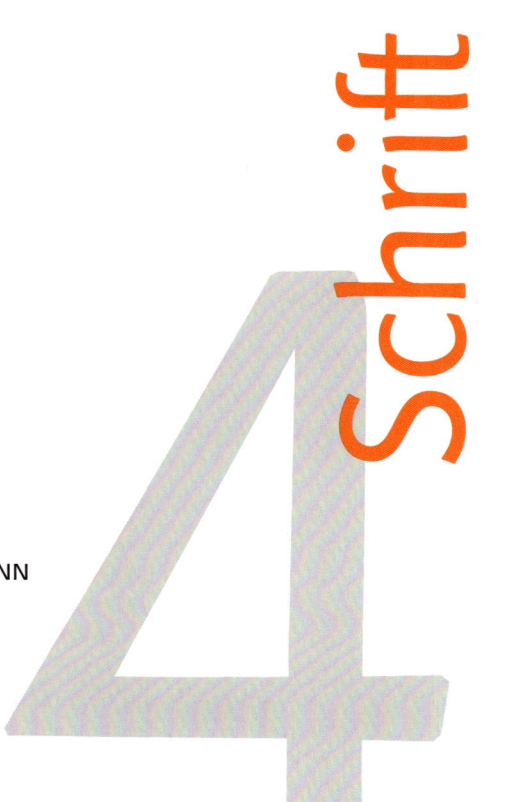

Sprache wird durch Schrift erst schön.

Erik Spiekermann

4 Schrift

Schriftcharakter

»Wer transportiert was?«

Beispiele:

elegant, empfindlich

korrekt

fröhlich, tänzelnd

ehrgeizig

Jede Schrift hat einen Charakter. Sie kann z. B. solide, zickig, hilflos oder gutmütig sein. Nur wechselt sie den Charakter seltener als die Menschen. Deswegen ist sie zuverlässig einsetzbar, um Charaktermerkmale von Drucksachen für bestimmte Einsatzgebiete zu transportieren. Es ist jedoch wichtig, das beste und effektivste Transportmittel zu finden. Mit einem zierlichen Fahrrad lassen sich keine schweren Lasten transportieren; ein edler Sportwagen ist zwar schnell, doch oft pannenanfällig; ein stabiler Lieferwagen transportiert seinen Inhalt zuverlässig von A nach B, man kann bei ihm aber auch keine besondere Erwartungsspannung bei den Empfängern voraussetzen.

Erspüren Sie also, welchen Charakter die Schriften haben, und folgern Sie daraus, welche Dinge damit transportiert werden können.

4.1 Schriftverwendung

Kreuzen Sie je Drucksache auf der folgenden Seite maximal zwei Schriften an, die den Inhalt Ihrer Meinung nach am besten grafisch transportieren. Finden Sie anhand der Liste die Schriftnamen heraus:

Buchtipp:
Klaus Hesse: Der Helvetica-Mann, Ansichten über Schrift; Hermann Schmidt Verlag, Mainz

Garamond	**Eurostile**
Impact	*Englische Schreibschrift*
Helvetica light	**Frutiger**
Clarendon	Times
Garamond kursiv	Bodoni
Rotis semi serif	*Gabriola*

4.2 Menschelnde Schriften

Sicher gibt es ein oder zwei Schriften, die Sie besonders gerne einsetzen. Erfinden Sie zu dieser Schrift eine Kurzgeschichte, bei der der Charakter der Schrift in menschlichen Zügen im Mittelpunkt steht. Diese Geschichte können Sie danach zusätzlich typografisch illustrieren.

Interessant ist natürlich auch der Vergleich mit Ihrem eigenen Charakter. Nicht umsonst haben wir Affinitäten zu bestimmten Schriften, die entweder das verkörpern, was wir sind, oder das, was wir gerne sein wollen …

Material zum Download:
04_02_Schriftkrimi.pdf

Beispiel:

Wir kennen ihn alle, den **Univers-Mann**. Jeden Morgen steht er am Bahnhof und wartet mit uns auf den Morgenzug. Er ist stets korrekt gekleidet. Er macht uns ein wenig nervös, denn er schaut jede Minute auf die Uhr, sei es auch nur, um sich aufzuregen, dass der Zug schon wieder nicht pünktlich ist. Aber wenn Sie nun meinen, er würde laut werden, der **Univers-Mann**, täuschen Sie sich. Er ist die Beherrschtheit in Person. Doch er beansprucht grundsätzlich zwei Sitze (usw.).

4 Schrift | Schriftcharakter 61

Geburtsanzeige
für Baby Maximilian

1 Maximilian
2 **Maximilian**
3 Maximilian
4 **Maximilian**
5 *Maximilian*
6 Maximilian
7 **Maximilian**
8 *Maximilian*
9 Maximilian
10 Maximilian
11 Maximilian
12 Maximilian

Kleinanzeige
für ein Sonnenstudio

1 Sonnenstudio
2 **Sonnenstudio**
3 Sonnenstudio
4 **Sonnenstudio**
5 *Sonnenstudio*
6 Sonnenstudio
7 **Sonnenstudio**
8 *Sonnenstudio*
9 Sonnenstudio
10 Sonnenstudio
11 Sonnenstudio
12 *Sonnenstudio*

Plakat zur Abiparty

1 Abiparty
2 **Abiparty**
3 Abiparty
4 **Abiparty**
5 *Abiparty*
6 Abiparty
7 **Abiparty**
8 *Abiparty*
9 Abiparty
10 Abiparty
11 Abiparty
12 *Abiparty*

50-Jahr-Feier der Firma
Reprotechnik Schulte

1 50-Jahr-Feier
2 **50-Jahr-Feier**
3 50-Jahr-Feier
4 **50-Jahr-Feier**
5 *50-Jahr-Feier*
6 50-Jahr-Feier
7 **50-Jahr-Feier**
8 *50-Jahr-Feier*
9 50-Jahr-Feier
10 50-Jahr-Feier
11 50-Jahr-Feier
12 50-Jahr-Feier

Anzeige der Firma
Stahlbetonbau Höchst

1 Stahlbeton
2 **Stahlbeton**
3 Stahlbeton
4 **Stahlbeton**
5 *Stahlbeton*
6 Stahlbeton
7 **Stahlbeton**
8 *Stahlbeton*
9 Stahlbeton
10 Stahlbeton
11 Stahlbeton
12 *Stahlbeton*

Mousepad
für Internetcafé „safer surf"

1 internetcafe
2 **internetcafe**
3 internetcafe
4 **internetcafe**
5 *internetcafe*
6 internetcafe
7 **internetcafe**
8 *internetcafe*
9 internetcafe
10 internetcafe
11 internetcafe
12 *internetcafe*

Aufkleber für Kinder-
wagen „babysafe"

1 babysafe
2 **babysafe**
3 babysafe
4 **babysafe**
5 *babysafe*
6 babysafe
7 **babysafe**
8 *babysafe*
9 babysafe
10 babysafe
11 babysafe
12 *babysafe*

Briefbogen
für Schmuckatelier Feininger

1 Schmuckatelier
2 **Schmuckatelier**
3 Schmuckatelier
4 **Schmuckatelier**
5 *Schmuckatelier*
6 Schmuckatelier
7 **Schmuckatelier**
8 *Schmuckatelier*
9 Schmuckatelier
10 Schmuckatelier
11 Schmuckatelier
12 *Schmuckatelier*

Leuchtreklame
für Damensalon Merzig

1 Damensalon
2 **Damensalon**
3 Damensalon
4 **Damensalon**
5 *Damensalon*
6 Damensalon
7 **Damensalon**
8 *Damensalon*
9 Damensalon
10 Damensalon
11 Damensalon
12 Damensalon

Hochzeitseinladung von
Horst & Gabi Reberle

1 Hochzeit
2 **Hochzeit**
3 Hochzeit
4 **Hochzeit**
5 *Hochzeit*
6 Hochzeit
7 **Hochzeit**
8 *Hochzeit*
9 Hochzeit
10 Hochzeit
11 Hochzeit
12 Hochzeit

Visitenkarte eines Bestattungsinstituts

1 Bestattungsinstitut
2 **Bestattungsinstitut**
3 Bestattungsinstitut
4 **Bestattungsinstitut**
5 *Bestattungsinstitut*
6 Bestattungsinstitut
7 **Bestattungsinstitut**
8 *Bestattungsinstitut*
9 Bestattungsinstitut
10 Bestattungsinstitut
11 Bestattungsinstitut
12 Bestattungsinstitut

4.3 Schriftcharakter

■ Nehmen Sie Tiere als Hilfestellung, sich über Schriftcharaktere Gedanken zu machen. Ordnen Sie ganz intuitiv jedem Tier die passende Schrift zu, indem Sie die Schriften mit den Bildnummern versehen.
■ Schreiben Sie danach kurz die verbindende Eigenschaft auf.
■ Vergleichen Sie Ihre Ergebnisse mit anderen. Wie hoch ist die Übereinstimmung?

Auch bei der Schriftauswahl für Printprodukte wird es immer mehrere passende Möglichkeiten geben.

Garamond kursiv

Futura xtrabold

Copperplate

Clarendon

Dancing

Rockwell bold

Impact

Bodoni

Helvetica bold

Comic Sans

Serpentine

Syntax kursiv

Polaritätsprofil

Legt man einer Reihe von Versuchspersonen Blindtext in einer bestimmten Schrift vor, können sie der Schrift Eigenschaften zuordnen. So lassen sich Anmutungsprofile von Schriften erstellen, die dann für bestimmte mit der Anmutung übereinstimmende Einsatzgebiete oder Anwendungen verwendet werden können.

Zum mehrfachen Ausdrucken:
Material zum Download:
04_04_Polaritätsprofil.pdf

	+3	+2	+1	−1	−2	−3	
elegant							stabil
dynamisch							statisch
modern							konservativ
ordentlich							chaotisch
locker							steif
besonders							alltäglich
fortschrittlich							traditionell
erfreulich							traurig
zurückhaltend							zuversichtlich
natürlich							künstlich
interessant							gleichtönig
leicht							schwer
schnell							langsam
gelöst							gespannt
detailliert							großzügig
kraftvoll							zart
männlich							weiblich
sparsam							verschwenderisch
bescheiden							reißerisch
harmonisch							disharmonisch
erregend							reizarm
zuverlässig							unzuverlässig
warm							kalt

Original: „Psychologie der Schriften", PAGE 8/96, S. 56, Begriffe teilweise neutralisiert

4.4 Einsatz des Polaritätsprofils

Wenn Sie über Gestaltung sprechen und andere von Ihrem Entwurf überzeugen möchten, müssen Sie die richtigen Worte finden. Eine Schlüsselposition nehmen dabei beschreibende Adjektive ein, wie Sie sie auch im Polaritätsprofil finden.

Charakterisieren ist immer ein Werten. Die Be-Wertung legt fest, denn Sie müssen sich dabei für Begriffe aus einer Vielzahl an Möglichkeiten entscheiden. Hier kommt es auf die Nuancen an. Ob die Gestaltung z. B. kindlich, bewegt, lebendig, fröhlich, verspielt, lebensfroh, umgänglich oder naiv ist, kann schon über den Zuschlag oder die Ablehnung eines Auftrags entscheiden.

Machen Sie sich feine Unterschiede auch mit Hilfe des Polaritätsprofils klar. Verwenden Sie Synonymen-Wörterbücher, um das Wort zu finden, das exakt das trifft, was Sie fühlen und gesucht haben.

1. Kopieren Sie das Polariätsprofil oder drucken Sie es aus und füllen Sie es für eine bestimmte Schrift aus, die Sie in der Gruppe festlegen. Wählen Sie stark unterschiedliche Schriften für den Anfang, um die Polaritäten deutlicher zu sehen. Wenn Sie Ihre Ergebnisse auf Folien ziehen, können Sie diese übereinanderlegen und vergleichen. Stimmt die Grundtendenz überein, wo und durch welche Interpretation gibt es starke Abweichungen?
2. Wenn Sie eine Weile mit dem Polaritätsprofil gearbeitet haben, werden Sie merken, dass Sie mit einigen Adjektiven wenig anfangen können. Streichen Sie diese und ersetzen Sie sie durch eigene aussagekräftige Paare. So generieren Sie auf die Dauer Ihr eigenes Polaritätsprofil.
3. Setzen Sie dieses jetzt ein, um eine passende Schrift für einen ganz bestimmten Einsatzbereich zu finden. Bringen Sie Aufgabenstellungen aus der täglichen Praxis. Beispiel: Sie sollen demnächst eine Geschäftsausstattung für ein exklusives Koffergeschäft in Frankfurt entwickeln. Arbeiten Sie das Polaritätsprofil für Ihren Auftraggeber durch, finden Sie die wichtigsten Attribute aus dem Polaritätsprofil. Drei Kernattribute sind empfehlenswert. Treffen Sie dann eine Vorauswahl an Schriften, von denen Sie meinen, dass sie in Frage kämen. Arbeiten Sie das Polaritätsprofil mit allen diesen Schriften durch. Es sollte Ihnen unbedingt ein Schriftmuster oder Blindtext in der Schrift vorliegen. Vergleichen Sie zum Schluss. Die Schrift mit der höchsten Übereinstimmung können Sie dem Kunden präsentieren.
4. Führen Sie selbst Erhebungen durch, indem Sie den zukünftigen Inhalt in der gewählten Schrift setzen. Befragen Sie z. B. zehn Personen der Zielgruppe, ob Sie der Meinung sind, dass die Schrift passt oder nicht. (Sie können auch einige wenige Vorschläge als Alternative bereithalten.) So merken Sie selbst, ob das intuitive Empfinden der Zielgruppe sich mit Ihrem „Grafikerempfinden" deckt.
5. Gerade für typografische Beginners ist es ratsam, sich Tabellen anzulegen, in denen wichtige Schriften ihren Einsatzgebieten gegenübergestellt werden. Ergänzen Sie zur Übung für die Schrift News Gothic.

Schrift	Charakteristik	Werbung	Buch / Zeitung / Zeitschrift	Sonstiges
Bodoni	elegant harmonisch traditionell	Schmuck Antiquitäten Rechtsanwälte	Mode, Kultur, Feuilleton Kunst, Religion Romane, Dichtung	Einladungen Briefpapier Weinkarten
News Gothic				

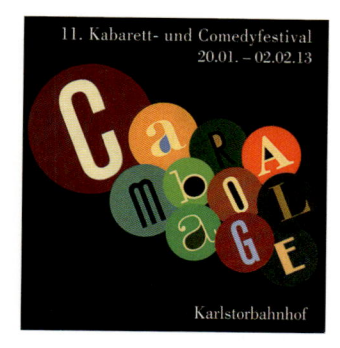

Es ist durchaus auch möglich, dass Produkte Schriften charakterlich prägen oder gar festlegen, vgl. 1] und 2]. Dann wird es schwierig, die Schrift in anderen Kontexten zu verwenden, da sie bei zu vielen Personen andere Assoziationen hervorruft.

Ein Beispiel sind gebrochene Schriften, die nach wie vor mit rechten Gruppierungen in Verbindung gebracht werden. Das beruht eigentlich auf einem Missverständnis, denn Hitler forcierte zwar zuerst die Verbreitung der gebrochenen Schriften, verurteilte sie aber später als „Judenlettern", da die Schriften schlecht zu seinen Expansionsplänen passten. Denn seine Propaganda sollte ja auch außerhalb des deutschsprachigen Raums gelesen und verstanden werden…

Die Vielfalt der Schriften kann auch stellvertretend für Personen oder unterschiedliche Angebote stehen.
Festivalprogramm Karlstorbahnhof

4.5 Analyse Schriftprägung

- Nicht nur die Schrift, sondern die gesamte Typografie weist bei diesen beiden Beispielen jeweils auf eine „Marke" hin. Welche ist es?
- Überlegen Sie, welche weiteren Beispiele Ihnen einfallen, in denen Schriften durch bestimmte Produkte oder Marken besetzt sind.

Wenn Sie die Original-Typografie mit den „Plagiaten" vergleichen, werden Sie merken, dass die Entsprechung gar nicht so eng ist, aber trotzdem funktioniert. Behalten Sie das im Gedächtnis, wenn Sie mit Schriften gestalten, die von bekannten Marken oder Firmen schon „in Beschlag" genommen wurden.

1 Beispiel aus der Kampagne des Verbandes Deutscher Zeitschriftenverleger „Print wirkt"
2 Fernsehdummy
3 Stellenanzeige

Schriften erkennen
»Who is who in type«

Übungsbeispiele:

> Sie suchen eine günstige Präsentationsmappe? Unsere Mappe ist aus anthrazitfarbener Pappe,

> Schweinebraten
> 100 g
> **1.39 €**

> Unser Anliegen ist, Ihnen höchste Pietätsbestrebungen und Diskretion zu garantieren.

Mit der iPhone/iPad-App „WhatTheFont" von MyFonts (gratis) können Sie ein Foto des Schriftmusters machen und erhalten (wenn es klappt) in Frage kommende Schriften.

Ist Ihnen das auch schon passiert? Ein Kunde kommt mit einem Fetzen Papier und bittet Sie, die darauf abgebildete Schrift für die Drucksache zu verwenden, die er gerade bei Ihnen gestalten lässt.

Dann fragen Sie vermutlich als Erstes altgediente Setzer oder Grafiker, die kennen die gängigsten Schriften meist auswendig, doch die sterben langsam aus. Nun bleibt Ihnen der Gang zum Schriftmusterbuch nicht erspart. Doch bei 20 000 Schriften suchen Sie ohne gezielte Vorgehensweise die Nadel im Heuhaufen.

Mögliche Vorgehensweisen:

1. Entscheiden Sie, ob es sich vermutlich um den Normal-Schnitt einer Schrift oder schon um einen Schriftschnitt der entsprechenden Schriftfamilie handelt; so ersparen Sie sich viel unnötige Sucharbeit.
2. Sie sammeln, welche Schrift Ihnen (und Ihren Kollegen) zu dem Schriftmuster einfällt, und suchen die möglichen Schriften nach dem Schriftnamen im Schriftmusterbuch. Dann hilft oft nur Einzelbuchstabenvergleich.
3. Sie sammeln markante Merkmale der Schrift bezüglich:
   - Schriftgruppe (s. Schriftklassifikation)
   - Strichstärkenunterschiede (Serifen – Haar/Grundstrich)
   - Breite und Lage (Neigung der Grundstriche, Achse des „o")
   - Verhältnis der Mittellängen zur Versalhöhe
   - Oberlängen, die höher sind als die Versalhöhe
   - Gesamteindruck des Schriftbildes (Grauwert)
   - Buchstabengrundformen
   - Charakter (s. Schriftcharakter).
4. So vorbereitet kann Ihr Auge wesentlich schneller größere Mengen an Schriften im Schriftmusterbuch „scannen" und wird nur bei wirklich ähnlichen Schriften hängen bleiben. Dann hilft wieder der Einzelbuchstabenvergleich.
5. Einzelbuchstabenvergleich: Achten Sie auf Buchstabenausläufer („a", „l"), Dachansätze von Oberlängen oder Versalbuchstaben („T", „d", „k"), doppel- oder einstöckige Buchstaben („a", „g").
6. Setzen Sie den Text des Schriftmusters in den in Frage kommenden Schriften, legen Sie Ausdruck und Schriftmuster auf einem Leuchttisch übereinander.

Unter **www.linotype.com/fontidentifier.html** werden Sie Schritt für Schritt über Merkmale der Buchstabenform bis zu einer begrenzten Auswahl an Schriften geführt. Schwierig wird's nur dann, wenn Sie ein sehr begrenztes Schriftmuster vorliegen haben, bei dem nicht alle Buchstaben abgebildet sind.

4.6 Buchstabenformen

- Um Ihre Fähigkeit zur Einzelbuchstabenwahrnehmung zu trainieren, vergleichen Sie folgende Buchstaben ähnlicher Schriften. Versuchen Sie die Unterschiede in Worte zu fassen.
- Ordnen Sie *danach* den entsprechenden Buchstaben folgende Wendungen in (zugegebenermaßen gewöhnungsbedürftigem) „Typografendeutsch" zu:
    1. Der Dachansatz des „k" ist ohne Serife, aber angeschrägt.
    2. Das Fähnchen des „g" läuft dreieckig aus.
    3. Die Serifen sind stark gekehlt.
    4. Der Schenkel des „k" schwingt weich aus.
    5. Die Schenkel des „M" stehen fast senkrecht.
    6. Der Querbalken des „G" ist sehr tief angesetzt.
    7. Der Balken des „Q" ist vom Buchstaben abgesetzt.
    8. Die Füße der Buchstabenschäfte sind abgespreizt.
    9. Das Fähnchen des „r" endet tropfenförmig.

Buchtipp:
Daniel Sauthoff, Gilmar Wendt, Hans Peter Willberg: Schriften erkennen; Hermann Schmidt Verlag, Mainz

a g r k A M G Q	Bembo
a g r k A M G Q	Stempel Garamond
a g r k A M G Q	Schneidler
a g r k A M G Q	Finnegan
a g r k A M G Q	Thesis
a g r k A M G Q	Syntax

Setzereien in Bleisatzzeiten hatten aus Kostengründen nur eine beschränkte Auswahl an Schriften und Schriftgrößen. Jede Schrift wurde vor dem Kauf auf ihre universelle Einsetzbarkeit hin überprüft. So entstand im Laufe der Zeit ein Grundkanon an Schriften, so genannte Schriftklassiker.

Auch bei moderneren Schriften stellt sich bald heraus, ob man sich nach zwei bis drei Gestaltungsprodukten an ihnen sattsieht oder ob sie die Chance auf Langlebigkeit mitbringen.

Auf der Seite **100besteschriften.de** hat eine unabhängige Jury die 100 „besten" Schriften gekürt. Kriterien waren: Verkaufszahlen, historische Bedeutung, ästhetische Qualität. Bei **www.fontshop.de** finden Sie die 100-beste-Schriften-Broschüre als PDF zum Download.

Die Auswahl eines Schriftenkanons ist immer subjektiv. Doch soll hier ein aussagekräftiger Querschnitt durch die Schriftenpalette gegeben werden. Neue und alte Klassiker wurden als universell einsetzbarer Schriftenvorrat ausgewählt. Außerdem wurde auf die Charaktervielfalt innerhalb der Schriftgruppen Wert gelegt, und sicher sind auch einige private Favoriten mit von der Partie.

4.7 BEST OF TYPES

- Aktivieren Sie Ihre Schriftvorkenntnisse und sammeln Sie Schriften, von denen Sie denken, dass sie jeder kennen sollte.

Schriftenkanon im Anhang

- Nehmen Sie sich dann die Übersicht des Schriftenkanons zur Hand und kreuzen Sie die Schriften an, an die Sie ebenfalls gedacht haben, und die, von denen Sie schon mal gehört haben. Dann wird die Menge der neu zu erfassenden Schriften auf ein erträgliches Maß reduziert ...

4.8 SCHRIFTENKANON

Material zum Download: 04_08_Schriftmusterkarten
Siehe Beispieltabelle nächste Seite

Tipp:
Legen Sie die Karten unter- oder übereinander, um die Schriften besser vergleichen zu können.

Nun beginnen Sie, sich die einzelnen Schriften mit Hilfe der Schriftmusterkarten zu erarbeiten.
1. Beschreiben Sie einige *formbezogene* Charaktermerkmale.
2. Arbeiten Sie die auffälligsten Erkennungsmerkmale der Schrift heraus, die Aufzählung von S. 66 hilft Ihnen dabei. Untersuchen Sie die Schrift dann in Abgrenzung zu ähnlichen Schriften auf ihre Besonderheiten hin.
Meist genügt es, wenn Sie sich eine Handvoll spezifische Merkmale einprägen, z.B. Futura: spitz zulaufende Großbuchstaben, niedrige Mittelhöhe, rundes, einstöckiges „a", gerades „j".
4. Weitergehend Interessierte können in einer dritten Spalte aus Musterbüchern den Schriftdesigner, das Entstehungsjahr und evtl. weitere Hintergrundinformationen über die Schrift eintragen.

Hinweis:
Sie werden allerdings mit den Beschreibungen der Einzelbuchstabenmerkmale von anderen Personen selten etwas anfangen können, so dass Ihnen diese Arbeit vermutlich nicht erspart bleibt.

Wenn Sie in einer Gruppe arbeiten, teilen Sie sich die Arbeit und legen Sie eine zentrale Datei auf einem Rechner an, in die jeder die Beobachtungen einträgt. Die fertige Liste kann dann für alle Personen ausgedruckt werden.

Sie können auch die „Charakter"-Tabelle von S. 64 mit der „Merkmal"-Tabelle zusammenfassen, um eine ausführliche Schriftenübersicht zu erstellen. Das Entscheidende ist nicht, dass Sie darin oft nachschauen werden, sondern dass Sie die Schriften in dieser Auseinandersetzung intensiv kennen lernen werden und ein Nachschlagen später nicht mehr nötig haben.

4 Schrift | Schriften erkennen 69

Schrift	Merkmale	Einzelbuchstaben	Schriftgestalter/Jahr/Info
Eurostile	serifenlos, gleiche Strichstärke Buchstabengrundform: abgerundetes Rechteck breitlaufend	kleine Ecke beim „y"-Ausläufer, Rundungen verlaufen zum Grundstrich etwas dünner	Aldo Novarese, 1962 früher als „fernsehbildförmig" verschrien
Garamond	weiche Serifenform, Renaissance-Antiqua Abgrenzung zu Bembo: schlanke Versalien	„a" wirkt noch federgeschrieben, Balken des „Q" setzt in der Mitte an	Stempel Garamond, 1925 erstmals 1530 von Claude Garamond entworfen

4.9 SCHRIFTEN ERKENNEN

Bestimmen Sie folgende Schriften:

4.10 SCHRIFTRÄTSEL

Drucken Sie die Spielkarten auf festeres Papier aus und schneiden Sie sie zu. Bestimmen Sie einen Spielleiter, der das Spiel startet, beendet und auswertet.

Material zum Download:
04_10_Schrifträtsel.pdf

Variation 1 (Gruppe gegen Gruppe):
Teilen Sie sich in zwei oder mehrere Gruppen auf, wobei jede Gruppe mindestens acht Karten bekommen sollte. Legen Sie die Karten mit der Schrift nach unten auf den Tisch. Auf los dreht jede Gruppe eine Karte um, bestimmt die Schrift, schreibt den Namen auf eine Liste (durchnummerieren!), deckt die nächste auf usw., bis die erste Gruppe fertig ist. Die Karten der Siegergruppe werden kontrolliert, waren sie fehlerhaft, spielen die anderen Gruppen weiter.

Variation 2 (Einzelspieler gegen Einzelspieler):
Bilden Sie Gruppen von maximal vier Personen. Jede Gruppe enthält mindestens acht Karten. Auf los wird eine Karte umgedreht, wer die Schrift zuerst bestimmt hat und nennt, erhält die Karte. Gewonnen hat, wer die meisten Karten erworben hat.

Hinweis:
Anfänger können den Schriftenkanon zur Hand nehmen, Fortgeschrittene spielen „auswendig"…

Schriften klassifizieren
»Schubladendenken ist gar nicht so einfach!«

Seit Adam den Tieren Namen gab, ist der Mensch bestrebt, seine Umwelt zu ordnen und die Dinge, mit denen er umgeht, zu kategorisieren, also in Schubladen zu packen.

So versuchen auch die Typografen ihr grundlegendes Arbeitsmaterial – die Schriften – immer wieder in Gruppen einzuteilen, denn es ist nicht einfach, bei Tausenden von Schriften, die den Markt überschwemmen, den Überblick zu behalten. Im letzten Abschnitt „Schriften erkennen" haben Sie sich schon intensiv mit den Formen der Schriften beschäftigt, das hilft Ihnen beim Ordnen von Schriften in diesem Abschnitt weiter.

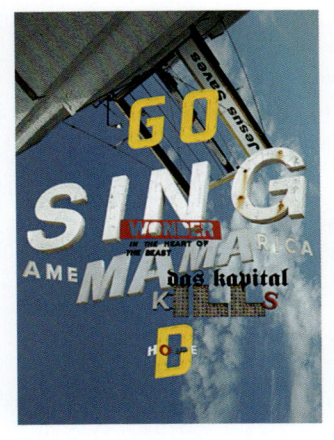

Wie würden Sie die Unterschiede und Gemeinsamkeiten mit Ihrem Vorwissen über Schriftgruppen beschreiben?
(Plakat zur Ausstellung „Mut zur Wut")

Ihre Vorteile, wenn Sie Schriften klassifizieren können:
- Sie können innerhalb der Branche und gegenüber Auftraggebern kompetent über Schriften kommunizieren und Ihre Schriftwahl begründen.
- Sie sparen Zeit und Kosten bei der Schriftsuche, denn Sie kommen in jeder Systematik schnell zum Ziel, wenn Sie die Schrift fachgerecht beschreiben.

Inzwischen gibt es keine Klassifikation mehr, die als Standard bezeichnet werden könnte. Jahrzehntelang gab es die Einteilung in die seit 1964 bestehenden Norm: die DIN 16518. Fünfzig Jahre später hat sich viel getan am Schriftenhimmel, also wird die Norm seit einigen Jahren überarbeitet, aber der Neuentwurf ist von der Fachwelt noch nicht akzeptiert. Unterdessen legen typografische Größen eigene Vorschläge vor, doch es konnte sich bisher kein Entwurf durchsetzen.

Ein Ordnungssystem für Schriften zu finden ist keine triviale Aufgabe. Die Unterteilung in runde und gebrochene Schriften (fälschlicherweise auch Frakturschriften genannt) sowie die Unterscheidung zwischen lateinischen und fremden Schriften (die nicht das lateinische Alphabet verwenden) fällt ja noch relativ leicht. Auch die Unterscheidung zwischen Schriften mit und ohne Serifen kann man noch treffen. Doch innerhalb der Menge der Serifenschriften und der serifenlosen Schriften wird es schwierig. Deswegen trifft man auch genau hier auf sehr unterschiedliche Ordnungsentwürfe.

Mögliche Unterteilungskriterien:
1. Geschichtliche Positionierung oder Herkunft der Schrift:
   Leitfrage: Auf welchem historischen Vorbild basiert die Schrift?
   Beispielantwort: Auf einer Barock-Antiqua.
2. Die Form der Schrift: Leitfrage: Wie ist die Schrift aufgebaut?
   Beispielantwort: Sie besitzt Serifen, ihre Buchstaben haben leicht variierende Strichstärken. Das ehemalige Schreibwerkzeug, die Feder, ist noch in Ansätzen zu erkennen.

3. Stil oder Charakter:
   Leitfrage: Wie wirkt die Schrift, welcher Charakter lässt sich aus der Form ableiten?
   Beispielantwort: Sie wirkt statisch, da die Senkrechte stark betont ist, die Buchstaben geschlossen zusammenstehen und die Buchstabenproportionen sich kaum voneinander unterscheiden.
4. Anwendungsgebiete für die Schrift:
   Leitfrage: Für welchen Zweck lässt sie sich einsetzen?
   Beispielantwort: Für dekorative Überschriften.

Je nach Klassifikationssystem steht nun das eine oder andere Unterteilungskriterium im Vordergrund, oft sind alle Kriterien auch bunt gemischt eingesetzt.

Welches System sich durchsetzen wird, ist meines Erachtens nicht wichtig. Bedeutsam an irgendeiner sinnvollen Einteilung von Schriften ist aber, dass Sie mit deren Hilfe eine Schrift in allen ihren Dimensionen beschreiben können, das heißt in Aufbau und Struktur und in Stil und Charakter. Denn nur dann können Sie sich gezielt über Schriften verständigen und diese für den jeweiligen typografischen Einsatz suchen und finden.

Nachdem Sie die folgenden Aufgabenstellungen erarbeitet haben, werden Sie vermutlich merken, mit welchem System Sie am ehesten klarkommen – oder Sie entwickeln Ideen für eine eigene Systematik.

4.11 Buchstabenzuordnung
Die Schriftbezeichnungen haben leider ihre „a"-s verloren. Ordnen Sie sie wieder zu. Beschreiben Sie dabei die Schriftunterschiede, durch die Sie die Zuordnung vornehmen konnten.

C ndid   Met
G r mond   Futur
B uer Bodoni   Helvetic
Cl rendon   K bel
P l tino   St mp Gothic

4.12 „Klassische" Schriftklassifikation
- Befassen Sie sich mit dem „alten" Klassifikationssystem, indem Sie anhand der Schriftbeispiele die Kurzbeschreibungen zuordnen, diese aus dem Materialbogen ausschneiden und die folgende Tabelle damit vervollständigen.
- Welche Gruppeneinteilungen leuchten Ihnen ein, welche kommen Ihnen wenig praktikabel vor?

Material zum Download
04_12_Kurzbeschreibung.pdf

Schriftklassifikation nach DIN 16518 (1964)

Gruppe	Bezeichnung	Merkmale	Beispiele
I / II	Renaissance-Antiqua ab ca. 1470		Bembo, Garamond, Schneidler, Guardi
III	Barock-Antiqua (Übergangs-Antiqua) ab ca. 1720		Bookman, Times, Baskerville
IV	Klassizistische Antiqua ab ca. 1790		Bodoni, Didot, Walbaum
V	Serifenbetonte Linear-Antiqua ab ca. 1850		Caecilia, Stymie, **Clarendon**
VI	Serifenlose Linear-Antiqua ab ca. 1850		Helvetica, Futura, Frutiger
VII	Antiqua-Varianten		Insignia, Peignot, Stamp gothic
VIII	Schreibschriften		Englische Schreibschrift, Brush Script
IX	Handschriftliche Antiqua		Zapf Chancery, HERCULANUM
X	Gebrochene Schriften ab ca. 1440	In diese Gruppe gehören Schriften, deren Rundungen gebrochen sind. a) Gotisch, b) Rundgotisch c) Schwabacher, d) Fraktur e) Fraktur-Varianten	Fette Fraktur, Wilhelm-Klingspor-Gotisch
XI	Fremde Schriften	alle Schriften nicht lateinischer Herkunft	мъукннкфги (kyrillisch), הסשערבה (hebräisch)

Da die Gruppen der Serifenlosen und die der Serifenbetonten im 20. Jahrhundert am stärksten gewachsen sind, suchte man nach weiteren Unterscheidungsmerkmalen innerhalb dieser Gruppen. Zum besseren Verständnis der Klassifikationssysteme auf den folgenden Seiten seien einige grundsätzliche Dinge vorab erläutert:

- Innerhalb der Gruppe der Schreibschriften wird entweder nach Schreibwerkzeug oder nach Charakter differenziert.
- Die Gruppe der Serifenlosen kann z.B. nach Grundtypen wie Egyptienne, Clarendon und Italienne unterschieden werden. Hier wird die „Dicke" und Form der Serife ausschlaggebend für die Zuordnung.
- Bei anderen Systemen werden die Gruppe der Serifenlosen und der Serifenbetonten nach formbezogenen Charaktermerkmalen unterschieden. Hier greift man zurück auf den Buchstabenaufbau und die Art der Linienführung der Renaissance- und der klassizistischen Antiqua und spricht dann z.B. von einer serifenlosen Linear-Antiqua mit Renaissance-Charakter. Diese Unterscheidung wird ergänzt durch Schriften mit konstruiertem Charakter. Diese Schriften wurden losgelöst von traditionellen Formen mit Hilfe geometrischer Formen neu konstruiert. Sie sind oft schlechter lesbar als die anderen Typen der Gruppe.
- Eine weitere Unterscheidungshilfe ist der stilistische Charakter der Schriften. So können sowohl Serifen-Antiquas als auch serifenlose oder serifenbetonte Antiquas dynamisch oder statisch wirken.

Beispiel einer auf der Basis geometrischer Grundformen konstruierten Schrift

4.13 ANTIQUA-CHARAKTER MODERNER SCHRIFTEN

Vergleichen Sie:
1. die Neigung der Achse der runden Buchstaben
2. den Dachansatz und die Übergänge der Serifen (wenn vorhanden)
3. den Winkel der Schäfte und die Strichstärkenunterschiede zwischen Grundstrich und Haarstrich
4. den Buchstabenaufbau an sich

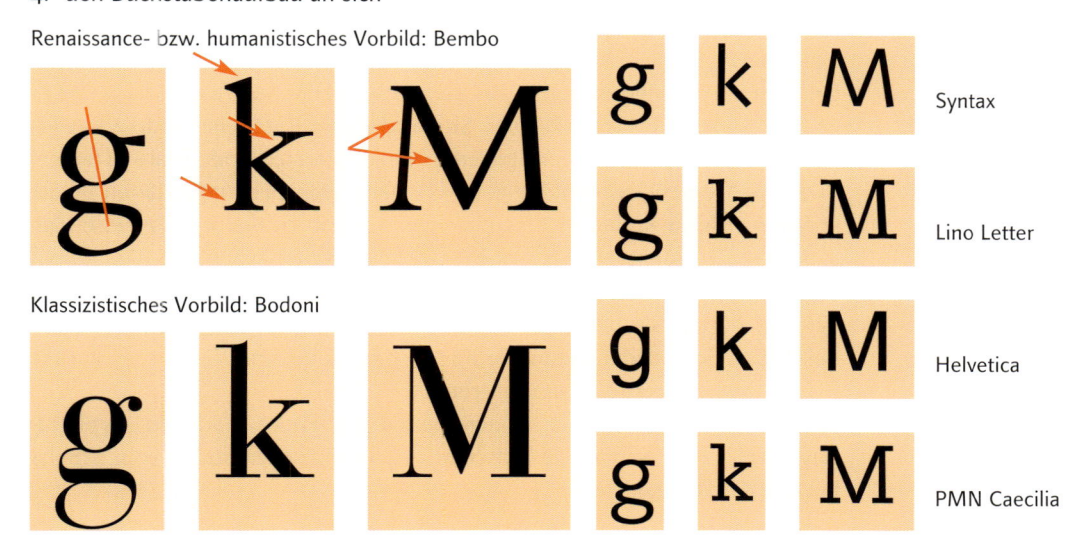

Renaissance- bzw. humanistisches Vorbild: Bembo

Klassizistisches Vorbild: Bodoni

Syntax

Lino Letter

Helvetica

PMN Caecilia

Ihnen ist das alles zu kompliziert? Da sind Sie nicht die Einzigen. Als Privatleute können Sie Ihre Schriften wesentlich einfacher ordnen. Wenn Sie allerdings Schriften in Katalogen suchen oder bestellen wollen, kommen Sie um einige Grundbegriffe nicht herum.

4.14 SCHRIFTGRUPPENBEZEICHNUNGEN

Tipp:
Sie benötigen sieben Farben ...

Informieren Sie sich in Schriftmusterbüchern und in Fachbüchern über synonyme Bezeichnungen für die verschiedenen Schriftgruppen. Kreisen Sie Zusammengehörige im Begriffs-Wirrwarr in der jeweils gleichen Farbe ein.

klassizistische Antiqua   Old Face   Renaissance-Antiqua   serifenlose Linear-Antiqua

Grotesk

humanistische Antiqua   serifenbetonte Linear-Antiqua   handschriftliche Antiqua   Modern Face

Barock-Antiqua   Transitional   Egyptienne

Schreibschriften   script   Übergangs-Antiqua   sans-serif

slab-serif   gothic   geschriebene Antiqua

4.15 ORDNUNGSENTWURF

Bevor Sie sich mit weiteren Schriftordnungssystemen beschäftigen, versuchen Sie doch selbst einmal Ihr Glück: Stellen Sie sich vor, Sie sollen Ihr privates Schriftenarchiv oder das Ihrer Firma sinnvoll ordnen. Welche Gruppen (bzw. digitale Ordner) und Unterkategorien würden Sie für den praktischen Gebrauch anlegen? Welche Ordnungskriterien sind Ihnen am wichtigsten? Veröffentlichen Sie die entstandenen Modelle in einer Wandzeitung und diskutieren Sie sie in der Gruppe.

4.16 KLASSIFIKATIONSMEMORY

Material zum Download:
04_16_Memory.zip

Drucken Sie die Memorykarten aus dem Downloadbereich auf festeres Papier und schneiden Sie sie zu. Wählen Sie für die eine Datei eine andere Papierfarbe, dann haben Sie es beim Spielen später leichter, passende Paare zu finden.

Beim Memory suchen Sie jeweils zueinander passende Karten – Sie erinnern sich? Hier sind es Klassifikationsaussagen zu der jeweils passenden Schriftart. Sie kennen sicher noch die Spielregeln: Legen Sie alle Karten verdeckt auf den Tisch, wählen Sie jeweils eine Karte je Farbe aus. Passende Pärchen dürfen Sie behalten, und zudem sind Sie gleich noch mal an der Reihe. Das Spiel endet, wenn alle Karten aufgedeckt sind. Gewonnen hat die Person mit den meisten Kartenpaaren.

Ähnlich Memory spielen können Sie mit der iPhone/iPad-App „**Typography-Star***". Hier wählen Sie zwischen vier Schwierigkeitsstufen vom Scholar bis zum Art Director.

4 Schrift | Schriften klassifizieren

4.17 Klassifikationsvergleich

- Vergleichen Sie die drei dargestellten Ordnungsmodelle für Schriften. Um sie näher kennen zu lernen, versuchen Sie, folgende Schriften in jedes System einzuordnen.
- Diskutieren Sie: Welches Modell leuchtet Ihnen spontan ein, welches arbeitet am genauesten, bei welchem würden Sie eine Schrift am schnellsten finden?

Die mit * gekennzeichneten Beispielschriften in den Ordnungsmodellen geben nicht die Originalbeispiele der Autoren wieder.

Meta · Didot · Stamp Gothic · Zapfino · Kabel · Finnegan · Candida

Quellen nächste Seite:
Bollwage zitiert aus „Ordnungsliebe", PAGE 12/00, S. 64 f.

Willberg zitiert aus:
Wegweiser Schrift, Hermann Schmidt Verlag, S. 78 f.
(Die Gruppe der fremden Schriften wurde gekürzt.)

Klassifizierungsentwurf nach DIN 16518 (1998)

Gruppe 1 gebrochene Schriften	Gruppe 2 römische Schriften	Gruppe 3 lineare Schriften	Gruppe 4 serifenbetonte Schriften	Gruppe 5 geschriebene Schriften
gotische Wilhelm-Klingspor-Gotisch	Renaissance-Antiqua Garamond	Grotesk Helvetica	Egyptienne Rockwell	Flachfeder-Schrift Zapf Chancery
rundgotische Wallau	Barock-Antiqua Times	Anglo-Grotesk News Gothic	Clarendon Clarendon	Spitzfeder-Schrift Englische Schreibschrift
Schwabacher Alte Schwabacher	Klassizismus-Antiqua Bodoni	Konstruierte Grotesk Futura	Italienne Old Town	Rundfeder-Schrift Lateinische Ausgangsschrift
Fraktur Fette Fraktur		Geschriebene Grotesk Optima		Pinselschrift Brush Script
Varianten American Text*	Varianten Stone Informal*	Varianten Antique Olive*	Varianten Melior	Varianten Choc*
Dekorative Duc de Berry	Dekorative Arnold Böcklin	Dekorative Goudy Sans	Dekorative THUNDERBIRD	Dekorative Dancing*

Ordnungsentwurf nach Max Bollwage (2000)

I Antiqua/ Serif	II Grotesk/ Sans Serif	III Eyptienne/ Slab Serif	IV Auszeichnungs-/ Displayfonts	V Geschriebene Schriften/Script
A nach humanis- tischem Muster	A nach humanis- tischem Muster	A nach humanis- tischem Muster	A Dekorative	A Kalligrafische
– mit Serifen Stone Serif	Syntax	Caecilia	ROSEWOOD	Englische Schreibschrift
– mit kräftigen Serifen Lino Letter				
– ohne Serifen Optima				
– Varianten Stone Informal	– Varianten Futura	– Varianten Lubalin Graph		
B nach klassizis- tischem Muster	B nach klassizis- tischem Muster	B nach klassizis- tischem Muster	B Freie	B Historisierende
– mit Serifen Centennial	Helvetica	Rockwell*	Dancing*	HERCULANUM*
– mit kräftigen Serifen Clarendon			C Technische OCR A*	C Handschriftliche Choc
– ohne Serifen Britannic			D Bildhafte und Initialen	D Gebrochene
– Varianten Allegro*	– Varianten Eurostile	– Varianten City*	CREATURES*	Alte Schwabacher

Ordnungsentwurf nach Hans Peter Willberg (2001)

	Antiqua	Antiqua- Varianten	Grotesk	Egyptienne	Schreibschriften
Dynamisch	Bembo	Rotis Sans Serif	Gill	Caecilia	Zapf Chancery
Statisch	Bodoni	Britannic	Helvetica	Clarendon*	Engl. Schreibschrift*
Geometrisch	–	–	Futura	Rockwell	–
Dekorativ	SAPHIR	Broadway	Westwood*	ROSEWOOD	Choc
Provozierend	Beowolf	PEIGNOT	Keedy*	Dancing*	Kids*

Schriften präsentieren
»Schriftschätze nicht geheim halten«

Im Laufe der Zeit entwickeln Sie vermutlich bestimmte Schriftvorlieben oder gar „Lieblingsschriften". Um andere mit Ihrer Begeisterung anzustecken, ihnen zu zeigen, wovon Sie reden, wollen Sie ihnen vielleicht nicht nur eine Zeile aus einer unübersichtlichen Schriftsammlung von 20 000 Schriften zeigen. Gerade auch Auftraggebern gegenüber wäre es sicher schön, ein eigenes Schriftmusterbuch vorweisen zu können. Es wird sich dabei nur um eine begrenzte Auswahl aus den gängigen Schriftkatalogen handeln, aber in den meisten Firmen hält sich die Zahl der verwendeten Schriften ohnehin in Grenzen. Und wer gestalten kann, benötigt ja auch gar kein unendliches Repertoire an Schriften. Ein Grundkanon, der sich nach einiger Erfahrung herauskristallisiert, ist meist ausreichend für 95 % der Gestaltungsaufgaben.

Möglicher Inhalt eines eigenen Schriftmusterbuches:
- ein vollständiges Alphabet der Schrift, weitere ausgewählte Satzzeichen und Ziffern
- Fakten über die Schrift: Schriftdesigner, Schrifthersteller (denn auch durch die „Schriftschmieden" entstehen Unterschiede im Schriftbild), Entstehungsjahr
- mindestens ein, besser mehrere aussagekräftige Schriftmuster in verschiedenen Größen
- gestaltete Anwendungsbeispiele, die die Schrift in der Praxis zeigen und ihren Charakter hervorheben
- größere Einzelbuchstaben, um die Eigenart der Schriftform hervorzuheben, oder prägnante Beispielbuchstaben
- Angaben zu Laufweite, Versalhöhe, x-Höhe etc.

Stellen Sie sich nur mal die Schaufensterdekoration eines Buchladens oder Kleidungsgeschäfts vor, in der die Ware dem Kunden in zwei Meter hohen Stapeln präsentiert wird. Der Anreiz, diese Dinge haben und verwenden zu wollen, wäre sehr gering. Deswegen werden Einzelobjekte in Szene gesetzt, um ihre Eigenart besser zur Geltung zu bringen und die Lust, sie zu erwerben, zu erhöhen. Warum sollten wir also nicht auch die Lust an den Schriften durch bessere Präsentationsmedien erhöhen?

4.18 SCHRIFTMUSTER
Tragen Sie verschiedene Schriftmusterbücher und Schriftpräsentationshefte zusammen. Analysieren Sie die Bestandteile, erstellen Sie eine Liste mit Do (was Sie auch so machen würden) und Don't (was Sie in Ihrem Schriftmusterbuch vermeiden würden). Vergleichen Sie dazu auch die Beispiele auf den folgenden Seiten.

4.19 BLINDTEXT
- Suchen Sie nach geeigneten Blindtexten für die Schriftmuster. Früher war man der Auffassung, dass ein Blindtext neutral und sachlich gehalten sein soll, damit er nicht von der Schriftdarstellung ablenkt. Deswegen wurden oft lateinische Texte verwendet. Die weisen allerdings eine andere Sprachstruktur auf als deutsche Texte und sind damit nicht repräsentativ. Oft finden sich auch Textbausteine über Typografie oder die dargestellte Schrift.

Tipp:
Schauen Sie doch mal bei **www.blindtextgenerator.de** vorbei, hier gibt es viele interessante Blindtexte.

Corporate Design
Gestaltungsrichtlinien für das einheitliche Erscheinungsbild einer Marke oder eines Unternehmens

Vielleicht suchen Sie aber auch ganz andere Texte z.B. aus der Nonsensliteratur, oder Sie haben sogar den Ehrgeiz, einen jeweils passenden Text zur Schrift auszuwählen...

- Überlegen Sie sich in ungenutzten Zeiten (an der Bushaltestelle, auf der Toilette, in der Fernseh-Werbepause...) Wörter und Sätze, die möglichst viele Buchstaben des Alphabets enthalten. Sinnvoll sind sie in den seltensten Fällen:
OH, WELCH ZYNISMUS, QUIEKTE XAVERS JADEGRÜNE BRATPFANNE
oder bei englischen Texten: THE QUICK BROWN FOX JUMPS OVER THE LAZY DOG. In einer Gruppe können Sie die besten Sätze prämieren, um sportliche Anreize zu schaffen.

4.20 SCHRIFTMUSTERBUCH

Gestalten Sie in Ihrer Typo-Gruppe ein Schriftmusterbuch.
1. Jede Person entscheidet sich für eine Schrift (Lieblingsschrift, besonderer Bezug oder gar selbst gestaltete Schrift...).
2. Legen Sie gemeinsame Eckdaten fest, je nachdem wie einheitlich oder „chaotisch" Ihr Buch werden soll: Papierformat, Satzspiegel, Farben, Bildverwendung etc.
3. Zusätzlich können Sie das zu erstellende Schriftmuster noch als Herausforderung zur Selbstdarstellung begreifen (denn nicht umsonst haben gerade

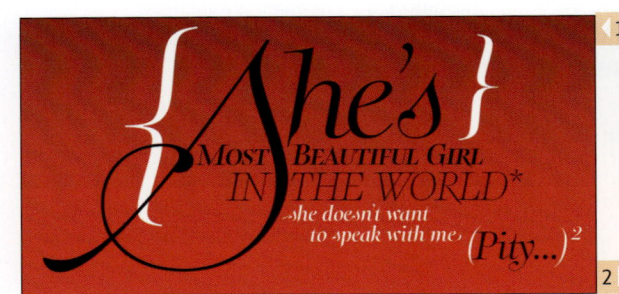

Warum nicht mal eine andere Anordnung? Hier wurde gut visualisiert, wie Amazon die Buchwelt umkrempelt ...

Aktuelle Schriftpräsentationsbeispiele in Werbematerialien:
Schriftmuster fontfont 1
Schriftmuster(plakat) von fontfont 2
Schriftmuster(plakat) Underware 3
Moderne Präsentation von Schriftschnitten der „Barbieri" fontblog.de 4

Sie diese bestimmte Schrift gewählt). So haben Sie später auch ein Erinnerungsstück aus Ihrer Klasse, Ihrem Kurs oder Ihrem Semester.
4. Tragen Sie die fertig gestalteten Seiten alphabetisch zusammen, überlegen Sie sich ein geeignetes Cover und eine passende Bindeart.

Schriftentrends

Aktuell (ko)existieren laut der Zeitschrift PAGE zwei Trends nebeneinander: Von den Vertretern der klassischen Typografie werden alte und neue oft humanistisch geprägte Schriften (vgl. Renaissance-Antiqua und Serifenlose mit diesem Charakter) in eher reduzierten, eleganten Gestaltungsarbeiten eingesetzt. Aus der experimentellen Ecke stammen hingegen Entwürfe, bei denen alles erlaubt, alles gewollt und alles gemacht wird. Auffällig sind hierbei viele manuelle Techniken wie Schrift zu sticken, zu tackern, zu kleben, zu fräsen usw. Ein weiterer Trend ist der zu geschriebenen Schriften aller Art. In diesem Rahmen erleben auch Retroschriften (Old School) eine Reanimation.

Eine Vielzahl freier experimenteller Fonts finden Sie auch unter **www.dafont.com**.

4.21 TRENDSCHRIFTEN, TOPSELLER

- Erstellen Sie in Ihrer Gruppe zwei Schriftenlisten, indem Sie aus einer vorher getroffenen breiten Auswahl die besten zehn in den Kategorien „moderne Klassiker" und „angesagte Trendschriften" wählen.
- Vergleichen Sie danach Ihre Listen mit den Bestsellern einiger renommierter Schriftenfirmen.

Neue Schriften präsentiert auch das Magazin „Font in Focus" unter **www.linotype.com** > *Online-Publikationen.*

Das größte (fast) frei verfügbare interaktive Schriftmusterbuch ist zurzeit die FontBook-App mit über 8000 Schriftfamilien von 134 Font-Herstellern. Man kann nach Klassifikation, Herausgeber, Designer, Jahr oder Namen suchen. Auch die funktionale Suche nach Zweck, Genre, Ähnlichkeit oder Beliebtheit ist inzwischen möglich. Seine volle Wirkung kann es allerdings nur auf dem iPad entfalten.

Schriften mischen
»Mix ohne Reue«

Schriften mischen ist wie das Kombinieren von Kleidungsstücken. Wenn Sie auf Nummer sicher gehen wollen, dann kombinieren Sie fertige Outfits einer Kollektion, eines Labels oder eines Textildesigners. Da haben Ihnen andere die Arbeit, das Passende zu finden, schon abgenommen. Oder Sie halten sich an bewährte Kombinationen: Mit Dauerbrennern wie einem Kostüm mit farblich abgesetzter Bluse oder den Jeans mit T-Shirt werden Sie nicht viel falsch machen können. Eigentlich interessant wird es aber erst, wenn Sie selbst auf Entdeckungsreise gehen und nach ganz verschiedenen Einzelstücken suchen, mit denen Sie einzigartige und raffinierte Kombinationen schaffen können.

Schriften zu mischen ist einerseits ein weiteres funktionales Mittel, den Leseprozess durch Gliederung zu vereinfachen. Es ist oft zu sehen, dass in Zeitschriften, Geschäftsberichten, Anzeigen etc. die Überschriften in einer anderen Schrift präsentiert werden als in der Grundschrift.

Andererseits werden Schriften aber auch dann gemischt, wenn die gestalterische Seite eines Druckprodukts in den Vordergrund gerückt werden soll und das Produkt durch die Mischung emotional aufgeladen wird. In Signets, CD-Covern, in der Titel- oder Plakatgestaltung gibt es häufig ein gleichberechtigtes Nebeneinander verschiedener Schriften.

Wie findet man nun aber zueinander passende Schriften?

4.22 Schriftmischung im Alltag
Vergleichen Sie die gemischten Schriften. Wo gibt es Ähnlichkeiten, wo Kontraste? Bewerten Sie die Mischungen.

Beispiele alltäglicher Schriftmischung:

Mini-Gugl-Flyer 1
Logos 2
Buchtitel 3
Verpackung 4
Magazintitel 5

Kombinationsmöglichkeiten

1. Sie können jederzeit Schriften einer Familie oder Schriftsippe miteinander kombinieren. Das ist noch keine Schriftmischung im eigentlichen Sinne, denn die Schriftschnitte wurden dazu geschaffen, miteinander kombiniert zu werden.

   Ebenso lassen sich auch Schriften ein und desselben Schriftdesigners mischen. Sie weisen oft einen ähnlichen Stil, eben die gleiche Handschrift, in Duktus und Proportion auf.

   Außer Ihnen werden aber viele andere Gestalter auf die gleiche Idee kommen, so dass Ihre Schriftmischung zwar stets gut funktioniert, aber niemanden erstaunt oder begeistert.

2. Sie halten sich an bewährte „Mischungsregeln", z. B.:
   - Serifenlose lassen sich in fetteren Schnitten gut mit Grundschriften mit Serifen kombinieren.
   - Schreibschriften vertragen sich gut mit Antiqua-Schriften, wenn ihre Linienführung sich ähnelt.
   - Vermeiden Sie die Kombination von Schriften der gleichen Gruppe (s. Schriftklassifikation).
   - Bilden Sie Kontraste bezüglich Schriftschnitt und Schriftgröße, dann kann schon gar nicht mehr viel danebengehen.

   Immer dann, wenn Sie nicht weiter auffallen wollen und solide Arbeit abliefern möchten, greifen Sie ruhig zu diesen Grundregeln der Schriftmischung.

3. Sie wollen mehr: zum Beispiel Aufmerksamkeit erregen oder eine ganz individuelle Mischung erschaffen.

   Dazu benötigen Sie ein tieferes Verständnis von der Kombinationsfähigkeit der Schriften, damit Sie sich an ungewöhnliche und doch treffende Kombinationen wagen können.

Ausgangspunkt für Ihre Versuche könnte folgende Grundannahme sein: Setzen Sie deutliche Kontraste zwischen den Schriften auf eine gemeinsame Basis. Wie in einer guten Partnerschaft bereichern sich dann die Partner gegenseitig; doch ohne gemeinsame Basis funktioniert eben auch keine Partnerschaft. Die Gemeinsamkeiten können zum Beispiel auf folgenden Faktoren beruhen:

Nr.		
1	Times	Officina Serif
2	Bodoni	Futura
3	Brush Script	Clarendon
4	Optima	Peignot
5	Serpentine	Eurostile

- Die Schriften sind gleich breit oder schmal.
- Das Verhältnis von Mittellängen zu Versalhöhen ist etwa gleich.
- Der Duktus, also die Art der Linienführung, ist ähnlich.
- Der Schriftaufbau ist in Bezug auf die Strichstärke ähnlich.
- Die Grundformen sind gleich.

Um dies beurteilen zu können, müssen Sie bei den Schriftgrößen der zu mischenden Schriften jeweils die Mittelhöhen anpassen, bevor Sie mit der kontrastiven Gestaltung beginnen.

4.23 ANALYSE SCHRIFTEN MISCHEN
Wodurch wurden die folgenden Beispiele kontrastiert?

1. Wehschnittchen
Es war zweimal zur alten Zeit der großen Bauernfäng, da löbbet einst wohl hinter den Bergen der König Klops. Gehabt sich wohl ein Töchterlein, reibliezend und so fein, daß duftet danzen Dag wie Kasparin, wie Melchion und Salbatham. Und

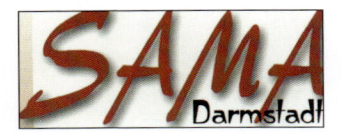

2. Wehschnittchen
Es war zweimal zur alten Zeit der großen Bauernfäng, da löbbet einst wohl hinter den Bergen der König Klops. Gehabt sich wohl ein Töchterlein, reibliezend und so fein, daß duftet danzen Dag wie Kasparin, wie Melchion und

3. Wehschnittchen
Es war zweimal zur alten Zeit der großen Bauernfäng, da löbbet einst wohl hinter den Bergen der König Klops. Gehabt sich wohl ein Töchterlein, reibliezend und so fein,

4. Wehschnittchen
Es war zweimal zur alten Zeit der großen Bauernfäng, da löbbet einst wohl hinter den Bergen der König Klops. Gehabt sich wohl ein Töchterlein, reibliezend und so fein, daß duftet danzen Dag wie Kasparin, wie Melchion und

5. Wehschnittchen
Es war zweimal zur alten Zeit der großen Bauernfäng, da löbbet einst wohl hinter den Bergen der König Klops. Gehabt sich wohl ein Töchterlein, reibliezend und so fein, daß duftet danzen Dag wie Kasparin, wie Melchion und Salbatham. Und

4.24 DEKORATIVE SCHRIFTMISCHUNG
Sammeln Sie Logos und Zeitschriftentitel, in denen mit Schriftmischung gearbeitet wurde, und beschreiben Sie die verwendeten Kontraste.

4.25 SCHRIFTMISCHUNG KONKRET
Schauen Sie auf den Seiten des Schriftenkanons nach und wählen Sie jeweils zwei mischfähige Schriften für folgende Einsatzbereiche:
1. Titelschriftzug für den Katalog „Neues Wohnen"
2. Wortmarke für die Zeitschrift „Theater News"
3. Je eine Schriftart für Überschriften und Grundschrift einer Zeitschrift für den Modelleisenbahnbau
4. Je eine Schriftart für Überschriften und Grundschrift einer Imagebroschüre eines Fahrradgeschäfts

Benennen Sie die gemeinsame Ausgangsbasis (die bei Überschrift und Grundschrift stärker ausgeprägt sein sollte als bei den Titelschriftzügen) und welche Kontrastierungsmöglichkeit Sie wählen würden.

1. _____
2. _____
3. _____
4. _____

Reihenfolge beim Schriftenmischen:
1. Schriften mit gemeinsamen Merkmalen suchen, die sich dennoch ausreichend unterscheiden (z. B. unterschiedliche Schriftgruppen)
2. Mittelhöhen anpassen (oder Versalhöhen bei reinem Versalsatz)
3. Zusätzliche Kontrastierungsmöglichkeiten einsetzen:
   fett – fein, bunt – unbunt, ein Teil farbig hinterlegt, vertikal – horizontal

4.26 Fundstücke der Schriftmischung
Welche Gemeinsamkeiten und welche Kontraste weisen folgende Schriftmischungsbeispiele auf?

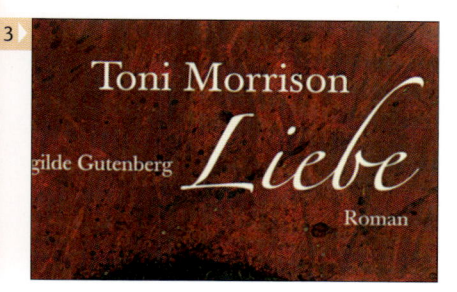

4.27 Schriftendreh
- Schneiden Sie die Drehscheiben und die Deckplatte aus, kleben Sie beides auf einen dünnen Karton. Dann schneiden Sie mit dem Skalpell die weißen Sichtfenster aus, verfahren Sie ebenso mit den Dreh-Eingriffen. Schließlich stechen Sie an den Kreuzungspunkten Paketklemmen durch und hängen die Drehscheiben hinter die Deckplatte. Sie können jeweils die linken und rechten Schriftscheiben nach Belieben auswechseln.
- Drehen Sie die Scheiben, bis Sie gute Mischungen finden. Bestimmen Sie dabei eine Schrift als Grundschrift, die andere als Auszeichnungsschrift. Seien Sie sich der Gemeinsamkeiten und Unterschiede der Schriften dabei bewusst. Mit welchen Kontrasten würden Sie die Mischung der beiden Schriften noch verbessern?

Material zum Download:
04_27_Schriftendreh

Hinweis:
Arbeiten Sie beim Ausschneiden und Zusammensetzen möglichst sorgfältig, sonst sind die Felder nicht mehr korrekt lesbar!

Notizen:

*Regelrechte Typografie
ist die Beherrschung des feinen Maßes.
Ein Zuwenig und Zuschwach
entfernt sie ebenso von der Meisterschaft
wie ein Zuviel und Zustark.*
　　　　　　　　Kurt Weidemann

5 Seitenaufbau

Format
»Welches Größerl hätten's gern?«

Stellen Sie sich vor, Sie fertigen einen Gegenstand am Fließband und durch eine falsche Einstellung in der Produktionsstrecke müssen Sie jedes einzelne Fertigungsstück manuell überarbeiten – Sie wären nicht mehr konkurrenzfähig …
Je umfangreicher Ihr Druckprodukt wird, das Sie gestalten, desto mehr sollten Sie sich also vorher Gedanken über Format, Seitenverhältnisse, Satzspiegel und die Konstruktion der Seite an sich machen.
Denn jede nachträgliche Änderung muss an vielen Seiten durchgeführt werden und führt dazu, dass auf den Auftrag „draufgelegt" wird.

Meist ist das Seitenformat vorgegeben, sei es, weil das Gestaltungsprodukt Teil einer Reihe ist oder weil der Kunde genaue Formatvorstellungen hat. Wenn Sie allerdings frei sind in der Wahl Ihres Seitenformats, könnten Ihnen folgende Hinweise helfen:

Vorüberlegungen Seitenformat:
1. Wahl nach Art der vorherrschenden Abbildungsformate
   Denken Sie z. B. an einen Werkzeugkatalog mit vielen querformatigen Abbildungen, bietet es sich an, das Katalogformat ebenfalls querformatig zu wählen.
2. Wahl nach Art des Inhalts
   Gibt es Bezüge zwischen dem Inhalt, dem Charakter des Produkts, die in einem bestimmten Format besser ausgedrückt werden? Ein Buch über die Kunstrichtungen des Bauhaus oder des Kubismus könnte z. B. quadratisch gestaltet werden, kirchliche Poesie durch den „himmelwärts" strebenden Inhalt z. B. sehr schlank hochformatig.
3. Wahl des Formats nach praktischen Gesichtspunkten
   Wie viel Platz soll das Produkt aufgeklappt einnehmen, wo wird es vorzugsweise gelesen? So haben einige Zeitschriften inzwischen eine Zweitausgabe im handlicheren A5-Format für das Lesen unterwegs.
4. Wahl nach produktionstechnischen Kriterien
   Haben Sie z. B. ein geringes Budget für Ihr Produkt, können Sie überlegen, wie es möglichst kostengünstig (z. B. papiersparend) hergestellt wird. Dazu wird oftmals berechnet, wie das Format der Druckmaschine sinnvoll mit Nutzen belegt wird. Ein ökonomisch günstiges Format aus einem Standard-Druckbogen ist z. B. 17,2 × 23,8 cm.

Proportionen:
Selbst wenn das Format (Quer- oder Hochformat oder quadratisches Format) feststeht, ist damit noch nichts über die exakten Seitenverhältnisse festgelegt. Hier bieten sich bestimmte Seitenverhältnisse (Proportionen) an. Das 1:1-Verhältnis des Quadrats ist zwar sehr stabil, dadurch aber auch wenig spannungsreich, interessantere Proportionen finden die Gestaltenden in bewährten Seitenverhältnissen (s. gegenüberliegende Seite).

5.1 Seitenverhältnisse berechnen
- Welche Höhe ergibt sich bei einem Seitenverhältnis von $1:\sqrt{3}$, wenn die Breite 15 cm betragen soll?
- Das Seitenformat soll im Verhältnis 3 : 5 entstehen, als Höhe hätten Sie gerne 30 cm. Welche Breite ergibt sich?

5 Seitenaufbau | Format **87**

1 : √2
(DIN-A-Reihe)

1 : √3

1 : √5

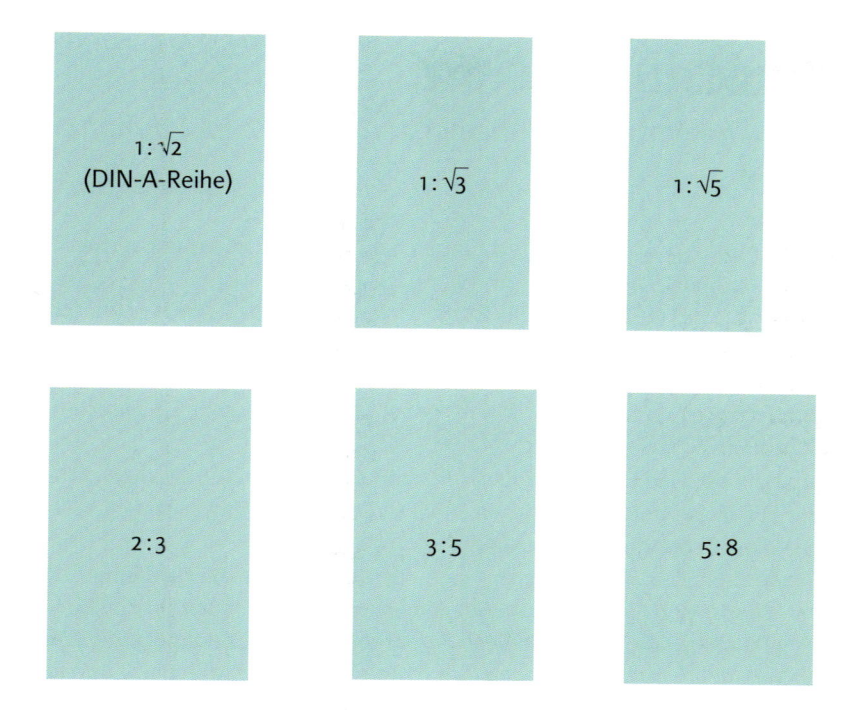

2 : 3

3 : 5

5 : 8

Zur Berechnung:
Das zweitgenannte Maß ist als die Höhe definiert.
Angenommen Sie haben eine Breite von 10 cm (entspricht dem Faktor 1), dann ergibt sich Ihre Höhe durch
10 cm × √2.
Die Berechnung der Höhe im Verhältnis 2:3 ergibt sich aus der Rechnung (10/2) × 3.

- Sie wollen ein querformatiges Produkt mit dem Seitenverhältnis √5 : 1 gestalten, die Höhe muss aus postalischen Gründen 10,5 cm sein. Welche Breite ergibt sich?

DIN-A4-Variationen

Als Standardformat findet es sich überall in Wirtschaft und Verwaltung, wirkt aber in der Printgestaltung etwas abgedroschen. Um die Vorteile von DIN A4 zu nutzen (Postversand, abzuheften, handlich), können Sie es variieren: Zweimal gefalzt ergibt sich DIN lang 21 × 9,9 cm, das sich gut für Broschüren eignet. 2/3 DIN A4 mit 21 × 20 cm ist dem Format DIN A5 vorzuziehen, das eher unelegant wirkt.

Auch Kataloge, bei denen das Format in der Breite halbiert wird, wirken schon nicht mehr standardisiert. Wenn das Format 14 × 29,7 cm verwendet wird, also nur zwei Drittel der Breite von DIN A4, wirkt das doppelseitig wie ein Quadrat.

5.2 DIN-A4-Variationen

- Legen Sie sich einige Falzmuster an, bei denen Sie DIN-A4-Variationen ausprobieren. Sie werden sie sicher bei zukünftigen Gestaltungsaufgaben verwenden können.
- Kürzen Sie DIN A4 auch etwas in Höhe und Breite und beobachten Sie die Wirkung.

Die DIN-B-Reihe umfasst unbeschnittene A-Formate, die C-Reihe gilt für Versandhüllen und Umschläge.
Das US-Format ist breiter als DIN A4: 27, 9 × 21,5 cm.
Das Ringordner-Format von 28,5 × 31,8 cm ist ein weiteres Standardformat für größere Drucksachen, da sie damit noch in Regale passen…

Goldener Schnitt
»Die Natur als Lehrmeisterin für Proportionen«

Die mathematische Formulierung für den Goldenen Schnitt lautet: Der kleinere Teil einer Strecke (a) verhält sich zum größeren (b) wie der größere (b) zur gesamten Strecke (c).

Beispiele:
Hühnerei: Breite zu Höhe
Nadelbaum: Reihung der Äste vom Hauptstamm

Woher kommt es nun, dass wir bestimmte Proportionen als ästhetisch hochwertiger empfinden, andere eher als plump?

Das „Vorzeige"-Seitenverhältnis ist der Goldene Schnitt. Jeder künstlerisch tätige Mensch, der mit harmonischen Proportionen arbeitet, wird dieses Seitenverhältnis immer wieder in seinen Werken anwenden. Bilder werden so gerahmt, Häuser und Brücken danach gebaut und eben auch Drucksachen damit gestaltet.

Es ist ein der Natur abgeschautes Verhältnis, das wir als ausgeglichen empfinden. Wenn Sie mit aufmerksamen Augen durch Ihre Umwelt laufen, werden Sie diese Proportionen in vielfältiger Form entdecken.

Sie werden allerdings feststellen, dass das Verhältnis selten mathematisch stimmt. Das ist eine Eigenart des Goldenen Schnitts, dass er auch „Pi mal Daumen" funktioniert. Wenn Sie auf diese Proportion in Ihren Gestaltungsarbeiten achten, werden Sie feststellen, dass Sie ihn oft verwenden, allerdings immer nur annähernd, eben nach Augenmaß.

5.3 Goldener Schnitt in der Natur
Welche weiteren Dinge der Natur weisen dieses Verhältnis auf?

5.4 Berechnungen im Goldenen Schnitt
- Eine übliche Zahlenreihe des Goldenen Schnitts ist: 2 : 3 | 3 : 5 | 5 : 8 | ... 5:8 gilt dabei als die Hauptproportion, umgerechnet auf den Faktor 1 ergibt sich ein Verhältnis von 1:1,6. Auf welchem „Rechenschema" basiert die Reihe? Führen Sie sie weiter.

- Wählen Sie eine Grundeinheit (z. B. 0,5 oder 1 cm) und zeichnen Sie die Streckenteile des Goldenen Schnitts auf Karopapier waagerecht untereinander. Welche geometrische Figur ergibt sich? Kleben Sie sie hier am Rand ein.

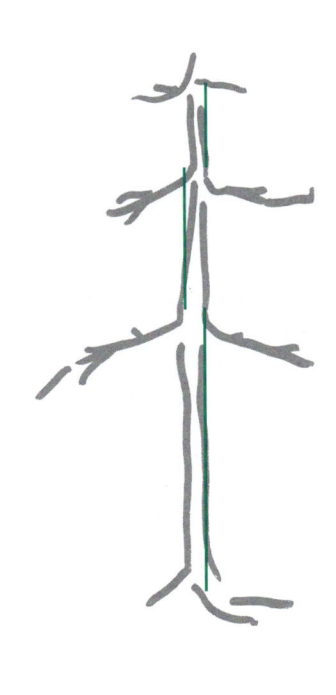

5.5 Goldener Schnitt

Finden Sie in den beiden Bildbeispielen den Goldenen Schnitt, zeichnen Sie die entsprechenden Strecken ein:

1   David
Die Griechen kultivierten den Goldenen Schnitt besonders, dann erlebte er in der Renaissance eine neue Blüte und gilt damit bis heute als das „Schönheitsideal per se".

2   R und O aus der Capitalis Monumentalis
Das Alphabet der Capitalis Monumentalis, der in Stein gehauenen Schrift, die die Römer für ihre Monumente verwendeten, beruht ebenfalls auf diesen Proportionen. Unsere heutigen Großbuchstaben wurden von diesem Alphabet maßgeblich geprägt.

5.6 Proportionen messen

■ Vermessen Sie die Proportionen und bilden Sie Verhältnisreihen:
z. B. aus 5 cm:7 cm:10,5 cm wird 1:1,4:2,1 oder grob gerundet 2:3:4.

Beispiele für Flächengliederung in Flyern:
1   Flyer Familienoffensive
2   Flyer Heid. Feinschmeckerei
3   Flyer Region Oberfranken

Satzspiegel
»Wer ist der Schönste im ganzen Land?«

Wenn Sie das exakte Seitenformat festgelegt haben, könnten Sie direkt anfangen zu gestalten. In der modernen randlosen Typografie ist das ganze Format Ihre Gestaltungsfläche. Traditionell schränkt man sich aber auf einen begrenzten Bereich ein, den Satzspiegel. Neben ästhetischen Gründen ist das auch einfach praktisch, weil die Daumen Platz haben zu greifen und keine Information verdecken; ebenso wenig werden informative Teile im Bund durch den Falz verschluckt. Auch die Seitenzahl zur Orientierung findet sich schneller, weil sie getrennt von der eigentlichen bedruckten Fläche steht.

Wenn Sie sich also für einen Satzspiegel entscheiden, bleibt die Frage, wie groß er sein soll und wo er auf dem Format platziert wird.

Wie ein Bild im Rahmen angemessener und edler wirkt als ohne Rahmen, bietet auch das Format den Rahmen für den Satzspiegel, in dem der eigentliche Seiteninhalt platziert wird.

Wege zum Satzspiegel
1. Von außen nach innen: Festlegen der Seitenränder

Auch hier spielen die Proportionen eine Rolle. Stellen Sie sich den Satzspiegel wieder als Bild vor, das im Rahmen des Seitenformats platziert werden soll. Einfache mögliche Verhältnisse sind:

Bund (innen) :	Kopf (oben) :	Steg (außen) :	Fuß (unten) :
2	3	5	8
2	3	4	5
1	2	2	3

Goldener Schnitt
praktikableres Verhältnis
Bei wenig Platz …

Die Entscheidung fällt ebenfalls entweder nach funktionalen oder nach ästhetischen Gesichtspunkten. Soll die Drucksache viel Inhalt auf wenig Raum präsentieren, werden Sie vertretbar enge Ränder wählen, oder soll sie ihren eher geringen Inhaltsumfang repräsentativ in Szene setzen, dann legen Sie einen großzügigen Satzspiegel an.

5.7 SEITENRÄNDER
- Berechnen Sie die Seitenränder für [1] eine Widmungsschrift im Goldenen Schnitt, [2] für einen Zeitschriftensatzspiegel und für eine [3] technische Dokumentation mit wenig verfügbarem Platz.
- Zeichnen Sie die Satzspiegel (im Format A4) in unterschiedlichen Farben auf ein A4-Blatt.

Unten sollen 6 cm Platz sein. Im Bund bleibt 1 cm. Der Kopf beträgt 1,5 cm.

2. Von innen nach außen: Wahl des Formats im Format

Sie können auch den Satzspiegel selbst als Fläche ansehen, die Sie auf der Seite anordnen, also als übergeordnetes Gestaltungselement.

5.8 FORMATPLATZIERUNG
Denken Sie bei dieser Übung nicht an ein pragmatisches Layout, sondern überlassen Sie sich dem Gefühl für Fläche und Proportion.

Nehmen Sie dazu wiederum ein weißes A4-Blatt. Schneiden Sie sich aus einem anderen weißen Blatt Papierstreifen im Format 3 × 20 cm und 3 × 28 cm. Legen Sie ein schwarzes Blatt (ca. 19 × 27 cm) auf Ihr A4-Papier und schieben Sie die Streifen so lange an den Rändern des schwarzen Blattes entlang, bis Ihnen das schwarze Format auf dem weißen Blatt von Größe und Position gefällt. Messen Sie die Randmaße und übertragen Sie sie auf das A4-Papier.

Auf meinem Youtube-Kanal: **www.youtube.com/typotraining** gibt es Filme zur Satzspiegelerstellung.

3. Grafische Konstruktion: Neunerteilung bzw. Villard'scher Teilungskanon
Sie können für Ihre Doppelseite mit Hilfe einer zeichnerischen Konstruktion einen Satzspiegel ermitteln, der auf einer Neunerteilung beruht:
Bund (innen):   Kopf (oben):   Steg (außen):   Fuß (unten):
ein Neuntel   ein Neuntel   zwei Neuntel   zwei Neuntel

Für die Satzhöhe bzw. Satzbreite bleiben dann sechs Neuntel übrig. Der Satzspiegel wird dadurch relativ klein, so dass sich die strenge Neuneraufteilung nur für belletristische oder rein ästhetische Gestaltungsaufgaben einsetzen lässt.

Allerdings ist die Konstruktion so flexibel, dass Sie das Format nach unten auf der Achse proportional erweitern können.

Modernere Alternative:
Legen Sie in InDesign ein leeres Dokument ohne Ränder in Ihrer Seitengröße an. Gehen Sie auf Layout > Hilfslinien erstellen und legen Sie hier z. B. 15 Zeilen und 15 Spalten jeweils mit Steg 0 an. Dann wählen Sie für den Satzspiegel jeweils ein Kästchen oben und innen und zwei Kästchen für den äußeren und unteren Rand.

5.9 NEUNERTEILUNG
- Vollziehen Sie die Konstruktionsanweisung anhand der ausgedruckten PDF-Datei nach.
- Wenden Sie die Konstruktionsart auf eine Doppelseite mit dem Seitenmaß 25 × 19 cm an.
- Erweitern Sie dann den Satzspiegel auf der diagonalen Einzelseitenachse so, bis er Ihnen auch für einen sachlichen Einsatzbereich praktikabel erscheint.

Material zum Download: 05_09_Neunerteilung.pdf
Auch die Neunerteilung können Sie in InDesign vornehmen. Dabei ziehen Sie die Linien mit den Nummern 1 bis 6 aus der Anleitung digital im Layoutprogramm nach. Ziehen Sie dann vom letzten Kreuzungspunkt den Satzspiegel so weit auf, wie Sie ihn benötigen. Korrigieren Sie evtl. optisch nach.

Auf welche Weise Sie auch immer zu Ihrem Satzspiegel gekommen sind, treten Sie zur Kontrolle einen Schritt zurück oder kneifen Sie Ihre Augen zusammen, so dass Sie flächiger sehen und prüfen Sie so die Wirkung der Satzspiegelfläche auf der Formatfläche. Sie sollte in keine Richtung fallen oder ausbrechen. Denn die Fläche transportiert den Inhalt und muss dazu bei den meisten Gestaltungsprodukten stabil auf der Seite stehen.

5.10 FREIE SATZSPIEGEL
Drucken sie sich die Satzspiegelformate aus. Zeichnen Sie darin für die angegebenen Gestaltungsaufgaben Satzspiegel ein. Berücksichtigen Sie den Verwendungszweck. Handeln Sie nach Augenmaß oder nach einem der oben beschriebenen Verfahren. Messen Sie danach die Proportionen der Ränder und schreiben Sie sie dazu.
a   Ausstellungskatalog „Orchideen"
b   Einladungskarte 50-jähriges Firmenjubiläum
c   Infobroschüre der Landesregierung „Wege aus der Arbeitslosigkeit"

Material zum Download: 05_10_Satzspiegel.pdf

Grundlinienraster
»Zeile für Zeile gute Qualität«

Siehe auch Gestaltungsraster, S. 238

Suchen Sie die Einstelloptionen für das Grundlinienraster in Ihrem Layoutprogramm.

Seite mit Grundlinienraster, das noch nicht bündig mit dem Satzspiegel (farbig) steht

Seite mit Grundlinienraster, das jetzt bündig mit dem Satzspiegel (farbig) steht, also um einige Millimeter nach oben verschoben wurde

Berechnung einer Durchschnittsversalhöhe in mm: Schriftgröße in Punkt × 0,353 × 70 Prozent

Um eine Seite ohne großen Aufwand so zu strukturieren, dass ihre Zeilen unsichtbaren Halt haben bzw. von Spalte zu Spalte auf der gleichen Schriftlinie stehen, bietet sich das Erstellen eines Grundlinienrasters an.

Der Abstand von einer Zeile des Grundlinienrasters zur nächsten ist nichts anderes als der Zeilenabstand Ihrer Grundschrift. Legen Sie den Satzspiegel in der Höhe so an, dass er eine ganzzahlige Anzahl an Zeilen enthält. Haben Sie z. B. einen Zeilenabstand von 5 mm, kann Ihr Satzspiegel theoretisch jede Höhe annehmen, die durch 5 teilbar ist.

Einen kleinen Haken hat das Grundlinienraster allerdings noch. Die erste Zeile steht bei dieser Vorgehensweise nicht bündig mit dem Satzspiegelrand. Das stört evtl. dann, wenn Sie Bilder gemischt mit Text oben bündig anfangen lassen wollen. Also müssen Sie die erste Zeile so nach oben verschieben, dass die Oberlänge der Schrift bündig mit dem Satzspiegel abschließt.

Diese Einstellung legen Sie über den Start des Grundlinienrasters fest. Beträgt die Versalhöhe der Schrift z. B. 3 mm, verschieben Sie die erste Zeile 2 mm nach oben. Die Satzspiegelhöhe können Sie meist lassen, da der Satzspiegel theoretisch nur bis zur untersten Schriftlinie reicht, praktisch aber etwas höher sein muss, da sonst die letzte Zeile mit ihrer Unterlänge nicht mehr hineinpasst.

5.11 Grundlinienraster
Erstellen Sie ein Grundlinienraster für einen oben erstellten Satzspiegel Ihrer Wahl in einer 12p-Schrift und passen Sie die erste Zeile an.

Register halten
Es sieht nicht nur besser aus, wenn die Zeilen der Grundschrift auf gegenüberliegenden Seiten Schriftlinien halten, also auf einer Linie stehen. Auch die Zeilen der Vorder- und Rückseite stehen bei einem Grundlinienraster auf der gleichen Linie. Dadurch wird bei dünneren Papieren die Lesbarkeit nicht beeinträchtigt, da zwischen den Zeilen keine grauen Buchstaben durchschimmern. Dies ist insbesondere bei Zeitungen, Zeitschriften und Büchern wichtig, bei denen der Leser in kürzester Zeit viel Text aufnehmen möchte.

5.12 Grundlinienraster
Ermitteln Sie, welche Schriftgröße jeweils in folgende Grundlinienraster passt. Wie gehen Sie dabei vor?

Alignieren

Sie haben erfahren, dass beim Grundlinienraster jetzt alle Grundtextzeilen Linien halten (alignieren). Was geschieht jedoch mit den Texten in anderen Schriftgrößen?

Sie können ebenfalls an das Grundlinienraster angelehnt werden, indem ihr Zeilenabstand so gewählt wird, dass er alle paar Zeilen wieder auf das Grundlinienraster trifft. Hat Ihre Grundschrift also beispielsweise 6 mm Zeilenabstand, so könnte einer kleineren Schrift z. B. für Bildunterschriften oder die Marginalspalte 4 mm Zeilenabstand zugewiesen werden, jede dritte Zeile würde also auf das Grundlinienraster treffen.

Diese Schrift trifft alle drei Zeilen wieder auf das Grundlinienraster, das durch den Zeilenabstand der Grundschrift vorgegeben ist.

5.13 Alignieren am Grundlinienraster

- Berechnen Sie bei einem Grundlinienraster mit der Schrittweite von 4,5 mm einen brauchbaren Zeilenabstand für eine 7p Bildunterschrift, die ab und zu mit der Grundschrift aligniert.
- Der Fließtext wird mit 5,5 mm ZAB gesetzt. Die Schrift für die Marginalspalte ist 8p groß, mit welchem brauchbaren ZAB würde sie ab und zu mit dem Fließtext alignieren?

Notizen:

*Die Aufgabe des Typographen ist es,
Ruhe und Unruhe so zu mischen,
daß nicht erstarrte Unruhe entsteht,
sondern jene gespannte Ruhe,
die zum Ausdruck des Lebens wird.*

PAUL RENNER

6 Gestaltungselemente

Gestaltungsprinzipien: Rhythmus und Dynamik

» Die Typografie lernt laufen «

6.1 Rhythmus grafisch umsetzen

1. Klopfen Sie den Rhythmus eines beliebigen Musikstücks. Finden Sie die Grundstruktur heraus, die sich immer wiederholt. Versuchen Sie, diese grafisch mit Hilfe von Linien oder Kästchen hier darzustellen.

Der Anfang der fünften Sinfonie von L. v. Beethoven könnte dann z. B. so aussehen:

Vermutlich werden Sie Pausen durch unterschiedliche Lücken zwischen den Linien oder Kästchen darstellen. Außerdem wird die Stärke des Schlags von Ihnen voraussichtlich durch die Linienstärke oder Kästchengröße visualisiert werden. Verwenden Sie also das Sinnesorgan Ohr als Brücke, um den Rhythmus Ihrer typografischen Arbeiten wahrzunehmen.

2. Finden Sie die Rhythmen der drei Seiten auf der gegenüberliegenden Seite, die durch die Bilder (und Bildabfolge!) vorgegeben werden. Klopfen Sie jeweils den Rhythmus.

oder so:

Thesen zum Rhythmus:

- Die Elemente einer Seite stehen in Beziehung, diese Beziehung nimmt der Betrachter als visuellen Rhythmus wahr. Häufig wird der Rhythmus durch den Blickverlauf vorgegeben.
- Der Rhythmus ergibt sich durch die Art der Anordnung und das visuelle Gewicht der Einzelelemente (z.B. gegeben durch Größe, Farbe, Form).
- Der Rhythmus kann unregelmäßig sein: Die Elemente sind stark unterschiedlich gewichtet, ihre Verteilung ist meist asymmetrisch, die Seite wirkt insgesamt dynamisch und lebendig. Oder der Rhythmus ist regelmäßig: Die Elemente sind von ähnlichem oder gleichem optischen Gewicht, die Anordnung ist symmetrisch, so dass die Seite statisch wirkt.
- Die üblichen Schwerpunkte von Takten können verschoben werden (Synkopen), das wirkt interessant und verstärkt den dynamischen Eindruck.

6 Gestaltungselemente | Gestaltungsprinzipien: Rhythmus und Dynamik

1 Doppelseite „Basic Gardening", GU
2 Seite aus PAGE-Magazin
3 Seite aus Produktflyer von „die Gestalten"

6.2 Rhythmen visualisieren

Rhythmisch zu gestalten erfordert einige Übung. Nehmen Sie sich deswegen Zeit für jeden einzelnen Aufgabenteil. Verwenden Sie für alle Aufgaben das Format DIN A4 oder das quadratische Format 21 × 21 cm.

1. Hören Sie sich ein ruhiges Musikstück mit fließenden Rhythmen an und greifen Sie sich eine interessante Sequenz von wenigen Sekunden heraus. Lassen Sie sich dadurch inspirieren, aber versuchen Sie keine 1:1-Umsetzung.

Taktverschiebung (Synkope)

Ein zu gleichmäßiger Rhythmus wirkt auf die Dauer uninteressant, bauen Sie deshalb bewusst „Rhythmusstörungen" ein.

Zeichnen Sie den Rhythmus oder die Dynamik mit Hilfe von Linien oder Rahmenelementen. Spielen Sie mit Verdichtungen und aufgelösten Partien. Als Variation können Sie auch Tonwerte und Farben mit verwenden.

2. Stellen Sie sich vor, Sie stehen auf einer belebten Kreuzung oder Sie sind Zuschauer bei einer Sportart.
Setzen Sie den gesehenen Rhythmus frei durch Farb- und/oder Tonwertflächen um. Beschränken Sie sich in Farb- und Tonwertwahl, um die ausgewählten Elemente rhythmisch wiederholen zu können.

3. Greifen Sie ein Geschehen aus den Tagesnachrichten auf, finden Sie dazu ein zentrales Wort. Setzen Sie nun das Geschehen rhythmisch um, indem Sie den Rhythmus entweder durch mehrfaches Verwenden und Überlagern des Wortes bilden oder (evtl. auch zusätzlich) die Buchstaben des Wortes rhythmisch anordnen. Variieren Sie bei diesem Aufgabenteil durch Veränderung von Schriftgröße, Schriftfarbe oder Schriftart.

4. Experimentieren Sie mit der rhythmischen Umsetzung von Geschichten:

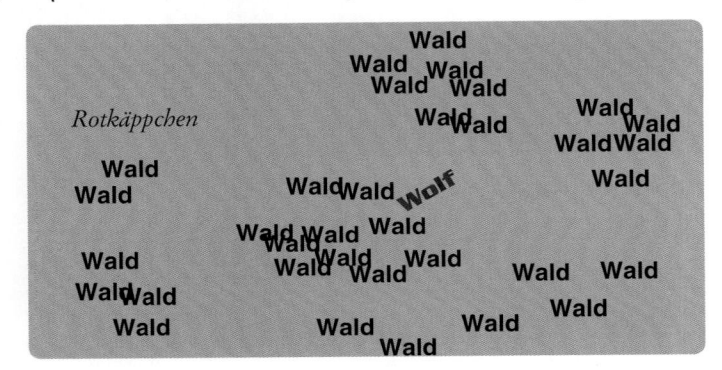

Dynamik

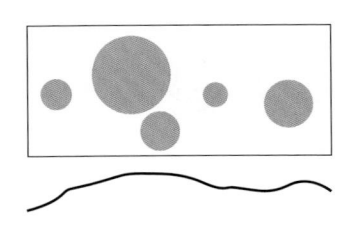

Oben:
beispielhafte dynamische Verteilung von Gestaltungselementen
Unten:
Darstellung des dynamischen Verlaufs

Der Begriff Dynamik kommt aus dem Griechischen und bedeutet Kraft. In der Musik versteht man darunter die Differenzierung der Tonstärke. Dies kann entweder stufenweise geschehen, z. B. durch Bezeichnungen wie forte, mezzoforte, piano, oder fließend, z. B. crescendo, decrescendo.

Klare Stufenbildung wird in typografischen Hierarchien durchgeführt. Das, was am wichtigsten ist, wird dann durch Größe, Signalfarbe, fetten Schriftschnitt o. Ä. sozusagen „forte" ausgezeichnet. Je differenzierter die Information (nicht je unwichtiger!), desto zurückhaltender und leiser wird die Dynamik gehalten. Denn wirklich Interessierte hören auch auf die leisen Töne ...

Fließendes An- und Abschwellen sieht man in typografischen Produkten oft durch das Mittel der Verdichtung dargestellt, das in Gegensatz gebracht wird zur Vereinzelung.

6.3 Dynamik

■ Zeichnen Sie den dynamischen Verlauf der drei Beispiele horizontal in die Kästchen ein. Der Verlauf wird durch die „Leserichtung" vorgegeben.

6 Gestaltungselemente | Gestaltungsprinzipien: Rhythmus und Dynamik 99

- Wodurch entsteht die Dynamik. Welcher Verlauf wirkt spannungsreich? Wodurch wird dieser Eindruck verstärkt?

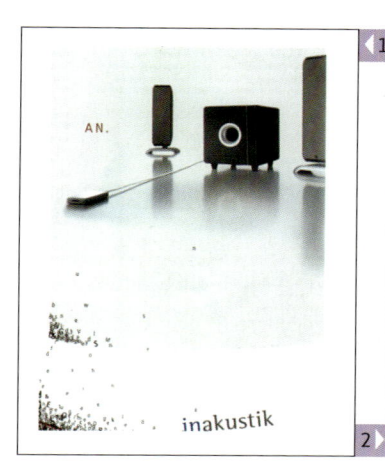

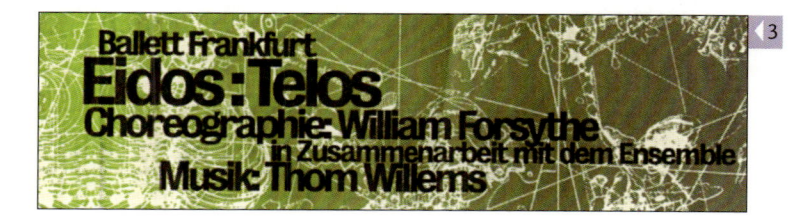

Beispiele für Printprodukte mit dynamischem Gestaltungsverlauf:
1 Anzeige inakustik
2 Werbebroschüre Nike
3 Anzeige Oper Frankfurt (Ausschnitt)

6.4 CD-Cover

- Gestalten Sie das CD-Cover und den Labelaufdruck einer Band Ihrer Wahl. Entnehmen Sie die Maße für das Cover der CD-Hülle. Das Label hat eine bedruckbare runde Fläche von 117 mm, wobei innen ein Kreis von 35 mm ausgespart werden soll. Legen Sie Rhythmik oder Dynamik durch die Ihnen bekannten Mittel an. Verwenden Sie ein oder mehrere Bildelemente, die jedoch so verfremdet werden (z.B. vergrößert oder mit Filtereffekten versehen), dass sie nur noch als strukturierte Farbflächen wirken.
- Bringen Sie zur Auswertung das Originalcover mit, suchen Sie in Ihrer CD-Sammlung nach rhythmisch gestalteten Titeln und bringen Sie sie mit.

Material zum Download:
06_04_CD-Cover.zip

Bewertungskriterien:
- Rhythmus- oder Dynamikgestaltung, Umsetzung des Musikstils
- rhythmische Integration der Bildelemente
- Gesamtwirkung (z.B. Schrift- und Farbverwendung, Raumaufteilung, Zielgruppenbezug, wurde die Labelfläche gelungen genutzt?)

6.5 Rhythmische Gestaltung

Betrachten Sie die Gestaltungsbeispiele.
- Durch welche typografischen und grafischen Mittel werden Rhythmus und/oder Dynamik erzeugt?

_____

_____

_____

Beispiele, in denen durch verschiedene Gestaltungselemente und deren Anordnung Dynamik oder Rhythmus erzeugt wird

- Mit welchen Attributen würden Sie die „Gesamtperformance" jedes Beispiels beschreiben? (beispielsweise kraftvoll, drängend, zögerlich etc.)
- Passt die musikalische Ebene zum dargestellten Inhalt?

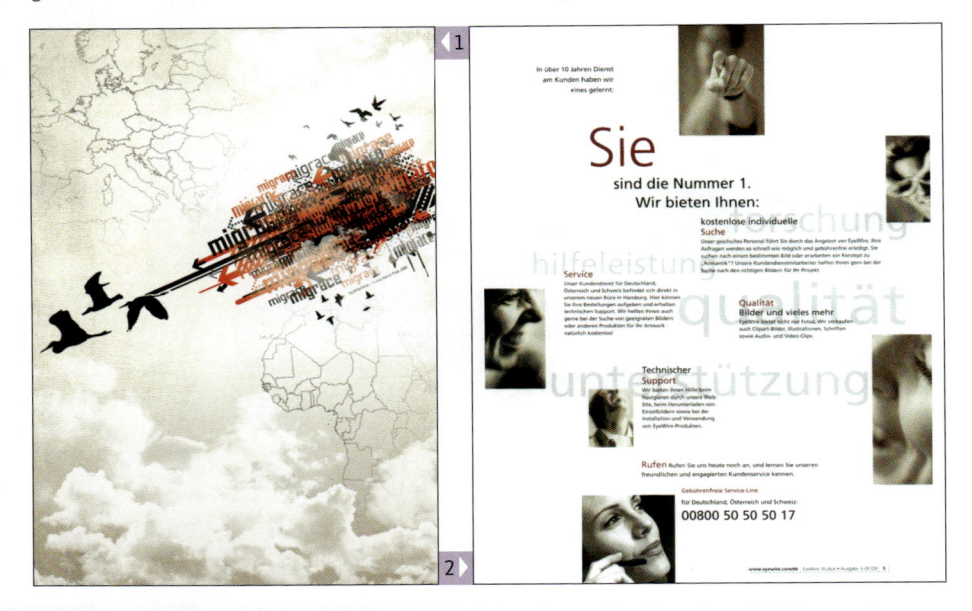

_____

_____

_____

6 Gestaltungselemente | Gestaltungsprinzipien: Rhythmus und Dynamik   101

1 Plakat philip.bitanr, flickr.com
2 Anzeige Eye 4 You
3 Anzeige Fellows
4 Anzeige Premiere
5 Seite aus dem Portfolio von Wolfgang Beinert
6 Anzeige BMW
7 Logo Museum
8 Anzeige CMA

Linien und Rahmen
»Trennen oder verbinden?«

Die Zuordnung von stilisierten Rahmen zu entsprechenden Schriften oder historischen Inhalten erfordert Kenntnisse in Kunstgeschichte. Bevor Sie falsche Zuordnungen treffen, begnügen Sie sich lieber mit schlichten Rahmen.

Linien und Rahmen haben vielfältige Funktionen in der Typografie:
1. Sie grenzen Layoutteile voneinander ab, z.B. in Form von Spaltenlinien oder umrahmten Infokästen.
2. Sie verbinden Layoutelemente und lenken den Blick auf bestimmte Teile der Seite.
3. Sie dienen als reines Gestaltungselement zur Rhythmisierung und bringen Spannung in die Seite.

Strichstärke
In der funktionalen Gestaltung ist es sinnvoll, die Strichstärke der Linie an die Strichstärke Ihrer Schrift anzulehnen. Wenn diese in den Strichstärken variiert, orientieren Sie sich am feineren Strich der entsprechenden Schriftgröße. Bei einer klassizistischen Antiqua können Sie entweder mit einer Doppellinie arbeiten oder die feinen und fetteren Linien kontrastiv einsetzen.

Charakter
Auch hier wird man meistens die Linie dem Charakter der Schrift anpassen und sie dann eventuell in der Strichstärke kontrastieren lassen. Selten wird der Charakter der Linie selbst in Kontrast zur Schrift gesetzt.

6.6 Linie und Schrift
Welche Linie passt nach Strichstärke und Charakter zu welcher Schrift? Schreiben Sie mögliche Kombinationen auf. Mehrfachzuordnung von Schriften und Linien ist möglich.

6.7 Linien und Rahmen

Zeichnen Sie mit gespitztem Bleistift und Lineal Linienrhythmen, die folgende Aktionen visualisieren, in die vorgegebenen Formate. Verwenden Sie vertikale oder horizontale Linien. Die Linienlänge kann variieren, beschränken Sie sich aber auf wenige Längen.

Rhythmen mit Linien

Verdichten   Durchdringen

Rhythmen mit Linienrahmen

Schweben   Ausschließen

6.8 Aufsteller

Entwerfen Sie einen Aufsteller DIN A3 quer gefalzt, in dem Sie das Thema „Frauen in Multimedia- und IT-Berufen" mit rhythmischen Linien oder Rahmen im Hintergrund unterstützen. Integrieren Sie die Bilder und die linearen Gestaltungselemente zu einem Ganzen. Entscheiden Sie sich bewusst für einen vertikalen oder horizontalen Linienverlauf. Wählen Sie Farben oder Tonwerte so, dass die Lesbarkeit im Vordergrund nicht beeinträchtigt wird.

Material zum Download:
06_08_Aufsteller.zip

6.9 Gestaltungsbeispiele Linien

Analysieren und bewerten Sie die Verwendung von Linien in folgenden Beispielen und tragen Sie Ihre Ergebnisse auf den Schreiblinien ein:
- Welche Funktion haben die Linien?
- Wie würde die Gestaltung ohne Linien wirken?
- Passen die Linien gestalterisch zum Gesamtkonzept des Produkts?

Die Beispiele zeigen Linien in verschiedenen Funktionalitäten.

6 Gestaltungselemente | Linien und Rahmen 105

1 Anzeige Bitburger
2 Anzeige PreussenElektra
3 Veranstaltungsbroschüre Philharmonie
4 Veranstaltungszeitschrift „Kulturfenster" (Ausschnitt)
5 Einladung Calendar Award
6 Stellenanzeige
7 Flyer IBA Hamburg
8 Seite „Greenpeace-Magazin"

6.10 Gestaltungsbeispiele Rahmen

Analysieren und bewerten Sie die Verwendung von Rahmen in folgenden Beispielen:
- Welche Funktion haben sie?
- Passen die Rahmen gestalterisch zum Gesamtkonzept des Produkts?

Beispielhafte Rahmenverwendung in Anzeigen:
Postkarte „Kenn dein Limit" 1
Anzeige König-Pilsener 2
Anzeige Dresdner Bank 3
Anzeige Siemens 4

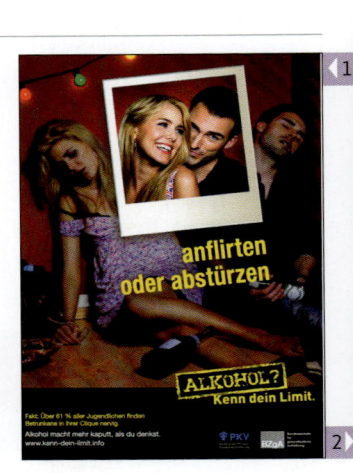

Effekte

» Ein Hauch von 3-D «

Werden Effekte sparsam und mit Fingerspitzengefühl eingesetzt, bereichern sie die Gestaltung. Ein Zuviel des Guten lässt jedes Gestaltungsprodukt dagegen schnell unprofessionell aussehen. Effekte erfordern viel Programm-Know-how.

6.11 Effekte pur
Sie wollten schon immer mal typografisch mit allen Schikanen tätig werden? Toben Sie sich mit dieser Tutorial-Sammlung erst einmal so richtig aus.

Einige Anwendungstipps für die funktionale Typografie
Schatten:
Schatten sollten einheitlich nach rechts unten angebracht werden, die Standard-Lichtquelle im Printdesign sitzt demnach links oben. Der Abstand des Schattens variiert je nach Größe, sollte aber eher aus einem dunklen Blau oder Braun generiert werden als aus reinem Schwarz (die Schatten der Impressionisten waren immer farbig). Fügen Sie außerdem ein paar Prozent Rauschen dazu.
    Schatten sind oftmals dann angebracht, wenn Sie den Vorder-Hintergrund-Kontrast erhöhen möchten.

Transparenzen:
Mit transparenten (weißen) Flächen steigern Sie ebenfalls den Schriftkontrast auf einem strukturierten oder bildhaften Hintergrund. Achten Sie darauf, dass die Transparenz hierbei nur auf die Fläche angewendet wird. Auch große Schriften können Sie mit einer Teiltransparenz gelegentlich besser mit dem Hintergrund kommunizieren lassen.

Relief- oder Glanz-Effekte:
Wenn Sie Labels, Störer oder andere erhabene Elemente im Printdesign einsetzen, sollten diese von den Farben her gut in das restliche Layout integriert werden. Auch die Größe darf nicht überproportional sein und sollte dem natürlichen Button-Empfinden entsprechen.

6.12 Gestalten mit dezenten Effekten
Gestalten Sie die Ostsee-Anzeige mit einigen dezenten Effekten, so dass sie dennoch nicht überladen wirkt. Vergleichen Sie Ihre Arbeiten untereinander. Wo sind die Effekte funktional eingesetzt? Wo sind die „Effekt-Pferde" mit Ihnen durchgegangen?

6.13 Effekte analysieren
Sammeln Sie eine Reihe von aktuellen Logos und analysieren Sie die Effekte, die bei ihrer Gestaltung angewendet wurden. Diskutieren Sie, ob diese das Logo optisch bereichern oder es grafisch eher unprofessioneller wirken lassen.

---

www.drweb.de/magazin/
50-fantastic-collections-of-
typography-tutorials
Hier ein kleiner Vorgeschmack:

Material zum Download:
06_12_Ostsee.zip

Quelle beispielsweise:
www.allfreelogo.com

Flächen
»Spiel der Proportionen?«

Flächen haben ebenso wie Linien eine praktische und eine ästhetische Funktion in der Typografie.
1. Sie grenzen Inhaltsbereiche voneinander ab, dabei wird die prägnantere Fläche (z. B. in Größe oder Farbe) zuerst erfasst.
2. Durch Flächen kann ein Format spannungsreich aufgeteilt werden, das Interesse des Betrachters bleibt länger erhalten.

Beispiele für den vielfältigen Einsatz von Farb- oder Tonwertflächen:

Flyer Enjoy Jazz — 1
Stadtplanplus Darmstadt (Ausschnitt) — 2
Veranstaltungsprogramm Centralstation — 3
Großflyer „strandperle" — 4

Flächencharakter
Jede Fläche transportiert über ihre Form eine Aussage, die dem Inhalt, der auf ihr steht, eine Bedeutungsebene hinzufügt. Also sollte die Form möglichst so gewählt werden, dass sie den Inhalt unterstützt.

6.14 Gestaltung mit Flächen
Benennen Sie Funktion, Gemeinsamkeiten und Unterschiede des Einsatzes der Flächen als Gestaltungselemente in den Beispielen.

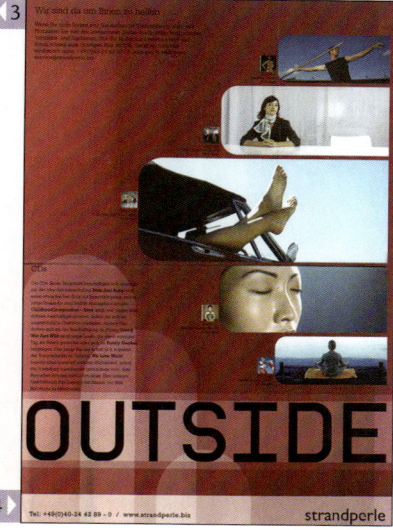

6.15 Anzeige

- Unterlegen Sie die Hauptelemente der Anzeige für ein Spielzeugfachgeschäft im Format DIN A5 mit Flächen in verschiedenen Farben oder Farbtonwerten. Die Flächen sollten ohne Zwischenraum aneinanderstoßen.
- Bauen Sie die Seite spannungsreich auf: Beachten Sie die Hinweise aus der Vorübung. Versuchen Sie außerdem, die Tonwerte interessant zu verteilen.
- Achten Sie beim Unterlegen von Texten mit Flächen sorgfältig auf gleiche Textabstände zur Flächenbegrenzung, sonst wirkt die Gestaltung schnell unprofessionell. Der Raum unter dem Text darf dabei natürlich variabel sein.

Material zum Download:
06_15_Anzeige.zip

6.16 Mini Corporate Design

Gestalten Sie ein kleines Corporate Design für einen A-cappella-Chor. Das CD besteht aus Visitenkarte, Briefbogen und Werbeflyer. Verwenden Sie außer den gelieferten Bildern Flächen, Linien, Rahmen und sparsam eingesetzte Effekte. Wählen Sie aus Kostengründen nur eine Zusatzfarbe zu Schwarz. Sie können aber auch mit farbigem Papier und nur einer Druckfarbe arbeiten.

Material zum Download:
06_16_Corporate Design.zip

Zweifelhafter Verlaufseinsatz

Bezugsadresse kostenloser, hochaufgelöster Strukturen:
http://freestocktextures.com

Verläufe

So leicht sich Verläufe in den DTP-Programmen in allen Variationen anlegen lassen, der Umgang mit Verläufen in der professionellen Typografie ist keine leichte Sache. Verläufe sind im Bildmaterial häufig, als Flächenunterleger in der Layoutgestaltung allerdings eher selten anzutreffen. Inhaltlich lassen sich wenig Begründungen finden, warum ein Verlauf anstelle einer einheitlichen Tonwertfläche gewählt werden sollte.

Möchten Sie Verläufe dennoch zur Abwechslung anwenden, gestalten Sie den Verlauf eher einfarbig oder mit Nachbarfarben und dezent. So genügt ein Tonwertverlauf von 60 bis 90 Prozent, um eine Fläche zu beleben.

Strukturen

Flächen können durch Strukturen belebt werden, seien es Strukturen aus dem gegenständlichen Bereich wie Sand, Holz, Stoff, Bilder oder geometrische Muster. Die Struktur sollte dabei einen inhaltlichen Bezug haben, natürlich grafisch zum Gesamtbild passen und die Lesbarkeit nicht beeinträchtigen.

Die Überlagerung unterschiedlicher Strukturen kommt heute beispielsweise auch in der Vintage-Optik zum Tragen.

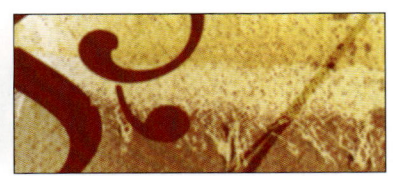

6.17 STRUKTUREN UND VERLÄUFE EINSETZEN
- Überlegen Sie, in welcher Form Strukturen und Verläufe als Gestaltungselemente in Gestaltungsprodukten eingesetzt werden können.

6.18 STRUKTURBILDER
Entwerfen Sie ein Mini-Strukturmusterbuch im Format 10×10 cm, in das Sie selbst fotografierte oder eingescannte Strukturen einkleben oder digital einbauen.

6.19 STRUKTUREN FINDEN
Mit welchen Strukturen könnten Sie bei folgenden Beispielen arbeiten?
1. Speisekarte eines Eiscafés
2. Geschäftsbericht einer Immobilienfirma
3. Verpackung eines Waschmittels
4. Bandenwerbung eines Kaugummiherstellers
5. Informationsbroschüre über künstliche Gliedmaßen

Schmuckelemente
»Freundliche Begleiter«

Schmückendes Beiwerk gibt dem Gestaltungsprodukt manchmal den letzten Schliff. Aber natürlich kann auch das beste Icon keine schlechte Gestaltung retten.

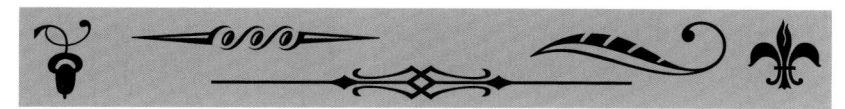

1. Zierlinien und Schnörkel

2. Vignetten (Zierbildchen)

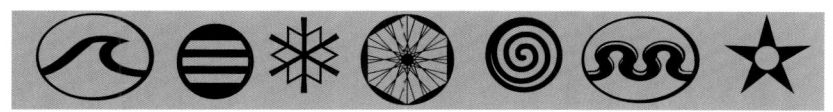

3. Ornamente und Bullets (Aufzählungszeichen)

4. Icons

5. Piktogramme

6.20 DEFINITIONEN
Versuchen Sie anhand der Beispiele Definitionen für die einzelnen Elemente zu finden, auch wenn deren Abgrenzung häufig nicht eindeutig ist.

6.21 DINGBATS
Stellen Sie sich Ihre eigene Dingbats-Sammlung zusammen. Im Internet gibt es viele freie Dingbats, lesen Sie dennoch die Copyright-Bestimmungen auf den Seiten. Mit dem Schriftentool aus dem Downloadbereich können Sie von jeder Schrift einen Ausdruck machen, mit dessen Hilfe Sie direkten Zugriff auf die Tastenkombination des Buchstabens bzw. den ASCII-Code haben, hinter dem sich die einzelnen Dingbats-Zeichen verbergen.

Material zum Download
ASCII_Tab.exe

Den ASCII-Code geben Sie am PC mit gedrückter Alt-Taste und dem Ziffernblock der Tastatur ein.

Einsatz der Schmuckelemente

1. Zierlinien und Schnörkel werden zur Trennung von Absätzen oder zum Ausklang eines Textes verwendet. Achten Sie auf Abstimmung der Elemente mit der Grundschrift und der Anmutung des Gesamtwerks.
2. Vignetten sind seit dem Zeitalter des Fotosatzes etwas aus der Mode gekommen. Sie dienten dazu, Gelegenheitsdrucksachen zu illustrieren; einer Geburtsanzeige wurde z. B. eine Wiege hinzugefügt. Heute werden Sie durch Cliparts ersetzt, die allerdings dem gleichen Zweck dienen. Das Bildchen sollte dabei einen Mehrwert für das Produkt bringen, entweder durch Originalität der Abbildung, als stilistischer Beitrag oder um etwas schwer Verständliches zu visualisieren.
3. Ornamentale Zeichen gibt es viele in den Symbolschriften. Wenn sie abstrakt genug sind, können Sie sie als Aufzählungszeichen verwenden. Die Darstellungsgröße richtet sich danach, dass der Gesamtgrauwert etwa der Mittellänge der Schrift entspricht.
   Heute werden diese Zeichen aber auch gerne negativ gesetzt oder abgeschwächt im Hintergrund verwendet, um interessante, manchmal magisch anmutende Strukturen zu schaffen.
4. Icons sind abstrahierte Bildchen. Sie lockern viele moderne Drucksachen durch ihren witzigen, oft handschriftlichen Charakter auf. In Fachbüchern findet man sie, um Kategorien zu kennzeichnen, wie z. B. Hinweise, Tipps oder Aufgaben. In Fahrplänen verbergen sich dahinter zusätzliche Informationen. Immer wenn konkrete Dinge abgebildet werden sollen, man bei der Drucksache aber (oft aus Kostengründen) auf Bilder verzichtet, finden Icons Anwendung, z. B. in der Speisekarten- und Flyergestaltung.
5. An Piktogramme wird der Anspruch gestellt, dass sie international verständlich sind. Sie illustrieren oder visualisieren also keinen Text, sondern ersetzen ihn. Im Leitsystem von Flughäfen und Messen, bei internationalen Sportveranstaltungen und Kongressen finden sich die kleinen Helfer. Aber auch sie können alternativ zu Icons umfunktionalisiert werden, denn sie sind längst vom reinen Informationszeichen zum Kultobjekt geworden.

✔ erstes Bullet
❖ zweites Bullet
➧ drittes Bullet

Piktogramm, Icon oder was?

Rapport
sich ständig wiederholendes Muster oder Motiv, z. B. auf Gewebe

Rapports

Viele der Schmuckzeichen können als Bänder eingesetzt werden, indem sie meist auf einem Hintergrundbalken mehrfach hintereinander abgebildet werden. Diese Rapports finden sich als Gliederungselemente, um Seitenbereiche abzuteilen oder im Kolumnentitel in Verbindung mit der Seitenzahl. Durch geschickte Variation einzelner Zeichen lässt sich aus dem Schmuckelement noch ein Leitelement herstellen.

Sicher können die Rapports auch Bildelemente oder Bildausschnitte enthalten oder auf Hintergrundstrukturen basieren. Sie dienen nicht dazu, Bildinhalte zu präsentieren, sondern sie reichern die Seite durch die verwendete Farb- und Formgebung emotional an. Bei Gestaltungspuristen sind solche Rapports verpönt, aber Sie werden je nach Zweck und Zielgruppe ausreichend Anwendungsbereiche finden.

6 Gestaltungselemente | Schmuckelemente

6.22 Rapports gestalten

- Gestalten Sie zwei Rapports für die Karte eines (mondänen) Bagel-Cafés.
- Gestalten Sie zwei Rapports für den Kopf einer Katalogseite (Mädchenbekleidung Größe 92–128).
- Verwenden Sie jeweils einmal abstrakte, einmal etwas konkretere Elemente. Spielen Sie dabei auch mit Farb- und Tonwerten. Kleben Sie Ihre Ergebnisse hier ein:

Initialen

Initialen sind Schmuckelemente, die z. B. im Zeitschriftensatz Farbakzente auf die Seite bringen, aber immer auch eine gliedernde Funktion haben, da sie Kapitel- oder Absatzanfänge markieren.

Sie können die gleiche Schrift oder eine kontrastierende Schrift verwenden. Traditionell sind Initialen Großbuchstaben, aber wer hindert Sie, auch einmal mit Kleinbuchstaben zu experimentieren?

Wichtig für den traditionellen Einsatz von Initialen ist es, dass Sie je nach Buchstabenform den Buchstaben sorgfältig über die Satzkante ziehen, den Grundtext an schrägen Formen vorbeilaufen lassen und das so genannte hängende Initial auf die Grundlinie des Grundtextes stellen. Das bedeutet allerdings, dass Sie jedes Initial manuell nachbearbeiten müssen.

Auch neuere Initialformen sind in der moderneren Typografie denkbar, bei der dann weniger Wert auf das lesbare Anfangswort gelegt wird.

6.23 Werbeblatt

Gestalten Sie ein „Tee-Alphabet", das den Kunden eines Teegeschäfts zu Werbe- und Informationszwecken mitgegeben werden kann. Dabei entwerfen Sie zu Übungszwecken 26 verschiedene Initialen. Machen Sie sich dazu auch mit der Funktion des hängenden Einzugs in Ihrem Layoutprogramm vertraut. Scheuen Sie sich nicht, Variationen der Initialen zu entwickeln und diese z. B. rhythmisch zu verwenden.

Material zum Download:
06_23_Werbeblatt.zip

Notizen:

7. Insiderwissen

*Typografie kennt nur wenige Regeln und Meister,
die nicht zu kopieren, aber zu kapieren sind.*

KURT WEIDEMANN

Korrekturlesen
»Kennzeichnen von Fehlern ohne Missverständnisse«

Vielleicht ist es Ihnen auch schon passiert, dass Sie Korrekturen ausführen sollten, die so mangelhaft eingezeichnet waren, dass Sie nachfragen mussten. Und jemanden zum Nachfragen zu finden, ist meist gar nicht so einfach. Schnell entsteht aus wenigen Sekunden Arbeit eine halbe Stunde oder mehr, die niemand bezahlt.

Der Sinn von Korrekturzeichen ist, dass sie unmissverständlich am Text angebracht sind. Dazu gehört eine Wiederholung der Korrektur am Rand, damit die Korrektur im Text nicht übersehen wird. Dazu gehört auch, dass die Korrektur in einer Farbe ausgeführt wird, die sich vom Text ausreichend abhebt. Und letztendlich sollten Sie einige standardisierte Korrekturzeichen beherrschen, deren Bedeutung jede Person, die die Korrekturen ausführt, bei Nichtwissen im Rechtschreib-Duden nachschlagen kann.

Wichtiges der neuen Rechtschreibung auf einen Blick bietet der Download:
07_neue_Rechtschreibung.pdf

7.1 Vorwissen

Lesen Sie folgenden Text Korrektur. Die Rechtschreibung einzelner Wörter können Sie im Duden nachschlagen. Schlagen Sie jedoch keine Korrekturzeichen nach, sondern korrigieren Sie den Text nach Ihrem bisherigen Wissen.

> Nun, es gibt zwei verschidene Formen des Lesens. Einersets lese ich Texte im Hinblick auf Wissen. Einwissenschaftliches Buch informiert mich über Sach verhalte. Diese Art des Lesens findet eher linkshemisphärisch statt. Dabei entstehen abstracktes Wissen Konzepte und , die reproduziert werden können Beim Lesen von Literatur sind auch Emotionen mit im Spiel: im Kopf entstehen Bilder der beschriebenen Personen, orte und Stiutationen. Daran ist nun vor allem die rech-
> te Hemisphäre beteiligt. Sie sehen also: lesen ist überhaupt kein homogener Prozess. Denn für die Aktivität selbst wie
>   auch für die Ergebnisse sind ganz unterschiedliche Areale zuständig.
> Die wissenschaftliche produziert Begriffe, also abstraktes Wissen, der Roman lässst Bilder entstehen - Bilder wie im Tarum.

Quelle s. nächste Seite

Eine gute Übersicht der Korrekturzeichen finden Sie auch als PDF zum Download:
www.cleverprinting.de/pdf/cleverprinting_korrekturzeichen.pdf

Ohne Vorlage zu korrigieren, wie das in den meisten Fällen heute verlangt wird, ist gar nicht so einfach. Arbeiten Sie deshalb ständig an Ihren Rechtschreibungs- und Zeichensatz-Kenntnissen.

7.2 Korrekturzeichen

- Nehmen Sie einen Duden zur Hand und schlagen Sie die Zeichen für die aufgelisteten Korrekturen nach.
- Zeichnen Sie das Zeichen sauber in den Text ein und wiederholen Sie es am Rand.
- Üben Sie das Deleatur-Zeichen (lat.: „Es werde gelöscht!"), bis es starke Ähnlichkeiten mit dem Originalzeichen (s.u.) aufweist...

Sie finden zwei weitere Übungstexte zum freien Korrekturlesen zum Download: 07_02_Korrektur.zip

1. falscher Buchstabe
2. mehrere falsche Buchstaben oder Korrekturen in einer Zeile
3. falsche Trennung
4. unschöne Trennung
5. Zusammenschreibung nach Löschen eines Bindestrichs
6. Getrenntschreibung von fälschlich zusammengeschriebenen Wörtern
7. fehlender Buchstabe oder Satzzeichen
8. fehlendes Wort
9. überflüssiger Buchstabe
10. überflüssige Wörter
11. verdrehte Buchstaben
12. verdrehte Wortreihenfolge
13. fehlender Wortzwischenraum
14. zu geringer Zeilenabstand
15. zu großer Zeilenabstand
16. falsche Auszeichnung
17. Aufheben eines Absatzes
18. Einfügen eines Absatzes
19. Einfügen eines Einzugs
20. Aufheben eines Einzugs
21. falsche Korrektur wird rückgängig gemacht

Korrekturen im Text:

Haben Menshhen ein eigenes „Lesezemtrum"im Gähirn, das söch ähn-lich lokalisieren lässt wie etwa die Hirnareale für Motorik oder Spracherwerb? Ein derartiges Lesezentrum gibt es nicht. Es gibt zwar Gehirn-Areale, deren Aktivität notwendig ist, damit wir lesenkönnen. Aber die Existenz dieser Areale erklärt nich das Phänomen des Lesens Text nehmen wir über die Augen auf: Die Augen ein ganz wesentliches Ellement für die Lesefähigkeit. Sie schicken die die gelesenen Buchstaben, Wrote und Sätze in eine Schaltstation Zwischenhirn im. Von dort geht esweiter zum visuellen Cortex, im Hinterhauptsbereich, dann wandert die Information in andere Strukturen, die sich in der l i n k e n Gehirnhälfte befinden.
Dort wird die visuelle Information umgesetzt in sprachliche Bedeutung.
   Wenn dieser Ablauf nicht funktioniert, kommt es zu einer reinen Alexie.

Korrekturen am Rand:

Alexie

Deleatur-Zeichen:

ℛ
ℛ
ℛ
ℛ

Text zitiert aus: Interview der Zeitschrift „print process" mit Gehirnforscher Ernst Pöppel

Mikrotypografie
»Die Feinheiten zwischen Buchstaben und Wörtern«

Wer die Mikrotypografie außer Acht lässt, ist vergleichbar mit einem Architekten, der das schönste Haus als Gesamtkunstwerk mit Inneneinrichtung und Gartenanlage auf dem Reißbrett entwirft, aber bei der Ausführung in den Details ohne Sorgfalt arbeitet. So verliert das Objekt insgesamt erheblich an Attraktivität und folglich an Wert.

Bisher haben Sie Anwendungsgebiete der Makrotypografie kennen gelernt, dabei wurden Gestaltungselemente auf einem bestimmten Format in Zusammenhang gebracht. Hierbei den Überblick über das Zusammenwirken der verschiedensten Faktoren wie Lesbarkeit, Raumaufteilung, Farbe zu behalten, ist eine makrotypografische Fähigkeit.

Unter Mikrotypografie versteht man hingegen, dass das Gerüst der typografischen Einheiten an sich sorgfältig gebaut ist. Dazu gehören Gebiete, die Sie schon kennen gelernt haben, wie die Zurichtung der Schrift, das Ausgleichen von Versalzeilen, die korrekte Handhabung der Satzarten und Auszeichnungen. Das zentrale Gebiet der Mikrotypografie ist aber der richtige Umgang mit dem Teil des Alphabets, dem sonst wenig Beachtung geschenkt wird: dem Einsatz von Ziffern, Sonderzeichen und Satzzeichen.

Ein Wortabstand soll hier in diesem Kapitel mit „WAB" abgekürzt werden.

7.3 „Mikro-Latein"

Testen Sie Ihre Vorkenntnisse: Ordnen Sie folgende (teilweise umgangssprachliche) Fachbegriffe den „Übersetzungen" zu:

1 Tilde	I geschweifte Klammer
2 Akkolade	D Buchstabenverbindung
3 Möwchen	C Schrägstrich
	F runde Klammer
4 Divis	H doppelte, spitze Anführungszeichen
5 Ligatur	G geschwungenes Akzentzeichen
6 Parenthese	
7 Virgel	B Nummernzeichen
8 Klammeraffe	A @-Zeichen
9 Schweinegitter	E Trennstrich

7.4 Zeichensatz

Ordnen Sie die Zeichen eines beliebigen Zeichensatzes einer Schrift folgenden Kategorien zu:

- Währungszeichen: $
- Wortzeichen: @
- Satzzeichen: ;
- Klammerzeichen: {

Den kompletten Zeichensatz finden Sie über die ASCII-Tabelle der Schrift, über Schrift > Glyphen (in InDesign), über Zubehör > Systemprogramme > Zeichentabelle in Windows-Systemen oder über das Zusatzprogramm PopChar am Mac.

7 Insiderwissen | Mikrotypografie **119**

- Strichzeichen: \
- Akzentzeichen: ~
- Mathematische Zeichen: =
- Sonstige Zeichen:

Wenn Sie mit Autoren zusammenarbeiten, ist diese Checkliste vom König der Detailtypografie Friedrich Forssmann hilfreich: **www.detailtypografie.de/bilder/ Detailtypo-Checkliste-Red.pdf**

Zeichenvorrat mit ASCII-Code der in diesem Buch verwendeten Schrift Finnegan

Achtelgeviert
Ein Achtelgeviert können Sie direkt über die Einheiten eingeben:
125 Einheiten in den Adobe-Programmen, z. B. in InDesign und Illustrator

Alle „Regeln", die in den folgenden Abschnitten angesprochen werden, sind keineswegs international, sie gelten für Deutschland, sind zum Teil in anderen deutschsprachigen Ländern schon wieder modifiziert. Sie haben sich über die letzten Jahrzehnte und Jahrhunderte entwickelt und gelten als „guter Ton" in der Typografie. Wenn Sie sich dieses Detailwissen aneignen, begeben Sie sich auf die Ebene der „Insider". Einzelne Begründungen, warum etwas so und nicht anders gehandhabt wird, gibt es selten, über allem steht aber die Forderung nach der besten Lesbarkeit.

Zahlen- und Ziffernsatz

Die Standuhr zeigte zehn Minuten nach fünf.
14 Kinder kamen.
Kurz nach zwölf schlug's aber dreizehn!
23 kg
fünfhundert Pfund

12333 (Werksatz)
12.333,54 (Tabellensatz dt.)
12,333.54 (Tabellensatz engl.)

- Zahlen können als Buchstaben oder als Ziffern geschrieben werden. Zahlen von eins bis zwölf werden im Fließtext ausgeschrieben, die folgenden Zahlen (ab hier sind sie zusammengesetzt…) werden als Ziffern geschrieben. Die Schreibweisen müssen allerdings manchmal angeglichen werden, sonst wirkt der Schriftsatz geradezu falsch.
- Stehen Zahlen vor Abkürzungen, werden sie mit Ziffern dargestellt; wird die Einheit (z. B. Währung, Maß, Gewicht) ausgeschrieben, ist es üblich, die Zahl ebenfalls in Buchstaben zu schreiben.
- Wenn Sie im Werksatz mehr als vierstellige Zahlen setzen, sollten Sie jeweils nach drei Stellen von hinten einen Zwischenraum (Achtelgeviert) als optische Gliederungshilfe eingeben. Die Gliederung durch Punkte zwischen den Tausenderstellen ist nur im technischen Bereich, also z. B. im Tabellensatz oder in technischen Dokumentationen, üblich. Beachten Sie, dass die Funktion von Komma und Punkt im englischsprachigen Raum gerade vertauscht ist.

Zahlenkombinationen

Alt: 24.12.2012
Neu: 2014-12-24
18. April 2014, 04.05.2015

03:16 Uhr, 11:11:02 h
7.16 Uhr
Unchain my heart 5' 36"
24 × (3/2) oder 24 × (3 / 2)

Neu: 06234 23379
Alt: (06234)233-7988

+49(0)6234 23379

- Datumsangaben: Nach der neuen Schreibweise werden Datumsangaben nun beginnend beim Jahr mit Divis gesetzt, die alphanumerische Angabe (Buchstaben und Ziffern gemischt) mit WAB. Die vorangestellte „0" bei einstelligen Ziffern ist nur im Tabellensatz anzuwenden.
- Zeitangaben: Sie werden in der numerischen Schreibweise jeweils zweistellig gesetzt. In Fließtexten wird oft mit einem Punkt unterteilt. Bisweilen findet man auch das Minuten- und Sekundenzeichen.
- Formeln: Zwischen den Einzelzeichen wird ein geschütztes Leerzeichen oder Achtelgeviert eingegeben. Das „Mal" ist ein eigenes Zeichen, kein kleines „x". Suchen Sie es in der ASCII-Tabelle auf der vorigen Seite!
- Telefon und Fax: Nach der Bürokommunikationsnorm DIN 5008 werden Telefonnummern ohne Raum gesetzt. Zwischen Vorwahl und Hauptwahlnummer kommt ein normaler Leerraum, im Schriftsatz kann aus Gründen der besseren Lesbarkeit aber immer noch die alte Norm verwendet werden. Da nicht in allen Ländern zwei Nullen für die internationale Vorwahl verwendet werden, setzt man stellvertretend beispielsweise für Deutsch-

land „+49". Die „0" vor der nationalen Vorwahl wird weggelassen oder in Klammern gesetzt.
- Die Postleitzahl wird nicht unterteilt.
- Bankleitzahl und Kontonummer: Die Trennung erfolgt in Dreiergruppen optional von hinten bei der Kontonummer, ebenfalls mit einem Achtelgeviert; bei der Bankleitzahl trennt man die Dreiergruppen von vorne.
- Die IBAN (internationale Kontonummer) wird von links in Vierergruppen unterteilt. Der BIC (internationale Bankleitzahl, auch SWIFT-Code) wird nicht gegliedert.

64221
BLZ: 233 00175
Kto.-Nr.: 3231 359 232

DE68 2105 0170 0012 3456 78
BIC: PBNKDEFF

Mediävalziffern contra Halbgeviertziffern

- Im Werksatz stören größere Zahlenkombinationen den Lesefluss, deswegen greift man hier auf Zahlen zurück, die an das Wortbild mit Ober- und Unterlängen der Schrift angepasst sind. Diese sogenannten Mediävalziffern lassen sich dadurch erkennen, dass sie entweder nur die Mittelhöhe aufweisen (1, 2) oder auf der Schriftlinie nach unten versetzt sind (3, 4, 5, 7, 9). Auf der Schriftlinie selbst stehen nur 6 und 8, die sich demnach nicht von normalen Ziffern unterscheiden.
- Man findet sie in manchen neueren Schriften als Standardzahlen oder in den Expert-Fonts; für den Tabellensatz müssen allerdings die Halbgeviertziffern verwendet werden, da nur sie über die Dickengleichheit richtig untereinander stehen.

123456789

contra

123456789

Index und Exponent

- Der Index sollte nicht tiefer als die Unterlänge der Schrift enden, der Exponent sollte die Oberlänge nicht überragen.
- Die Größe ist je nach Schriftbild anzupassen, etwa zwischen der Hälfte und zwei Dritteln der Grundschriftgröße.
- Das Satzbild wirkt mit Halbgeviertziffern, die als Index oder Exponent verwendet werden, ruhiger als mit Mediävalziffern.

Beispiele im Anhang^3
H_2SO_4 in Hamburg

Brüche

- Echte Bruchziffern (¼, ½, ¾) sind bei den meisten Schriften nur in eingeschränkter Form als Sonderzeichen vorhanden. Ansonsten stellen Sie sie selbst her: Die erste Zahl wird als Exponent gesetzt, dann folgt der Bruchstrich, die zweite Zahl wird einfach als verkleinerte Zahl hinter den Bruchstrich gesetzt, wobei sie nicht unter die Schriftlinie fallen darf. Passen Sie den Bruchstrich etwas an. Falsch wäre, höher- und tiefergestellte Zahlen zu verwenden.

⅞

Falsch:
$^7/_8$ oder 7/8

Teile und Prozent

- Zwischen Zahl und Prozent-Zeichen wird ein Achtelgeviert gesetzt. Immer wenn das Wort „gebeugt" wird, schließt sich das „Restwort" ohne Abstand an das Prozentzeichen an.
- Merken Sie sich, dass immer nur die Buchstaben ergänzt werden, die im Zahlwort noch nicht vorkommen, also nicht der 50zigste Geburtstag!

30 %, bei 100 %igem Erfolg

Das 5te oder das 20-teilige Teeservice

Die 60er Jahre, 60er-Jahre

Der 50ste Geburtstag

Spezielle Satzzeichen

An- und Abführungszeichen

- Anführungszeichen werden verwendet, um die direkte Rede zu kennzeichnen oder Einzelbegriffe hervorzuheben, die zitiert werden oder von denen man sich „distanzieren" möchte.
- Bei der Verwendung von An- und Abführungszeichen gibt es große Unterschiede im europäischen Raum, hier seien nur die wichtigsten aufgeführt. Manchmal erfordert es einen gehobenen Aufwand, die richtigen Zeichen im jeweiligen Programm zu finden (Vorsicht auch bei der Dateikonvertierung!). Allerdings outen Sie sich bei Fehlern auf diesem Gebiet sehr schnell als Typo-Laie, insofern ist der Aufwand, die korrekten „Gänsefüßchen" zu finden, stets gerechtfertigt.
- In einem Text sollte die Formatierung immer einheitlich sein; selbst wenn es also in einer Sprache mehrere Möglichkeiten gibt, verwenden Sie pro Textdokument nur eine.
- Verwechseln Sie bei serifenlosen Schriften auch niemals die Zoll-Zeichen oder die Akzente mit den Anführungszeichen.
- Innerhalb der doppelten Anführungszeichen können die einzelnen Anführungszeichen stehen, wenn z. B. Begriffe betont oder zitiert werden.
- Die französischen Anführungszeichen (auch „Möwchen" oder „Guillemets" genannt) werden aktuell wieder verstärkt verwendet.

Form: 99 unten, 66 oben

Land	einfache Anführung	doppelte Anführung	Bemerkung
Deutschland	‚xx' | ‚xx' ›xx‹ | ›xx‹	„xx" | „xx" »xx« | »xx«	keine Größer-/ Kleiner-Zeichen!
England	'xx' | 'xx'	"xx" | "xx"	
Frankreich und Schweiz	‹xx› | ‹xx›	«xx» | «xx» "xx" | "xx"	Abstände! Schweiz oft ohne Abstände
	Text	Überschriften	
Italien	«xx» | «xx»	"xx„ | "xx„	Abstände!
Spanien	"xx" | "xx" «xx» | «xx»	"xx" | "xx" «xx» | «xx»	

Für einzelne fremdsprachliche Wendungen innerhalb eines deutschen Textes können die deutschen Anführungszeichen Verwendung finden.

- Unterführungszeichen: Sie werden ebenfalls als oberes Gänsefüßchen mittig unter das zu unterführende (also das gleich bleibende) Wort gesetzt. Sie können auch unter den ersten Buchstaben gesetzt werden, dann bilden sich aber noch größere Lücken im Satzbild. Zahlen und Einheiten dürfen nicht unterführt werden:

Name	Arbeitszeit	Stundenlohn	Vertretung
Maier	14 Std.	12,50 €	Schmitt
"	10 Std.	13,20 €	"

Apostroph
- Das Apostroph ersetzt einzelne Buchstaben im Umgangssprachlichen oder es wird statt des Genitiv-S eingesetzt: Klaus' Nähstübchen.
- In zusammengezogenen Wörtern wird es ohne Zwischenraum gesetzt. Am Wortanfang steht es anstelle des zu ersetzenden Buchstabens.
- Bei Trennungen bleibt das Apostroph in der oberen Zeile.
- Die Silbe „sche(n)" kann nach neuer Rechtschreibung durch Apostroph abgetrennt werden.

Form: 9 oben

halt's, bring's, gib's
Aber 's war noch nicht so weit.
Das Hempel'sche Sofa

Grad-Zeichen
- Es wird direkt hinter der Zahl gesetzt. Folgt allerdings auf die Ziffer eine Einheit, wandert das Grad-Zeichen zur Einheit: 72° West, aber 118 °F. Wird die Ziffer ausgeschrieben, wird Grad ebenfalls ausgeschrieben.

Richtungsangaben
- Auch sie werden ohne Abstände gesetzt: 91° 12' 20". Zwischen den einzelnen Angaben steht ein WAB.

Et-Zeichen
- Das &-Zeichen entstand aus einer kursiven Zeichenverbindung des lateinischen „et" und bedeutet „und". Heute findet man es meist als Abkürzung für „und" in Firmennamen. Wenn die Begriffe vor und nach dem &-Zeichen unvermeidlicherweise getrennt werden müssen, dann sollte das &-Zeichen in die nächste Zeile genommen werden.

Hildegard
& Franz Hoppenstedt

At-Zeichen
- Der „Klammeraffe" wird entweder ohne Abstände oder mit Achtelgeviert bei Mailadressen gesetzt. Er kennzeichnet die Mailadresse in ausreichender Form, „E-Mail" o. Ä. kann weggelassen werden.

kurfuerst@web.de

Copyright-Zeichen
- Dieses Zeichen wird vorne und hinten mit WAB gesetzt, dabei können die Wörter „Copyright" und „by" weggelassen werden.

© M. Nohl

Alinea-Zeichen
- Es kennzeichnet einen geschlossenen Absatz („paragraph") und gehört satztechnisch zum Absatzanfang.
- Typografen spielen damit ganz gerne …

¶

Punkte im Text

Auslassungszeichen

Einzelpunkte ...
Dreierpunkt …

- Das Auslassungszeichen kann anstelle von drei Einzelpunkten durch ein eigenes Zeichen, den Dreierpunkt, gesetzt werden. Die Abstände der Punkte weisen dabei je nach Schrift ein anderes Kerning als die drei Einzelpunkte auf.

Das ist der letzte M…, kann ich dir sagen …

- Steht es für Buchstabenauslassungen, folgen die Punkte ohne Abstand zum Wort. Ein abschließender Punkt folgt nur, wenn das Auslassungszeichen in Klammer steht.

Das war wirklich … von dir.
Das war's …

- Steht das Auslassungszeichen für ein komplettes Wort mitten im Satz, setzen Sie davor und dahinter einen WAB, steht es am Satzende, setzen Sie davor ein Achtelgeviert.
- Steht das Auslassungszeichen z. B. in Zitaten für eine ganze Textstelle, wird es meist in runde oder eckige Klammern gesetzt: (…) oder […].

Mittelstehender Punkt

Firma Stollgruber · Schwerer Weg 7 · 69115 Heidelberg

- Der mittelstehende Punkt ist schon fast in Vergessenheit geraten, doch leistet er als Trennzeichen gute Dienste beim Satz von Briefbögen oder Geschäftspapieren aller Art.

Aufzählungspunkt

• Vorgabe der Schrift
• Punkt manuell angepasst

- Der Bullet-Punkt als Aufzählungszeichen wird meist aus einer Symbolschrift hinzugezogen. Dabei sollte man beachten, dass er erstens in Höhe der Mittellängen positioniert ist, zweitens in etwa der Mittellänge entspricht.
- Diese Hinweise gelten natürlich auch für andere Aufzählungszeichen.

Striche im Text

Divis

Know-how
Be-hand-lung

- Wenn Sie die Trenntaste auf Ihrer Computertastatur drücken, erscheint das so genannte Divis als Trennzeichen; es wird auch Bindestrich genannt, da zusammengesetzte Wörter ohne Abstand mit ihm verbunden werden.

Reise- und Freizeitbedarf

- Der kurze Strich wird auch als Ergänzungsstrich verwendet.

Gedankenstrich

Es war – wie soll ich sagen – ein schwerer Schritt für ihn.

- Der Gedanken- oder Halbgeviertstrich ist länger und wird manchmal auch irrtümlicherweise als Bindestrich bezeichnet. Er steht sozusagen als Atempause in Texten und verlangt im Regelfall nach einem Leerzeichen davor und danach.

$3 - 7 = -4$

- Weiterhin existiert er als mathematischer Minus-Strich. Dabei wird er direkt ohne Abstand vor die Zahl gesetzt. Im mathematischen Satz selbst bekommt er vorne und hinten einen Halbgeviert- oder Wortabstand. Auch bei Währungen trifft man ihn als Auslassungsstrich für die Nullen.

56,– €

- Wird er als Bis-Strich eingesetzt, sollte kein ganzes Leerzeichen davor und dahinter stehen. Ebenso bei Streckenbezeichnungen.
- Als Gegen-Strich erfordert er allerdings wieder Leerzeichen.
- Der Gedankenstrich wird ebenfalls als Spiegelstrich vor Absätzen oder Dialogen verwendet. Hierbei sollte mit Einzügen gearbeitet werden, die gleich oder größer einem WAB sind.
- Der Gedankenstrich sollte nicht am Zeilenanfang stehen, verbinden Sie ihn deswegen mit einem geschützten Leerzeichen mit dem vorausgehenden Wort, damit er nicht beim Zeilenumbruch in die nächste Zeile rutschen kann.

1998–2002
der ICE Hamburg–München
Hamburg – Berlin spielte 1:2
– Der Gedankenstrich

Geviertstrich

- Als letzten, inzwischen aber in Deutschland unüblich gewordenen Strich gibt es den Geviertstrich, er diente früher als Gedankenstrich und wird heute ab und zu noch als Strich in leeren Tabellenzellen verwendet.

— (rechnerisch kein Geviert)

Senkrechter Strich

- Der senkrechte Strich oder Doppelstrich diente ursprünglich zum Kennzeichnen der Original-Zeilenumbrüche in zitierten Texten.
- In Rechtschreib-Nachschlagewerken zeigt er die möglichen Trennfugen an.
- Heute wird er gerne als universeller Trennstrich eingesetzt, meist mit WAB davor und danach.

„Es war die Nachtigall ‖ und nicht die Lerche."
do|mes|ti|zie|ren
Ingrid Fröbel | Weingarten 3

Schrägstrich (Virgel)

- Als Verbindungs- oder Abtrennstrich wird er vielfältig eingesetzt.
- Im Fließtext steht er meist mit kleinem Abstand oder WAB.
- Bei einer Trennung bleibt er in der oberen Zeile.
- Er dient auch als Ersatz des Wortes „pro" und als „Bruchstrich", beide Mal in der mathematischen Funktion des Teilens.

1964 / 65
Familie Black / Decker

km / h, Zähler/Nenner

Klammern

- Die runde Klammer (Parenthese) wird normalerweise im Fließtext verwendet, um Einschübe und Zusätze zu kennzeichnen.
- Die eckige Klammer findet sich oft innerhalb der runden Klammer oder um Ergänzungen bei Wörtern anzufügen.
- Die spitze Klammer kann man als zusätzliche Klammer bei hohem „Auszeichnungsbedarf" z. B. in wissenschaftlichen Werken einsetzen, sie sollte nicht mit dem Größer- bzw. Kleiner-Zeichen verwechselt werden.
- Die geschweifte Klammer (Akkolade) verbindet mehrere Zeilen. Allerdings muss sie aus mehreren Teilen zusammengebaut werden, da sie als vergrößertes Zeichen ansonsten zu mächtig würde.

Die ganze Mikrotypografie machte sie [völlig] fertig.
›Frechheit!‹, sagte der Alte – und verschied.

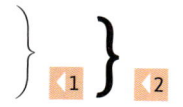

1 zusammengesetzt
2 vergrößert

Sonstiges

Abkürzungen

z. B., d. h., u. a.

- Zum Setzen von Abkürzungen müssen Sie jeweils die korrekte Abkürzung kennen oder im Duden überprüfen. Weiterhin dürfen Abkürzungen nicht getrennt werden. Zwischen den Abkürzungen stehen Achtelgevierte oder ein geschütztes Leerzeichen.

Beispielsweise darf hier kein Z. B. stehen.
Mehr Infos gibt's auf [der] Seite 8.
Aber: blabla, s. auch S. 8.

- Abkürzungen am Satzanfang müssen ausformuliert werden.
- Steht vor dem eigentlich abkürzbaren Wort ein Artikel oder wird es in diesem Sinne verwendet, darf die Abkürzung nicht verwendet werden.

Ligaturen

Ligaturen sind optische Verbindungen von zwei oder drei Buchstaben zu einer Buchstabenform. Oft ergibt sich bei ihrer Verwendung ein schöneres Satzbild, weil sich Buchstaben einerseits nicht (ungewollt) berühren und es andererseits keine „Löcher" im Wort gibt. Zudem sind Ligaturen eine Lesehilfe, wenn ihr Einsatz die Silbenbildung des Wortes unterstützt.

Beim Satz von Frakturschriften sind sie ein Muss, bei Antiquaschriften werden sie sehr oft nur noch bei exklusiven Druckprodukten verwendet.

Hier sind es die f-Ligaturen, die noch Verwendung finden:

Giraffe
schriftlich
offline

- bei Doppellauten,
- wenn die Ligatur einen Laut bildet bzw. einen Wortstamm beendet,
- an der Silbentrenngrenze beim Aufeinandertreffen mehrerer Konsonanten.

Die meisten Schriften enthalten standardmäßig nur noch die fi- und fl-Ligatur.

7.5 Mikrotypografische Fehler

Finden Sie in folgendem Text die mikrotypografischen Fehler:

Nach der am 8. 12. 1994 beschlossenen Verfassung ist Äthiopien eine parlamentar. Republik. Die Exekutivgewalt liegt beim Minister–Präsidenten. Mit dem Ende des Regimes von Mengistu Haile Mariam (1991) zerfiel dessen Armee (ca. 100000 Mann) vollständig.
Äthiopien ist das höchstgelegene Land Afrikas; 50 % seiner Fläche liegen höher als 12 00 Meter ü.M..
In allen Höhenstufen schwanken die monatlichen Durchschnittstemperaturen um weniger als 5° C.
Das durchschnittliche Bevölkerungswachstum beträgt (1985-93) 3 %.
U.a. durch die Alphabetisierungskampagnen seit Mitte der 70 er-Jahre konnte mit "Unterstützung" der UNESCO die Analphabetenrate bei Erwachsenen von 96% (1970) auf 23 Prozent [1990] gesenkt werden. 1/4 der Erwachsenen können also nicht mit Hilfe von Printmedien erreicht werden.
Weitere Informationen und Spendenkonto;
DAHW e. V., Mariannenhillstraße 1c, 97 074 Würzburg
Kto.-Nr. 96 96 • BLZ 79 050 000 • Sparkasse Mainfranken Würzburg

7.6 Mikrotypografie

Sind folgende Aussagen wahr oder falsch? Kreuzen Sie an:

	wahr	falsch
1. Das &-Zeichen muss im Falle einer Trennung stets am Ende der Zeile stehen.	○	○
2. Der Doppelpunkt wird auch Kolon genannt.	○	○
3. Expert-Fonts enthalten Mediäval-Ziffern, Bruchziffern und evtl. einige Ligaturen.	○	○
4. Bankleitzahlen werden von vorne in Dreiergruppen zusammengefasst.	○	○
5. Das Auslassungszeichen muss immer manuell aus drei Satzpunkten zusammengesetzt werden.	○	○
6. Die Unterführungszeichen entsprechen den Abführungszeichen und sind mittig unter das zu unterführende Wort zu setzen.	○	○
7. Der Geviertstrich findet heute oft als Gedankenstrich im Werksatz seine Anwendung.	○	○
8. Ligaturen werden im richtigen Frakturasatz immer benötigt.	○	○
9. Wird die Zahl vor einer Einheit in Buchstaben ausgeschrieben, wird die Einheit ebenfalls ausgeschrieben und andersherum.	○	○
10. Das Divis wird ohne Abstand als Bindestrich zwischen Wörtern verwendet.	○	○
11. Die zweite Zahl einer Bruchziffer darf nicht unter die Schriftlinie fallen.	○	○
12. Im Tabellensatz werden häufig Mediävalziffern eingesetzt.	○	○
13. Statt der Gänsefüßchen für den Schriftsatz dürfen heutzutage auch die Zollzeichen verwendet werden.	○	○
14. Satzzeichen stehen normalerweise ohne Abstand oder mit einem sehr kleinen Zwischenraum am vorhergehenden Wort.	○	○
15. Mehr als vier Ziffern werden in technischen Druckprodukten mit dem Punkt in Dreierstellen gegliedert.	○	○
16. Abkürzungen dürfen auch am Satzanfang stehen.	○	○
17. In Formeln stehen zwischen den Einzelelementen Halbgeviertsabstände oder Leerzeichen.	○	○
18. Das Gradzeichen steht direkt hinter der Zahl, wenn ihm keine Einheit folgt.	○	○
19. Die Trennung bei Faxnummern kann in Zweiergruppen von hinten erfolgen.	○	○
20. Das Apostroph hat die Form einer kleinen hochgestellten 9.	○	○
21. Im Deutschen dürfen auch die Größer-/Kleiner-Zeichen als An- und Abführungszeichen verwendet werden.	○	○
22. Die Akkolade sollte in der Grundschrift aus einem Zeichen gesetzt werden.	○	○
23. Postleitzahlen werden nicht weiter unterteilt.	○	○
24. Ein Halbgeviert entspricht der Größe eines normalen Wortzwischenraums.	○	○
25. Das Eurozeichen kann durch ein großes E mit zwei Querstrichen ersetzt werden.	○	○
26. Das Apostroph ist gleichzeitig ein Akzentzeichen.	○	○
27. Virgel und Backslash sind ein und dasselbe.	○	○
28. Der mittelstehende Punkt sollte an den Grauwert der Mittellängen angepasst werden.	○	○

Fachjargon
»Schweizerdegen, Schusterjunge, Filzläuse & Co«

Bevor Sie sich tiefer in die Analyse typografischer Werke begeben, ist es ratsam, dass Sie sich einen Grundwortschatz aneignen. Sinnvollerweise ist es der in der Branche übliche, denn dann wissen (hoffentlich!) alle, von was Sie reden.

Vermutlich haben Sie keine Lust, Vokabeln zu pauken, Sie wollen aber auch nicht Jahre an Berufserfahrung ins Land gehen lassen, bevor sich der Wortschatz „von alleine" bildet. Deswegen hier einige Anregungen zur Steigerung Ihrer typografischen Sprachkompetenz.

7.7 TYPOWÖRTERBUCH

Glossar
(Fach-)Wörterverzeichnis mit Erklärungen

- Sammeln Sie typografische *Glossare*, kopieren Sie sie als Arbeitsmaterial aus Fachbüchern, suchen Sie auch im Internet. Gehen Sie die Glossare durch, kreuzen Sie die Begriffe an, die Ihnen (auch unter dem Gesichtspunkt der Aktualität und des Praxisbezugs) relevant erscheinen, ordnen Sie ihnen jeweils die prägnanteste Erklärung aus Ihrem Material zu.
- Gestalten Sie daraus in der Gruppe ein kleines Typo-Wörterbuch. Sie können das Grundlayout gemeinsam festlegen. Dazu sollten Sie sich vorher Gedanken machen, wie sich das jeweilige Schlagwort und der alphabetische Index am lesefreundlichsten gestalten lassen. Wenn Sie das Grundlayout festgelegt haben, können Sie in der Gruppe das Alphabet aufteilen, so bewältigen Sie auch ein umfangreicheres Werk.
- Reflektieren Sie eventuell entstehende Probleme. Welche Absprachen sollten Sie beim nächsten Mal *vorher* treffen, wenn viele Personen am gleichen Werk arbeiten?

Sie haben so nicht nur ein für Sie relevantes Nachschlageheft erstellt, nebenbei werden Sie sicher einige neue Fachbegriffe erlernt haben.

7.8 SPIEL FACHBEGRIFFE DEFINIEREN

Um auf spielerischem Weg neue Fachbegriffe zu lernen, benötigen Sie erst einmal ein oder mehrere ausführlichere Glossare, Fachwörterbücher und eine Liste mit den Namen aller Mitspieler (ca. fünf bis acht Personen je Gruppe).

Jede Runde wechselt die Spielleitung im Uhrzeigersinn. Der Spielleiter sucht einen ihm *unbekannten* Fachbegriff aus dem Material und nennt ihn allen Mitspielern; diese sollten ihn auch nicht kennen.

Dann schreiben alle eine möglichst glaubwürdige Erklärung (im Wörterbuchstil…) auf eine Karte. Hier sollten Sie überzeugend erfinden! Der Spielleiter schreibt die Originalantwort ebenfalls auf eine Karte. Jetzt werden die Karten gemischt und vom Spielleiter vorgelesen. Jeder gibt eine Stimme ab, diese wird als Punkt dem jeweiligen Verfasser zugeordnet. Wer die richtige Lösung erraten hat, erhält zwei Punkte auf sein Konto. Dann wechselt die Spielleitung. Open end …

Am Ende des Spiels ist es sinnvoll, alle Begriffe kurz zu wiederholen, denn sonst könnten sich eventuell falsche Erklärungen einprägen!

7.9 Fachbegriffe erklären

Es wird immer mal wieder Situationen geben, in denen Sie Fachbegriffe Personen außerhalb der Branche erklären sollen. Das ist gar nicht so einfach, da man oft einen Fachbegriff mit vielen weiteren Fachbegriffen erklärt.

Üben Sie das Erklären auf vergnügliche Weise. Drucken Sie die Kärtchen aus der Datei aus. Schneiden Sie sie aus und legen Sie sie verdeckt auf einen Stapel.

- Nun werden zwei Parteien gebildet von jeweils zwei bis vier Personen.
- Eine Partei ist jeweils am Spielen, die andere überwacht, dass richtig gespielt wird und die Zeit nicht überschritten wird. Nach Ablauf der Zeit wird gewechselt. Ein Spieler der Partei, die „am Zug" ist, legt den Begriffskarten-Stapel vor sich hin.
- Ein Spieler der anderen Partei setzt sich so daneben, dass er in die gezogene Karte Einblick nehmen kann. Nun muss der Spieler der ersten Partei seinen „Parteigenossen" den Begriff auf der Karte erklären, diese sollen ihn raten. Bei der Erklärung dürfen allerdings die Wörter, die unten auf der Karte stehen, *nicht* verwendet werden! Auch Teile des zu erklärenden Wortes und Ableitungen der abgedruckten Wörter sind *nicht* erlaubt!
- Ist der Begriff erraten, wird die nächste Karte gezogen usw., bis die Zeit abgelaufen ist, dann wird die Spielpartei gewechselt.
- Wird fälschlicherweise bei der Erklärung ein „verbotenes" Wort verwendet, muss der überwachende Spieler der Gegenpartei klingeln, quietschen, „Stopp" sagen, husten o. Ä. Die Karte wird dann weggelegt.
- Steckt der Spieler bei der Erklärung einer Karte fest oder erscheint sie ihm zu schwierig, darf er sie weglegen, sie gehört dann allerdings der Gegenpartei.
- Die erratenen Karten behält die Spielpartei, die fehlerhaft erklärten kommen wieder unter den Stapel.
- Nachdem die Karten aufgebraucht sind, zählt jede Partei ihre Karten. Die mit den meisten hat gewonnen.

Beispiel:
Zur Erklärung des Begriffs „Bleisatz" darf weder „Blei" noch „Satz" noch „Setzen" oder „Setzer" etc. verwendet werden. Die unten aufgeführten Wörter sind ebenfalls „nicht erlaubt".

Ein Erklärungsversuch wäre z. B.: „Früher hatte man keinen Computer und musste die zu druckenden Seiten aus einzelnen Buchstaben zusammenbauen. Gesucht wird das Verfahren …"

Material zum Download:
07_09_Spiel_Fachbegriffe.pdf
Sie benötigen zusätzlich:
eine Eieruhr oder Stoppuhr, evtl. eine Klingel oder ein Quietschtier.

Bleisatz

Hand

Letter

Gutenberg

7.10 Kreuzworträtsel

Tipp: Zu zweit geht's schneller und macht mehr Spaß.

In folgendem „Kreuzworträtsel" fehlen viele Fachausdrücke. Testen Sie außerdem Ihre Abkürzungskenntnisse. Das Lösungswort ergibt sich aus den eingekreisten Kästchen.

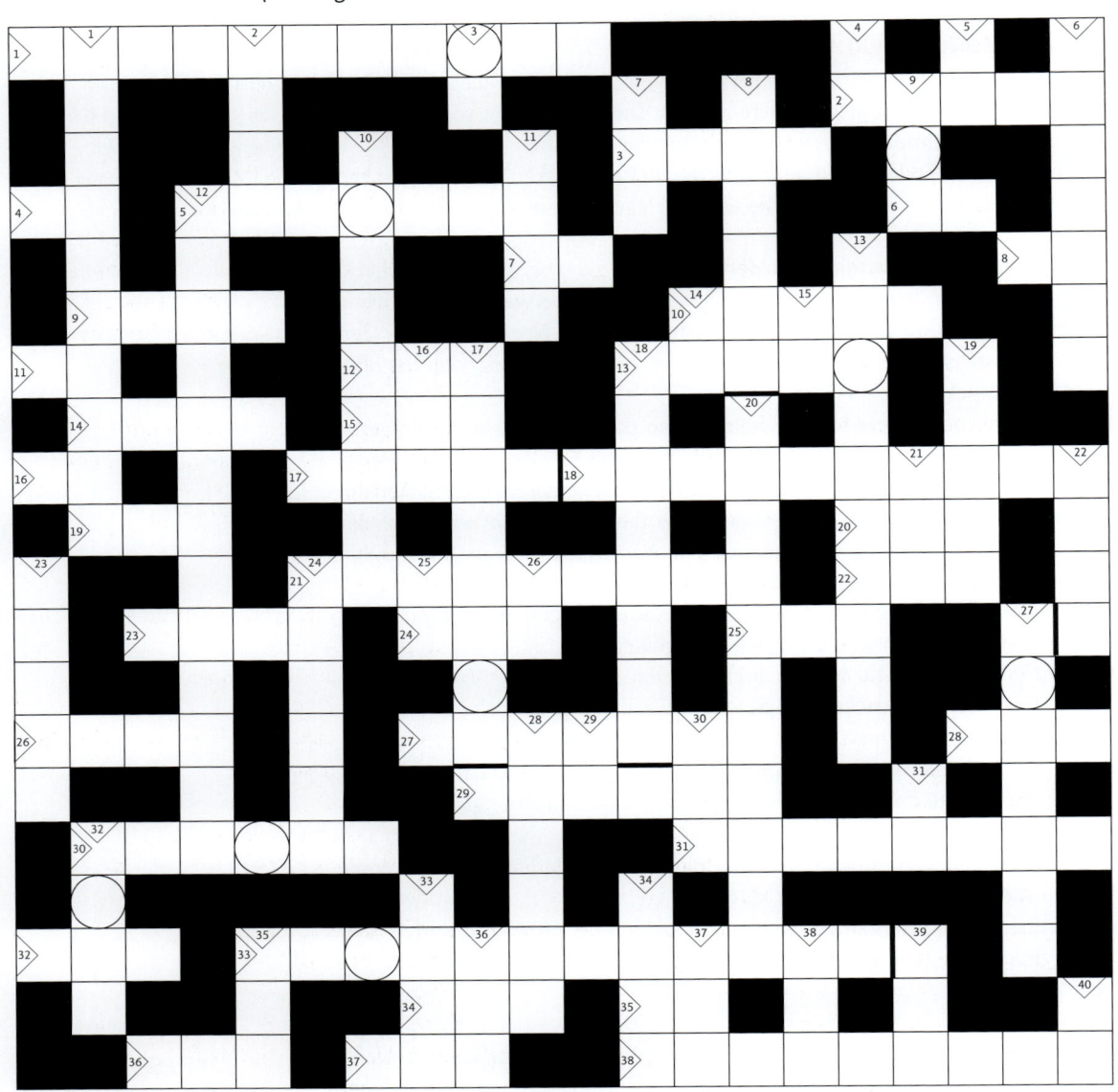

Lösungswort:

7 Insiderwissen | Fachjargon

Waagerecht

1: Schönschreibkunst
2: Schriften- und Programmhersteller (Firma)
3: Kapitälchen (engl.): small ...
4: Kreiszahl
5: Buchstabenausläufer
6: Einzelplatzrechner (Abk.)
7: Einheitliches Erscheinungsbild einer Firma (Abk.)
8: Kindergstube eines Huhns
9: Nicht alle heutzutage verwendeten Kapitälchen sind ...
10: Bild (engl.)
11: Halbgeviert (engl.)
12: Der Bleisatz ist ... (leider ...)
13: Ziemlich schwerer Schriftschnitt
14: Fehlt bei jedem Auftrag ...
15: Zeitmesser
16: Metallisches Element (Abk.)
17: Tertiärfarbe
18: Grundlegender Buchstabenbestandteil
19: Nicht (engl.)
20: Große Vehikelmesse (Abk.)
21: Vergrößerter Anfangsbuchstabe
22: Englisch als Fremdsprache (engl. Abk.)
23: Vielfarbig
24: Ihr ... ist gefragt!
25: Hier wurde unter anderem die Klassifikation der Schriften festgelegt.
26: Kleinste Texteinheit
27: Maß für die Schriftgröße im Quadrat
28: Der Raum zwischen den Zeilen (Abk.)
29: Buchstabe (antiquiert)
30: Zeitalter der Übergangsantiquas
31: Symbolzeichenschrift (engl.)
32: Primärfarbe der additiven Farbmischung
33: Großbuchstaben in Höhe der Kleinbuchstaben
34: Spalte (engl. Abk.)
35: Menschenrechtsorganisation
36: Oben (engl.)
37: Lieblingswerkzeug der Grafiker
38: Die „Taufe" nach bestandener Lehre

Senkrecht

1: Ausdruck für „Gelegenheitsdrucksachen"
2: Zündender Einfall
3: Firma (Abk.)
4: Autokennzeichen einer hessischen Wissenschaftsstadt
5: Nummer (Abk.)
6: Ausgleichen von Buchstabenabst. (engl.)
7: Optische Zeichenerkennung (engl.)
8: Name einer serifenlosen Schrift mit stark ausgeprägten Strichstärkenunterschieden
9: ... hat den Fotosatz abgelöst (Abk.).
10: Buchstabenverbindungen zur Verschönerung des Schriftbildes
11: 2,54 cm
12: Grafische Präsentation von Schriften
13: Frühe Form der serifenbetonten Antiqua
14: Browser
15: Arbeitsvorbereitung (Abk.)
16: Erstaunter Ausruf
17: Schriftformat
18: Überschrift (engl.)
19: Die „PC-Helvetica"
20: Grundlegender Buchstabenbestandteil
21: Terroristische Organisation
22: Seitenbeschreibungssprache für Webseiten
23: Tertiärfarbe (engl.)
24: Kursiv (engl.)
25+29: Informationstechnologie (Abk.)
26: Internet-Protokoll (Abk.)
27: Gebrochene Schrift
28: Satz in Großbuchstaben
30: Signalfarbe (engl.)
31: Dateigrößenangabe (Abk.)
32: Schriftschnitt speziell für den Buchsatz
33: Amerikanisches Schriftmaß
34: Fahne (engl.)
35: Kapitel (Abk.)
36: Type on call (Abk.)
37: Amerikanischer Geheimdienst (Abk.)
38: Das Äußere (engl. Abk.)
39: New Yorker Schriftschmiede
40: Sie sind nicht nur „on", sondern auch „...".

Typostile im 20. Jahrhundert
»Alles schon mal da gewesen?«

Typografie ist stets geprägt durch die Zeit, in der sie entsteht. Im späten 20. Jahrhundert und in unserem jetzigen Jahrhundert lassen sich kaum mehr einheitliche Stile ausmachen. Auch darin ist die Typografie eben ein Spiegel der Vielfalt der gesellschaftlichen und künstlerischen Strömungen. Jeder Versuch, zu systematisieren, soll kein Schubladendenken erzeugen.

Dennoch hilft eine Systematik dabei, sich über Typografie zu verständigen und den Inhalt durch die Wahl adäquater Stilmittel zu unterstützen und zu transportieren. Und sobald Sie sich auch als Künstler verstehen, nicht ausschließlich als Handwerker, wollen Sie auch mit anderen Künstlern kommunizieren und benennen können, wo Sie stilistisch Ihre (oft unbewussten) Wurzeln haben.

7.11 Vorwissen
Ordnen Sie die vorgegebenen Bilder in der Reihenfolge ihrer Entstehung. Schätzen Sie das Entstehungsjahrzehnt.

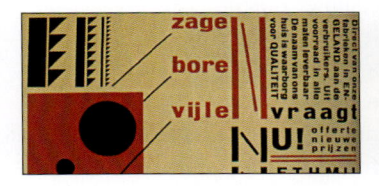

7.12 Typostile

Material zum Download:
07_12_Typostile.pdf

Bildzitate (Ausschnitte) aus:
Friedl, Ott, Stein: Typographie – wann wer wie, Könemann, Köln

Lesen Sie die kurzen Beschreibungstexte. Ordnen Sie die Texte den Stilen zu. Legen Sie sie auf den entsprechenden Stil-Kasten. Wenn Sie richtig liegen, ergibt sich aus den farbigen Buchstaben das, was Sie nach der Aufgabe sind …
- Beginnen Sie nach dem Ausschlussverfahren mit den Stilen, bei denen Sie sich sicher sind.
- Ordnen Sie den Rest dann nach funktionalen und nach experimentellen Strömungen, die sich meist als Gegenbewegungen abgewechselt haben. Dann müssen Sie diese „nur noch" in die richtige zeitliche Reihenfolge bringen.

7 Insiderwissen | Typostile   **133**

1 *Jugendstil/Fin de Siècle*
1890 – 1914

2 *Informative Sachlichkeit*
um 1910

3 *Futurismus & Dadaismus*
1910 – 1920

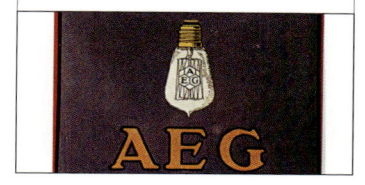

4 *Konstruktivismus & elementare Typografie 1920*

5 *Expressionismus*
1910 – 1925

6 *Art Déco*
um 1925

7 *Skripturale Typografie um 1925*	**8** *Traditionsverbundene Typografie um 1935*	**9** *Schweizer Typografie ab 1930*
10 *Bildhafte Typografie um 1955*	**11** *Sachlich-funktionale Typografie um 1960*	**12** *Experimentelle Typografie um 1965*

7 Insiderwissen | Typostile **135**

13 Pop Art & Psychedelic
ab 1965

14 Punk
um 1975

15 Neuer Funktionalismus
um 1980

16 New Wave & Post-
moderne um 1980

17 DTP-Typo, Techno
& Underground um 1990

18 Multistilistische Typografie & New Simplicity
um 2000

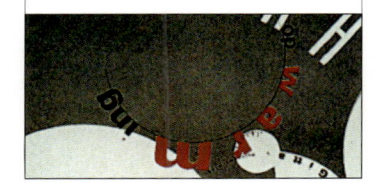

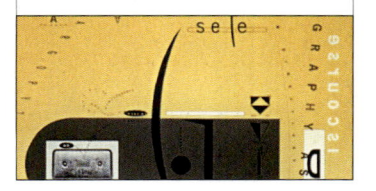

7.13 Zeitliche Visualisierung

Damit Sie sich die Stile in der zeitlichen Reihenfolge nochmals einprägen, schreiben Sie deren Bezeichnungen an den Zeitstrahl. Zeitlich parallele Entwicklungen stehen dort auch parallel. Ordnen Sie den Stil dabei zwischen den Polen „funktional" und „experimentell" ein.

funktional   experimentell

1890

1900

1910

1920

1930

1940

1950

1960

1970

1980

1990

2000

7.14 Type-Contest: Stile, Schriften und Fontdesigner

Für dieses Spiel für drei bis sechs Spieler benötigen Sie ein wenig Vorbereitungszeit. Dafür können Sie aber die Gelegenheit wahrnehmen, spielerisch Ihr Wissen über Hintergründe der Schriftgestaltung auszubauen. Wenn Ihnen die Fragen zu schwierig erscheinen, denken Sie an die unzähligen Fernsehshows: Auch durch gutes Raten kommt man weiter…

- Drucken Sie die Spielfiguren aus (s/w). Wählen Sie als Spielfigur Ihren Anfangsbuchstaben oder einen Buchstaben, der Ihnen gefällt. Schneiden Sie die Form aus, falzen Sie diese jeweils zwischen den Buchstaben und an den Klebeflächen. Kleben Sie die kleine Klebefläche unter den Standboden.
- Drucken Sie die Platten des Spielplans (farbig!) auf festes Papier aus oder kleben Sie sie nach dem Ausdruck auf Karton und setzen Sie sie ineinander verschränkt zusammen.
- Drucken Sie die Spielkarten zu den drei Themenbereichen auf festeres Papier aus. Wenn möglich Seite 1 bis 3 auf grünes, Seite 4 bis 6 auf blaues und Seite 7 bis 9 auf rotes Papier.
  Dann legen Sie das Papier erneut mit der Rückseite in den Drucker (vorher testen!) und drucken Sie auf Seite 1 bis 3 als Rückseite die Seite 10, auf Seite 4 bis 6 die Seite 11 und auf Seite 7 bis 9 die Seite 12 des gleichen PDF-Dokuments. Schneiden Sie dann alle Kärtchen mit dem Skalpell oder einer Schneidmaschine aus, mischen Sie sie innerhalb eines Themas und setzen Sie die drei Stapel auf die gekennzeichneten Rechtecke auf dem Spielplan.
- Die Buchstabenfiguren beginnen vom Zentrum aus zu ziehen, die Richtung wählt jeder Spieler individuell.
- Der oder die Älteste beginnt, würfelt und zieht auf ein Feld. Die Farbe dieses Feldes entspricht der Karte, die gezogen und beantwortet werden darf. Geben Sie sie Ihrem rechten Nachbarn, der Ihnen die Karte vorliest. Haben Sie die richtige Antwortmöglichkeit gewählt, verbleibt die Karte bei Ihnen. Die Kontrolle der Antwort erfolgt über das „Kleingedruckte", wenn Sie die Karte umdrehen. Reihum geht's weiter.
- Das Spiel dauert so lange, bis ein Spieler drei Karten jeder Kategorie hat.
- Auf den weißen Feldern darf die Kartenfarbe frei gewählt werden.
- Auf den schwarzen Feldern wird die Frage vom Spieler selbst an alle gerichtet. Wer zuerst richtig antwortet, bekommt die Karte, andernfalls fällt sie an den Spieler.
- Sie können auch statt zu ziehen einem Mitspieler Ihrer Wahl ein Tauschangebot machen, z. B.: Ich gebe dir zwei Karten dieser Farbe gegen eine von deinen in jener Farbe.

Material zum Download:
07_14_Type-Contest.zip

Sie benötigen zusätzlich:
einen Würfel.

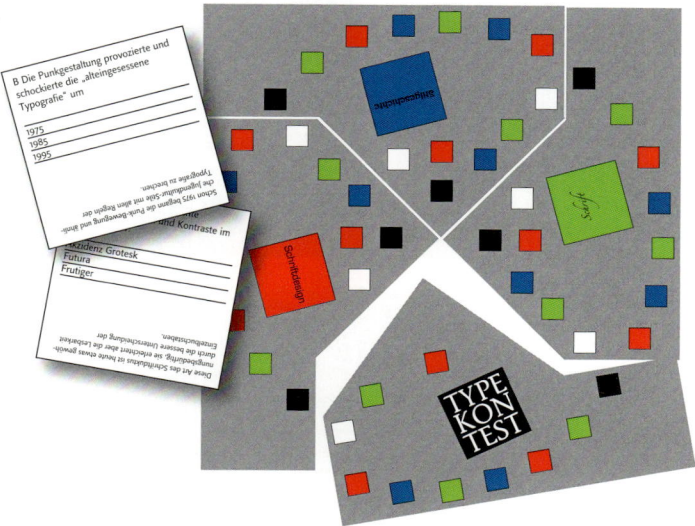

Typotrends im 21. Jahrhundert
»Reduktion und verspieltes Design?«

In seinem Buch „Retrofonts" gibt Gregor Stawinski umfangreiche Hinweise, wie Sie Retrogestaltung unterschiedlicher Jahrzehnte stilsicher anwenden können. Auf CD werden gleich 222 Retro-Schriften mitgeliefert.

Einige selektive Beobachtungen

- Häufige Anwendung von Versalsatz. Viele Überschriften und ganze Leadtexte werden versal gesetzt – hier das Ausgleichen bzw. zumindest das leichte Ansperren nicht vergessen, um die Lesbarkeit zu erhöhen. Für längere Lesetexte ist der Versalsatz allerdings nicht geeignet.
- Renaissance der serifenbetonten Leseschriften. Gerade Schriften mit gemäßigten Strichstärkenunterschieden (z. B. Weidemann, Slimbach, Lino Letter) eignen sich für kraftvolle oder moderne Inhalte sehr gut.
- Die Auszeichnungsart Fett wird bei Überschriften ersetzt durch den Regular-Schnitt und evtl. ergänzt durch kräftiges Sperren. Schaffen Sie hierbei ausreichend Größenkontraste und übertreiben Sie es nicht mit dem Sperren.
- Retro-Gestaltung. Der Markt ist überschwemmt mit wenig stilsicheren Retro-Gestaltungsarbeiten. Hier müssen Sie sich tatsächlich tiefergehend mit einer Stilrichtung auseinandersetzen, um in den Bereichen Typo, Farbe, Gestaltungselemente und Layoutaufbau ein stimmiges Gesamtbild hinzubekommen. Gerade jüngere Menschen können hierbei auch die Fallen vermeintlicher Retro-Schriften nicht einschätzen und landen ungewollt bei einer altbackenen Gestaltung.

7.15 Alt oder neu?
- Welches sind Original-Retro-Arbeiten, welche sind heutige Retro-Variationen?
- Worin bestehen die Unterschiede, worauf sollte man achten?

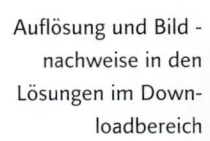

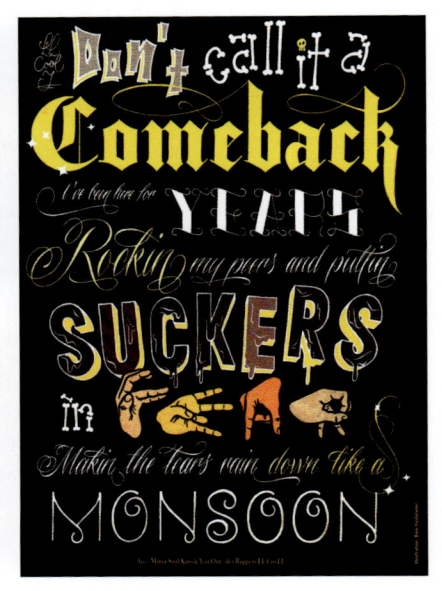

Auflösung und Bildnachweise in den Lösungen im Downloadbereich

- Tendenz zum breiten Querformat: Dieser Trend ist vermutlich vom Webdesign geprägt, da hier die Seiten immer breiter werden. Achten Sie bei der querformatigen Gestaltung unbedingt auf begrenzte Zeilenlängen, sprich den Einsatz von ausreichend Spalten, und gestalten Sie immer als Gegengewicht auch mit hochformatigen Elementen.
- Kontrastiver Einsatz größerer Schriften, meist regular oder kursiv und/oder farbig ausgezeichnet, beispielsweise als Seitenansprachen oder auch im Leadtext. Bisweilen werden hier auch einzelne Worte so ausgezeichnet, das erfordert allerdings ein gutes Gefühl für den Zeilenabstand.
- Immer noch hält der Trend der Schweizer Typografie zum cleanen, stark reduzierten Design an. Er wurde sicher auch durch den Apple-Look stark vorangetrieben. Es geht hier auch im Printdesign um übersichtliche, aufgeräumte Layouts mit viel Weißraum, reduziertem Schrift- und Farbeinsatz und verdichteter Information ohne viel Schnickschnack. Klare Farbflächen ohne Verläufe bilden auch den Gestaltungsträger des neuen Microsoft-Designs. Auch andere große Marken wie eBay oder Twitter wurden stark vereinfacht. Allerdings gibt es gerade in der Automobilbranche wieder den gegenläufigen Trend zu mehr 3-D-Optik.
- Das Icon-Design greift die App-Gestaltung im Printdesign auf. Es kann hervorragend für die Gestaltung von Leitsystemen eingesetzt werden. Allerdings müssen die Icons/Piktogramme gut gemacht und im Stil untereinander einheitlich sein.
- Insgesamt erlebt die Typografie auch in anderen Bereichen des Mode- und Interiordesigns gerade einen Aufschwung. Immer mehr typografisch gestaltete Produkte, bei denen einzelne Buchstaben oder Sonderzeichen inszeniert werden, drängen auf den Markt.
- Hierzu gehört auch der Trend zum Handgemachten, Authentischen, der als Gegengewicht zum cleanen Design auftritt und durch haptische, oft auf alt gemachte Strukturen, Handschriften oder roughe Schriften daherkommt.

Aus dem Webdesign ins Printdesign. Dieses Online-Magazin gilt als Trendsetter:
http://the-magazine.org.

Aus den Typo-Love-Trends von **de.dawanda.com**.

7.16 Ableitung von Gestaltungstrends aus Logo-Trends

- Geben Sie auf der Website **www.logolounge.com** den Suchbegriff „logo trends" in die Suchmaske ein. Hier sammelt Bill Gardner akribisch die Trends der Logogestaltung der letzten zehn Jahre und bereitet die Artikel mit wunderbaren Bildbeispielen auf. Meine These ist, dass sich diese Trends auch allgemein auf andere Printgestaltungsarbeiten übertragen lassen. Denn das Logo ist derzeit die kompakteste und kondensierte Gestaltungsherausforderung im Printdesign.
- Verteilen Sie die Jahre in der Gruppe und übersetzen Sie die wichtigsten Trends für sich. So erarbeiten Sie sich eine Trendliste (z.B. Wasserfarbeneffekt, Ketten von transparenten Elementen, Kartoffelchips-Formen …).
- Überlegen Sie anhand der Trendlisten, in welchem Jahr Sie gerade stecken oder welche Trends Ihren Gestaltungsstil aktuell stark prägen.
- Welche aktuellen Trends gefallen Ihnen besonders, so dass Sie sie auch in Ihren Gestaltungsarbeiten einmal umsetzen wollen?

Notizen:

8 Farbe

Die Menschen empfinden im Allgemeinen eine große Freude an der Farbe.

JOHANN WOLFGANG VON GOETHE

Farbparameter

»Was macht eigentlich eine Farbe aus?«

Kennen Sie den Film Pleasantville? In einem schwarzweißen Musterdorf leben schwarzweiße Musterpersonen ein Musterleben, das auch nur schwarze und weiße Zustände kennt. Alles verläuft in geregelten Bahnen, jede Person kennt ihre Aufgabe. Doch alle, die durch das Eindringen eines Geschwisterpaares mit einem neuen, vielfältigeren und bunten Leben in Berührung kommen, fangen an, eigene Wünsche und individuelle Vorstellungen vom Leben zu entwickeln. Kommt dazu noch eine ordentliche Portion Gefühl, beginnen diese Menschen bunt zu werden, der Schwarzweiß-Film erhält farbige Anteile.

Diese Macht der Farben, Gestaltung individueller, vielseitiger und emotionaler zu machen, sollten sich Gestaltende nicht entgehen lassen.

Beispielhaft visualisiert die Firma Minolta diese Macht in ihrer zeitlosen Anzeige für Farbdrucker bzw. -kopierer.

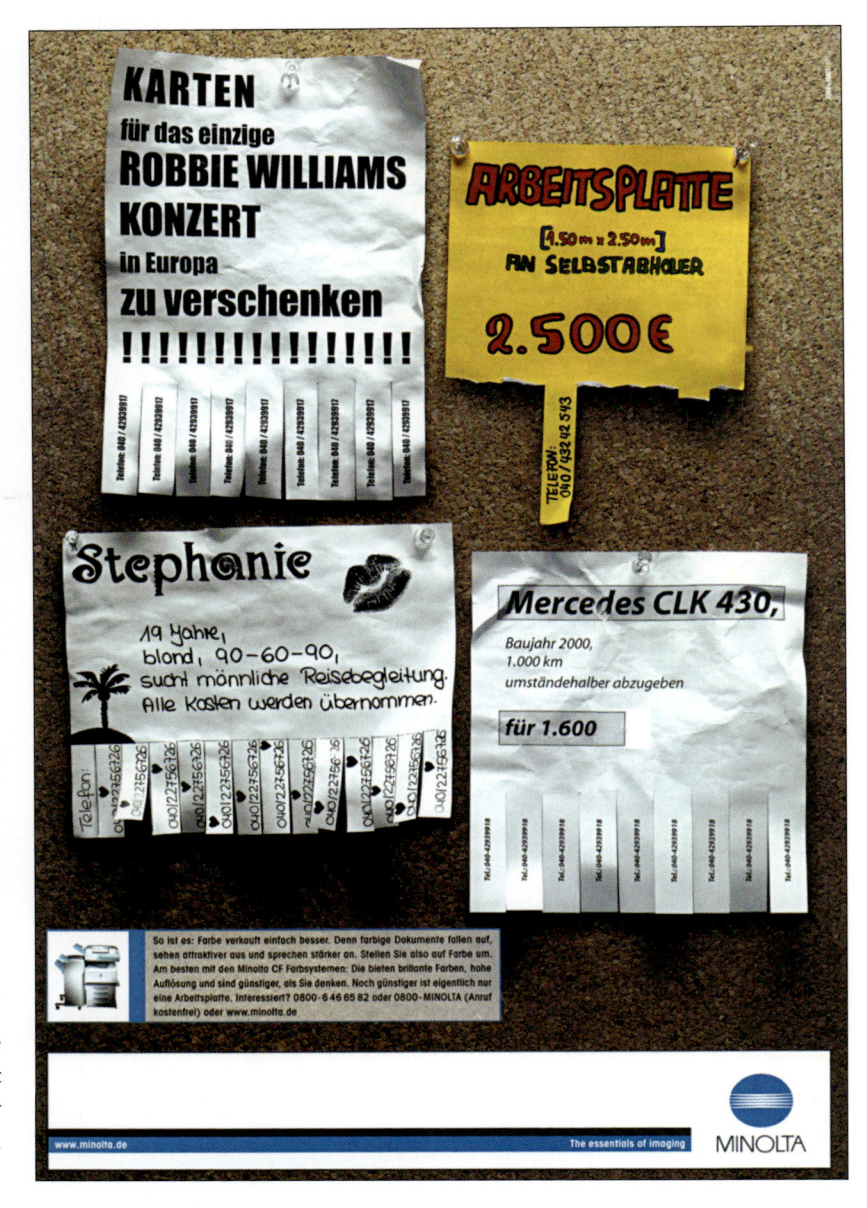

Der Einsatz von Farben ist ein Thema, das in Lehrbüchern der Typografie bisher recht stiefmütterlich behandelt wird. Woher kommt diese Zurückhaltung?
Für die Typografie ist der massive Einsatz von Farbe ein vergleichsweise junges Arbeitsfeld. Farbdrucker, mit denen mal eben schnell ein Entwurf für

den Kunden in Farbe gedruckt werden kann, sind erst seit ca. fünfzehn Jahren verbreitet. Farbige Bilder waren immer die Domäne der Bildbearbeiter, die Typografie war bis auf den sparsamen Einsatz von Farbe im Überschriftenbereich und bei dezent farbigen Textkästen weitgehend unbunt.

So müssen sich heutige Gestalterinnen und Gestalter oft auf ihr subjektives Empfinden verlassen, wenn sie Farben passend zu einem bestimmten Einsatzbereich oder Gestaltungsprodukt wählen. Dieses Kapitel soll Ihnen Anregungen zum reflektierten Umgang mit Farbe bieten.

8.1 Sinnliches Farbempfinden

1. Stellen Sie sich vor, Sie steigen nackt in die Farbe Grün. Wie fühlt sie sich auf der Haut an?
2. Nun stellen Sie sich weiter vor, Sie hören ein Konzert, in dem Sie nur der Farbe Violett zuhören – wie hört sich das an?
3. Und nun treten Sie in eine Wolke der Farbe Rosa – wie riecht diese Farbe?

Vergleichen Sie Ihre Antworten mit den Angaben in der folgenden Tabelle.

Physiologische Wirkung der Farben

	Hören	Fühlen	Riechen/Schmecken
Rot	laut, kräftig	fest, warm bis heiß	süß, kräftig, aromatisch
Rosa	zart, leise	fein	süßlich, mild
Orange	laut, Dur	trocken, warm	herzhaft
Braun	dunkel, Moll	trocken, schlammig	modrig, muffig
Ocker	volltönend, rund	sandig, bröckelig, warm	säuerlich bis neutral
Goldgelb	Fanfare, Dur	glatt, seidig, warm	kräftig
Gelb	gellend, Dur	glatt, leicht feucht	sauer, frisch
Grün	gedämpft	glatt bis feucht, kühl	sauer, saftig
Türkis	weich, fern	weich-glatt, wässrig, kalt	frisch bis salzig
Blau	fern, Flöte, Violine	glatt, nicht fühlbar, kalt	geruchlos
Ultramarin	dunkel, tief, eher Moll	samtig	herb-bitter (ohne Geruch)
Violett	traurig, Moll, tief	samtig	narkotisch, schwer-süß
Flieder	schwach, verhalten	weich	süßlich-herb
Purpur	kraftvoll-getragen	glatt bis samtig	süßlich-künstlich

Jede Farbe kann über die fünf Sinne erfasst werden. Diese Sinnesebene von Farben spielt in der Produktgestaltung und damit in der Produktwerbung eine wesentliche Rolle. Denn über die Farbe eines Gegenstands werden die Sinnesqualitäten der Farbe mitgeliefert. Diese können nun das Produkt um zusätzliche Informationen bereichern oder den Benutzer irritieren (würden Sie z. B. blaue Bananen essen?).

Dieses Phänomen macht man sich in der Farbgestaltung zunutze. Die intuitiv erkannte Qualität der Farbe wird in den Dienst des Produkts gestellt, das

Anzeige e-on

*Material zum Download: 08_02_Farbpsychologie.pdf
Farbtest nach Frieling: Der Farbenspiegel, Muster-Schmidt (zitiert aus Allegra)

vorher eher abstrakt war. Vergleichen Sie hierzu die beiden Kampagnen der Energiefirmen Yellow-Strom und e-on. Beide Firmen gebrauchen Farbe als eigentlichen Informationsträger.

8.2 Farbtyp*

Welcher Farbtyp sind Sie? Schneiden Sie die Karten* aus. Legen Sie sie gemischt vor sich hin. Dann wählen Sie eine oder zwei Farben, die Ihnen entsprechen. Lassen Sie auch andere eine Einschätzung Ihres Farbtyps abgeben, dann konsultieren Sie die Rückseiten.
- Gibt es Parallelen zur Realität?
- Beeinflussen Ihre Lieblingsfarben die Farbwahl Ihrer Gestaltungsprojekte?

Psychologische Wirkung der Farben

Mit Grundkenntnissen der Farbpsychologie werden wir groß. Deswegen benötigen wir zur Erstellung von Charakterbildern von Farben vorerst keine Wissenschaftler, sondern können uns wie auch beim Schriftcharakter (meistens) auf unser intuitives Verständnis verlassen.

8.3 Farbcharakter

Erstellen Sie eine Farbliste mit den Ihrer Meinung nach wichtigsten Farben. Wählen Sie nicht mehr als zwanzig Farben, da die Abgrenzung sonst schwierig wird. Charakterisieren Sie sie und sammeln Sie die Ergebnisse in einer Tabelle. Wenn Sie in der Gruppe arbeiten, bilden Sie Zweierteams und erarbeiten Sie zusammen jeweils einige Farben. Erstellen Sie mit den anderen Gruppenmitgliedern eine Tabelle, die für jedes Gruppenmitglied kopiert wird.

Mit folgenden Angaben lassen sich Teile des Charakters beschreiben:
- Ausstrahlung
- Durchsetzungs- und Kommunikationsvermögen
- Verhältnis zu Distanz und Nähe, Emotionalität
- Verhältnis zu Werten, Moralvorstellung
- Umgang mit Äußerlichkeiten
- Einstellung zur Spiritualität und Sexualität
- sonstige besondere Merkmale

Vergleichen Sie Ihre Ergebnisse mit denen aus Aufgabe 8.2.

Auf diese psychologische Tabelle werden Sie immer wieder zurückgreifen, wenn Sie eine inhaltlich passende Farbe suchen.

Siehe auch Farbgebung, S. 146

Buchtipp: Harald Braem: Die Macht der Farben, Wirtschaftsverlag Langen Müller/Herbig, München

Symbolische Bedeutung von Farben

Im Laufe unserer Kulturgeschichte haben Farben häufig eine übertragene Bedeutung bekommen. Diese ist dann an den bestimmten Kulturraum gebunden. So wie Schwarz im europäischen Kulturraum die Farbe der Trauer ist, ist es im östlichen Kulturraum die Farbe Weiß. Farben stehen damit auf der symbolischen Ebene für übergreifende Prinzipien oder Lebenshaltungen. Beachten Sie auch immer die „Schattenseite" (s. folgende Tabelle) der Farbe – aber schreiben Sie sie nicht wie eine meiner Schülerinnen in das Corporate-Design-Manual zur Begründung ihrer Farbwahl…

8.4 Farbverwendung

Welche Branchen neigen dazu, welche Farben zu verwenden? Tragen Sie Ihre Beobachtungen in die Tabelle ein und überprüfen Sie den Bezug zur Farbsymbolik.

Farbe	Symbolik	Branche, Einsatzbereich
Blau	+ Erholung, Sehnsucht, Harmonie, Weite, − Starrheit, Selbstzufriedenheit, Distanz	
Rot	+ Genuss, Energie, Sexualität, Exotik, Fantasie − Begierde, Gewalt, Unterdrückung, Chaos	
Grün	+ Hoffnung, Entspannung, Zuversicht, Heilung − Unentschlossenheit, Faulheit	
Gelb	+ Planung, Wissen, Klarheit, Erleuchtung, Aufklärung − Geiz, Neid, Eifersucht, Arroganz	
Weiß	+ Anfang, Spiritualität, Weisheit, Genauigkeit − Überheblichkeit, Realitätsverlust	
Schwarz	+ Trauer, Macht, Seriosität − Schuld, Bedrängnis, Egoismus	
Grau	+ Bescheidenheit, Korrektheit − Gleichgültigkeit, Gefühllosigkeit, Mittelmäßigkeit	
Orange	+ Wärme, Lebensfreude, Effektivität − Aufdringlichkeit, Rohheit, Technokratie	
Braun	+ Erdverbundenheit, Natürlichkeit − Unmäßigkeit, Faulheit, Spießertum	

8.5 Farbsymbolik

Der Volksmund kennt viele symbolische Farbzuschreibungen. Bei jeder Farbgestaltung schwingen diese mit... Welche fallen Ihnen ein?

Buchtipp:
(Quelle der Tabellen):
Erich Küthe, Fabian Küthe:
Marketing mit Farben:
Gelb wie der Frosch, Gabler,
Wiesbaden

Farbgebung
»Farbe gezielt einsetzen«

Ästhetische Farbgebung

Beispiel:
Mercedes wirbt mit silbergrauer Schrift, also eignet sich diese Farbe bestimmt für die Einladung zur Verabschiedungsfeier des seriösen (Mercedes fahrenden) Geschäftsführers X.

Wenn Sie bisher die Farben intuitiv passend zu Ihrem Gestaltungsprodukt gewählt haben, werden Sie vermutlich mit der ästhetischen Farbgebung gearbeitet haben.

Leitfragen zur Farbwahl:
- Was „passt" zum Produkt?
- Was gefällt der Zielgruppe (und häufig mir selbst)?
- Was machen die anderen, welche Farbe wählen sie?

Semantische Farbgebung

Beispiel:
Welche Farbe hat Strom? Gelb als helle (Licht) und energievolle Farbe, die noch dazu freundliche Assoziationen an Sommer und Wärme weckt, eignet sich hier durchaus.

Hierbei wird die Farbe zum beworbenen Produkt inhaltlich passend ausgewählt. Dazu setzen Sie sich mit der physiologischen, psychologischen und symbolischen Wirkung der in Frage kommenden Farbe auseinander und finden möglichst hohe Übereinstimmungen mit dem zu gestaltenden Produkt.

Leitfragen zur Farbwahl:
- Was transportiert die Farbe an Qualitäten mit sich, die das Gestaltungsprodukt unterstützen?
- Welche Farbe verbindet die Zielgruppe mit diesem Einsatzzweck (z. B. durch farbpsychologische Vorkenntnisse)?
- Unterstützt der Farbton die Werbeabsicht der Drucksache sinnvoll?

Pragmatische Farbgebung

Beispiel:
Das Magenta der Telekom lässt sich günstig drucken, bildet einen starken Kontrast zu Schwarzfarben, hat Signalwirkung und ist durch keinen anderen Konzern bisher so (bis in die Haarfarbe …) „vorangetrieben" worden.

Farbe wird bei dieser Art der Farbgebung aus finanziellen oder technischen Gesichtspunkten als „passend" ausgewählt. So können auch Fragen der Lebensdauer eine Rolle spielen. Signalfarben, Farbcodes für bestimmte Einsatzbereiche, also Farben, die schon immer so belegt wurden, zählen ebenso zu dieser Art der Farbgebung.

Leitfragen zur Farbwahl:
- An welcher Farbe wird man sich vermutlich in fünf Jahren noch nicht sattgesehen haben (Hausfarben, Corporate Design)?
- Welche Farben lassen sich gut reproduzieren, z. B. im Zweifarbendruck, wie können damit langfristig Kosten gespart werden?
- Welche Farbe grenzt uns eindeutig von Konkurrenten ab, mit welcher Farbe können wir uns ein dauerhaftes „Image" aufbauen?

Zeitgeistige Farbgebung

Beispiel:
Die Lifestyle-Bewegung, die sich derzeit in der Mode und in der

Farbe wird nach aktuellen Trends eingesetzt. Meist stammen diese Trends aus der Modebranche und finden sich einige Monate später im grafischen Bereich wieder.

Leitfragen zur Farbwahl:
- Welche Farbe ist aktuell bei meiner Zielgruppe im Trend?
- Gibt es bestimmte Farben eines aktuellen Lifestyles, die zu der Aussage meines Gestaltungsprodukts passen?
- Welche Zeit erlebt derzeit ein Revival, durch welche Farbgebung zeichnet sie sich aus?
- Welche Farben verkaufen sich derzeit am besten?

Interieurgestaltung an den Minimalismus des Zen-Buddhismus anlehnt, verleiht auch Druckprodukten durch schlichte helle Farben mit wenigen dunklen Akzenten ein konzentriertes, edles Flair.

Unmögliche Farbgebung

Farbe kann revolutionär anders eingesetzt werden. Es kann beabsichtigt sein, Farbe gezielt anders einzusetzen, als es die anderen tun. Damit wird es möglich, sich von den Mitbewerbern abzusetzen. Das erfordert allerdings einen hohen Aufwand an Zeit und Kosten, um diese „unmögliche" Farbe dem Zielpublikum durch gezieltes Marketing näher zu bringen.

Leitfragen zur Farbwahl:
- Welche Farbe würde die Zielgruppe gerade bei meinem Produkt nicht erwarten?
- Wie kann ich mich möglichst auffällig farblich von den Marktmitbewerbern absetzen?
- Welche Farbe würde mein Zielpublikum neugierig machen, irritieren, provozieren oder gar schockieren?

Beispiel:

Schokolade hat zwar keine eindeutige Farbgebung, doch Vollmilch – Blau, Nuss – Grün hat sich bei einigen Firmen durchgesetzt. Nicht so bei der Marke Milka, die mit ihrer „unmöglichen" lila Kuh ihrer Schokolade eine Farbe mit höchstem Wiedererkennungswert gegeben hat.

8.6 BEISPIELE FÜR FARBGEBUNG

Finden Sie weitere Beispiele für die einzelnen Möglichkeiten der Farbgebung.

Buchtipp:

Timothy Samara: Der Typo-Scout (mit 40 Farbtabellen nach Stimmung, Konzepten, Zeit und Kontext gegliedert), Stiebner, München

8.7 THEMENFARBEN

- Nennen Sie jeweils spontan drei Farben zur Umsetzung in Drucksachen für folgende Themen:

Frühling

Beethoven-Konzert

Kinder-Vergnügungspark

Neue Medien

Bestattungsinstitut

- Überprüfen Sie danach, welches Modell der Farbgebung Sie jeweils intuitiv verwendet haben?

Siehe auch Farbakkorde, S. 158 Stellen Sie sich selbst weitere Themen und beachten Sie auch die physiologische, psychologische und symbolische Farbebene.

Farbkreis

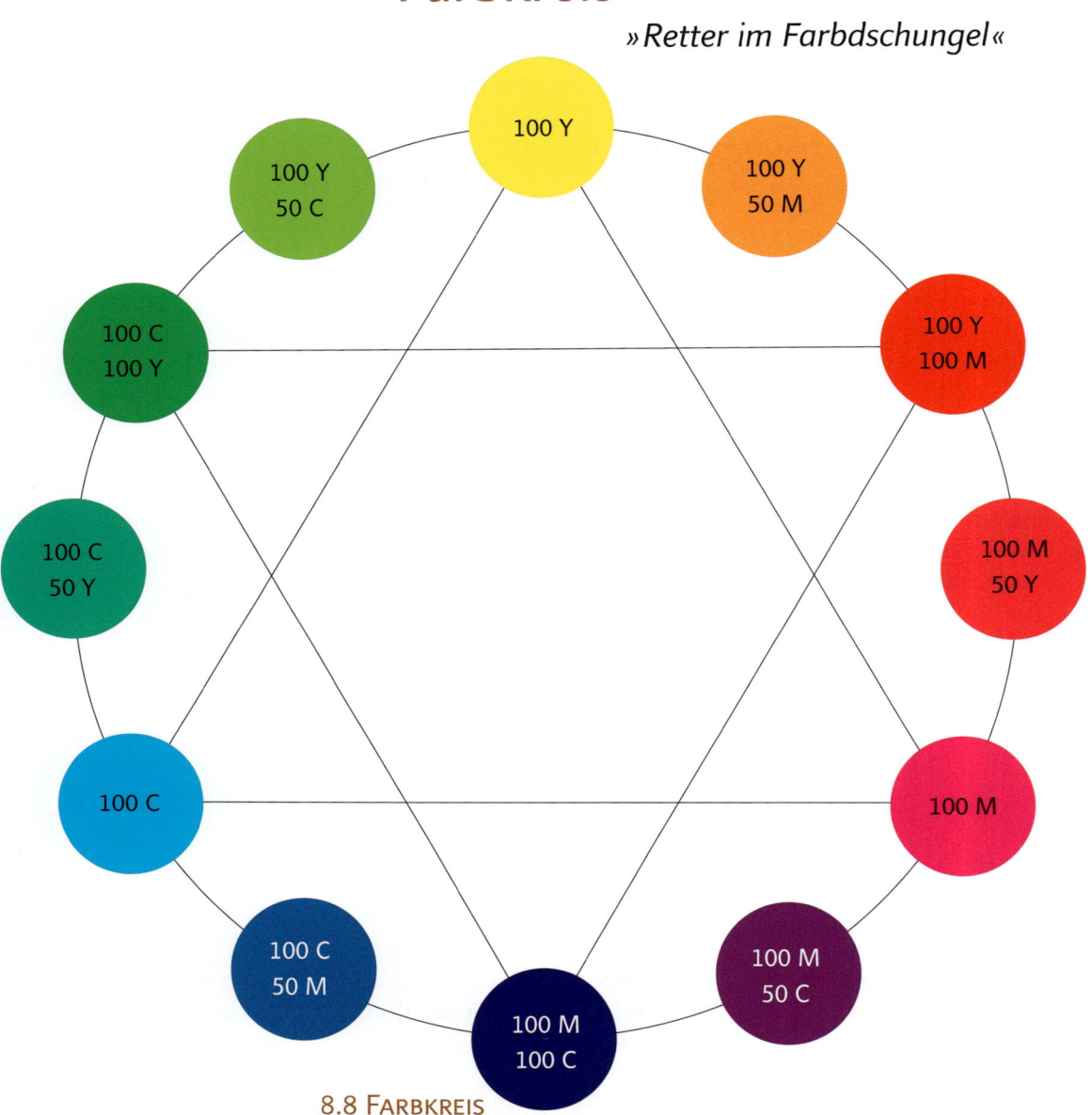

»Retter im Farbdschungel«

8.8 Farbkreis

Gängige Farbsysteme werden hier nicht vorstellt, da sie für den typografischen Umgang mit Farbe eine geringe praktische Bedeutung haben.

- Erstellen Sie zur Vorbereitung bitte einen Farbkreis mit 24 Farben in einem Grafik- oder Layoutprogramm. Gehen Sie dabei von den Primärfarben Cyan, Magenta und Yellow aus und mischen Sie diese jeweils zu gleichen Teilen, die Mischfarben mischen Sie wieder usw.
- Finden Sie Farbbezeichnungen für die Farben, vergleichen Sie diese mit Farbbezeichnungen im Bereich Farbe und Raumgestaltung. Hierzu können Sie sich Farbkarten von Farb-Herstellern oder Baumärkten z. B. zu Wandfarben oder Acrylfarben (Beschichtungsstoffen) organisieren.

Farbharmonien
»Das passt immer«

Für Gestaltungsbereiche, in denen Farbe zur ästhetischen Aufbereitung des Druckprodukts beitragen soll, empfiehlt sich die Kombination von zwei oder mehreren Farben nach harmonischen Prinzipien. Beispielhaft seien genannt:

Bunt-Unbunt-Harmonie
Eine einzelne Farbe harmoniert immer mit Schwarz, Weiß oder einem Grauwert.
- Pastellfarben (aufgehellte Farben) harmonieren immer mit Weiß.
- Gedeckte Farben (abgedunkelte Farben) harmonieren immer mit Schwarz.
- Gesättigte Farben (klare Farben) harmonieren immer mit einem Grauton, der in der Helligkeit von der Farbe abweicht.
- Allerdings ist zu beachten, dass ein neutrales Grau immer durch seine Nachbarfarbe beeinflusst wird und dadurch selbst etwas bunter wird. Dies ist nur zu verhindern, indem dem Grau etwas von der Gegenfarbe der Buntfarbe zugesetzt wird; es wirkt dadurch wieder neutraler.

Beispiel:
Geschäftsdrucksachen wie Briefbögen, Visitenkarten, Formulare kommen oft mit einer Farbe aus, zur Ergänzung werden Grautöne eingesetzt. Günstiger ist die gerasterte Variante, edler wirkt Grau als Sonderfarbe.

Visitenkarte (Ausschnitt)

Ton-in-Ton-Harmonie
Eine bunte Basisfarbe wird mit einer oder mehreren Varianten ihrer selbst kombiniert (z. B. weniger gesättigt, heller, dunkler).
- Die gewählten Farbtöne sollten nicht zu nah beieinanderliegen, damit sie sich ausreichend voneinander abheben.

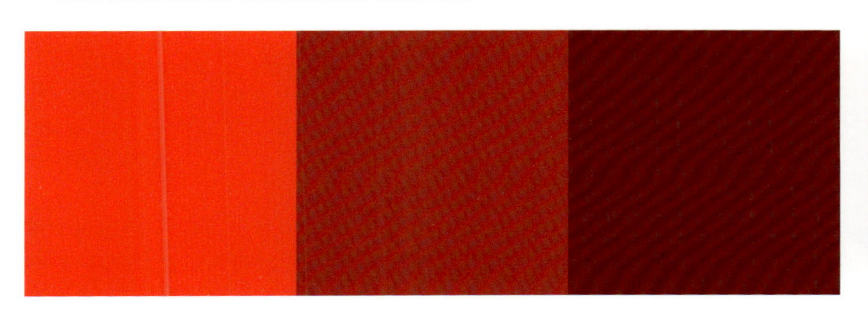

Beispiel:
Die Farbflächengestaltung in Magazinen oder Flyern, Terminkalender Centralstation (Ausschnitt)

Beispiel:
Für technisch ausgefeilte Produkte wird gerne eine Farbpalette von Grün über Blau eingesetzt, die die Kühle und Perfektion unterstützt.
Anzeige Gilette (Ausschnitt)

Nachbarschaftsharmonien
Die Nachbarschaftsharmonie ist eine der Natur abgeschaute Farbmodulation.
- Im Farbenkreis nebeneinanderliegende Farben können kombiniert werden.
- Erstreckt sich die Kombination über einen größeren „Winkelbereich" des Farbkreises und werden Zwischentöne ausgelassen, kommt man zu gewagteren Ergebnissen: z. B. Farbkombination Orange, Rot, Magenta.

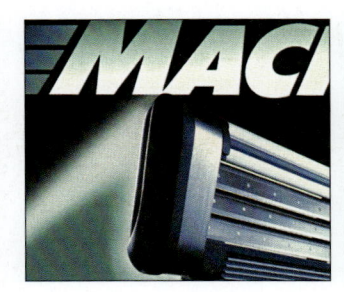

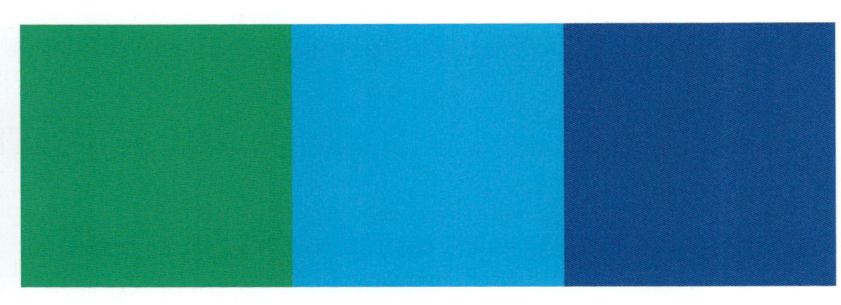

8.9 Farbharmonien erstellen
Nehmen Sie einen Wasserfarben- oder Aquarellfarbkasten zur Hand und malen Sie folgende Kästchen farbig aus, indem Sie die Harmoniemodelle mit anderen Farbtönen noch einmal nachvollziehen.

Ton-in-Ton-Harmonie

Nachbarschaftsharmonie

Bunt-Unbunt-Harmonie

Farbkontraste
»Das wirkt stärker«

Es gibt Farbkontraste, die selten gezielt eingesetzt werden, aber bei der Gestaltung mit Farbflächen auftreten können. Gestaltende sollten zumindest ihre Wirkung kennen. Diese Kontraste bilden auch den Hintergrund der beiden weiter unten genannten Hauptkontraste, die zur gezielten Gestaltung von Akzenten eingesetzt werden.

Simultankontrast
Farben beeinflussen sich in ihrer Farbigkeit gegenseitig, da das Auge stets simultan die Gegenfarbe erzeugt.
- Bei der Kombination stark gesättigter Farben kommt diese Verschiebung dann deutlich zur Geltung, wenn die kombinierte Farbe nicht die Komplementärfarbe ist. So wird das Vordergrundelement immer in Richtung der Gegenfarbe des Hintergrundelements gedrängt.

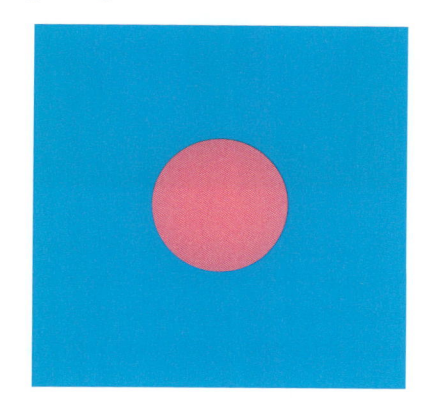

Auf der gelben Fläche wird das Rosa zum Bläulichen (der Gegenfarbe von Gelb) verändert, auf der Cyanfläche zum Rötlichen (der Komplementärfarbe von Cyan).

Sukzessivkontrast
Ein intensiver Farbeindruck löst ein komplementäres Nachbild aus.

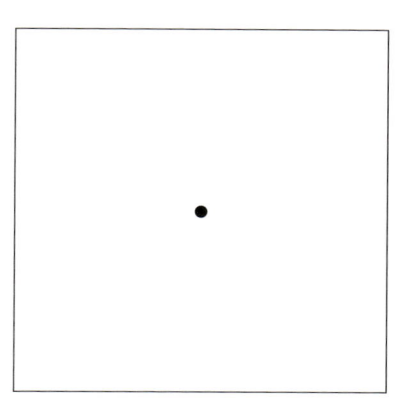

Fixieren Sie das rote Ampelmännchen 30 Sekunden lang, richten Sie dann Ihre Augen auf den schwarzen Punkt in der weißen Fläche…

- Die Zapfenarten, die weniger beansprucht waren, schütten den Sehfarbstoff leichter aus als die „überarbeiteten" Zapfen; so kommt es auf einer neutralen (vorzugsweise weißen) Farbfläche überraschenderweise zu einem Farbeindruck.

Komplementärkontrast

Werden Komplementärfarben gleicher Helligkeit zur Gestaltung eingesetzt, kommt es aufgrund der stetigen Augenbewegung und des stark abwechselnden Einsatzes der Sehzellen zu einem Flimmerkontrast, der als unangenehm empfunden wird.

- Dieser Farbkontrast kann bewusst eingesetzt werden, um Irritationen oder Unwohlsein zu erzeugen, sollte aber niemals für größere Textmengen verwendet werden, die gelesen werden sollen.

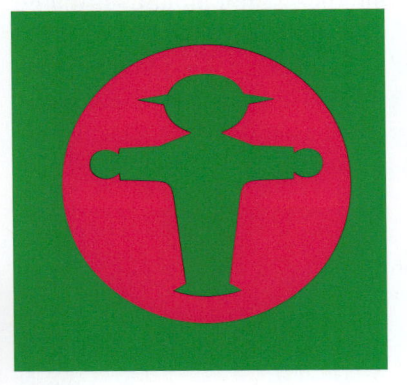

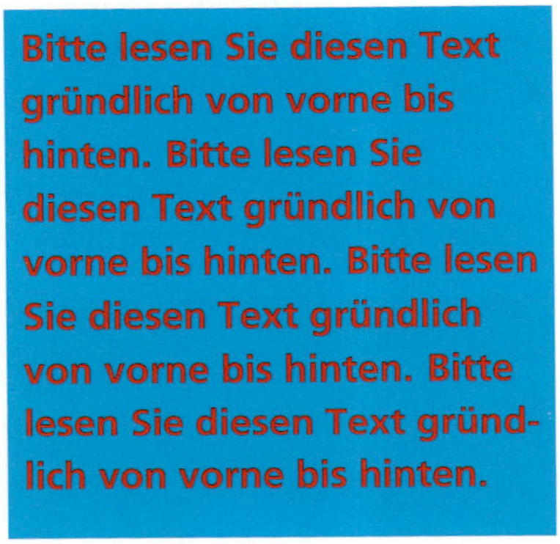

Auch die Natur bringt Komplementärkontraste hervor: hier beim Mangold.

Für Gestaltungsbereiche, in denen vorrangig durch Farbe Aufmerksamkeit erregt werden soll, bieten sich kontrastive Farbkombinationen an. Gegenpole und Differenzen werden geschaffen, die den Gestaltungsprodukten Spannung und Lebendigkeit verleihen, wenn man sie gezielt einsetzt. Auch hierfür seien einige beispielhafte Kontraste genannt:

Farbe-an-sich-Kontrast

Jede (kräftige) Farbe kontrastiert mit jeder anderen (kräftigen) Farbe.

- Versuchen Sie, die Anzahl der verwendeten Farben zu reduzieren, da Ihre Gestaltung sonst schnell nur noch bunt und schrill wird und sich die Farben gegenseitig „die Show stehlen".

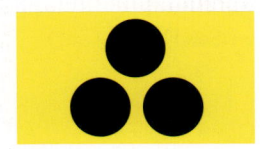

Anzeige Zanders: Kalte und warme leuchtkräftige Farben kontrastieren.

Hell-Dunkel-Kontrast

Dieser Kontrast funktioniert sowohl mit verschiedenen Tonwerten als auch mit hellen und dunklen Farben.

- Beachten Sie hier die Lesbarkeit: Meist wirken dunkle Schriften auf hellem Hintergrund besser lesbar als umgekehrt. Ausnahme: große Schriftgrößen.
- Sollen farbig gestaltete Produkte auch in Schwarzweiß verwendet werden, z. B. für Fax, Stempel etc., passen Sie auf, dass die Farben in der schwarzweißen Reproduktion eine ausreichende Helligkeitsdifferenz aufweisen.

Hell-Dunkel-Kontrast mit maximaler Fernwirkung

Empfindungskontrast (Kalt-Warm-Kontrast)

Die Kombination von Farbnuancen aus den zwei Hälften des Farbkreises erzeugt einen Empfindungskontrast. Die eine Seite von Gelbgrün bis Rot werden als warme Farben empfunden, die andere Seite von Magenta bis Grün als kalte Farben.

- Jede Farbe kann also eine kältere oder eine wärmere Farbnuance haben, je nach ihrem Anteil an Blau oder Rot.

- Durch die Kombination warmer und kalter Farben wird die warme Farbe erst richtig zum „Blühen" gebracht, die kalte Farbe tritt in den Hintergrund. Dies kann zur gezielten Hervorhebung von Gestaltungselementen eingesetzt werden.
- Die wärmeren Farben verhalten sich aktiver als die kälteren, dadurch entsteht ein Dynamikkontrast.
- Die warme Farbe sollte einen geringeren Flächenanteil als die kalte Farbe haben (z. B. Überschrift auf Hintergrund), zudem ist die Leuchtkraft der warmen Farbe höher, wenn die Farbkombination etwa die gleiche Helligkeit aufweist.
- Reine Farben verlieren durch Aufhellen mit Weiß oder Abdunkeln mit Schwarz ihre Wärme, kalte Farben wirken mit Schwarz verdunkelt etwas wärmer.

Beispiel eines Qualitätskontrasts: Das klare Rot kontrastiert mit den „trüberen" Gelbtönen.

Qualitätskontrast (Intensitäts- oder Reinheitskontrast)

Die Kombination von reinen mit trüben (weniger gesättigten) Farben bildet einen qualitativen Farbkontrast.

- Die reine Farbe fällt am meisten auf, wenn sie unter flächenmäßig größeren abgedunkelten oder aufgehellten Farben zu finden ist. Ihre Leuchtkraft wird dadurch gesteigert, sie wirkt als Akzent oder Kontrapunkt zu den anderen Farben.

Quantitätskontrast

- Zeichnet sich die aktive Farbe vor allem durch den geringeren Flächenanteil aus, den sie einnimmt, als durch ihre Reinheit, spricht man auch vom Quantitätskontrast.

Beispiel eines deutlichen Quantitätskontrasts:
CD-Cover Renaissance

8.10 Analyse Harmonien und Kontraste

Hinweis:
Oft weisen die Gestaltungsprodukte mehrere Farbkontraste oder Farbharmonien gleichzeitig auf. Entscheiden Sie dann, welcher Kontrast am deutlichsten wirkt, also im Vordergrund steht. Beispiele für den Einsatz harmonischer und kontrastiver Farbgestaltung in Printprodukten.

- Entscheiden Sie, ob in den folgenden Abbildungen (1–13) die vorrangige Farbgebung kontrastiv oder harmonisch gewählt wurde.
- Benennen Sie die Harmonie- bzw. Kontrastmodelle.
- Wie passt die Entscheidung für Harmonie oder Kontrast zum Inhalt?

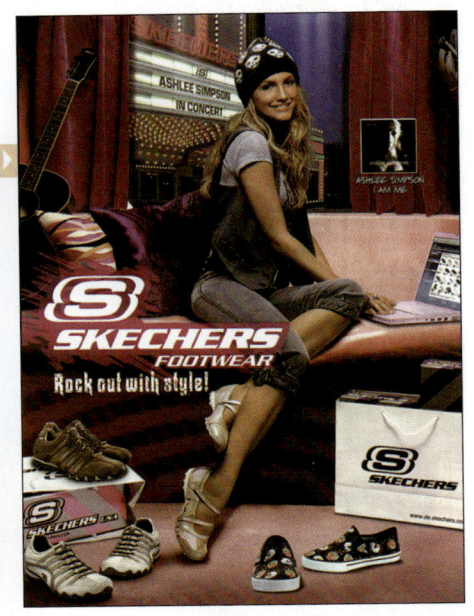

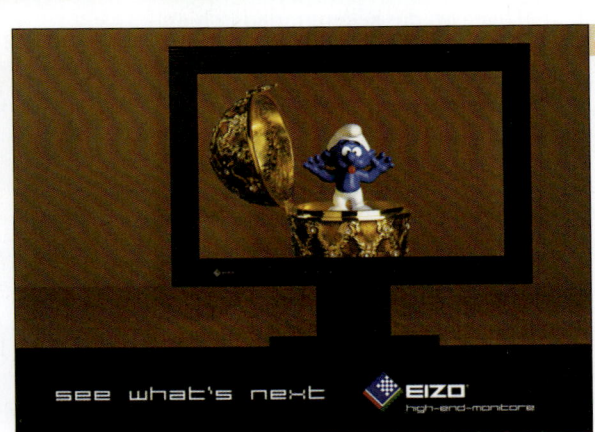

Flyer Kulturprogramm „Centralstation" 1
Gutschein Toys "R" us 2
Anzeige Skechers 3
Anzeige EIZO (Ausschnitt) 4
Flyer Lebensmittelmarkt 5

8 Farbe | Farbkontraste

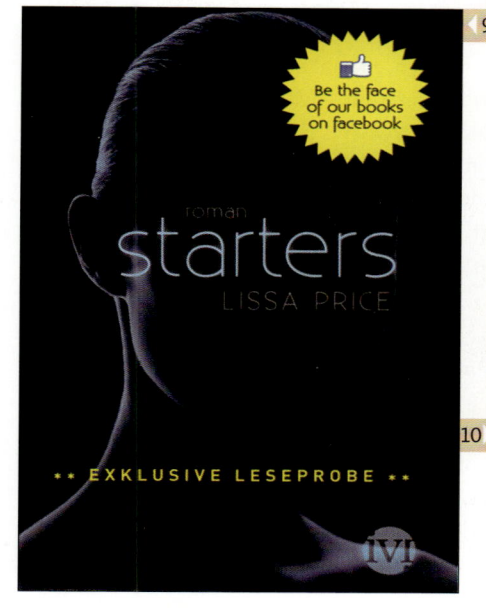

- Testen Sie zur Abwechslung Ihr Farbsehvermögen mit dem Spiel „color": http://color.method.ac. Hier müssen Sie in zunehmendem Schwierigkeitsgrad Farben und Farbakkorde im Farbkreis finden und erhalten ein Feedback über Ihre Trefferquote.

6 Anzeige JET
7 Titelseite Veranstaltungsprogramm
8 Anzeige WildShopping.tv
9 Titel Leseprobe
10 Postkarte Leihverein

nächste Seite:
11 Werbekarte
12 Werbekarte
13 Titel Veranstaltungsprogramm

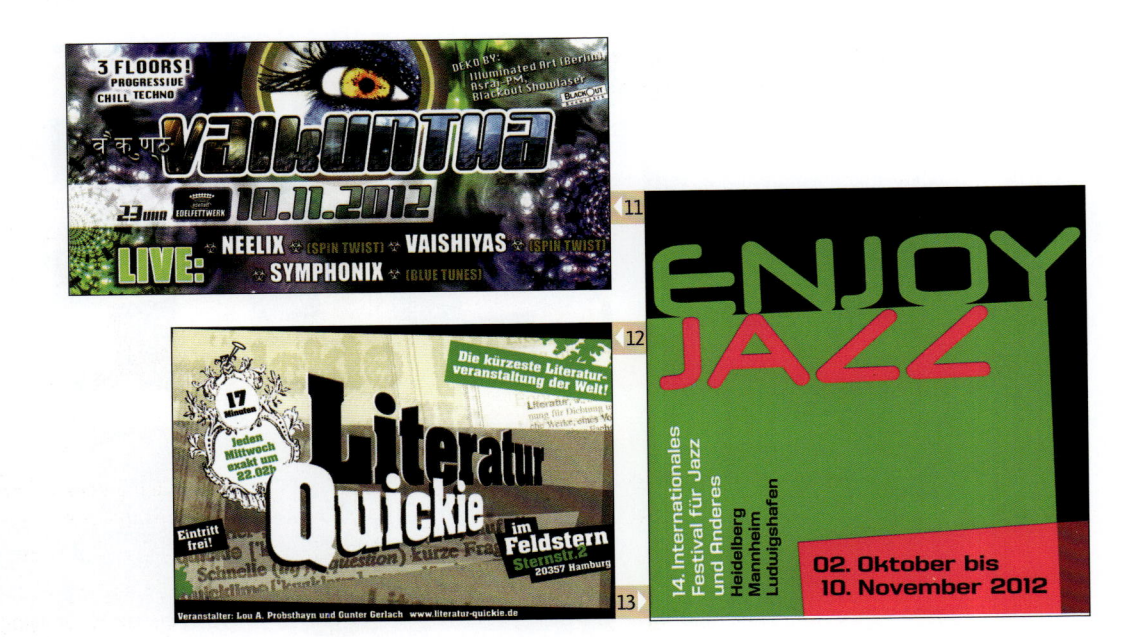

8.11 Buchtitel

Gestalten Sie folgenden Buchtitel farblich einmal so, als hätte das Kind eine harmonische Kindheit gehabt, und ein zweites Mal, als wäre der Junge in spannungsreichen Zeiten aufgewachsen. Wählen Sie je ein Kontrast- und Harmoniemodell und setzen Sie es in den Farben für Schrift, Hintergrund und Bildmaterial um. Bildmaterial können, müssen Sie aber nicht verwenden. Format 12 × 19 cm, Rückenstärke 2,5 cm, Beschnitt rundherum jeweils 3 mm. Basteln Sie zur Präsentation in der Gruppe ein Dummy.

Text:
Thomas Bernhard | Ein Kind | Roman dtv

Bewertungskriterien:
- Einsatz des Farbmodells: z. B. erkennbare Harmonie- oder Kontrastwahl, Abstimmung der Farben, Inhaltsbezug
- Farbverteilung: z. B. unterschiedliche Gewichtung der Flächen, Spannungsaufbau, Blickfang
- Gesamteindruck: Typografie, Originalität

Vorschlag zur Durchführung: Schreiben Sie in wenigen Sätzen eine frei erfundene Inhaltsangabe, die zu Ihrem Titelentwurf passt. Legen Sie die Titel in der Gruppe aus, lesen Sie die Inhaltsangabe vor und ordnen Sie die Entwürfe den Inhaltsangaben zu.

8.12 Verpackungsserie

- Entwerfen Sie ein farbiges Grundlayout für eine Gewürzverpackung, die universell für verschiedene Gewürzsorten verwendet werden soll, d. h., die Farben sollen nicht wechseln!
- Setzen Sie Farbe gezielt ein, entscheiden Sie sich bewusst für eine Art der Farbgebung. Informieren Sie sich über „Konkurrenzprodukte", achten Sie auch hier auf den Farbeinsatz.

*Material zum Download:
08_12_Verpackung.eps*

Siehe auch Farbgebung, S. 146

8 Farbe | Farbkontraste 157

Die Verpackungsdatei finden Sie im Downloadbereich. Erstellen Sie wieder für die Präsentation ein Dummy.

Text Vorderseite:
All' Arrabbiata | Gewürzmischung | gemahlen
Zutaten aus kontrolliert biologischem Anbau
Füllmenge 35 g

Text Rückseite und/oder Seiten:
All' Arrabiata Gewürz-Mischung | Zutaten aus kbA:
Knoblauch, Chili, Paprika scharf, Pfeffer schwarz,
Oregano, Rosmarin, Basilikum, Thymian
Kühl und trocken lagern | Mindestens haltbar bis: 08.04.2016
Vollmond GmbH | Sonnenhang 28 | D-69250 Schönau
Unsere Kräuter und Gewürze werden so grob und ganz wie möglich abgefüllt. Erst kurz vor der Verwendung fein brechen oder mahlen, damit sich das besondere Aroma voll entfalten kann.

8.13 Ausstellungsplakat

Gestalten Sie ein Plakat im Format DIN A3. Beschränken Sie sich auf eine Schrift, evtl. Bild- und Grafikmaterial soll eine untergeordnete oder dezente Rolle spielen. Das Plakat wird in CMYK angelegt, die Farbanzahl sollte aber überschaubar bleiben. Das Endprodukt ist ein auf Karton aufgezogener Ausdruck (evtl. aus DIN-A4-Ausdrucken zusammengeklebt).

Gestaltungsschwerpunkt:
Die Hauptfarbe wird nach dem Prinzip der semantischen Farbgebung gewählt, gestalten Sie die Schrift in einem kontrastiven Farbton, verwenden Sie für untergeordnete Elemente (z. B. kleine grafische Elemente oder Bilder) zur Haupt- oder Kontrastfarbe harmonierende Farbtöne. Achten Sie weiterhin auf die Fernwirkung, d.h. gute Lesbarkeit der wichtigsten Information(en) und Visualisierung des Phänomens Stress.

Text:
Designarbeiten der Fachhochschule für Kommunikationsdesign zum Thema Stress | Ausstellungseröffnung: 3. Januar 2014, 19.00 Uhr im Foyer der Fachhochschule, Mozartstraße 12–14 | Ausstellungsdauer: 4. Januar bis 27. Februar 2014, 10.00 –16.00 Uhr, Samstag und Sonntag geschlossen.

Bewertungskriterien:
- Visualisierung Thema Stress
- semantische Farbwahl Stress, sonstiger Farbeinsatz
- Fernwirkung, Typografie
- Gesamteindruck: z. B. Raumverteilung, Hierarchiebildung, Originalität

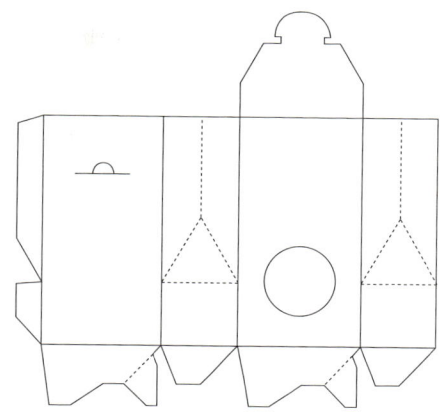

Legen Sie die Verpackungsgrafik in den Hintergrund, um die verschiedenen Seiten zu gestalten. Verwenden Sie sie außerdem zur Herstellung des Dummys.

Weiterführende Informationen zum Thema Farbe und zur Anwendung in InDesign vermittelt das Kapitel Farbe aus Sigrid Rätzer: Gestaltung und Typografie mit InDesign; dpunkt-Verlag, Heidelberg
http://www.dpunkt.de/leseproben/3113/Kapitel%207.pdf

Farbakkorde
»Welche Farben klingen zusammen?«

Farbe wirkt immer im Zusammenspiel, sie wird gleichzeitig wahrgenommen. Das Nebeneinander verschiedener Farben lässt sich mit den Akkorden aus der Musik vergleichen, dort gibt es Zwei-, Drei-, Vierklänge usw. Auch Farbklänge können rein, unrein, harmonisch, disharmonisch etc. sein.

Einen Farbakkord z. B. für ein Corporate-Design-Manual stellt man am besten als Kästchenreihe ohne Abstand und Trennlinie dar, da nur so das direkte Aufeinandertreffen der Farben gezeigt werden kann.

Farbakkord für ein spezielles Gestaltungsprodukt

Mögliche Vorgehensweise:
1. Überlegen Sie, ob das Einsatzgebiet des Produktes eher als harmonisch oder kontrastiv zu bezeichnen ist.
2. Wählen Sie je nach Produkt und Zielgruppe eine passende Art der Farbgebung.
3. Legen Sie die Grundfarbe fest, wählen Sie dazu (je nach Ihrer Entscheidung bei 1.) ein oder zwei Sekundärfarben nach einem Harmonie- oder Kontrastmodell.
4. Legen Sie den Farbakkord fest und bestimmen Sie evtl. Tonwertvariationen der Farben in ihren Prozentwerten.

8.14 Farbakkorde
1. Denken Sie sich Gestaltungsprodukte aus (z. B. Flyer, CD-Cover, Geschäftsbericht, Plakat), beschreiben Sie in einigen Attributen das Einsatzgebiet (s. Beispiel) und schreiben Sie das Produkt und die Attribute auf Zettel.
2. Mischen Sie die Zettel und verteilen Sie sie neu in der Gruppe. Nun legen Sie für die Ihnen zugewiesene Aufgabenstellung nach obiger Vorgehensweise einen Farbakkord an.

8.15 Farbakkorde online wählen
Bewährte Hilfsmittel zur Erstellung von Farbakkorden finden Sie online. Ein beliebtes Tool ist der Adobe-Kuler. Natürlich verführt er dazu, fertige Farbschemata allein aus dem Bauch heraus auszuwählen. Wenn Sie nach der intuitiven Farbwahl reflektieren, ob die Farben nach der oben beschriebenen Vorgehensweise auch passen, ist da nichts dagegen einzuwenden. Auch über die Begriffe können Sie sich inspirieren lassen: Welche Farben verbergen sich wohl hinter „Mustard and Mint" oder „Feather Friends"?

Unter „Create" können Sie Farbklänge über verschiedene „Regeln" erstellen, dahinter verbergen sich unterschiedliche Kontraste und Harmonien. Beliebt ist auch die Vorgehensweise, ein Bild hochzuladen und den Farbakkord automatisch oder manuell aus dem Bild abzuleiten. Experimentieren Sie.

Beispiel (8.14):
Sie wollen für eine exklusive Koffer- und Accessoire-Boutique, deren Produkte zwar elegant, aber auch traditionell und zeitlos wirken, einen Farbakkord zur Anwendung in Geschäftsdrucksachen festlegen.
1. Eine harmonische Farbgebung passt zu Produkt und Zielgruppe
2. Art der Farbgebung: ästhetisch oder pragmatisch
3. Grundfarbe: Weinrot, Sekundärfarbe nach Bunt-Unbunt-Harmonie: Grau
4. Farbakkord:

https://kuler.adobe.com
http://colorschemedesigner.com

Auch die Community bei www.colourlovers.com könnte Sie interessieren.

8 Farbe | Farbakkorde

Nehmen Sie auch die kleinen Farbtafeln im Anhang zur Hilfe. Sie ersetzen keinen Sonderfarbenfächer, aber sie helfen Ihnen, schnell einen passenden Farbzwei- oder -dreiklang zu finden. Zugleich können Sie die CMYK-Werte, die Sie in Ihrem Layoutprogramm eingeben müssen, direkt ablesen, denn immer noch sind die meisten Bildschirme in der Druckindustrie nicht kalibriert …

Siehe Farbtafeln im Anhang

8.16 Zeitschrift-Doppelseite

- Gestalten Sie eine Zeitschriftendoppelseite im Format DIN A3. Legen Sie selbst fest, um welche (Art von) Zeitschrift es sich handeln soll.
- Schreiben Sie dazu einige Zeilen, die das Profil Ihrer Zeitschrift und die angestrebte Zielgruppe kurz kennzeichnen.
- Entwerfen Sie einen passenden Kolumnentitel. Der Grundtext sollte zweispaltig angelegt werden. Verwenden Sie mindestens zwei Bilder.

Material zum Download:
08_16_Zeitschrift.zip

Gestaltungsschwerpunkt:
Wählen Sie einen Farbdreiklang nach einer Möglichkeit der Farbgebung. Verwenden Sie mindestens zwei Bilder. Erstellen Sie zwei Varianten, die typografisch gleich sind, bei denen Sie aber die Farben anders einsetzen.
Lassen Sie Ihre Favoriten-Doppelseite von einer oder mehreren anderen Personen bewerten.

8.17 Analyse Farbakkorde

- Beschreiben Sie den jeweiligen Farbakkord des Printprodukts mit Attributen. Welche Eigenschaften haben die verwendeten Farben in den jeweiligen Beispielen gemeinsam? Beziehen Sie alle Farbebenen (physiologisch, psychologisch und symbolisch) mit ein.
- Wie passt der Farbakkord zum Image des Produkts/der Veranstaltung?

Beispielhafte Farbakkordbildung in verschiedenen Printprodukten:

1. Katalogauszug Hess Natur
2. Produktserien-Broschüre Thomas Rosenthal

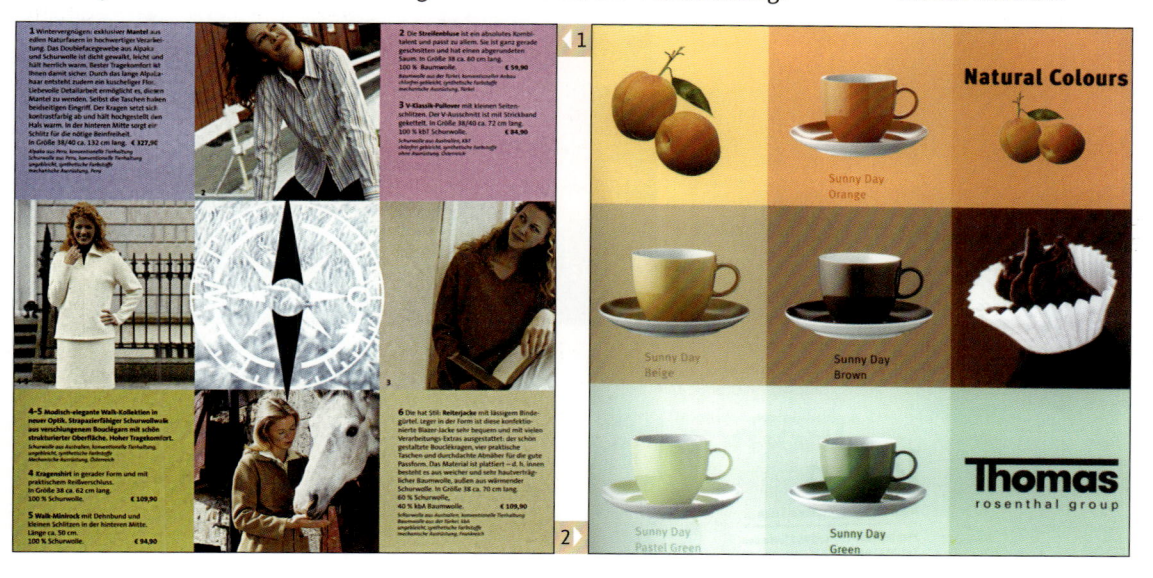

Anzeige CMA 3
Werbebroschüre Panasonic 4
Festivalnavigator 5

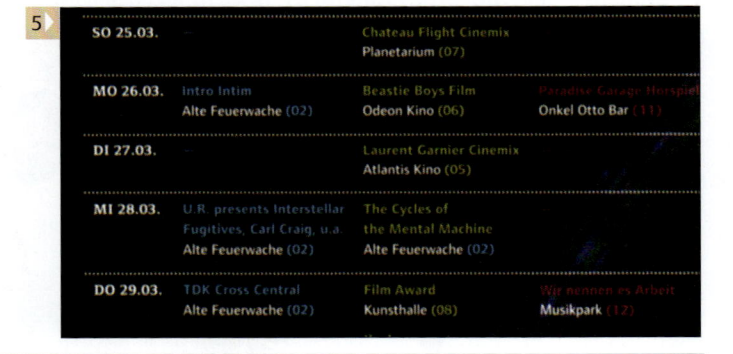

8.18 Farbgestaltung

Gestalten Sie das an Paul Klee angelehnte Bild mit Ihrem neu erworbenen Farbwissen. Sie können auch weitere Linien einfügen.

Tipp:
Setzen Sie Kontraste als „Kontrapunkte" ein...

8.19 Trendscout

- Führen Sie eine Internetrecherche über Trendstyle-Colours der aktuellen Saison durch (sei es in der Modebranche, im Interieur- oder im Produktdesign).
- Recherchieren Sie die Farben und Farbakkorde Ihres Lieblings-Musikstils (z. B. auf CD-Covern, Konzertplakaten, Internetseiten der Musiker).
- Diskutieren Sie Farbtrends im Printdesign: Welche sind gerade aktuell, welche halten sich schon eine Weile? Legen Sie Farbakkorde dieser „Dauerbrenner" an.

Notizen:

the # **9 Metatypografie**

> *Wenn Gestaltung Geschmacksfrage ist,
> dann ist Typografie reine Glückssache.*
> Samuel Hügli

Typografischer Instinkt
» Was man sowieso schon spürt «

Es ist ja nicht so, dass wir ohne typografisches Verständnis auf die Welt kämen. Wir können in vielen Fällen sehr wohl intuitiv verstehen, ob die Gestaltung zum Inhalt passt oder nicht. Ein Brett vorm Kopf kann dabei allerdings die Befangenheit im persönlichen Geschmack, im Trend oder Zeitgeist werden.

Damit wird das Verständnis, das wir schon hatten, von außen zugeschüttet durch Menschen, die Ihnen sagen, was Sie zu denken, zu fühlen und wie Sie zu urteilen haben. Bewahren Sie sich also Ihren Ur-Instinkt, auch wenn Sie typografisch mit der Zeit gehen wollen.

9.1 Intuitives Gestaltungswissen
Welchen Begriff ordnen Sie welcher Form zu?

Wumambo

Kitezki

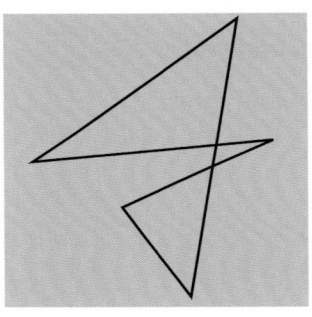

Sind Sie sich einig? Nein, es gibt meistens ein oder zwei in der Gruppe, die anderer Meinung sind. Das ist normal.

Gestaltung ist im Gegensatz zur Wissenschaft kein objektives Geschehen, das bewiesen werden kann. Es spielt sich im intersubjektiven Raum ab, das heißt, eine Vielzahl von Personen empfindet ähnlich oder lässt sich von Begründungen für eine bestimmte Wahl (oben beispielsweise die runde Form zu den dunklen Vokalen und „weichen" Konsonanten) überzeugen.

Typografie ist damit nicht nur „Geschmackssache", denn Geschmack ist in erster Linie etwas Subjektives, Persönliches (z.B. Ihr Kleidungsgeschmack oder Ihre individuellen kulinarischen Vorlieben).

subjektiv   intersubjektiv   objektiv

Diskussion über Typografie
» Immer wieder gerne geführt «

9.2 Aussagen über Typografie
Welche Aussagen über die Gestaltungsergebnisse anderer sind Ihrer Meinung nach weder hilfreich noch besonders geistreich? Kreuzen Sie an:

○ Das Bild kontrastiert gut mit der Hintergrundfarbe.
○ Die Lesbarkeit der Grundschrift ist in dieser Größe zu schlecht.
○ Das stimmt doch von hinten bis vorne nicht.
○ Irgendwie gefällt's mir ganz gut.
○ Die Raumverteilung bringt das Hauptbild wenig zur Geltung.
○ Einfach unprofessionelle Farben!
○ Der Farbkontrast wird voraussichtlich die Zielgruppe nicht ansprechen.
○ Die Gesamtwirkung ist atemberaubend edel.
○ Die Verteilung der Linienelemente ist für diesen Inhalt zu plump.
○ Die Überschrift ist definitiv nicht ausgeglichen.
○ Echt gruselig, diese Seite!
○ Mir gefällt die Art der Linienführung.

Worin unterscheiden sich die einen von den anderen Aussagen. Versuchen Sie, aus dem Unterschied Diskussionsregeln abzuleiten:

1. _____

2. _____

3. _____

_____

Gestaltung muss wirken, ohne dass die gestaltende Person danebensteht und sie erklärt. Sicher können bestimmte zusätzliche Bedeutungsebenen der Gestaltung erst erschlossen werden, wenn man darauf hingewiesen wird. Aber die Grundgestaltung muss auch so funktionieren.

   Beispiel: Die genaue Bedeutung des Logos der Deutschen Bank erfährt man auf den ersten Blick nicht. Allerdings werden durch die aufsteigende Linie und den soliden Kasten jedem Betrachter intuitiv Fortschritt, Wachstum und Zuverlässigkeit signalisiert …

Logo Deutsche Bank

Gestalter

gestaltetes Produkt

Betrachter / Leser

Der Gestalter tritt also immer hinter sein Produkt zurück, und es bleibt die direkte Begegnung zwischen dem Produkt und dem, der es wahrnimmt.

Die grundlegende Frage, ob eine Gestaltungslösung dabei als angemessen zu beurteilen ist, hängt von mindestens drei Faktoren ab:

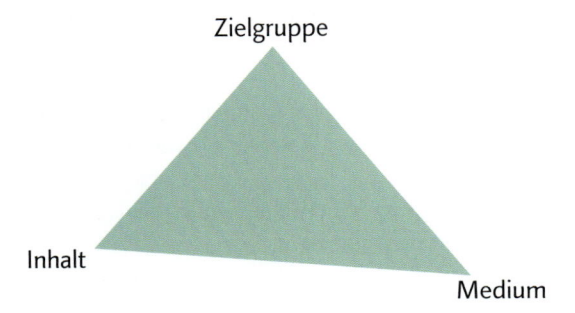

Zielgruppe

Inhalt   Medium

9.3 Zusammenspiel der Faktoren

Diskutieren Sie folgende Thesen und finden Sie Beispiele aus Ihrem Erfahrungs- und Arbeitsumfeld:

- Nicht jede Gestaltung eignet sich für jede Zielgruppe.
- Wer alle erreichen möchte, gelangt meist zu einer langweiligen, nichtssagenden Gestaltung.
- Jeder Inhalt kann zielgruppengerecht aufbereitet werden, doch darf bei einem „Informationsinhalt" die Gestaltung nicht den Inhalt dominieren.
- Jedes Medium gibt mit seinen Einschränkungen und Möglichkeiten bestimmte Gestaltungsfaktoren vor.

Diskussionskriterien

Um mehrere Gestaltungsarbeiten zu einem Thema fundiert und „gerecht" zu bewerten, benötigen Sie eine Bewertungsbasis. Diese besteht aus einem Fragen- oder Kriterienkatalog. Meist wird der Katalog nur als Hintergrund verwendet, damit überhaupt mehrere Personen Gestaltungsarbeiten vergleichen können. Die Kriterien werden aber selten einzeln abgearbeitet, da dies zum Beispiel bei Designwettbewerben zeitlich und personell den Rahmen sprengen würde.

Die Bewertungskriterien können sehr vielschichtig sein. Von Gestaltungsaufgabe zu Gestaltungsaufgabe werden sie sich allerdings verändern; beeinflusst wird ihre Auswahl durch das Faktorendreieck und spezielle Vorgaben des Auftraggebers (finanzielle Einschränkungen, gewünschtes Material, eigene Gestaltungsansichten des Kunden etc.). Eine Zusammenstellung möglicher Bewertungs- und damit Diskussionskriterien finden Sie im Abschnitt Bewertung von Typografie, S. 173.

Gesamteindruck

Siehe auch Wahrnehmungsgesetze, S. 211

Viele Gestalter bewerten eine Gestaltung ausschließlich nach dem Gesamteindruck. Diesen zu berücksichtigen und sich nicht im Studium der Mikrotypografie oder des Umbruchs zu verlieren ist wichtig. Wie Sie im Abschnitt zu den Wahrnehmungsgesetzen erfahren werden, stellt das Ganze mehr dar als die

Summe seiner Teile. Sie werden einer Gestaltung niemals gerecht, wenn Sie nur Einzelteile oder Einzelaspekte betrachten – das Gesamtbild kann die Bewertung noch stark verändern. Allerdings darf das Gesamtbild für die Bewertung auch nicht alleine ausschlaggebend sein, da es in der Informationsarchitektur auch auf die Solidität und Brauchbarkeit der Elemente ankommt.

9.4 Gestaltungsbewertung

Bei einigen Aufgaben in diesem Buch werden Bewertungskriterien angegeben, die sich aus der Aufgabenstellung ableiten, damit Sie Ihren Lernerfolg kontrollieren können.

- Wählen Sie nun eine Gestaltungsaufgabe ohne Bewertungskriterien, die Sie schon bearbeitet haben, oder bearbeiten Sie eine neue.
- Erstellen Sie dazu in der Gruppe einen Kriterienkatalog mit vier Hauptkriterien. Diese Kriterien finden Sie, indem Sie in Stichworten oder kurzen Sätzen auf Karten schreiben, was Ihnen an dieser speziellen Gestaltung im Hinblick auf die Aufgabenstellung am wichtigsten ist.
- Ordnen Sie die Karten aller Gruppenmitglieder auf dem Boden oder an der Wand, bilden Sie Kategorien und finden Sie dazu Oberbegriffe. Aus diesen Oberbegriffen werden Sie Ihre Gestaltungskriterien formulieren. Als fünftes Kriterium wählen Sie den Gesamteindruck.
- Überlegen Sie sich ein Bewertungssystem aus Noten, Punkten, Prozenten etc. Verteilen Sie die Gesamtsumme auf die Kriterien, das kann gewichtet oder gleichwertig erfolgen.
- Entwickeln Sie dann ein Formular, das Sie zu jeder Gestaltungsarbeit legen. Jedes Gruppenmitglied trägt nun darauf die Bewertung ein.
- Werten Sie die Formulare aus, indem Sie die durchschnittliche Gesamtbewertung ermitteln, und diskutieren Sie, ob dieselben Ergebnisse auch ohne diesen Bewertungsaufwand zustande gekommen wären ...

Bspielsweise Aufgabe 6.15, 8.16, 10.28
Vergleichen Sie danach die vorgeschlagenen Kriterien in den Aufgaben im Downloadbereich.

Subjektives Designempfinden

Unser „Gestaltungsgeschmack" bewertet trotz aller objektivierbaren Kriterien immer mit. Dieses Geschmacksprofil wird aus vielen Quellen gespeist, beispielsweise:
1. Gesellschaftliche Merkmale: Land, Kulturkreis, Wertesystem, ...
2. Äußere Faktoren: sozialer Status, Wohnort, Einkommen, ...
3. Entwicklungsbedingte Merkmale: Alter, Geschlecht, prägende Erziehungspersonen, Gruppenzugehörigkeit, Schulbildung, sonstige Bildung, Beruf, ...
4. Persönlichkeitsmerkmale: z. B. extravertiert – introvertiert, rational – emotional, traditionell – offen für Neues, vorsichtig – risikobereit etc.

9.5 Geschmacksprofil

Sie sind, wie Sie sind, und deswegen beurteilen Sie Gestaltung in einer bestimmten Art und Weise. Werden Sie sich über Ihren eigen-artigen Bewertungshintergrund klar. Erstellen Sie auf der folgenden Seite eine Mindmap, in der Sie Faktoren sammeln, die Ihr Geschmacksprofil beeinflusst haben und beeinflussen (z. B. Kunstlehrer X, Manga-Phase, Praktikum bei YZ).

Tipp:
Orientieren Sie sich an den eben erwähnten Merkmalen.

mein
Geschmacks-
profil

Beispiele „extremer"
Gestaltungen, die sich nicht am
Leseprozess orientieren:

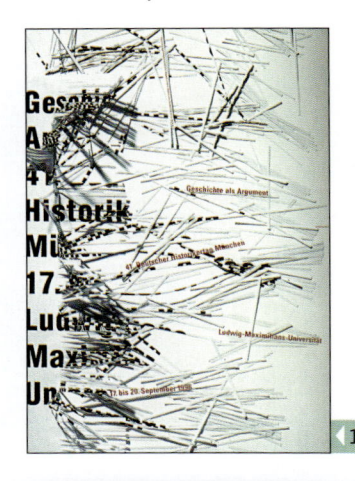

Extreme Arbeiten

Sich über gute Arbeiten zu verständigen, fällt relativ leicht, weil sich die Bewertung anhand der Kriterien begründen lässt. Außergewöhnliche Arbeiten, die mit allen Regeln brechen, mit ganz neuen Kombinationen aufwarten oder provozieren, werden bei dieser Art von Bewertung entweder im Mittelfeld landen, da die extrem guten und extrem schlechten Bewertungen mehrerer Jurymitglieder sich nivellieren, oder sie werden von einzelnen Bewertern protegiert oder gänzlich vernichtet, so dass niemand zu widersprechen wagt.

Jedenfalls lassen sich die gängigen Kriterien oftmals nicht anwenden, und die Gestaltung funktioniert trotzdem. Auch damit werden Sie leben, denn in der Gestaltung lässt sich nicht alles festschreiben.

9.6 „Streitbare" Gestaltung

Bilden Sie sich selbst eine Meinung über die Gestaltungen. Nehmen Sie wieder das Faktorendreieck von S. 166 zur Hilfe. Diskutieren Sie.

Ausstellungsplakat (Gestaltungsbüro Prof. Uwe Loesch) 1
Anzeige Nike 2
Doppelseite (Jens Gelhaar) 3

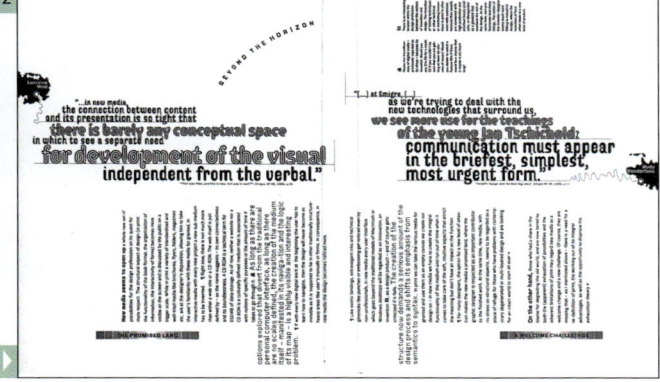

In Ihrer Diskussion werden Sie Teile der alten Debatte „Was ist Kunst?" aufgegriffen haben. Gestaltung bewegt sich zwischen Kunst und Handwerk – seit ihrem Bestehen wird Sie allerdings auch vom Kommerz geprägt, denn selbst Künstler können nicht ausschließlich von Luft und Liebe leben. Wirtschaftliche Aspekte müssen eine Gestaltungsarbeit jedoch nicht nur einschränken, sondern können ihr auch Impulse geben …

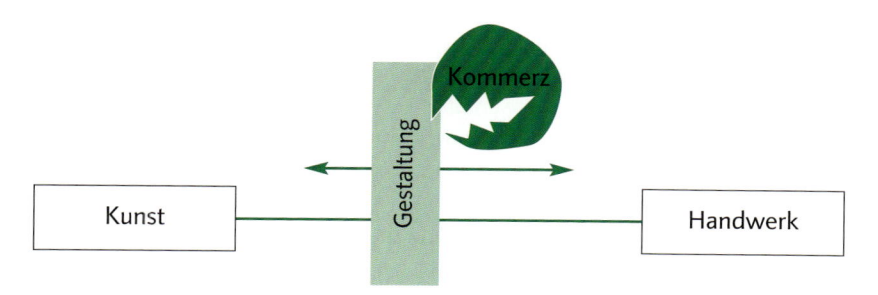

9.7 Designmanifeste
Lesen Sie die beiden Manifeste, diskutieren Sie in der Gruppe, wo Sie sich kurzfristig und langfristig als Gestaltende sehen (wollen).

Material zum Download:
09_07_Designmanifeste.pdf

Provokation und die Grenzen des guten Geschmacks
Die Grenze, an der der Humor aufhört und die Beleidigung anfängt, ist bei jedem unterschiedlich. Wenn Sie sich nicht sicher sind, ob Ihre Gestaltung noch witzig oder schon verletzend ist, analysieren Sie Ihre Zielgruppe noch gründlicher als gewöhnlich.

Die Werbung eines Optikfachgeschäfts, die alten Leuten hohe Prozente für ihre Sehhilfen verspricht und mit einer extrem runzlig geschminkten Blondine aufwartet, die sich wohl ihre Prozente „erschleichen" will, mag für Sie als junge Menschen ganz witzig sein, doch geht sie sicher am Selbstverständnis der eigentlichen Zielgruppe vorbei. Hier wurde der Grundsatz missachtet, dass Sie als Gestaltende nicht für sich gestalten. Auch wenn der Gedanke noch so verlockend ist, Sie sind selten Mitglied Ihrer Zielgruppe!

Schwierig ist auch der Umgang mit geschichtlich und gesellschaftlich belasteten Themen wie Rechtsradikalismus, Drittes Reich, Krieg, Hunger, Aids, Sterbehilfe, Religion etc.

9.8 Meinungsbildung und Selbstverständnis
- Sammeln Sie selbst Beispiele im Werbebereich, die Ihnen „grenzwertig" erscheinen. Hören Sie einige andere Meinungen dazu.
- Recherchieren Sie im Internet die Diskussion um die Benetton-Kampagnen der 90er Jahre. Wie stehen Sie dazu?
- Gibt es Themen, Branchen oder Aufgabenstellungen, die Sie als Gestaltende „aus Prinzip" nicht bearbeiten oder bewerben würden? Sammeln Sie:

Bewertungsgutachten
»Ein typografisches Exposé«

Wenn Sie nun mit Ihren Gestaltungsprodukten an die Öffentlichkeit treten wollen, müssen Sie sie redegewandt präsentieren können, um ein Publikum von Ihrer Idee und deren Ausführung zu überzeugen.

Bevor Sie sich an eigene Präsentationen wagen, können Sie Ihre typografische Analysefähigkeit und Ihre Sprachkompetenz anhand der schriftlichen Analyse fremder Arbeiten üben. Nebenbei lernen Sie Stärken und Schwächen der Gestaltung anderer kennen, können Sie artikulieren und für eigene Arbeiten nutzbar machen. Als zu analysierende Objekte eignen sich DIN-A4-Anzeigen aus Zeitschriften.

Wahre Fundgruben sind Fernsehzeitschriften, Frauenmagazine, Wochenmagazine.

Aufbau:
- Einleitung: grafische Beschreibung der Anzeige, und zwar so exakt, dass auch jemand, der die Anzeige nicht vor Augen hat, ein inneres Bild davon erhält.
- Hauptteil: eigentliche Analyse der Elemente und ihres Zusammenspiels mit jeweiliger Interpretation im Hinblick auf die vermutete Zielgruppe und beabsichtigte Wirkung.
- Schluss: wertendes Fazit, ob die Anzeige Ihres Erachtens eine gelungene Gestaltung aufweist. Die Begründung ergibt sich aus dem Hauptteil.

9.9 Analyse Bewertungsgutachten
- Lesen Sie sich das Beispiel auf der folgenden Seite durch und unterstreichen Sie Fachbegriffe oder hilfreiche Standardformulierungen.
- Kennzeichnen Sie Beobachtungen im Hauptteil mit einer Textmarkerfarbe, interpretierende Aussagen mit einer anderen.
- Nachdem Sie sich über die Beschreibung ein inneres Bild des Gestaltungsprodukts gemacht haben, vergleichen Sie es mit dem Original. Gibt es wesentliche Punkte, die vergessen wurden, oder Irreführendes?

9.10 Bewertungsgutachten

Tipp:
Wenn Sie die zu analysierende Anzeige in eine Klarsichtfolie schieben, können Sie mit einem Folienstift Linienführung und Proportionen einzeichnen.

Schreiben Sie sich erste Beobachtungen zu einer beliebigen DIN-A4-Anzeige auf. Verwenden Sie als gliedernde Hilfestellung die Hauptbegriffe Bild, Schrift, Raumaufteilung, Linienführung etc. aus dem Beispiel auf der folgenden Seite.

Hinweis:
Es ist sinnvoll, diese Vorübung in Kleingruppen durchzuführen.

Kurzbeschreibung

Die Anzeige der Investment Group gliedert sich in einen unteren bildhaften Teil, der ca. drei Fünftel der Höhe einnimmt, und einen oberen Teil, in dem die Headline platziert ist. Im unteren Teil reckt ein Kamel den Kopf nach rechts oben zu einer Palme. In den Schaft der Palme ist der Werbetext integriert, der in einem aufgehellten Kasten platziert ist. Das Logo befindet sich außergewöhnlicherweise am linken unteren Rand der Anzeige und schließt bündig mit dem Werbetext ab.

Gestaltung

Schrift und Farbe: Für Headline und Werbetext sowie die Initialen wurde die Rotis Semiserif im Bold- und Regularschnitt gewählt. Diese Schrift gilt durch die Kombination von Elementen der Barock-Antiqua und dem neuartigen Umgang mit Serifen als modern-konservativ und spiegelt dadurch die Solidität, aber auch die gewünschte Aktualität und Präsenz des Unternehmens gut wider.

Die Leseführung wird geschickt von der Überschrift in den Kasten des linksbündigen Werbetextes gelenkt, in dem das erste Initial die Farbe der Headline fortführt. Zudem wird durch den andersfarbigen ersten Initialbuchstaben ein vertikaler Leseprozess eingeleitet, der spielerisch auf das Thema der Anzeige (GELD) führt.

Die Farbgestaltung wirkt sehr harmonisch, das Bild besteht vorwiegend aus Erdtönen bis auf den Farbton des Kamelhalfters, der mit seinen Rottönen von der Überschrift wieder aufgegriffen wird. Die Anzahl der Farbtöne ist beschränkt, dadurch wird die Konzentration auf das Wesentliche bzw. das zielhafte Vorgehen des Unternehmens unterstützt. Der Rotton wiederum, der mehrfach auftaucht, ist imagegemäß dezent aktiv, aber vor allem als seriös zu interpretieren.

Bild und Linienführung: Das Bild wird dominiert vom Kopf des Kamels, der sich der Palme entgegenstreckt, um daran zu knabbern. Dadurch visualisiert das Bild den Inhalt der Headline. Denn auch die Firma verspricht, sich nach dem Ziel zu strecken, um letztlich ihren Klienten einen Anteil am „Börsen-Kuchen" zu sichern. Auch der Verlauf und der feine weiße Rahmen aus dem Bild in den weißen oberen Teil visualisieren die zeitliche Ferne bzw. eine ungewisse Zukunft, die mit Hilfe des Unternehmens gemeistert werden soll.

Welche Ziele und Grundsätze die Investment Group antreiben, lässt sich dem Kasten im Stamm der Palme entnehmen. Die Schnauze des Kamels deutet durch die Bildlinie also geradezu auf den Leseanfang der Zusatzinformation hin.

Die positive Richtung der Linienführung, die durch den Kamelkopf vorgegeben ist, wird durch die Headline aufgegriffen. Sie ist als Vierzeiler in Verlängerung dieser Schräge angeordnet. Der Zeilenumbruch ist sinnvoll, aber durch die Zweiwort-Zeilen etwas holprig. Verlängert man dieselbe Schräge nach unten, trifft man auf das Logo des Unternehmens, das den Kamelkopf abschließt und dem angeschnittenen Bild zusätzlich Halt auf der Anzeigenseite gibt. Das Logo selbst ist auf Basis eines Rechtecks aufgebaut, der Schriftzug steht am oberen Rand in der sehr stabilen Schrift Serpentine. Deren Zuverlässigkeit wird nicht nur durch die Gesamtform des Logos, sondern auch durch einen starken Linienbalken im unteren Teil des Logos verstärkt. Diese Linie ist ebenfalls im Rotton der Headline gehalten, daraus lässt sich entnehmen, dass es sich um eine Hausfarbe des Unternehmens handelt, die in der Anzeige weiter verwendet wurde.

Gesamteindruck und Werbeaussage

Die auf wesentliche Elemente reduzierte Anzeige überzeugt durch ihre durchdachte Linienführung und den durchgestalteten Einsatz der Elemente. Die gewünschte Wirkung der Solidität und das seriöse Image, das die Investment Group von anderen abheben soll, wird visualisiert; dabei wirkt die Anzeige durch die Wahl des Bildmotivs und die dynamische Anordnung der Elemente aber nicht zu trocken oder gar steif.

Auch wenn diese Anzeige vermutlich keinen Kreativpreis gewinnen würde, ist sie im Hinblick auf Werbeaussage und vermutete Zielgruppe durchaus als gelungen zu bewerten.

Anzeige Investment Group (fiktiv)

> # Für Sie ist uns kein Ziel zu fern

Gerade in schwierigen Börsenzeiten arbeiten wir hart, damit Ihr Geld weiterhin für Sie arbeitet.
Es ist unsere teuerste Pflicht, die uns aufgetragene Verantwortung für Ihre Finanzen ernst zu nehmen.
Leider gibt es genug schwarze Schafe, die nur Ihre eigenen Schäfchen ins Trockene bringen.
Das wird Ihnen mit uns nicht passieren. Dazu hat unser ausgezeichnetes Finanzpersonal rund um die Uhr ein Ohr am monetären Geschehen, damit Sie ruhig schlafen können.

simsa investment group

info: www.sig.com

Hinweis:
Oft geht es gar nicht darum, den Kunden selbst von Ihrer Gestaltung zu überzeugen (das ist er oft schon längst), sondern Sie müssen ihm eine Argumentationslinie an die Hand geben, damit er die Gestaltung selbst kompetent gegenüber Dritten vertreten kann!

9.11 BEWERTUNGSGUTACHTEN
Schreiben Sie ein ähnlich aufgebautes Bewertungsgutachten zu einer Anzeige Ihrer Wahl. Ein bis zwei DIN-A4-Seiten Textumfang genügen.
Bewertungskriterien:
Vollständigkeit der Beobachtungen, überzeugende Interpretationen, schlüssige Bewertung

9.12 GLIEDERUNG
Stellen Sie sich nun vor, Sie sollen eine konkrete Gestaltungsarbeit aus Ihrer beruflichen Praxis beim Kunden präsentieren. Erstellen Sie eine eigene Präsentationsgliederung der Aspekte, die Sie über die Gestaltung erzählen wollen.

Bewertung von Typografie
»Mir gefällt's, und dir?«

Bei renommierten Wettbewerben der Branche legen die Juroren, Prüfer oder Preisrichter selten ihre Kriterien vorher genau fest und hinterher eindeutig offen. So geheimnisvoll sind diese Kriterien allerdings nicht, dass sie nicht genannt werden könnten. Sie sehen selbst, so viele sind es dann auch nicht.

Bedenken Sie aber, dass sich hinter jedem Kriterium viele Fragen an die Gestaltung verbergen und damit viele Fehlerquellen für die Gestaltenden selbst. Die Kriterien werden zunehmend komplexer, die Kriterien der letzten zwei Gruppen erfordern jahrelange Übung, um konkurrenzfähige oder gar konkurrenzlose Gestaltungsprodukte zu entwerfen.

Voraussetzungen, Handwerkszeug:
1. Vollständigkeit
2. Leseführung
3. Mikrotypografie

Gestaltungsgrundlagen:
4. Schrift
5. Farbgebung
6. Bildeinsatz

Räumlicher und inhaltlicher Aufbau:
7. Gliederung
8. Proportion
9. Kontrast
10. Rhythmus und Dynamik

Idee und „Verpackung":
11. Originalität, Umsetzung der Idee
12. Besonderheiten in der Ausführung

9.13 Kriteriengliederung

Ordnen Sie folgende Fragen den Kriterien zu, indem Sie die passende Nummer in das Kästchen schreiben (es gibt manchmal mehrere Möglichkeiten):

a Besteht optimale Lesbarkeit durch angemessene Ausarbeitung von Laufweite, Zeilenabstand, Zeilenlänge, Schriftgröße, Satzart usw.?

b Sind die Texte logisch und dem Inhalt folgend aufgeteilt; steht zusammen, was zusammengehört?

c Sind inhaltlich gleiche Elemente gleichwertig behandelt?

d Sind die Farben einheitlich (für gleichwertige Gestaltungselemente gleich) eingesetzt?

e Wurden inhaltlich korrekte und gestalterisch gut integrierte Auszeichnungsarten verwendet?

f Sind die Farbkontraste und Tonwertdifferenzierungen gut erkennbar?

- g Ist die Abstufung der Hierarchieebenen nicht zu komplex und nicht zu flach?
- h Sind klare Achsen zu erkennen und diese einheitlich durchgehalten?
- i Sind die Proportionen der Gestaltungselemente untereinander ausreichend unterschiedlich (z. B. bezüglich Schriftgröße, Abstände zwischen Blöcken, visuelle Gewichte der Hauptelemente)?
- j Gibt es einen klaren Blickfang, oder konkurrieren mehrere Gestaltungselemente um den ersten Platz?
- k Sind Schriften, Schriftgrößen, Linienstärken, Farben klar voneinander abgegrenzt?
- l Wurde die Aufgabenstellung beachtet und wurden keine inhaltlichen Elemente vergessen?
- m Finden sich die Textanschlüsse zur nächsten Zeile problemlos, oder wird der Lesefluss durch Elemente blockiert?
- n Sind die vorhandenen Kontraste deutlich genug oder steigerungsfähig?
- o Ist die Schriftwahl dem Gestaltungsprodukt angemessen?
- p Ist die Rechtschreibung kontrolliert und sind Texte und Bilder auf inhaltliche Vollständigkeit geprüft?
- q Ist das Gesamtkonzept (z. B. Wahl des Papiers, Format, Verpackung) in sich stimmig, trifft es die Zielgruppe?
- r Sind die Satzzeichen korrekt eingesetzt und spationiert (z. B. Divis, Gedankenstrich, Apostroph, Anführungszeichen)?
- s Wurde das Bildmaterial richtig beschnitten, wurden die Ausschnitte passend zur gestalterischen Aussage gewählt?
- t Wurden echte Kapitälchen und Mediävalziffern im Fließtext verwendet?
- u Ist die Spationierung zwischen Ziffern nach den entsprechenden Normen eingehalten?
- v Sind Wörter und Sätze in Versalien ausgeglichen?
- w Wurde eine für Inhalt und Zielgruppe angemessene Form der Farbgebung gewählt?
- x Sind die Bilder in ihrer Bildeigenart und Linienführung richtig auf der Seite platziert?
- y Sind Bildqualität und Stilrichtung dem Produkt angemessen?
- z Kommunizieren Bilder und Texte ausreichend (z. B. über Position, Freisteller, Linienführung, verbindende Elemente)?
- A Ist die Silbentrennung inhaltlich logisch angelegt? Gibt es nicht zu viele Trennungen in Folge?
- B Sind Schusterjungen und Hurenkinder vermieden worden?

9 Metatypografie | Bewertung von Typografie

- C Passt das Format zu Inhalt und Gestaltungsidee?
- D Wurde mit leeren Räumen gearbeitet, die das Auge auf die Gestaltungselemente lenken?
- E Sind rhythmische Reihungen von Elementen (z. B. Linien, Rahmen, Bildfolgen) gezielt eingesetzt oder eher dem Zufall überlassen?
- F Bietet ein mehrseitiges Gestaltungsprodukt eine konsequente Weiterführung oder gelungene Variation der gleichbleibenden oder gleichwertigen Gestaltungselemente?
- G Ist die europäische Leserichtung von oben nach unten und von links nach rechts durchgehend eingehalten?
- H Wird die Idee bzw. das Konzept der Gestaltungsarbeit deutlich in der Wahl der Mittel umgesetzt, oder bleibt sie / es in Ansätzen stecken?
- I Wurde auch mit geringen Mitteln eine große Wirkung erzielt?
- J Ist der Flattersatz z. B. in Überschriften und Vorspännen sinnvoll umbrochen, flattern die Zeilen trotzdem noch ohne Loch- und Treppenbildung?
- K Sind die Veredelungstechniken inhaltlich und ästhetisch bereichernd, oder dienen sie nur der Selbstdarstellung?
- L Wie neu, wie einmalig ist die Idee, passt der evtl. verwendete Humor auf die Zielgruppe?
- M Wurde das Layout oder Teile davon – sofern es der Inhalt verlangt – dynamisch angelegt?
- N Wie hoch beläuft sich der Schwierigkeitsgrad der technischen Rafinessen im Vergleich zur Wirkungssteigerung?

Weitere Fragen:

- O _____
- P _____
- Q _____
- R _____
- S _____
- T _____
- U _____
- V _____
- W _____

Semiotik
»Zeig mir dein Zeichen…«

Semantik
Bedeutung / Inhalt

Semiotik

Syntaktik   **Pragmatik**
Gesetzmäßigkeit / Form   Wirkung / Ziel / Funktion

Das semiotische Dreieck. Noch verkürzter geht es nicht …

Was Sie eben gerade über die Zuordnung der Fragen durchgeführt haben, war eine semiotische Analyse. Da die folgenden Begriffe immer wieder in Vorlesungen und bei Mediengestalter-Prüfungen auftauchen, möchte ich Sie Ihnen nicht vorenthalten. Damit die Semiotik nicht zu abstrakt wird, führen wir sie am Beispiel der Logogestaltung durch.

Die Semiotik ist die Lehre von den Zeichen. Sie handelt von Aufbau, Funktion und Einsatz von Zeichen in verschiedenen Systemen wie Sprache, Klang, Realbildern und Symbolen. Die Semiotik wird hier auf die Erklärung von Zeichen im Rahmen der Logogestaltung bezogen. Demnach rückt die visuelle Codierung eines Zeichens in den Vordergrund. Die Semiotik besteht aus den Teilbereichen Syntaktik, Semantik und Pragmatik.

1. Syntaktik
Unter Syntaktik versteht man die formale Analyse der eingesetzten Gestaltungsmittel wie Grundelemente, Proportion, Komposition, benutzte Zeichen- und Symbolsysteme (Schriften, Piktogramme, Bilder und Grafiken) und formale Bildmittel (Farbe, Flächen, Formen) etc.

2. Semantik
Die Semantik bezieht sich auf die Bedeutung und den Inhalt der benutzten Zeichen und Symbole, auf die Aussage der Gestaltung, meist also die text- oder bildbezogene Interpretation. Die Interpretation erfolgt entweder durch die Gestaltenden oder die Zielgruppe selbst.

3. Pragmatik
Die Pragmatik beschreibt die Wirkung auf und Bedeutung für den einzelnen Benutzer der Zeichensysteme. Die Pragmatik nimmt demnach die Zielgruppe und ihr individuelles Verhalten in den Blickpunkt.
Auf der pragmatischen Ebene kann der Nutzer ganz zweckorientiert und subjektiv reagieren. Auch Werturteile sind hier anzusiedeln: Fühlt er sich angesprochen, gefällt ihm das Gestaltungsprodukt, kann er es gut lesen? Lässt er sich davon anregen, beispielsweise ein Produkt zu kaufen?

9.14 Begriffe verstehen
Lesen Sie die Erklärungstexte und ordnen Sie jeweils drei der folgenden Fragen zur Logogestaltung den drei Gebieten der Semiotik zu, indem Sie die Nummer dazuschreiben.

- Wie wurden die Elemente kombiniert?
- Welche Wirkung hat das Logo auf mich?
- Was wird neben der sachlichen Information an Aussagen oder „Botschaften" übermittelt?
- Welche Assoziation erzeugt das Logo?
- Wurden die Einzelformen zu einer geschlossenen Gesamtform integriert?
- Aus welchen Elementen ist das Logo aufgebaut?
- Weckt es positive Gefühle bei mir?
- Erinnert es mich an etwas, das ich schon mal gesehen habe?
- Was könnte die „Botschaft" im weiteren Sinn sein, die der Betrachter mit dem Logo verbindet?

Tipp:
Verwenden Sie die semiotische Analyse zur Vorbereitung von größeren Gestaltungsaufgaben. Ein Blanko-Formular finden Sie im Download-Bereich.
09_15_Semiotische Analyse.pdf

9.15 Semiotische Analyse

- Führen Sie (evtl. in Gruppen) eine semiotische Anlayse der nebenstehenden Logos durch.
- Verwenden Sie die gerade zugeordneten Fragen als Hilfestellungen. Gehen Sie alle drei Bereiche der Semiotik durch.
- Beurteilen Sie abschließend, ob das Logo als gelungen zu bezeichnen ist.

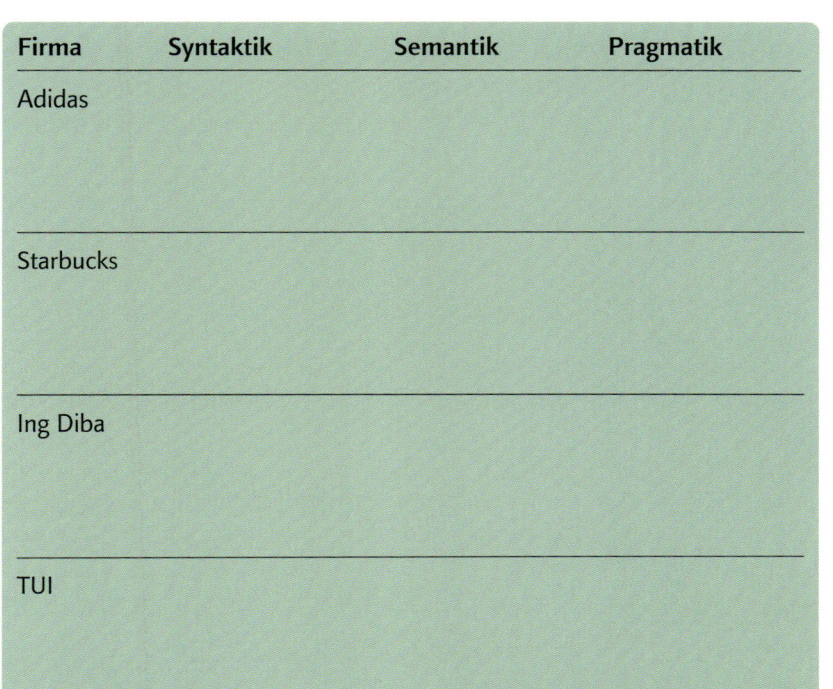

Firma	Syntaktik	Semantik	Pragmatik
Adidas			
Starbucks			
Ing Diba			
TUI			

Notizen:

10 Arbeitstechniken

> *Gute Typografie ist so, wie ein guter Diener gewesen sein mag: da und doch nicht bemerkbar; unauffällig, aber eine Voraussetzung des Wohlbefindens, lautlos, geschmeidig.*
>
> — JAN TSCHICHOLD

Scribbeln
»Mit Bleistift und Marker denken«

Buchtipp:
Gregor Krisztian, Nesrin Schloempp-Ülker:
Ideen visualisieren.
Scribble_Layout_Storyboard,
Hermann Schmidt Verlag, Mainz

Wenn Sie scribbeln, vermitteln Sie sich selbst oder Ihrem Kunden einen ersten Eindruck der Gestaltungsidee. Für das Scribbeln gibt es keinen Ersatz, denn Sie werden oftmals scheitern oder zumindest keinen guten Eindruck hinterlassen, wenn Sie versuchen, Ihre Idee ausschließlich verbal zu beschreiben. Auch das Entwerfen am Computer ist erfahrungsgemäß nicht vergleichbar, da Sie sich hierbei sehr schnell auf eine Idee festlegen und an dieser dann „verschlimmbessern", bis sie Ihnen zusagt. Wer scribbelt, entwickelt dagegen immer mehrere Ideen – geizen Sie dabei auch nicht mit Papier, das wäre falsche Sparsamkeit am Anfang Ihrer Verdienstkette ...

Beim Scribbeln besteht über das Schreibwerkzeug eine körperliche Verbindung zwischen Ihnen und Ihrem Entwurf auf dem Papier. Manche digital orientierten Menschen möchten alles Körperliche gerne reduzieren, aber damit nehmen sie sich einen Teil ihrer Kreativität, die durch das sinnliche „Begreifen" von Dingen ausgelöst wird.

Hilfe, ich kann nicht malen!
Scribbeln ist „Malen mit dem Charme der Unvollkommenheit", d. h., Sie müssen nicht zwangsläufig zeichnen können. Gutes Scribbeln bedarf allerdings auch wieder einiger Übung, wobei ein Zeichenkurs nie schadet.
Drei Fähigkeiten sollten Sie für das Scribbeln trainieren:
1. Sehen Sie genau hin und zeichnen Sie das, was Sie sehen, nicht das, was Sie über den Gegenstand wissen!
2. Lassen Sie alles weg, was nicht das Wesen des gezeichneten Gegenstandes ausmacht; zeichnen Sie also Prototypen.
3. Trauen Sie sich, freie Striche zu setzen, Konturen offen zu lassen und Unvollkommenes stehen zu lassen.

Material Basics:
- Ein oder mehrere Marker mit runder und abgeschrägter Spitze in Grau oder Schwarz. Farben können Sie sich dann zulegen, wenn Sie Spaß am Scribbeln finden.
- Skalpell und Schere
- Sprühkleber zum Montieren (grafischer Fachhandel)
- Korrekturband oder Tipp-Ex in Weiß
- Pappstreifen als Lineale und einen Stapel Papier

10.1 FACHGESCHÄFTE
Wo in Ihrer Nähe finden Sie grafische Fachgeschäfte, Architekturbedarf o. Ä.?

Scribbeln eines Layouts

Früher gab es mehrere Stufen eines Layouts, von der Schmierskizze über das Scribble (in mehreren Qualitätsstufen) bis zur Reinzeichnung. Das hier angezielte Ideenscribble für Sie oder Ihre Kunden ist wohl im mittleren Qualitätsbereich anzusiedeln: Es muss alle wesentlichen Faktoren der Grundgestaltung erkennen lassen, aber es wird nicht am Computer 1:1 nachgebaut wie eine Reinzeichnung.

Hinweis:
Anregungen, wie Sie Ihre typografischen Arbeiten korrekt präsentieren, finden Sie im Ergänzungskapitel im Downloadbereich:
Typografie präsentieren.

Scribbeln von Linien und Text

Eine Linie zeichnen kann doch jeder! Aber eine gescribbelte Linie weist einige Merkmale auf, die Ihre spontane Linienzeichnung vielleicht vermissen lässt:
- Die Linien sind ohne Lineal gezeichnet.
- Es wird einmal angesetzt und dann mutig und mit Schwung durchgezogen.
- Sie sollten dennoch möglichst gerade sein und die gewünschte Länge etwa treffen.

Wenn Sie gute Linien zeichnen können, ist die Basis für weitere Scribbles schon gelegt, denn Sie werden auch später nichts als Linien zeichnen.

10.2 LINIEN ZEICHNEN

Nehmen Sie zuerst karierte, später weiße Blätter zum Üben. Zeichnen Sie sich eine Linie zwischen fünf und zehn Zentimetern mit Lineal in der Horizontalen und Vertikalen. Versuchen Sie nun Freihandlinien zu setzen, die dieser Linie möglichst nahekommen. Arbeiten Sie zügig, aber nicht nachlässig.

Die Zeit der „abgezeichneten" Buchstaben in der grafischen Ausbildung ist vorbei. Leider ist damit auch der positive Nebeneffekt verschwunden, dass die Schrift eben über Minuten hinweg intensiv betrachtet werden musste und Begriffe wie Rundungsachse und Dachansatz plötzlich fassbar wurden. Wenn Sie es also doch noch einmal selbst probieren wollen, nehmen Sie sich die folgenden Beispiele vor.

Hinweis:
Nähern Sie sich den Konturen Strich für Strich an. Wenn Sie zuerst eine Umrandung zeichnen, die Sie dann ausfüllen, werden Ihre Buchstaben alle zu „dick".

10.3 STRICH-NEBEN-STRICH-TECHNIK

Typografie   **Drucktechnik**

Headlines und wichtige Texte ab 16 bis 20 Punkt sollten Sie schreibend skizzieren. Dabei muss nicht erkennbar sein, ob Sie eine Futura oder die Meta skizzieren, wohl aber, ob es sich um eine serifenlose, serifenbetonte oder Serifen-

Antiqua handelt. Ebenso sollten die Schriftschnitte kursiv und fett erkennbar sein. Aber welche Strichdicke passt zu welcher Schriftgröße?

Zeichnen Sie mit Ihrem Stift eine Treppe von fünf kleinen horizontalen Strichen, das ergibt in etwa die Höhe der Mittellänge einer geeigneten Schriftgröße.

10.4 Groteskschrift schreiben

Da nicht jeder in der Lage ist, Druckbuchstaben zu schreiben, die einer Groteskschrift ähneln, sollten Sie sich ein Standardalphabet beibringen, das können Sie sicher auch im privaten Leben als „Druckbuchstaben" verwenden.

Beginnen Sie jeden neuen Buchstaben an einer senkrechten Linie, so können Sie am besten die Breite vergleichen. Vervollständigen Sie dazu die Übungsblätter. Beim Kursiv-Schnitt achten Sie darauf, dass die vertikalen Grundstriche genau den Winkel der Kursiven einhalten. Für einen Fett-Schnitt verwenden Sie einfach einen dickeren Stift.

Die Grundschrift scribbeln Sie in Strichtechnik. Dazu benötigen Sie einen Marker mit abgeschrägter Spitze oder einen dicken Bleistift, den Sie mit Schmirgelpapier so anspitzen, dass seine Spitze wie ein Schraubenzieher aussieht (oder Sie nehmen einfach einen stumpfen Bleistift).

Flattersatz sollte durch den gescribbelten Zeilenfall vom Blocksatz unterschieden werden können. Die Höhe der Zeile ist abhängig von der Höhe der Mittellänge der Schrift, da diese den Grauwert einer Zeile bildet. Der Abstand der Zeilen (bzw. Linien) ist dann optisch gleich oder etwas höher als die Linienstärke selbst.

10.5 Strichtechnik

Skizzieren Sie die Schriftblöcke in den verschiedenen Schriftgrößen innerhalb der vorgegebenen Länge im linksbündigen Flattersatz. Ziehen Sie die Linien entweder freihändig oder am Papplineal entlang bis in den Begrenzungsbereich.

Material zum Download:
10_04_Groteskschrift.pdf
Sie können sich die Blätter bei Bedarf mehrfach ausdrucken.

Hinweis:
Auf die geringen Strichstärkenunterschiede der Frutiger brauchen Sie keine Rücksicht zu nehmen.

Schriftmuster 12 p

Schriftmuster 10 p

Schriftmuster 8 p

Scribbeln von Bildelementen

10.6 Zeichenkenntnisse

Zeichnen Sie einen Apfel in das Kästchen, denken Sie dabei nicht weiter nach, zeichnen Sie einfach.

Ist Ihr Apfel auch angebissen oder schaut gar ein lustiger Wurm heraus? Wie Sie sehen, sind die meisten Menschen bei den Zeichenkenntnissen von zehnjährigen Kindern stehen geblieben. Bis zu diesem Alter haben wir ein Grundrepertoire an Dingen symbolisch abgespeichert, das dann beim Zeichnen wiedergegeben wird, aber eben noch kindlich ist. Der Sprung zur realistischen Darstellung scheitert daran, dass uns das richtige Sehen nicht beigebracht wird.

Nun können Sie das auf diesen wenigen Seiten nicht perfekt lernen, aber Sie werden Hinweise mitnehmen, die Ihnen nach einiger Übungszeit zu guten Ergebnissen verhelfen.

Ein weiterer Grund, warum uns unsere Zeichnungen immer so frustrieren, ist, dass wir alles aus dem Gedächnis zu zeichnen versuchen. Die wenigsten Maler sind so zu ihren Ergebnissen gekommen. Arbeiten Sie also gerade als Anfänger immer nach Vorlagen.

Für Scribble-Anfänger sind realistische Gegenstände schwieriger zu scribbeln als Fotos aus dem Bildarchiv, da das Foto schon auf die Zweidimensionalität reduziert wurde und Sie jetzt nur noch Linien abzeichnen müssen. Deswegen ist es wichtig, dass Sie Zugang zu Bildkatalogen haben und dort nach Material aller Art suchen können.

Sammeln Sie hier Gelegenheiten, wann Sie in Ihrem Alltag nebenbei scribbeln könnten:

Personen scribbeln

Wenn Sie Personen darstellen wollen, genügt meist eine Art Strichmännchen, das mit kleinen Requisiten ausgestattet wird, die es von anderen unterscheiden. Damit Ihre Scribbles lebendig werden, sollten Sie Körperhaltung und Gestik studieren und die „Puppen tanzen" lassen.

10.7 Prototyp

Entwerfen Sie Ihren Prototyp von Strichmännchen. Sie sollten diese Figur mit wenigen Strichen locker zeichnen können. Ein Hals, abknickbare Beine und Arme wären schön, sonst kann Ihr Männchen nicht bewegt werden …

Zeichnen Sie das fertige Männchen hier hinein:

10.8 Bewegungsstudien

Bringen Sie die eben entworfene Figur in Bewegung. Dazu benötigen Sie entweder eine andere Person oder eine Holz-Gliederpuppe (ca. 15 € im Zeichenfachgeschäft).

Geben Sie der Person nun Bewegungs- und Positionsanweisungen, oder formen Sie Ihre Gliederpuppe. Übertragen Sie die Stellung der Arme und Beine nun auf Ihren Prototyp.

Mögliche Anweisungen: rennen, springen, knien, sitzen, nachdenken, rauchen …

Gefaktes Scribbeln

10.9 Textscribble in Illustrator

www.youtube.com/watch?v=JLP9HuA3ULU

Dieser Scribble-Effekt dient weniger dazu, dem Kunden einen ersten Eindruck zu vermitteln – dazu könnten Sie ja direkt die Schrift setzen, oder? Nein, es geht darum, Scribbles als Stilelemente in Layouts zu übernehmen.

- Setzen Sie einen stabilen Schriftzug in Illustrator und wählen Sie den Stilisierungsfilter „Scribble". Die Standardeinstellung muss stark verändert werden, vor allem in den Optionen „Abstand", „Variation" und „Kurvenstärke". Aber mit ein wenig Probieren bekommen Sie realistische Ergebnisse.

10.10 Gegenständliches Scribbeln in Illustrator

Scribbeln Sie inzwischen lieber auf dem Bildschirm als auf dem Papier? Durch die Kantenglättung des Stiftes bekommt man als zeichnerisch ungeübter Mensch tatsächlich oftmals bessere Ergebnisse.

- Wählen Sie einfach einen Scribble-Pinselstil in Illustrator und zeichnen Sie damit. Geeignet sind z. B. die Kohle/Bleistift-Pinselspitzen aus der Pinsel-Bibliothek.
- Die gute Nachricht ist, Sie können die Pfade nachbearbeiten.

10.11 Scribbeln mit Photoshop

Dieses „Scribble-Tutorial" von Calvin Hollywood wurde extra für dieses Buch freigegeben. Danke Calvin!

www.fototv.de/scribble

Das Web ist voller Bilder, die Sie als Scribble-Grundlage verwenden können. Was aber, wenn Ihnen das Abscribbeln zu lange dauert oder Sie einfach hoffnungslos unbegabt sind beim Zeichnen?

Der Photoshop-Guru Calvin Hollywood entwickelte aus eben diesen Gründen eine einfache Scribble-Methode in Photoshop. Platzieren Sie die zusammengestellten Motive aus dem Web in mehreren Ebenen vor einen weißen Hintergrund, reduzieren Sie die Deckkraft und zeichnen Sie deren Konturen nach. Heraus kommt ein abgepaustes Scribble mit individuell zusammengestelltem Inhalt, das Ihre Idee in good enough quality visualisiert.

Darüber hinaus können Sie mit einer Digitalkamera problemlos Bildmaterial produzieren, wobei es hier nicht mal auf die Qualität ankommt. Hiermit kommen Sie Ihrer Idee noch näher und ganz nebenbei sammelt sich ein persönliches Vorlagenarchiv an.

- Erstellen Sie ein Scribble für Ihre nächste Party-Einladung in Photoshop. Alle werden beeindruckt sein …

Selbst Scribble-Profis arbeiten oft nach Vorlagen. Das Internet mit seiner Bildersuche hat inzwischen alle selbst angelegten Archive längst überholt. Beim Scribbeln müssen Sie auch keine Rücksicht auf das Copyright nehmen, denn Sie verwenden das Bildmaterial ja nur als „Steinbruch", um aus den Bruchstücken dann zu Ihrer eigenen grafischen Umsetzung zu kommen.

Schneiden und kopieren

Beim konventionellen Scribbeln war es üblich, das gleiche Grundelement zu kopieren und einzukleben. Wenn Sie zum Beispiel eine Person in verschiedenen Posen scribbeln wollen; überlegen Sie, welche Partie gleich bleibt. Dann kopieren Sie diese und kleben sie an die entsprechende Stelle, um den Rest anschließend manuell dazuzuscribbeln. Die gleiche Vorgehensweise können Sie natürlich mit Hilfe der Ebenentechnik in Illustrator oder Photoshop umsetzen.

10.12 FLYERSCRIBBLE

- Entwerfen und scribbeln Sie manuell oder digital den Flyer für ein Kinobistro. Als Vorgabe haben Sie den Text und das Bildmaterial.
- Setzen Sie Ihr Scribble danach am Computer mit den vorgegebenen Dateien nach Ihrem Layout um. Vergleichen Sie: Hat das Scribble ausgereicht, Ihnen die wesentliche Gestaltung vor Auge zu führen? Was war zu stark ausgeführt, was hätte genauer gescribbelt werden müssen?

Material zum Download:
10_12_Flyer.zip

10.13 SCRIBBLE KLAUEN

Damit Sie Spaß am Scribbeln finden, müssen Sie Ihren eigenen Stil entwickeln.
- Schauen Sie sich um und sammeln Sie Scribbles, die Ihnen stilistisch gefallen.
- Analysieren Sie sie: Wie ist die Linienführung? Wie konkret oder abstrakt wird gezeichnet? Wie ist die Personendarstellung? Welches Zeichenwerkzeug kommt vermutlich zum Einsatz?
- Kleben Sie hier Ihre Fundstücke ein oder legen Sie eine Mappe dafür an:

Visualisieren
»Bilder im Kopf«

Lesen Sie die Einleitung zu: Text- und Bild-Partnerschaft, S. 265.

Ihr linkshirniges Denken fühlt sich gerne für alles zuständig, auch wenn seine Stärke gerade nicht die Bildverarbeitung ist. Innere Stimmen wie: „Lass den Quatsch, das ist Kinderkram; du kannst sowieso nicht zeichnen, wer benötigt denn deine Schmierereien in einer digitalen Welt etc." kommen Ihnen sicher bekannt vor. Damit hält der logische Denkmodus Ihr bildhaftes Denken gerne vom Arbeiten ab, und das erklärt den inneren Unwillen, den viele Menschen am Anfang beim aktiven Visualisieren haben. Doch Sie werden schnell merken, dass es Spaß machen kann!

Material zum Download: 10_14_Visualisieren_Reise.pdf

Typografie kann stark auf die rechte Gehirnhälfte einwirken, wenn sie bildhaft unterstützt wird. Durch Typografie sollen Informationen vermittelt werden; es wäre schön, wenn sich der Betrachter oder Leser dieselben auch merken kann. Also helfen Sie ihm, sich Bilder zu machen. Visualisieren ist nichts anderes als diese bildliche Hilfestellung.

Gedächtniskünstler arbeiten häufig mit der Methode des Visualisierens, indem sie innere Bilder der abstrakten Informationen bilden. Da können wir nur staunend zusehen. Doch jeder sehfähige Mensch hat diese inneren Bilder, die leider oft im Unterbewusstsein vergraben sind und erst einmal aktiviert werden wollen.

Ihre Aufgabe als Gestaltende ist es nun einerseits, eigene innere Bilder zu finden und weiterzugeben, sie also zu äußeren Bilder werden zu lassen. Andererseits regen Sie bei einer guten Gestaltung auch die Betrachter an, innere Bilder zu erzeugen. Denn wie bei einem guten Gedicht ist in der Gestaltung nicht jedes Bild klar ausgeführt, sondern die Andeutung, das, was zwischen den Zeilen mitschwingt, macht die eigentliche Faszination der Verse bzw. der Gestaltung aus.

10.14 Visualisieren

Eine erste Begegnung mit vielen Bildern aus Ihrer bildlichen Requisitenkammer erhalten Sie, wenn Sie in der Fantasie spazieren gehen. Dadurch gewinnen Sie Vertrauen in Ihre schöpferischen Fähigkeiten, Bilder zu „bilden".

- Finden Sie eine Person mit ruhiger, klarer Stimme, die Ihnen die Fantasiereise langsam vorliest. Die Pausen sind durch Striche im Text gekennzeichnet. Wenn Sie Anweisungen oder Fragen erhalten, beantworten Sie diese bitte für sich und nicht laut.
- Sie legen sich zu dieser Übung bequem auf den Boden, so dass Sie es fünf Minuten ohne sich zu bewegen aushalten. Dann schließen Sie die Augen und lassen Ihre Bilder entstehen…

10.15 Imaginationsübung nach Birkenbihl

Buchtipp:
Vera F. Birkenbihl: Stroh im Kopf, mvg-Verlag München

Sie benötigen ein Radio oder einen Videorekorder und möglicherweise einen Kopfhörer. Nehmen Sie nun informative Sendungen auf (Nachrichten, Schulfunk, Reportagen etc.), oder bitten Sie eine Person, sie aufzunehmen. Sie sollten sie vorher nicht anhören. Wenn Sie die Texte bei der Übung mit Kopfhörern hören, unterstützt das Ihre Konzentration.

1. Hören Sie sich jeweils ca. eine Minute die Information an und drücken dann die Pausentaste.
2. Stellen Sie sich das Gehörte bildlich vor.

3. Beginnen Sie wieder bei 1., bis Ihre Übungszeit abgelaufen ist (fünf bis zehn Minuten pro Tag am Stück).

Bald werden Sie die Pausentaste immer seltener benötigen, da Sie die Bilder schon parallel zum gesprochenen Wort erzeugen können.
- Beispielnachricht:
  (Raunheim) Um dem Anspruch einer sauberen Stadt gerecht zu werden, prüft das Ordnungsamt derzeit alle rechtlichen Möglichkeiten, Müllsünder wie in Frankfurt zu bestrafen.
- Beispielbild:
  Beamte stehen mit erhobenem Zeigefinger (als Fragezeichen gekrümmt) in einer Mülltonne, während vorbeigehende Personen Müll auf die Straße werfen.
- Weniger geeignetes Beispielbild, da es zu stark vereinfacht und nicht den Kern der Nachricht trifft: Polizisten stecken Müll wegwerfende Personen ins Gefängnis.

Wenn Sie Ihre Fähigkeit trainiert haben, in Bildern zu denken, sollten Sie die Bilder allerdings in einem zweiten Schritt überprüfen. Nicht jedes Bild vermittelt wirklich genau das, was sie hören (bzw. später in der Gestaltung sagen wollen). So können Grafiker Tage damit zubringen, ein Bild mit genau der emotionalen Aussage, die ihnen vorschwebt, in Bildarchiven zu suchen. Wenn Sie selbst treffende innere Bilder finden, fällt es Ihnen auch leichter, passende äußere Bilder zu suchen.

Im Abschnitt Scribbeln haben Sie sich mit einfachen Personendarstellungen, deren Mimik und Gestik sowie mit grafischen Symbolen befasst. Dieses Können werden Sie für folgendes Visualisierungstraining verwenden.

10.16 Visualisierungen finden
- Scribbeln Sie in die leeren Zellen Visualisierungen der angegebenen Themen.
- Decken Sie die Marginalspalte ab und zeigen Sie Ihre Visualisierungen einer Testperson, fragen Sie sie, welcher Begriff dargestellt wurde. Ziehen Sie aus deren Antworten Rückschlüsse, was Sie besser machen können.
- Sammeln Sie erst Ideen, bevor Sie loslegen:

mit Symbolen und Grundformen	mit Personendarstellungen	
		Liebe
		Konflikt
		Know-how
		Umweltfreundlichkeit

Thema/Verbesserungsvorschläge	mit Symbolen und Grundformen	mit Personendarstellungen
Liebe		
Konflikt		
Know-how		
Umweltfreundlichkeit		

Komplexere Visualisierungen unterstützen ganze Sachverhalte, nicht nur einzelne Begriffe. Dennoch sollten sie einfach zu zeichnen sein. Sie müssen nicht mehr selbsterklärend sein, aber wenn sie verbal erläutert werden, sollte es ein bleibendes Aha-Erlebnis geben. In der verbalen Präsentation helfen sie dem Präsentator, frei zu sprechen, in der Typografie als der schriftlichen Präsentation werden sie durch Texte ergänzt. Bilder um ihrer selbst willen, wie das tausendste Word-Männchen, das mit seinem geduldigen Zeigestab auf eine Überschrift zeigt, sollten Sie vermeiden, denn hierbei hat das Bild keine visualisierende, sondern maximal eine schmückende Funktion.

10.17 Sachverhalte visualisieren

Versuchen Sie mit Ihren zeichnerischen Mitteln folgende Aussagen durch Visualisierungen zu illustrieren.

Unsere Kundenbetreuer sind immer für Sie da.	Firma 1 und Firma 2 teilen sich die Verwaltungsabteilung.
Die Problemlösung wird derzeit noch gesucht.	Wir können nicht allen Seiten gerecht werden.

Semantisch
den Inhalt betreffend

Semantische Typografie
Eine bei Anfängern beliebte Form der Typografie visualisiert mit Buchstaben. Die Form des Wortes oder der Buchstaben spiegelt also den Inhalt des Wortes wider.

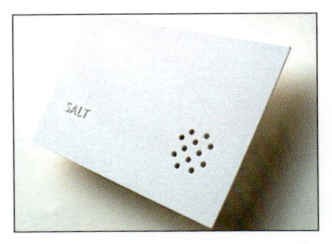

abgeknickt

DIRTY   fröhlich

ALTER

Das Beispiel bezieht sogar die dritte Dimension mit ein…

Diese Art der Typografie lässt sich immer wieder gut im Bereich der Kindertypografie und bei der Emblem- oder Logogestaltung einsetzen, da hier abstrahierte Bildelemente mit dem Text verbunden werden.

10.18 Visualisierende Typografie
Gestalten Sie selbst solche Beispiele, vielleicht wollen Sie Ihre gesammelten (Gruppen-)Ergebnisse in einem kleinen Buch zusammenfassen. Achten Sie hierbei auf eine unterstützende Positionierung der Begriffe auf dem Seitenformat.

Visualisierung in der Werbung

10.19 Treffende Visualisierung?

- Sammeln Sie Begriffe und Assoziationen zu dem Bild der zwei Personen, wobei Sie den unteren Teil der Anzeige bitte abdecken. Was könnte dargestellt sein?

- Entziffern Sie dann die Headline (im Original nicht verwischt). Passen die Bildaussage und die gewünschte Aussage zusammen?

- Welche Alternativ-Visualisierungen fallen Ihnen ein?

10.20 Analyse Visualisierungen

- Diskutieren Sie die folgenden Printprodukte. Wo ist die Bildebene gelungen?
- Übersetzen Sie die Aussage der Bildebene in einen Slogan und vergleichen Sie diesen mit der Werbeaussage des Produkts?
- Bei welchen Anzeigen dient das Bild als reiner Eyecatcher? Welches Gefühl wird beim Leser ausgelöst, wenn er die Anzeige daraufhin näher betrachtet?

Beispiele für Visualisierung durch Bildmaterial bzw. Text-Bild-Kommunikation in Printprodukten:

1. Anzeige Ricoh Farbkopierer und -drucker (Ausschnitt)
2. Anzeige KKF.net (SDSL-Provider, Claim: Denn die Schnellen fressen die Langsamen)
3. Anzeige StriVectin (Creme gegen Dehnungsstreifen)

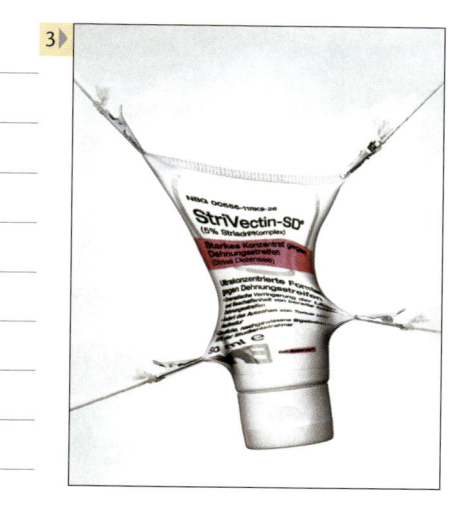

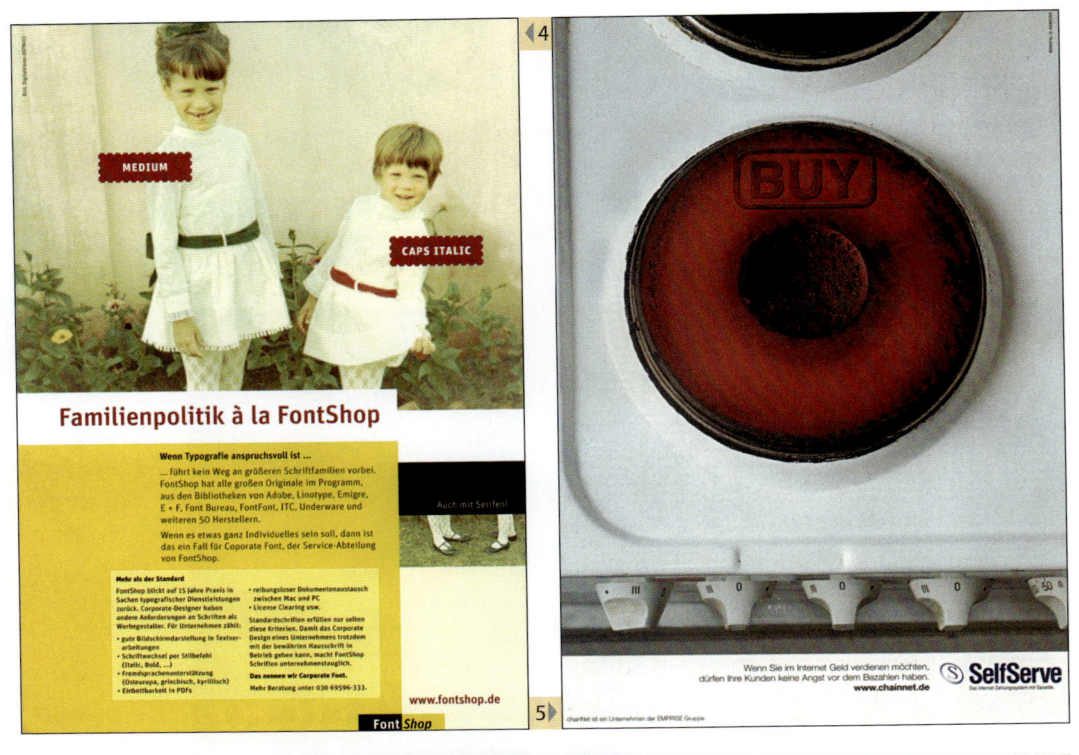

Anzeige FontShop 4
Anzeige chainnet 5
(Inernet-Zahlungssystem)
Anzeige Kraft 6
greenpeace-magazin 7
Personalanzeige Allianz 8

10 Arbeitstechniken | Visualisieren   193

9   Anzeige Süddeutsche
10 Anzeige Bertolli
11 Anzeige Vivimed
12 Anzeige VW
    (Claim: in 6,6 Sekunden
    von 0 auf 100 km/h)

Ideen finden
»Hilfe, mir fällt nichts ein!«

Auch wenn Sie einen kreativen Beruf ergreifen oder ausüben, heißt das ja nicht zwangsläufig, dass Ihnen Kreativität leichtfällt. Vielleicht denken Sie auch, dass das, was die anderen machen, immer besser ist als Ihre eigenen Einfälle, und zweifeln gar daran, ob Sie in diesem Berufsfeld überhaupt richtig sind.

Gehen Sie also auf Entdeckungsreise, auf der Sie Ihre Kreativität suchen. Jeder Mensch ist kreativ, oft ist die Kreativität nur wie ein alter Schatz unter Schichten von Staub verborgen und möchte wieder ans Licht geholt werden.

10.21 KREATIVITÄT

Material zum Download:
10_21_Kreativität_Reise.pdf

Durch diese Übung mit gelenkter Fantasie lernen Sie den inneren Ort Ihrer Kreativität kennen. Von dort bringen Sie kreative Energie in Ihr Alltagsleben. Dorthin können Sie sich auch zurückziehen, wenn Ihnen gar nichts einfällt ...

- Finden Sie eine Person mit ruhiger, klarer Stimme, die Ihnen die Fantasiereise langsam vorliest. Die Pausen sind durch Striche im Text gekennzeichnet. Wenn Sie Anweisungen oder Fragen erhalten, beantworten Sie diese bitte für sich und nicht laut.
- Sie legen sich zu dieser Übung bequem auf den Boden, so dass Sie es fünf Minuten ohne sich zu bewegen aushalten. Dann schließen Sie die Augen und lassen Ihre Bilder entstehen ...

Kreativität ist wie ein scheues Tier: Wenn man versucht, es festzuhalten und näher anzuschauen oder gar herbeizupfeifen, entzieht es sich gerne. Doch gibt es einige grundlegende Voraussetzungen, die man schaffen kann, damit sich das Tierchen dann doch nähert und Zutrauen fasst.

10.22 KREATIVITÄTSVORAUSSETZUNGEN

In der Zeitschrift PAGE gab es eine Kolumne, in der verschiedene „Kreative" befragt wurden, woher sie ihre Ideen beziehen. Suchen auch Sie drei Antworten auf die Frage: „Was inspiriert Sie?"

Was fördert Ihre Kreativität?	Was hindert Sie am Kreativ-Sein?

Ergänzen Sie Ihre Liste auf beiden Seiten mit den Faktoren, die Ihnen nicht eingefallen sind, die Sie aber für zutreffend halten:

Kreativitäts-„Freunde"   Kreativitätskiller

_____

_____

_____

_____

_____

_____

10.23 Kreativitätsplakat

Sammeln Sie in der Gruppe von jeder Person eine persönliche Aussage, was sie oder er unter Kreativität versteht, oder gehen Sie auf die Suche nach Zitaten berühmter Leute, was diese über Kreativität geäußert haben.

Gestalten Sie daraus mit rein typografischen Mitteln ein Plakat oder eine Plakatserie im Format DIN A2, auf dem Sie die Zitate in kreativer Form sprechen lassen.

Der kreative Prozess

Die nächste Übung wird Ihnen etwas ungewohnt vorkommen, sie stammt aus dem Bereich des Improvisationstheaters, bei dem die Spieler maßgeblich auf spontane, kreative Einfälle angewiesen sind.

Wenn Sie sich auf die Übung einlassen, werden Sie sehr schnell verstehen, wie der kreative Prozess funktioniert.

10.24 Improvisationsübung in der Gruppe

- Stellen Sie sich im Kreis um ein Nudelholz oder eine alte Milchkanne. Setzen Sie sich dann gemeinsam in eine Richtung im Kreis in Bewegung, um Ihre Gedanken „in Fluss" zu bringen. Lassen Sie sich jetzt von dem Gegenstand in Ihrer Mitte inspirieren. Zu welcher Tätigkeit können Sie ihn verwenden (Größenverhältnisse, Material etc. können und sollen verändert werden). Je ausgefallener Ihre Einfälle sind, umso besser.
- Wenn Ihnen etwas eingefallen ist, stellen Sie die Tätigkeit pantomimisch vor, die anderen raten, und alle setzen sich wieder in Bewegung. Bleiben Sie auch in Bewegung, wenn Ihnen erst mal nichts mehr einfällt.
- Wenn Sie alleine arbeiten, schreiben Sie hier alles auf, was Ihnen einfällt.
- Reflektieren Sie nach der Übung den Ablauf, denn dieser Ablauf ist stellvertretend für die meisten kreativen Prozesse.

---

absolute Ehrlichkeit
Entspannung, Abschalten vom Tagesgeschehen
Offenheit für alles Mögliche
mangelndes Selbstvertrauen
ständiger Vergleich mit anderen „Kreativen"
Bequemlichkeit
Vertrauen in die eigenen Fähigkeiten
Wunsch nach schnellem Ergebnis
Frustrationstoleranz, Durchhaltevermögen
Verbissenheit
druck- und angstfreier Raum
starre Denkbahnen und Problemlösestrategien
die Fähigkeit, in Bildern zu denken
massiver Zeitdruck
psychologischer Druck
Gelassenheit, Humor
Hektik
Flexibilität

Dauer: 5 – 12 Minuten

Am Anfang kam vermutlich alles langsam in die Gänge, die ersten Ideen stellten sich ein. Diese Ideen sind oft herkömmlicher Art, jeder könnte sie haben. Dann versiegen die Ideen, es wird immer peinlicher – und erst, wenn Sie diese Phase durchhalten, entstehen die neuen Ideen, die wesentlich interessanter sind als die der ersten Ideenphase.

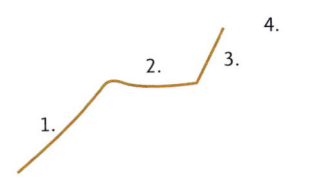

Phasen des kreativen Prozesses:

1. Präparation: Intensive Beschäftigung mit dem Problem, es wird von allen Seiten und mit allen Sinnen erfasst. Man beschafft sich alles, was über dieses Thema verfügbar ist, „füttert" also den Geist mit Informationsbausteinen. Dabei entstehen vermutlich erste Lösungsansätze, die Sie festhalten, mit denen Sie sich aber noch nicht zufrieden geben.
2. Inkubation: Entfernung vom Problem und Herstellung von Denkverbindungen. Die Problemstellung arbeitet nun selbstständig weiter. Nach außen hin sieht es allerdings oft so aus, als würde es nicht weitergehen, doch verkrampfen Sie dabei nicht, sondern entspannen Sie vielmehr. Es ist die Phase des Wiederkäuens, des Reifens der Idee.
3. Illumination: Spontane Lösungsideen entstehen. Kreative erzählen oft vom Geistesblitz unter der Dusche, auf der Toilette etc. In entspannten Situationen erhalten Sie also die Lösung vom Unterbewusstsein präsentiert, allerdings nur, wenn Sie offen geblieben sind und nicht aufgegeben haben.
4. Verifikation: Bewertung der Idee. Nun müssen die Anforderungen der Praxis noch mit der Idee abgeglichen werden. Sollte sich die Idee hierbei als untauglich erweisen, müssen Sie noch mal bei Schritt 1 anfangen. Allerdings sollten Sie diesmal die Präparation ernster nehmen und die Rahmenbedingungen sorgfältiger formulieren.

Vier Phasen des kreativen Prozesses

10.25 KREATIVER PROZESS

Probieren Sie diese Phasen aus und beobachten Sie sich selbst bei der Lösungssuche.

1. Gesucht wird eine Idee (Dekoration, Motto etc.) für einen Messestand einer Softwarefirma auf der CeBIT, die *Ausschieß*software produziert. Hilfestellung: Versuchen Sie, den Vorteil einer Ausschießsoftware gegenüber den herkömmlichen Ausschießmethoden zu visualisieren.
2. Gesucht wird die Idee für ein Piktogramm, das in Bussen und Bahnen jüngere Leute auffordert, älteren Personen Plätze anzubieten (da das heute wohl nicht mehr selbstverständlich ist).

Ausschießen
Das gezielte Anordnen von Seiten auf einem Druckbogen, damit der fertig gedruckte Bogen nur noch gefalzt werden muss

Kreativitätstechniken

Jetzt kann es trotz aller Vorübungen immer noch sein, dass Sie über einem leeren Blatt brüten und nicht in die Gänge kommen.

Um der Kreativität den Boden zu bereiten, kann man bestimmte Fähigkeiten trainieren und Techniken anwenden, die den kreativen Prozess unterstützen. Die Wahrscheinlichkeit eines kreativen Aktes wird dadurch gefördert, aber nicht garantiert.

1. Persönlichkeitsfähigkeiten: z. B. Wahrnehmungsvermögen, Perspektivwechsel, Entspannungsfähigkeit, Visualisierungsfähigkeit.
2. Intuitiv-fantasieanregende Methoden (Training der rechten Gehirnhälfte, Wege zum Unterbewusstsein): z. B. Assoziationstechniken wie Brainstorming, Brainwriting, Mindmapping, Analogiemethoden
3. Systematisch-analytische Methoden: Durchspielen verschiedenster Variationen, Zerlegung eines Problems in Teilprobleme, Fragenkaskade

10.26 Kreativitätstechniken

1. Einigen Sie sich auf ein grafisches Grundproblem, anhand dessen die Kreativitätstechniken „durchgespielt" werden. So bekommen Sie sehr schnell eine Vorstellung davon, ob Ihnen die Technik im Arbeitsalltag helfen kann oder nicht.
2. Recherchieren Sie in einer Bibliothek und im Internet nach Kreativitätstechniken. Entscheiden Sie sich (je nach Gruppengröße) für fünf bis zehn, die Sie näher kennen lernen wollen. Verteilen Sie die Techniken, so dass immer zwei Personen für eine verantwortlich sind.
3. Entwerfen Sie das Grundlayout im Format DIN A4 quer für eine Informationsbroschüre, bei der jede Doppelseite eine Kreativitätstechnik vorstellt. Aufbau:
   - Kreativitätstechnik und Beschreibung
   - Unterstützung der Erklärung durch grafische Visualisierung
   - Lösungsweg für das Problem, bei dem die Technik angewendet wird
   - Bewertung der Technik: Vor- und Nachteile aus Ihrer Sicht
4. Jedes Personenpaar erarbeitet nun die Doppelseite und präsentiert sie.
5. Die Broschüre kann dann aus den Einzelseiten zusammengeführt und vervielfältigt werden.

Buchtipp:
Mario Pricken: Kribbeln im Kopf, Kreativitätstechniken & Brain-Tools für Werbung und Design, Hermann Schmidt Verlag Mainz

Bei alltäglichen Gestaltungsaufgaben, wenn Sie also nicht gerade daran beteiligt sind, eine bundesweite Kampagne eines Produkts neu mitzugestalten, ist es oft schwierig, die Kreativitätstechniken anzuwenden. Diese setzen voraus, dass sich ein Problem klar formulieren lässt. Aber wenn Sie nun ein Layout für die Preisliste des Elektrofachhandels nebenan entwerfen oder gar nur überarbeiten sollen?

Einige pragmatische Hinweise:

- Bevor Sie ewig vor dem leeren Bildschirm oder einem leeren Blatt sitzen, fangen Sie einfach an. Durch das *Tun* entstehen neue Ideen, und Sie sind schon mittendrin in der Präparationsphase, also im kreativen Prozess. Wenn Ihnen immer noch nichts einfällt, setzen Sie sich in bestimmten Zeitzyklen (jede Stunde, jeden Tag...) einmal kurz hin und beschäftigen sich mit der Aufgabe. Nach kürzerer Zeit, als Sie vermuten, werden Sie Feuer fangen...
- Bei vielen Gestaltungsaufgaben mit klaren Kundenvorgaben werden Sie Ihren kreativen Spielraum gar nicht sehen. Doch selbst wenn Sie nur eine Zeile auf einem vorgegebenen Format positionieren, entscheiden Sie sich

immer noch für eine von Hunderten an Möglichkeiten. Schöpfen Sie also den Spielraum bis an die Grenzen aus. Oft zeigen Sie dem Kunden dadurch ungeahnte Wege, woraufhin er Vertrauen fasst und Ihnen vielleicht das nächste Mal weniger Vorgaben liefert.

- Seien Sie stets gut informiert, wie es die anderen machen. Aber lassen Sie sich nicht davon beeindrucken. Beugen Sie sich nicht vor Design-Autoritäten, denn sie fanden auch keine Beachtung, bevor sie jemand entdeckte und ihre Arbeiten als „in" proklamierte. Gebrauchen Sie Ihren *eigenen Kopf*, um zu hinterfragen, zu strukturieren, zu vereinfachen und zu visualisieren. Welche Annahmen können Sie auf den Kopf stellen, die noch nie in Frage gestellt wurden? Wo ist der Ansatzpunkt für abweichende und praktikable Lösungen?

10.27 ANALYSE KREATIVITÄT IN DER WERBUNG

- Kommen Sie der Kreativität derer auf die Spur, die sie sich gut bezahlen lassen.
- Analysieren Sie folgende Anzeigen. Wodurch sind sie kreativ, was ist das Besondere, das Andere? Formulieren Sie daraus ein gereimtes Motto oder eine Anweisung.

Beispiele: „Übertreibung hilft dabei | den Kern der Dinge legt sie frei…"
„Denk über Kreuz oder zurück und vor | damit erzielst du manches Mal ein Tor…"

Reimen ist Ihnen zu kindisch? Lerntechnisch gesehen hilft Ihnen der Reim allerdings dabei, den Gedanken jederzeit präsent zu haben. (Oder welche Geschichtszahl fällt Ihnen außer „333 bei Issos Keilerei" sonst noch spontan ein?)

Beispielhafter Einsatz von Grundprinzipien kreativen Denkens in verschiedenen Printprodukten

10 Arbeitstechniken | Ideen finden   199

1 Plakat McDonald's
2 Anzeige Volkswagen
3 Titelseite Hochschulmagazin
4 Anzeige Jeep

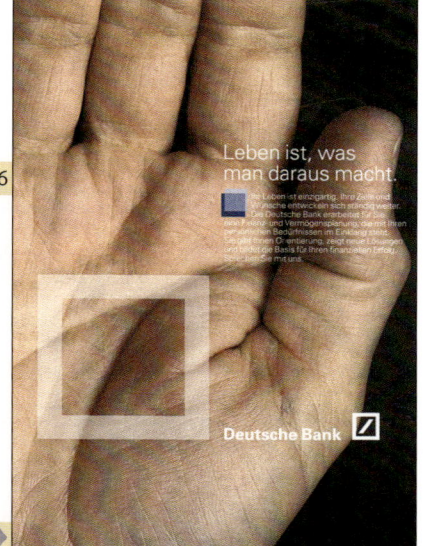

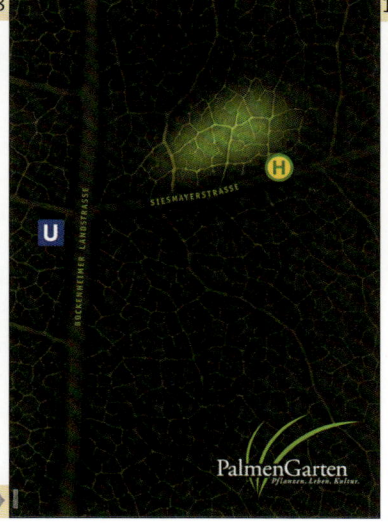

5 Anzeige Colgate
6 Anzeige HEINZ Ketchup
7 Anzeige Deutsche Bank
8 Anzeige CMA
9 Plakat PalmenGarten Frankfurt
10 CD-Cover Beautiful South

In der vorangegangenen Übung haben Sie verschiedene Kreativitätsprinzipien herausgefunden. Die wichtigsten davon sind zusammengefasst in einer der umfassendsten Kreativitätstechniken, der Osborn-Checkliste. Alex Osborn, der Erfinder des Brainstormings, hat auch diese Technik entwickelt. Auch wenn sie ursprünglich in der Produktvermarktung eingesetzt wurde, lässt sie sich doch für die Entwurfsarbeit modifizieren.

In der Arbeit mit der Osborn-Checkliste wird versucht, die Durststrecke des kreativen Prozesses zu überwinden bzw. die Zeit bis zum zündenden Einfall zu verkürzen. Die am Anfang des Prozesses gefundenen Ideen werden systematisch abgewandelt oder erweitert, so kommt man zu einer Variationsbreite an Lösungen, bei denen hoffentlich etwas Verwertbares dabei ist.

Siehe auch kreativer Prozess, S. 195

Die Osborn-Checkliste eignet sich:
- wenn erste Entwürfe bereits vorliegen, diese aber zu gewöhnlich und einfallslos sind;
- zur Erweiterung und Vertiefung erster Ideen aus einer Brainstorming-Sitzung;
- um originelle Produktideen zu entwickeln.

Osborn-Checkliste:

Erforderliche Zeit ca. 60–90 Min., wenn Sie alle Varianten durchspielen

1. **Zweckänderung:** Wie lässt sich das abgebildete Motiv/Produkt anders verwenden? Wie lässt sich das Produkt in einen anderen, ungewöhnlichen Kontext stellen?
2. **Adaption:** Welche ähnlichen Kampagnen gibt es, lässt sich irgendetwas daraus für das Produkt übernehmen, anpassen (ohne es 1:1 zu klauen!)? Wo gibt es Parallelen?
3. **Modifikation:** Welche Bestandteile der Gestaltung lassen sich ändern, so dass sich eine Änderung auf einer Sinnesebene ergibt? (Bedeutung/Symbolik, Bewegung, Farbe, Größe, Form, Klang, Geruch, Haptik?)
4. **Skalierung:** Wie wirkt das Motiv, wenn es extrem vergrößert oder verkleinert wird? Kann vielleicht die Häufigkeit, die Stärke, die Länge, der Wert vergrößert, vergröbert, übertrieben werden? Oder kann man etwas wegnehmen, kürzer oder tiefer, dünner oder leichter, heller oder feiner machen, kann es in Teile aufgeteilt oder als Miniatur verwendet werden? Kann das Medium, das von den Rezipienten erwartet wird, geändert werden (z. B. Plakat statt Visitenkarte)?
5. **Substitution:** Was könnte an dem Motiv/der Idee ausgetauscht werden? Wie durchbreche ich Erwartungen und/oder Sehgewohnheiten der Zielgruppe? Gibt es andere Positionen, Tonlagen, Elemente aus anderen Ländern oder Zeiten?
6. **Umgruppieren:** Könnte man Teile oder Abschnitte austauschen und die Komposition ändern, was lässt sich reduzieren oder in der Reihenfolge ändern? Könnten Ursache und Wirkung vertauscht werden?
7. **Umkehrung:** Wie sieht das Gegenteil der Idee aus, was lässt sich auf den Kopf stellen oder spiegelverkehrt machen? Lassen sich Rollen tauschen oder die Idee um 180 Grad drehen?

8. **Kombination:** Lässt sich die Idee mit anderen guten Ideen verbinden, kann man sie in eine größere Idee einfügen? Wie lassen sich andere Punkte der Checkliste kombinieren?
9. **Transformation:** Kann das Produkt / das Motiv insofern gewandelt werden, dass ungewöhnliche Prozesse mit ihm passieren (z. B. zusammenziehen oder ausdehnen, härten oder aufweichen, verflüssigen, durchsichtig machen oder durchlöchern)?

Die abschließende Kontrollfrage, die zur Auswahl des besten Entwurfs bzw. der tragfähigsten Idee gestellt werden sollte, ist, ob die Idee auch einen Bezug zur Produktaussage oder Botschaft hat und diese durch das Vehikel der Kreativität verstärkt wird. Kreativität um der Spielerei willen macht zwar Spaß, ist aber selten wirkungsvoll.

10.28 Prinzipien der Osborn-Checkliste erkennen

Analysieren Sie erneut die zehn Beispiele der vorletzten beiden Seiten. Welchen Entwurf ordnen Sie welchem Prinzip der Osborn-Checkliste zu?

1	2
3	4
5	6
7	8
9	10

10.29 Anwendung der Osborn-Checkliste

Jedes Jahr die gleiche oft ungeliebte Aufgabe: Wie gestalten wir die tausendste Variation einer Weihnachts- oder Neujahrskarte, so dass Sie zu uns und unserer Zielgruppe passt? Nehmen Sie dieses Jahr die Osborn-Checkliste zu Hilfe und entwerfen Sie wahlweise eine Weihnachts- oder Neujahrskarte für eine von Ihnen definierte Zielgruppe.

- In der Gruppe: Verteilen Sie die Prinzipien innerhalb Ihrer Gruppen, so dass bestenfalls zwei Personen ein Prinzip bearbeiten. Stellen Sie Ihre Entwürfe aus und diskutieren Sie, welcher Entwurf die Botschaft (wie auch immer Sie sie interpretieren) am besten transportiert.
- Als Einzelperson: Entwickeln Sie für jedes Prinzip mindestens eine Idee, führen Sie zwei Prinzipien aus.
- Prämieren Sie die beste Idee mit einem kleinen Geschenk und setzen Sie sie wenn möglich um oder verschenken Sie sie an eine Firma, so dass sie tatsächlich in Umlauf kommt.
- Vergleichen Sie (danach!) die Lösungen von Nöllke mit Ihren Ideen.
- Vergleichen Sie (erst jetzt!) Ihre Ideen mit den Entwürfen aus dem Downloadbereich. Welche Prinzipien der Osborn-Liste wurden hier angewendet?
- Wenn Sie sich mit der Thematik wohlfühlen, gestalten Sie gleich noch einen typografischen Adventskalender hinterher (Achtung: 24 Tage, aber 26 Buchstaben ...).

Material zum Download:
10_29_Entwürfe
Weihnachten.pdf

Entwerfen
»Die Kunst des guten Kochens«

Können Sie kochen? Für ein typografisches Gericht stehen die Zutaten heute fast jedem zur Verfügung. Der PC bietet eine große Zahl an Schriften, Scanner sind in Privathaushalten weit verbreitet und selbst mit dem Textverarbeitungsprogramm könnte man schon gestalten. Doch allein die Verfügbarkeit der Zutaten macht noch keinen Koch.

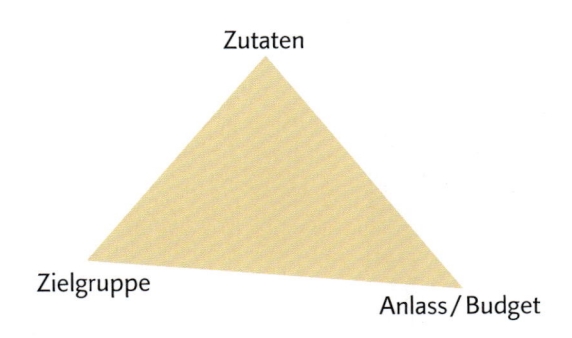

Denn erst die Auswahl und Kombination, das Zubereitungsverfahren und die Art der Darbietung ergeben das perfekte oder zumindest gute Gericht. Soll der Dill getrocknet, tiefgefroren oder frisch verwendet werden? Kombinieren Sie die Auberginen mit Fenchel, Weintrauben oder Tomaten? Dünsten, braten, grillen oder frittieren Sie lieber? Worauf werden Sie Ihr Gericht anrichten, wie dekorieren Sie es, wer darf es servieren? Wer soll das Ganze überhaupt essen und was darf es kosten?

Übersetzt in die Welt der Typografie könnte das heißen:
1. Mit welchen Elementen gestalten Sie, welche können Sie sich leisten, was erwartet die Zielgruppe von Ihnen?
   - Verwenden Sie Schriften, Linien, Bilder, Farben, Schmuckelemente gezielt und bewusst.
2. Welche Kombinationen passen und sind dem Anlass angemessen?
   - Erinnern Sie sich an die Grundsätze der Lesbarkeit, der Schriftmischung, der Farbgestaltung.
3. Wie gehen Sie bei der Gestaltung vor, was bringt Sie am besten zur Zielgruppe?
   - Reduzieren, kontrastieren und/oder rhythmisieren Sie.
   - Positionieren, inszenieren und dramatisieren Sie und vergessen Sie nicht, die Elemente in Verbindung treten zu lassen.
4. Wie präsentieren Sie die fertige Gestaltung?
   - Haben Sie Format, Papierwahl, Bindeart, Veredelungstechniken, Distributionswege, Marketing-Methoden etc. sorgfältig bedacht und ausgewählt?

Fertiggerichte sollten bei Ihnen verpönt sein, denn Sie sind das Aus der Kochkunst. Allerdings gibt es eine immer größere Zahl an Fertiglayouts für jeden Anlass auf dem Markt, die teilweise zu gar nicht schlechten Ergebnissen führen. Doch dahinter steckt ja immer ein Gestalter, der wiederum die Fertiglayouts entworfen hat.

Auch die Pizzaservices und Imbiss-Stuben schießen wie Pilze aus dem Boden. Soll heißen, jeder kann inzwischen seine Drucksachen selbst entwerfen. Aber versuchen Sie sich abzuheben von der Pizza-Typografie. Man erkennt sie daran, dass die Elemente gleichmäßig über die Seite verteilt sind und alles, was technisch machbar ist, auch gemacht wird. Schatten, Outlines, verzerrte Schriften, Rundsatz etc. sind wie Schokolade oder Rollmops auf der Pizza.

Mögliche Vorgehensweisen beim Entwerfen bzw. Kochen

1. Sie kochen einen Eintopf:

Wenn es schnell gehen muss und der Kunde mal wieder nichts bezahlen will, ist das sicher ein angebrachter Weg. Achten Sie dabei darauf, dass die Zutaten stimmen und Sie sich an althergebrachte Regeln halten (Lesbarkeit, Achsenbildung, Reduktion, Blickfangbildung).

Kochen Sie das Ganze nicht zu lange (verkünsteln Sie sich nicht), denn dadurch wird der Geschmack nicht besser. Aber Aufwärmen ist bei Eintopfgerichten durchaus erlaubt. Gut funktionierende Layouts oder Ideen können Sie also durchaus in Abwandlungen noch mal verwenden, das Recycling spart Zeit und Kosten.

Beispiel echter Pizza-Typografie, die hier auch absolut ihre Daseinsberechtigung hat, aber eben auch nur hier ...

2. Sie bereiten einen Auflauf zu:

Auflauf-Fans wissen, dass ein Auflauf immer gelingt, wenn die Grundsubstanz gut abgeschmeckt ist und er köstlich knusprig im Ofen überbacken wird.

Fangen Sie dazu mit der Entscheidung an, was der Hauptträger der Gestaltung sein soll, verwenden Sie auf dessen Gestaltung die Hauptarbeit. Bringen Sie dann (in Schichten) die anderen Gestaltungselemente dazu und lassen Sie sie in Kommunikation treten. Sie können durchaus auch mal gewagter vorgehen (eine wilde Überschrift, eine krasse Farbkombination), solange der Grundaufbau solide angelegt ist.

Bereiten Sie dann das Ganze lecker für Ihren Kunden auf, indem Sie sich eine gute, je nach Anlass fröhlich-freche, pragmatisch-freundliche oder edelseriöse Präsentation oder schriftliche „Verpackung" einfallen lassen.

3. Sie zaubern ein Tellergericht:

Mit gelungenen Einzelgerichten begeben Sie sich nun in die Sphäre höherer Kochkunst. Erst einmal sollten Sie eine Menge über die Eigenart der Zutaten wissen und wie Sie sie optimal zur Geltung bringen (z. B. Mikrotypografie, Linienführung). Wenn Ihr Ausgangsmaterial (beispielsweise die Bilder oder verfügbaren Schriften) mittelmäßig ist, werden Sie damit nur schwerlich ein Drei-Sterne-Gericht kochen können.

In einem zweiten Schritt überlegen Sie, welche raffinierten Kombinationen sich anbieten, damit die Wirkung der erlesenen Einzelzutaten noch gesteigert wird. Das erfordert sicher jahrelange Übung und Erfahrung. Schauen Sie begnadeten Gestaltungsköchen immer wieder über die Schulter, um möglichst viel für Ihre eigenen Arbeiten zu lernen.

Nach der Zubereitung können Sie das Gericht noch inszenieren. Die Anordnung wird überprüft, und es erfolgt der letzte Schliff durch kleine Kostbarkeiten. Das können buchstäblich teure Zusätze sein wie besondere Papiere, Ausstanzen von Flächen, partielles Lackieren oder andere Veredelungstechniken oder ganz Alltägliches, das in neue Zusammenhänge gerückt wird, wie eine Detailfotografie, ein Einzelbuchstabe, der verfremdet wird, eine Zierlinie, ein provokantes Icon etc.

10.30 PLAKAT

Material zum Download:
10_30_Plakat.zip

- Gestalten Sie das Veranstaltungsplakat
  a) als „Eintopf" b) als „Auflauf" c) als „Tellergericht".
- Steigern Sie jeweils Arbeitsaufwand (und evtl. Herstellungskosten).
  Die Bildanzahl ist je Produkt freigestellt.
- Vergleichen Sie die drei Varianten und legen Sie Rahmenbedingungen fest, die den Einsatz der einzelnen Varianten erfordern würden.
  Wie „kochen" Sie normalerweise? Was fällt Ihnen bei den anderen Vorgehensweisen am schwersten? Welcher Entwurf gefällt Ihnen am besten?

10.31 ENTWURFSPROZESS

Wie gehen Sie bisher vor, wenn Sie eine Gestaltungsaufgabe bearbeiten?
- Wie kommen Sie zu Ideen?
- Wo fertigen Sie die ersten Entwürfe?
- Wie viele Entwürfe gestalten Sie durchschnittlich, bevor Sie sich für einen entscheiden?
- Wie viel Zeit verwenden Sie zum Variieren? Wie gehen Sie dabei vor?

_____

_____

_____

_____

Entwurfstechniken

Wenn Ihnen das Bild vom Kochen nicht hilft, wenn Sie vor Ihrem leeren Blatt Papier sitzen, sollten Sie trotzdem einige Stichworte sammeln, die die (oft nur zu vermutende) Zielgruppe und den Anlass näher umreißen. Denn nur so können Sie vermeiden, dass Sie am Ziel vorbeigestalten und langfristig durch Ihre wenig effektive Gestaltung am Markt untergehen.

Ob Sie erst scribbeln oder direkt am Rechner in die Gestaltung einsteigen, bleibt natürlich Ihnen überlassen. Die Gefahr, wenn Sie direkt am Computer anfangen zu gestalten, ist allerdings, dass Sie sich am ersten Entwurf festbeißen. Da das ausführende Medium der Entwurfs- und der Produktionsphase das gleiche ist, kann man meistens innerlich zwischen den Phasen nicht trennen und fängt gleich an zu produzieren. Dabei wird so lange an der ersten Idee „herumgedoktert", bis diese völlig zerstört ist. Das schränkt die Kreativität ein, führt oft in Gestaltungs-Sackgassen und kostet (trotz der vermeintlichen Zeitersparnis) viel Arbeitszeit!

Deswegen versuchen Sie doch mal, bevor Sie sich an den Rechner setzen, circa drei ganz unterschiedliche Entwürfe zu der Aufgabe zu scribbeln. Den, der Sie am meisten fasziniert, variieren Sie dann auch in mindestens drei Ausführungen. Dann setzen Sie sich an Ihr Arbeitsgerät und führen die Variation aus, die Ihnen am vielversprechendsten erscheint. Wobei Sie ruhig beim Gestalten auch noch spielen und variieren dürfen. Nur Ihre Möglichkeiten sind jetzt nicht mehr ganz so beliebig, dadurch arbeiten Sie effektiver.

Auf Dauer werden Sie sich kaum an dieses Trichterschema halten, doch ist es wichtig, dass Sie sich eine eigene effektive Entwurfstechnik erarbeiten. Das strukturierte Arbeiten wird Sie vor Blockaden und Gestaltungshemmungen bewahren.

10.32 Produktscribble Einladungskarte

- Scribbeln Sie in der „Trichtermethode" einige Entwürfe für die Einladungskarte zu einer Sommerparty. Zeichnen Sie von jeder Ebene aus Pfeile ein von dem Entwurf, den Sie weiter verfolgt haben.

  Text:
  Herzliche Einladung zum Minigartensommerbadegrillfest
  Bitte Badehosegutelauneappetit mitbringen und vorher
  Kleinetelefonemailobkommen abgeben.
  7.7.17.00 Uhr bei Friese & Feuerstein klingeln.
- Bei Bedarf scribbeln Sie ein zusätzliches Bildelement …

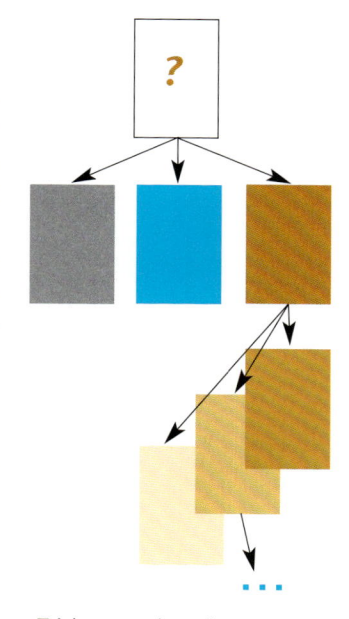

„Trichtergestaltung"

Material zum Download:
10_32_Text Einladung.txt

Notizen:

*Auch die textlich negativen Teile,
die nichtbedruckten Stellen des bedruckten Papiers,
sind typographisch positive Werte.
Typographischer Wert ist jedes Teilchen des Materials,
also: Buchstabe, Wort, Textteil, Zahl, Satzzeichen,
Linie, Signet, Abbildung, Zwischenraum, Gesamtraum.*
   Kurt Schwitters

11 Layoutgestaltung

Seitenbausteine
»Das volle Programm bei mehrseitigen Werken«

11.1 Seitenlayout bauen

Material zum Download:
11_01_Seitenlelemente.pdf

Schneiden Sie das Material einzeln aus und bauen Sie eine vollständige rechte Seite eines Buches innerhalb des folgenden Seitenformats (Hochformat!) zusammen. Benennen Sie die Einzelelemente und beschriften Sie sie, nachdem Sie die Erklärungen gelesen haben.

Elemente einer Seite

Bezeichnung	Beschreibung	Verwendungshinweise
Initial	Größergesetzter Buchstabe am Anfang eines Absatzes	Meist als hängendes Initial: Das Initial baut sich von der Oberkante der Zeile nach unten auf, oft über 3 Zeilen. Der Initialsatz sollte der Buchstabenform angepasst werden: bei schrägen Kanten z. B. Grundtextzeilen einziehen, oder die Kante des Grundstrichs des Initials bündig mit der Satzkante halten.
Pagina	Seitenzahl, auch toter Kolumnentitel genannt (kann um den Werktitel ergänzt sein, der ist dann „tot", wenn er sich im Verlauf des Werks nicht ändert)	Steht außerhalb des Satzspiegels meist bündig mit einer Kante der Kolumne über oder unter dem Satzspiegel. Gerade Zahlen stehen auf linken, ungerade auf rechten Seiten. Die Seitenzahl kann frei gestaltet sein, oft ist sie aber nicht größer als die Grundschrift.
Kolumne	Spalte	Siehe eigenes Kapitel zur Spaltengestaltung, S. 244 Grundtexte der Spalten sollten möglichst auf gleicher Schriftlinie stehen.
Überschrift	Steht vor neuem Kapitel oder Artikel	Erstreckt sich oft über mehrere Spalten und ist sorgfältig gestaltet
Zwischenüberschrift	Steht innerhalb einer Kolumne	Siehe Überschriftenhierarchien, S. 230
Marginalien	Randbemerkungen, die in einer eigenen Randspalte stehen.	Stehen als Flattersatz auf der rechten Seite rechts außen (meist linksbündig), auf der linken Seite links außen (meist rechtsbündig). Die erste Zeile sollte mit dem Grundtext Schriftlinie halten. Sie beinhalten Zusatzinfos, Fachbegriffe, evtl. Zwischenüberschriften. Da sie direkt beim Text stehen, müssen sie nicht wie Fußnoten erst gesucht werden.
Bildlegende	Bildunter- bzw. -überschrift	Die Bildlegende steht in der Nähe des Bildes, oft rechts oder unterhalb. Die Satzkante verläuft möglichst bündig zur Bildkante, an die die Legende stößt. Sie sollte eher kompakt (z. B. schmal, fett, klassischerweise kursiv) gestaltet sein, oft in kleinerer Schriftgröße als die Grundschrift, wobei der ZAB beibehalten wird.
Fußnoten	Zusätzliche Informationen, die zum Text gehören, meist am Fuß der Seite, durch Fußnotenzeichen oder -nummer im Grundtext angekündigt	Bei nicht mehr als drei Fußnoten pro Seite kann das ein beliebiges Sonderzeichen sein, sonst sind es fortlaufende Nummern. Dieses Zeichen ist hochgestellt und 2–3 p kleiner als die Grundschrift (in der gleichen Schriftgröße wie die Fußnote selbst).

Bezeichnung	Beschreibung	Verwendungshinweise
Fußnoten (Fortsetzung)		Die Fußnote kann mit einer Trennlinie vom Grundtext abgetrennt sein (Länge max. 1/3 der Fußnotenspalte). Jede Fußnote wird mit dem Fußnotenzeichen begonnen, der Text folgt mit Einzug und wird mit dem Punkt abgeschlossen.
Lebender Kolumnentitel	Ein sich ändernder Seitentitel, z. B. in Nachschlagewerken, Lehrbüchern	Links sollte der Haupttitel, rechts der Untertitel des Kapitels stehen, Abstand zum Haupttext innerhalb des Satzspiegels ca. 1/2 bis 2 Zeilenabstände.
Lead-Text	Einige Zeilen Überblick am Anfang eines Artikels	Meist in der Grundschrift fett oder kursiv gesetzt, Typo sollte noch mal z. B. bei Zwischenüberschrift auftauchen
Seitenansprache	Aus dem Text aufgegriffene Textpartien als Leseimpuls außerhalb des Grundtextes präsentiert	Dient neben der Headline und Bildern als Blickfang, oft mit Farb- oder Tonwertflächen hinterlegt und an Überschriftentypografie angepasst

11.2 Layoutanalyse

■ Betrachten Sie das Layout. Analysieren Sie die Gestaltung der einzelnen Seitenteile und benennen Sie sie.

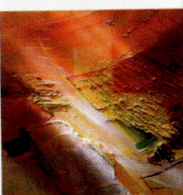

Seite eines Verlagskatalogs

Wahrnehmungsgesetze
»Gestaltgesetze für eine gute Gestaltung«

11.3 Wahrnehmungsexperiment

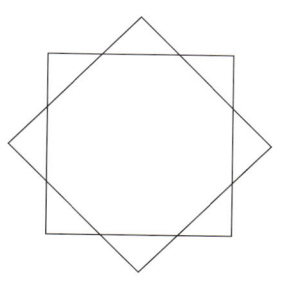

Was sehen Sie in der rechtsstehenden Abbildung, was nehmen Sie wahr? Die meisten von Ihnen sehen zwei übereinanderliegende Quadrate, nur wenige von Ihnen sehen acht kleine Dreiecke, ein Achteck oder gar ein Haus. Das heißt, wir Menschen nehmen alle in einer ähnlichen Art und Weise wahr.

Warum das so ist, untersucht die Gestalttheorie; sie war die vorherrschende psychologische Richtung in Deutschland in den 20er Jahren des letzten Jahrhunderts. Auch heute lebt sie weiter in Gestaltpsychologie und Gestaltpädagogik, dort befasst sie sich mit den ganzheitlichen Zusammenhängen menschlichen Erlebens und Verhaltens.

Die Gestaltpsychologen formulieren Gesetze, die beobachten, wie wir die Gestalten (Reizmuster), die wir sehen, in einer bestimmten Art und Weise interpretieren. Diese Erkenntnisse sollten Sie als „Gestaltende" kennen. Viele davon wenden Sie schon intuitiv an, aber es ist wichtig, dass diese Gesetze ausgesprochen werden. Werden sie bei der Gestaltung nicht beachtet, kann es zur Verwirrung des Lesers führen und damit im schlechtesten Fall zur Unwirksamkeit Ihres gestalteten Produkts.

11.4 Wahrnehmung

- Beschreiben Sie stichwortartig, was Sie in den jeweiligen Abbildungen vorrangig wahrnehmen. Denken Sie dabei nicht nach, sondern schreiben Sie spontan auf, was Sie sehen.
- Überlegen Sie in einem zweiten Durchgang, was Sie alternativ hätten wahrnehmen können.

1. *Gesetz der*

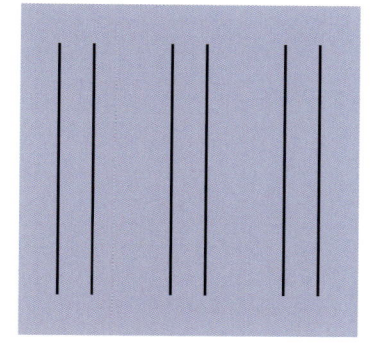

2. Gesetz der

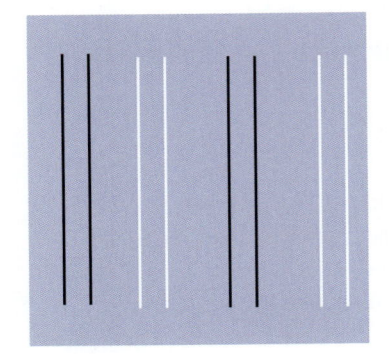

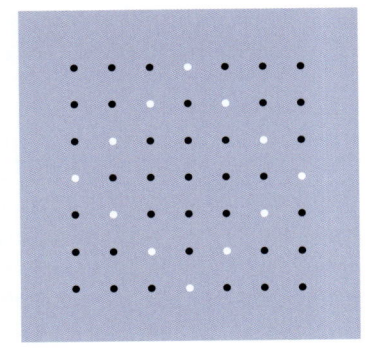

3. Gesetz der

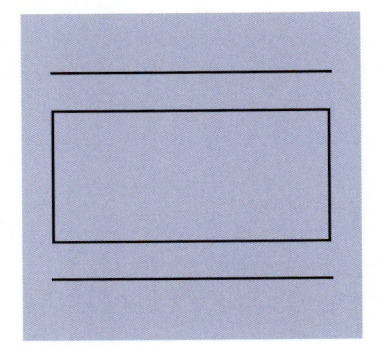

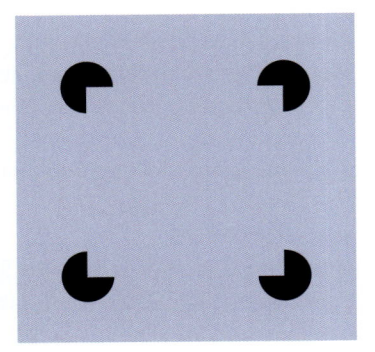

4. Gesetz der

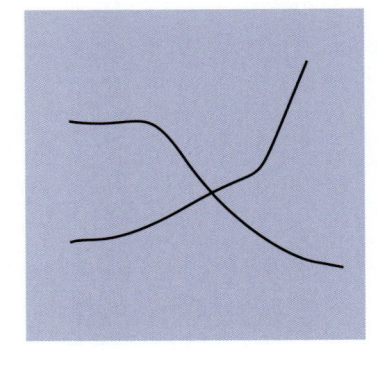

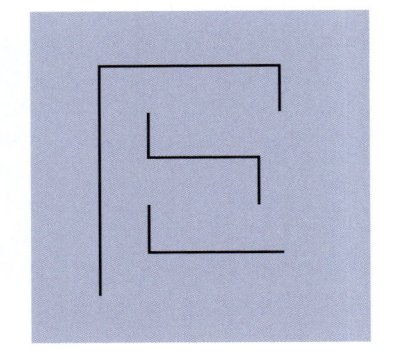

11.5 Gestaltgesetze

- Lesen Sie folgende Definitionen und ordnen Sie die Gesetzesbezeichnungen den entsprechenden Wahrnehmungsexperimenten zu. Schreiben Sie die Gesetzesbezeichnung jeweils über die Beispiele.

Gesetz der guten Fortsetzung (Gesetz der Erfahrung)
Dinge, die auf einer durchgehenden Kurve oder Linie liegen, werden von unserer Wahrnehmung als Einheit zusammengefasst; dabei muss die Linie nicht immer durchgezeichnet sein, sie kann nur „gedacht" sein und wird von unserer Wahrnehmung dann ergänzt.

Gesetz der Ähnlichkeit
Elemente, die sich ähnlich sehen, werden von unserer Wahrnehmung gruppiert, also als zusammengehörig aufgefasst. Umgekehrt werden Elemente, die sich in wesentlichen Merkmalen voneinander unterscheiden, als voneinander getrennt und unabhängig wahrgenommen.

Gesetz der Geschlossenheit
Gestalten mit geschlossenem Umriss werden von unserer Wahrnehmung als Einheit aufgefasst. Umgekehrt wirken Elemente, die durch Linien getrennt sind, nicht zusammengehörig.

Gesetz der Nähe
Unsere Wahrnehmung fasst Dinge, die räumlich nahe beieinanderliegen, zusammen und sieht sie als Einheit. Umgekehrt werden auseinanderliegende Elemente erst einmal als voneinander getrennt und unabhängig betrachtet.

Es gibt noch weitere Gestaltgesetze, hier sollen aber nur die für die grafische Gestaltung bedeutendsten untersucht werden.

Vielleicht ist Ihnen beim Experiment der Geschlossenheit schon aufgefallen, dass das Kästchen vorrangig vor den Linien wahrgenommen wird, obwohl diese nah beieinanderliegen. Das Gesetz der Geschlossenheit ist also stärker als das Gesetz der Nähe. Das soll Ihnen zeigen, dass die Gestaltgesetze – so trivial sie auf den ersten Blick scheinen – doch komplexer interagieren, als es den Anschein hat. Ihr Ziel als Gestalter sollte es sein, sie so einzusetzen, dass sie sich gegenseitig unterstützen und nicht aufheben. (Sie erinnern sich: Bei der Kontrastbildung galt das gleiche Prinzip.) Doch wie macht man das? Dazu können wir Hinweise für eine gute Gestaltung aus den Gesetzen ableiten.

11.6 Gestaltgesetze in der Praxis

- Versuchen Sie selbst, aus den Gestaltgesetzen Ableitungen für die Gestaltung von Printprodukten zu treffen. Wenn Sie in der Gruppe arbeiten, teilen Sie jeder Kleingruppe ein Gesetz zu. Suchen Sie nach konkreten Beispielen in Printprodukten, wo Gestaltgesetze beachtet oder missachtet wurden. Vergleichen Sie Ihre Ergebnisse mit den folgenden Ausführungen.

Beispiele:
Zuordnung einer Bildunterschrift zum Bild. Umbruch, bei dem die Spalten nicht durchgehend von oben nach unten gehen, sondern die Seite in mehrere Teile aufgeteilt ist.

1. Gesetz der Nähe
- Stellen Sie inhaltlich zusammengehörige Elemente optisch nah zusammen.
- Trennen Sie inhaltlich nicht zusammengehörige Elemente durch klare Abstände oder Linien.

Dieses Gesetz ist die beste Begründung für Gestaltung mit Leerraum, denn dieser ist keine „Platzvergeudung", sondern wird von unserer Wahrnehmung als Information erkannt. Auch in der Musik ist eine Pause nicht ein „Verschnaufen" der Musiker, sondern hat eine Bedeutung im Zusammenspiel.

Beispiele:
Bestimmte Tonwertflächen kennzeichnen Tipps oder Hinweise in einem Buch. Farbkodierungen erleichtern, dass der Leser sich in verschiedenen Themengebieten zurechtfindet. Ein Bilderzyklus wird durch eine gemeinsame Bildform oder -umrandung als Zyklus erkennbar. Tabellenkopf und -spalte lassen sich durch farbige Kennzeichnung als zusammengehörig erkennen.

2. Gesetz der Ähnlichkeit
- Gestalten Sie konsistent, d.h., alle Gestaltungselemente sollten einheitlich eingesetzt werden. Inhaltlich gleiche bzw. als ähnlich definierte Elemente müssen das auch durch ihr Äußeres transportieren. Die Ähnlichkeit erleichtert dem Leser die Orientierung, da sie schnell gelernt wird.
- Durch das Gesetz der Ähnlichkeit haben Sie in der Gestaltung die Möglichkeit, Elemente über eine Distanz zu verbinden, wenn sie nicht nah zusammenstehen können. Es ergänzt somit das Gesetz der Nähe.

Im Grunde wird durch diese Art unserer Wahrnehmung erst eine organisierende Gestaltung notwendig. Wenn wir aus einem Haufen unstrukturierter Informationen schon die zusammenhängenden erkennen könnten, wäre das Informationsdesign überflüssig.

Beispiele:
Bei Infografiken mehrere zusammengehörende Infos in einen Kasten stellen. In Zeitschriften Extra-Rubriken mit Überschrift und Bild in eine „Informationszelle" stellen.

3. Gesetz der Geschlossenheit
- Wichtiges sollte optisch geschlossen präsentiert werden, um vorrangig wahrgenommen zu werden, da dieses Gesetz stärker ist als die ersten beiden. Stellen Sie die Elemente auf Tonwertflächen, in Linienrahmen, in gemeinsame „Zellen", wie sie auch immer gestaltet seien. Eine vollständige Geschlossenheit ist hierbei nicht notwendig, da das Auge Linien fortführt (s. nächstes Gesetz).
- Genauso wichtig ist die klare Abgrenzung nicht zueinandergehöriger Inhaltselemente, entweder (Gesetz der Nähe) durch Abstand oder durch Abgrenzungen (Linien, Bildleisten, Rapports, Farbflächen etc.)

Dieses Gesetz begründet die Kunst der Gestaltung, die die Seite „zusammenhält" und darauf achtet, dass die einzelnen Gestaltungselemente nicht „auseinanderfallen". Ein Layout ist kein beliebiges Nebeneinander der Gestaltungselemente, sondern sie sind gezielt untereinander in Beziehung gesetzt.

Beispiele:
Organisatorische Informationen auf einem Veranstaltungsplakat auf eine Achse setzen, inhaltliche auf eine andere. Es muss nicht immer das ganze Bild dargestellt werden, ein sinnvoller Ausschnitt genügt.

4. Gesetz der guten Fortsetzung (Gesetz der Erfahrung)
- Die Wahrnehmung setzt gedachte Linien fort – das sollten Gestaltende beachten, wenn sie Elemente auf die gleiche horizontale oder vertikale Linie setzen. Achsen erleichtern die Leseführung. Jedoch muss man sich vorher genau darüber im Klaren sein, in welcher Reihenfolge die Informationen auf der gedachten Linie liegen (s. auch Abschnitt Linienführung, S. 219).

Auch muss der Betrachter die Chance haben, die Linie gedanklich durchzuzeichnen; die Abstände zwischen den „Linienstücken" dürfen also nicht zu groß sein.

- Weiter kann dieses Wahrnehmungsphänomen ein Hinweis für uns Gestaltende sein, nicht immer alles explizit grafisch darzustellen, sondern in Andeutungen zu sprechen. Genauso wie bei einem guten Film die besten Szenen im Kopf des Betrachters entstehen, kann auch in der Typografie die Wahrnehmung des Betrachters mitarbeiten.
- Die menschliche Eigenschaft, das zu sehen, was wir gewohnt sind oder sehen wollen, ist auch nicht zu unterschätzen.

Dieses Gesetz verlangt ein hohes gestalterisches Können und ein aufmerksames und waches Lesepublikum, deswegen ist hier die Zielgruppendefinition besonders wichtig, sonst könnte die gewagte Gestaltung auf Unverständnis stoßen.

Die Schrift „Peep" funktioniert auf Grundlage dieses Gestaltgesetzes

Touristen-(Ent-)Täuschung

Vertiefung

5. Gesetz der guten Gestalt (Gesetz der Einfachheit)

Es war kein Zufall, dass Sie in der Anfangsbeobachtung zwei übereinanderliegende Quadrate gesehen haben, denn das war die einfachste Wahrnehmungsmöglichkeit. Der Mensch neigt dazu, jedes Reizmuster so zu sehen, dass die entstehende Figur so einfach wie möglich ist. Er geht eben gerne den Weg des geringsten Widerstands.

- Klare Gestaltung erleichtert demnach die Wahrnehmung. Vor allem dann, wenn die Gestaltung besonders einprägsam (z. B. Logo), besonders leicht zu lernen (z. B. Verkehrsschild) oder besonders schnell zu erfassen sein soll (z. B. Großplakat). Über die Grundformen Kreis, Quadrat, Rechteck und Dreieck erreichen Sie diese guten Gestalten. Sei es in der direkten Verwendung dieser Formen oder in der Anordnung von Elementen in diesen Formen.

6. Figur-Grund-Unterscheidung

11.7 FIGUR-GRUND-BEZIEHUNG
Was sehen Sie in diesen Abbildungen?

a   b   c

Die Figur-Grund-Unterscheidung ist kein Gestaltgesetz im engeren Sinne, sondern eher ein übergeordnetes Prinzip, nach dem wir Gestalten überhaupt wahrnehmen. Denn jedes Mal, wenn Sie eine Figur sehen, hat Ihre Wahrnehmung diese vom Hintergrund getrennt, da wir immer nur eine Figur zeitgleich wahrnehmen können. Aber wodurch legen wir fest, was Vorder- und was Hintergrund ist?

1. Die kleinere Einheit wird eher als Figur vor einem größeren Hintergrund wahrgenommen, wobei sie auf dem Hintergrund zu liegen scheint.

2. Eine räumlich zentrale Einheit wird eher als Figur wahrgenommen als eine Einheit im Außenbereich des Gesichtsfeldes.

3. Eine dunklere Einheit vor hellem Hintergrund (oder eine in wärmeren Farben vor einem Hintergrund in kälteren Farben) wird eher als Figur wahrgenommen als eine helle vor dunklem Hintergrund.

4. Eine Einheit mit vertikaler oder horizontaler Hauptachse wird eher als Figur wahrgenommen als eine mit schräger Hauptachse, wobei die horizontale Achse die vertikale dominiert.

5. Eine symmetrische Einheit wird eher als Figur wahrgenommen als eine asymmetrische.

11.8 Figur-Grund-Prinzip im Printdesign

- Überlegen Sie, was im Printdesign häufig als Figur präsentiert werden soll und was die Elemente kennzeichnet, die im Hintergrund liegen bzw. als Hintergrund wahrgenommen werden?

- Leiten Sie aus den Beobachtungen der Figur-Grund-Unterscheidung (wie oben bei Gesetz eins bis fünf geschehen) Regeln für die grafische Gestaltung ab, die Sie oben in die Leerzeilen unter den einzelnen Thesen eintragen.

11 Layoutgestaltung | Wahrnehmungsgesetze 217

11.9 Kippfiguren

- Vielleicht haben Sie Lust, aus den Ihnen bekannten Kippfiguren (die Rubin'sche Vase ist ja nur eine von vielen) Bauprinzipien für Kippfiguren abzuleiten. So viel sei verraten, dass es durch Verletzung der Figur-Grund-Unterscheidung zu einer Verwirrung der Wahrnehmung kommt.
- Setzen Sie diese Erkenntnisse doch einmal um, indem Sie eine typografische und eine grafische Kippfigur entwickeln und diese hier einkleben:

Beispiel einer typografischen Kippfigur:
ehemaliges Logo der Fachhochschule Darmstadt

11.10 Gestaltgesetze

- Finden Sie in folgenden Beispielen angewandte Gestaltgesetze. Schreiben Sie die Gesetzesbezeichnung zu den Beispielen.
- Wo wurde gegen Gestaltgesetze verstoßen, wo könnten sie gezielter eingesetzt werden, so dass die Informationsstruktur verbessert würde?
- Wo wurde mit Gestaltgesetzen gespielt, um Aufmerksamkeit zu erregen?

Gestaltungsbeispiele, in denen durch Anwendung von Gestaltgesetzen der Wahrnehmungsprozess vereinfacht oder (unabsichtlich) erschwert wird:

1 Anzeige profile intermedia
2 Anzeige VHV (Autoversicherung)

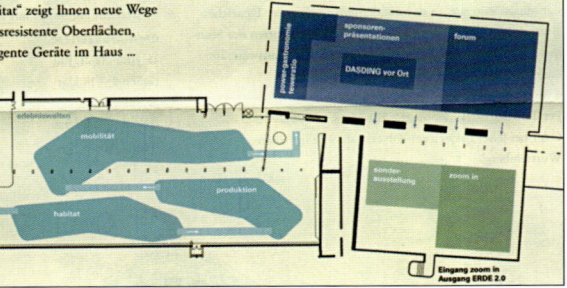

Festivalprogramm 3
(Ausschnitt)
Informationsbroschüre FJU, 4
Bundesministerium für Familie,
Senioren, Frauen und Jugend
Titel Infobroschüre Familie, 5
Bundesregierung
Leuchtreklame Diskothek 6
Ausstellungsflyer Erde 2.0, 7
Ministerium für Umwelt und
Verkehr

Linienführung
»Gehen Sie auf Blickfang«

Wie oft brüten Sie am Anfang einer Gestaltungsarbeit vor einem leeren Blatt Papier oder einem blanken Bildschirm? Die Vielzahl an Möglichkeiten, wie Sie Ihre Gestaltungselemente auf dem Format verteilen könnten, lähmt so manchen Gestaltungswilligen. Dennoch gibt es auch hier außer den Gestaltgesetzen Richtlinien, die Ihnen helfen, einen ausgewogenen Layoutaufbau zu erreichen.

Abgeleitet werden sie an dieser Stelle von der Anzeigentypografie, die bestens „erforscht" ist, da hier sehr viel Geld den Besitzer wechselt und wirkungslose Typografie ein „Knock-out"-Kriterium für die Gestaltenden ist.

Mit Hilfe von Blickaufzeichnungsverfahren werden die Blickrichtung und die Verweildauer der Augen einer Versuchsperson sowie der Weg der Augen über das Druckprodukt erfasst und ausgewertet. Damit gewinnt man Aussagen über die Wahrnehmungsreihenfolge der Gestaltungselemente und das Interesse der Versuchsperson an den einzelnen Elementen (Verweildauer).

Ein zweites Instrument zur Wirksamkeitsbeurteilung von Anzeigen ist das Tachistoskop, mit dem das Druckprodukt für eine sehr kurze Zeit sichtbar gemacht wird. Auch hier gewinnt man Einsichten über die am frühesten erkannten Elemente und über die Prägnanz der Gestaltung, die dann hoch ist, wenn ein Element oder das ganze Produkt von Anfang an richtig erkannt wurde.

Für die Lese-Typografie, die vorrangig Informationen an die Betrachter bringen möchte, sind diese Erkenntnisse ebenfalls von Bedeutung. Denn auch hier sollen die wichtigsten Inhalte zuerst wahrgenommen werden und die Aufmerksamkeit der Lesenden möglichst lange auf dem Produkt gehalten werden.

Man unterscheidet drei Verfahren:
Mit dem Eye-Mark Recorder, einem brillenähnlichen Gerät, werden Hornhautbewegungen und Blickfeld aufgezeichnet. Beim Mannheimer Blickregistrierungsverfahren befindet sich die Kamera im Rücken der Versuchsperson und das zu betrachtende Objekt auf einem verspiegelten, schräg stehenden Lesepult.
Beim Compagnon-Verfahren befindet sich dagegen die Kamera direkt in der Leselampe.

Doch wie erreichen Sie als Gestaltende dieses Ziel?
1. Die Wahrnehmungsreihenfolge lässt sich über die Art und Weise der Elementgestaltung und deren Platzierung beeinflussen. Form, Farbigkeit und Platz auf der Seite bestimmen vorrangig das visuelle Gewicht der Elemente.
2. Die Aufmerksamkeit des Lesers wird dann möglichst lange auf dem Produkt gehalten, wenn seine Augen den Gestaltungselementen so folgen (müssen), dass sie in der Seite gehalten werden und diese nicht „aus Versehen" verlassen.

Dazu werfen wir noch einen kurzen Blick auf das menschliche Sehverhalten: Der Mensch hat ein horizontales Gesichtsfeld von circa 130°. Die Stelle des schärfsten Sehens, der foveale Bereich, erstreckt sich dabei nur über 1° bis 2°; hier fällt das Licht direkt auf die Sehzellen, ohne eine Nervenschicht passieren zu müssen. In den äußeren Bereichen nimmt die Schärfe auf bis zu ein Vierzigstel des zentralen Wertes ab.

Übertriebene Darstellung des fovealen Bereichs:
Anzeige R+V Versicherungen

Die Anzeige der Typo Berlin arbeitet mit dem Blickverlauf als Gestaltungsmittel. Die Abfolge des Blickverlaufs ist rot gekennzeichnet. (Die Positionsdaten sind auch im Original kaum lesbar.)

Die Augenmotorik bringt nun ständig informationshaltige Bereiche in den fovealen Bereich. Dies geschieht mit ruckartigen Augenbewegungen, den so genannten Sakkaden, die etwa im 50-Millisekunden-Takt aufeinander folgen. Dazwischen gibt es kurze Fixationen, also ein Verweilen der Augen – diese dauern von 250 Millisekunden bis zu einer Sekunde.

Auch der Lesevorgang geht je nach Lesevermögen des Betrachters in kleineren oder größeren Sakkaden vor sich.

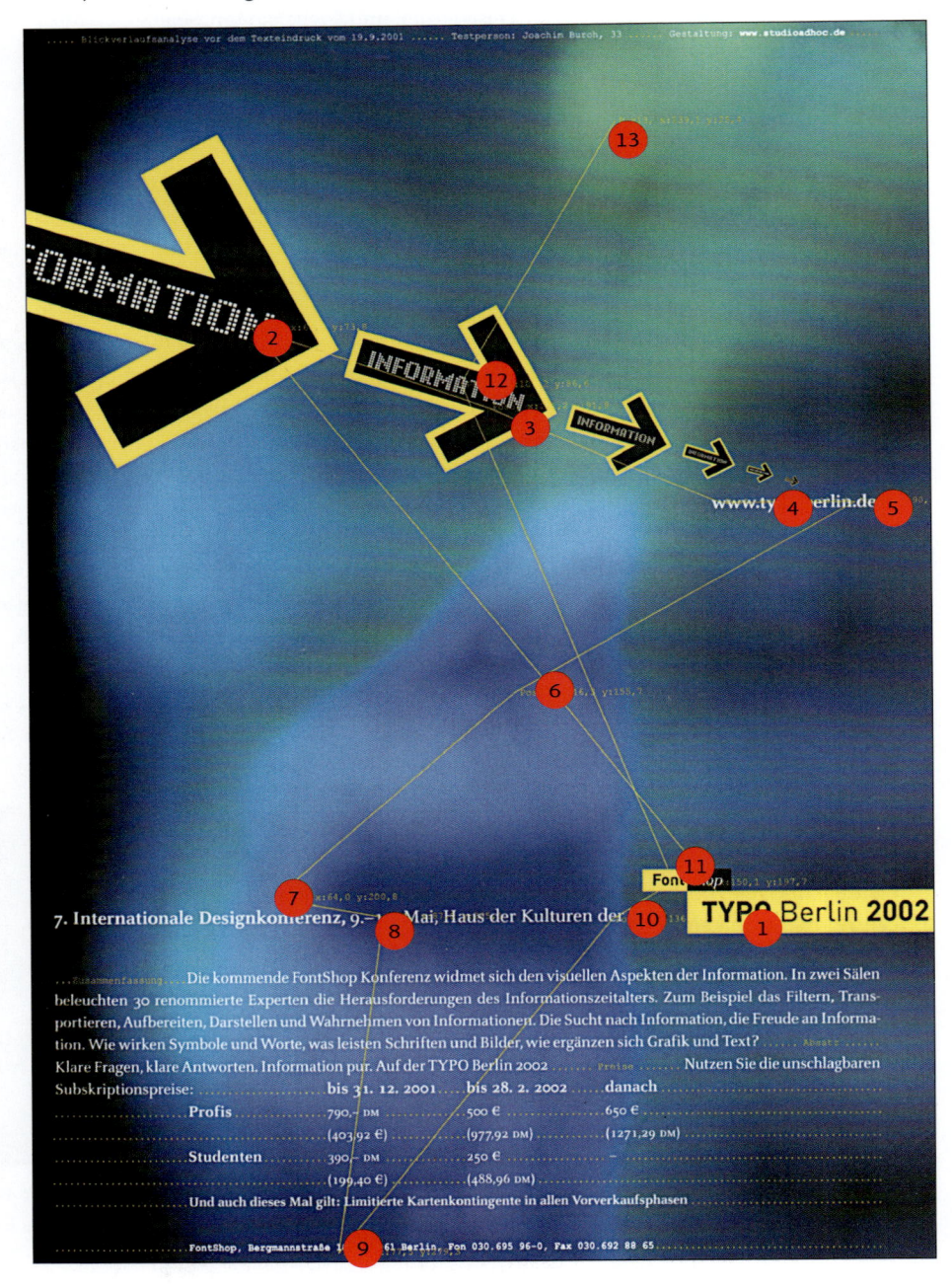

11 Layoutgestaltung | Linienführung

11.11 Blickverlauf

Zeichnen Sie wie im ersten Beispiel vorgegeben Ihren Blickverlauf in folgende Gestaltungsprodukte und vergleichen Sie Ihre Ergebnisse untereinander. Denken Sie nicht so viel dabei nach, sondern zeichnen Sie spontan. Ihr Blick ist schneller als Ihr reflektierendes Denkvermögen …

Beispiele, in denen der Blickverlauf durch die Elementgestaltung und -anordnung gezielt gelenkt wird:

1. Anzeige T-Mobile
2. Anzeige Joop
3. Anzeige Whiskas
4. Unternehmermagazin „Mittel und Wege" (Ausschnitt)

„Blickfänger":

_____
_____
_____
_____
_____
_____

11.12 Auswertung Blickverlauf

- Welche Elemente haben Sie überhaupt angeschaut, welche sind erst einmal „unter den Tisch gefallen"? Erstellen Sie links eine Liste möglicher Elemente, die als herausragende Gestaltungselemente in Printprodukten verwendet werden.
- Bei welchem Element ist Ihre Verweildauer am höchsten, welche Ursache könnte das haben?
- Wie hoch ist die Übereinstimmung Ihrer Ergebnisse, wo ergeben sich Abweichungen? Wodurch könnte die unterschiedliche Wahrnehmung beeinflusst sein?
- Welche grafischen Eigenschaften weisen die Elemente auf, die Sie vorrangig wahrgenommen haben?
- Stellen Sie eine Rangliste der Variablen des visuellen Gewichts auf. Nummerieren Sie untenstehende Kriterien nach ihrer Bedeutung für die Wahrnehmung. Was spielt meist die größte Rolle, was ist dann wichtig usw. Welche weiteren Kriterien fallen Ihnen ein?

Farbe/Helligkeit   Position (Formatlage)   Form   Größe
...

- Konkretisieren Sie die Kriterien:
Beispiel: Von zwei farbigen Elementen wird das zuerst angeschaut, das ...
- Welche geometrischen Formen ergeben sich durch den Blickverlauf?
- Welche Formen scheinen Ihnen geeignet, die Wahrnehmung des Betrachters auf der Seite zu halten?

Bestandteile eines TV-Spots oder einer Anzeige, die sehr viel Aufmerksamkeit auf sich ziehen und in keinem bzw. in keinem unmittelbaren Zusammenhang mit dem direkten Inhalt der Werbung stehen, werden als **Vampire** (der Aufmerksamkeit) bezeichnet. Welche typischen Vampire fallen Ihnen ein?

„Vampire":

_____
_____
_____
_____
_____
_____

Richtlinien zur Elementpositionierung und Linienführung in der Layoutgestaltung (Zusammenfassung)

1. Bringen Sie die wichtigsten Elemente in die besten Platzierungen.
2. Bilden Sie klare Hierarchien, so dass sich die Hauptelemente von ihrem visuellen Gewicht her deutlich unterscheiden, sonst weiß der Betrachter nicht, wo er zuerst hinschauen soll.
3. Planen Sie die Blickführung als Weg durch Ihr Gestaltungsprodukt von Anfang an mit ein. Versuchen Sie, die Betrachter durch geometrische Formen der Blickführung in der Seite zu halten.
Vergessen Sie dabei nicht, das Produkt im Umfeld zu sehen. Wird es z. B. doppelseitig betrachtet, bildet die Doppelseite die Gestaltungseinheit.

Vergessen Sie aber nicht die Basisregeln:
- Verletzen Sie bei aller Linienführung nie die Lesereihenfolge.
- Vernachlässigen Sie niemals den Inhalt auf Kosten der Gestaltung.

11.13 Anzeige

Material zum Download:
11_13_Anzeige.zip

Gestalten Sie die Anzeige nach den erarbeiteten Richtlinien der Layoutgestaltung. Sie soll in einem Kundenmagazin auf der rechten Seite positioniert werden, Format DIN A4.

Positionswahl
»Mein rechter, rechter Platz ist leer«

11.14 INTUITIVE PROPORTIONSWAHL

Nehmen Sie zwei weiße Blätter Papier der Größe 24×16cm. Schneiden Sie die beiden Schlagzeilen aus und schieben Sie sie so lange einmal auf dem Blatt im Hochformat, einmal auf dem Blatt im Querformat, bis Sie das Gefühl haben, die Zeile stehe auf der richtigen Position. Dann zeichnen Sie eine Linie horizontal und vertikal durch die Mitte des Textblocks. Dort wo diese die Papierränder schneiden, messen Sie die Werte der kürzeren und der jeweils längeren Strecke. Welches Verhältnis ergibt sich? Vergleichen Sie das Ergebnis mit den Werten des Goldenen Schnitts im nächsten Kapitel. Sie werden staunen, wie auch Sie unterbewusst von diesem harmonischen Prinzip geprägt sind.

Material zum Download
11_14_Schlagzeilen.pdf

Dreierteilung

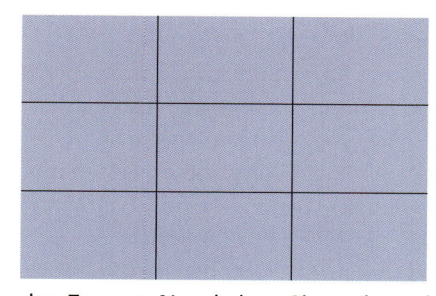

Eine weitere, aus der Fotografie abgeleitete Möglichkeit ist die Dreierteilung, auch sie ist letztlich nur eine Variation des Goldenen Schnitts.

Teilen Sie ein beliebiges Format horizontal und vertikal in jeweils drei Teile und ziehen Sie Linien über das Format. Nun haben Sie entlang der horizontalen oder vertikalen Linien erste Hilfestellung, wo Sie Ihre Elemente positionieren können. Viele Gestalter verwenden sogar bevorzugt die vier möglichen Kreuzungspunkte.

- Beachten Sie in beiden Fällen, dass der freie Raum auf der Seite das Auge zu einem Gestaltungselement hinführt und nicht irgendwo auf der Seite als „blinder Fleck" zufällig entsteht.
- Wenn Sie Bilder positionieren, achten Sie immer darauf, nach welcher Seite sie „offen" sind. Die offene Seite kann zur Stabilisierung durch ein anderes Element aufgefangen werden.
- Vielleicht hilft Ihnen auch das Bild eines ausbalancierten Dreiecks. An den Spitzen sitzen jeweils die Gestaltungselemente. Der Schwerpunkt sollte sich noch innerhalb des Dreiecks befinden.
- Wie immer können Sie diese Richtlinien natürlich auch bewusst durchbrechen, nur: Wenn Sie das tun wollen, dann deutlich!

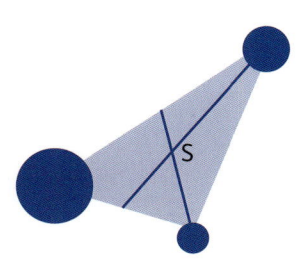

Kommunikation der Elemente
»Gestalten Sie das Treffen«

Eine gut gestaltete Seite ist wie eine wohl durchdachte Sitzordnung bei einer gelungenen Feier. Jedes Element muss zu seinem Recht kommen, niemand darf ausgeschlossen werden, alle sollen sich optimal unterhalten können. Sehen Sie sich als Gestaltende in der Position des Gastgebers ...

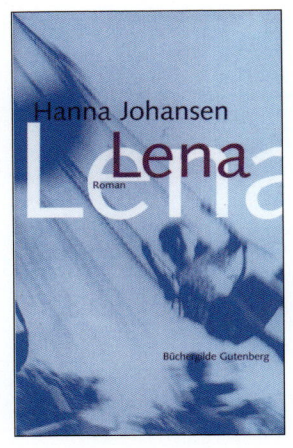

Beispiel einer „kommunikativen" Buchtitelgestaltung: Hanna Johansen: Lena, Büchergilde Gutenberg, Frankfurt

In vielen Fällen dürfen Sie Gestaltungselemente, wie z. B. Texte und Bilder, die Ihnen geliefert werden, inhaltlich nicht verändern. Damit ist Ihnen auch meist schon die Reihenfolge des Erscheinens der Elemente vorgegeben. Oft müssen Bilder bestimmten Textpassagen zugeordnet werden, oder Initialen stehen eben als große Buchstaben am Anfang eines Absatzes und nicht dort, wo Sie sie gestalterisch als Akzent gerne hätten. Die meisten Gestaltungsaufgaben bieten Ihnen aber noch genug Freiräume, wie Sie Elemente anordnen können, dass dieselben wirkungsvoll in Szene gesetzt werden und untereinander kommunizieren.

Wie Sie Kommunikation auf der Seite herstellen, sei Ihnen hier am Beispiel der Text-Bild-Kommunikation vorgestellt. Sehen Sie sich auch noch einmal die Gestaltgesetze an, Sie können für das Schaffen von Verbindungen auf einer Seite von ihnen einige Hinweise erhalten. So erlaubt Ihnen das Wahrnehmungsgesetz der Ähnlichkeit, räumlich entfernte Elemente als zusammengehörig darzustellen. Durch „ähnliche" Gestaltung treten sie nun in Kommunikation, und diese wird vom Betrachter nachvollzogen.

Kommunikation unter Menschen entsteht nicht nur verbal, sondern auch über Blickrichtung und Gestik. Diese nonverbale Komponente lässt sich auch bei Bildern finden, sie weisen ebenfalls Blickrichtungen und Linien auf, die in bestimmte Richtungen zielen. So ist es möglich, dass über diese „Gesten" andere Bilder oder Texte „angesprochen" werden.

Lernen Sie, die Hauptlinien in Bildern zu sehen. Es gibt horizontale, vertikale, diagonale und schräge Führungslinien, die von den Bildgestaltern bewusst gewählt wurden. Diese müssen Sie als Typografen nicht selbst herstellen können, aber Sie sollten sie aufgreifen und in Ihre Typografie mit einbinden.

11.15 FÜHRUNGSLINIE
Zeichnen Sie in folgendes Bildmaterial die Führungslinien ein. Wenn es mehrere gibt, zeichnen Sie die daraus resultierende Haupt-„Blickrichtung" des Bildes ein.

Diese Führungslinien entstehen durch Form und Richtung der abgebildeten Elemente, durch ihre Beziehung untereinander oder durch Farb- und Helligkeitskontraste. Unwillkürlich folgen unsere Augen diesen Linien. So ist es sicher sinnvoll, wichtige Seiteninhalte dort zu platzieren, wo das Auge „landet".

Die Linien haben aber noch eine andere Funktion. Je nach Richtung wird durch sie die Bildaussage selbst ergänzt oder verändert. Vertikale Linien ziehen Bilder in die Länge, geben ihnen Würde und Kraft, durch ihr Aufwärtsstreben aber auch eine Art Schwerelosigkeit.

Horizontale Linien öffnen und beruhigen, indem sie das Bild in die Breite ziehen. Diese Bilder wirken leicht statisch. Diagonale Linien erzeugen Bewegung und lassen für den Betrachter ein Gefühl der Räumlichkeit entstehen. Im europäischen Kulturkreis empfinden wir die Diagonale von links unten nach rechts oben als aufstrebend, sie wird von uns positiv belegt. So ist es in der Typografie oftmals empfehlenswert, diese Linie eines Bildes fortzuführen.

Auch geschwungene und kreisförmige Linien finden sich in Bildern, sie stehen für Schönheit und bringen Bewegung und Eleganz ins Bild.

Hier kommuniziert der Textverlauf mit den Formen der Gesichtselemente: Kinn, Unterlippe, Augen und Brauen.

Zeitlose Titelseite Zeit-Magazin

11.16 HEADLINE-PLATZIERUNG

■ Wo müsste nun eine Headline sitzen, um eine angemessene Kommunikationspartnerin zu den oben vorgegebenen Bildern zu werden? Schneiden Sie die Headline eng am Schriftbild aus, schieben Sie sie so lange, bis Sie mit der Kommunikation zufrieden sind, dann kleben Sie die Überschrift an dieser Stelle ein. Stellen Sie sich dabei vor, das Bild würde im Headline-Bereich fortgesetzt, so dass Sie keine „zerschnittene" Schrift haben.

■ Vergleichen Sie Ihre Ergebnisse mit denen anderer. Finden Sie Ursachen für Abweichungen heraus.

Material zum Download:
11_16_Headline.pdf

11.17 KALENDER

■ Gestalten Sie einen Foto-Kalender. Weichen Sie bewusst von der traditionellen Bilderdarstellung in Kalendern ab, bei denen das Bild im Goldenen Schnitt auf der Seite platziert wird. Experimentieren Sie mit vollformatigen

Material zum Download:
11_17_Kalender.zip

Bildern und randabfallenden Querformaten, die das Kalendarium integrieren.

- Lassen Sie das Kalendarium mit den Bildern kommunizieren. Arbeiten Sie mit allen erdenklichen Kommunikationskombinationen und -varianten: z. B. durch Aufgreifen von Bildlinien, Platzierung, Farbwahl, Formsatz, Schriftform…

11.18 BILDRICHTUNG

Betrachten Sie folgende Beispiele von Text-Bild-Kommunikation.

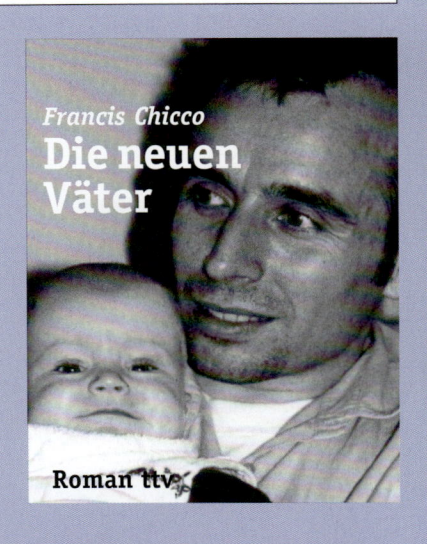

Zeitungsartikel: Interpretieren Sie, wie der französische Bauer zur Agrarreform seines Landes steht.

Buchtitel: Interpretieren Sie durch die Gestaltung, ohne das Buch gelesen zu haben, in welchem Fall der Autor ein kompetenteres Bild der „neuen Väter" entwirft. Wodurch entsteht dieser erste Eindruck?

Hinweis:
Es ist durchaus auch möglich, dass die gestalterische Kommunikation der Elemente bewusst gestört sein soll, da diese sich „inhaltlich" auch nicht vertragen. Ohne eine Zeile zu lesen, kann der Leser diese Botschaft dann schon intuitiv verstehen.

11.19 Analyse Text-Bild-Linienführung

- Untersuchen Sie folgende Beispiele von Text-Bild-Kommunikation. Zeichnen Sie die Hauptlinien ein und analysieren Sie, ob eine Kommunikation zwischen Text- und Bildelementen stattfindet.
- Wenn Text und Bild kommunizieren, formulieren Sie, durch welche gestalterischen Mittel die Kommunikation ermöglicht wird. Welche Grundstruktur der Linienführung findet sich immer wieder?

Beispiele, in denen Text und Bild von den Gestaltern durch bestimmte „Kunstgriffe" in Beziehung gesetzt werden:

1. Anzeige Lipton
2. Anzeige AM international
3. Anzeige Mustang
4. Anzeige Lufthansa
5. Anzeige Zypern
6. Anzeige TUI
7. Anzeige ADIG Investment
8. Anzeige Jacobs

5

Zypern. Entspannen auf hundertfache Weise.
Herzlichst, Zypern
Ich kann Sie mitnehmen. Auf eine Insel mit einfach zugänglichen goldenen Stränden und beeindruckenden Bergen - auf Zypern. Getaucht in warmes Sonnenlicht, ändert sich hier die Landschaft mit den Jahreszeiten. Entspannen Sie sich, indem Sie nichts oder auch alles machen: Sonnenbaden, aufregende Bilder schießen, Tennis oder Golf spielen - das sind nur ein paar Möglichkeiten dem Alltag zu entfliehen.
Besuchen Sie zum Beispiel einen altertümlichen Tempel oder eine Byzantinische Kirche, bevor Sie in Ihr komfortables und gemütliches Hotelzimmer zurückkehren.
Wenn Sie beginnen wollen, sich zu entspannen, besuchen Sie doch www.visitcyprus.com
Die Insel für alle Jahreszeiten
Fremdenverkehrszentrale Zypern, Zeil 127, 60313 Frankfurt/Main. Tel. 069-25 19 19. E-mail: info@cto-fra.de

I can fly
Europaweit
ab 19,99 €*
TUIfly.com
TUIfly.com
Fliegen zum Smile-Preis
Buchbar unter © 0900 109 9595 oder in Ihrem Reisebüro.

6

7

Geld entsteht im Kopf.
Für intelligentes Investment braucht man Erfahrung. Sagen wir mal 50 Jahre.
Wie vorteilhaft sich langjährige Erfahrung auswirkt, sieht man am ADIG Fondak, der seit 1950 pro Jahr durchschnittlich über 11 % zulegte. Das brachte ihm eine 5-Sterne-Auszeichnung von Standard & Poor's und macht ihn zu einem der erfolgreichsten deutschen Aktienfonds überhaupt. Mehr über die Ideen der ADIG Experten und aktuelle Verkaufsprospekte bei der Commerzbank, Ihrem Finanzberater oder unter:
www.adig.de oder 089/46268-525
ADIG INVESTMENT
Intelligent investieren.

Finde Balance mit
JACOBS KRÖNUNG Balance.
45 € Jetzt bis zu sparen
für ein exklusives Verwöhnwochenende
JACOBS
Genießen Sie ein Verwöhnwochenende in einem von 20 ausgewählten Vier- bis Fünf-Sterne-Hotels in ganz Deutschland. Jetzt finden Sie einen 15-Euro-Gutschein auf jeder Packung JACOBS KRÖNUNG Balance. Mit drei Gutscheinen erhalten Sie eine Ermäßigung von 45 Euro. Die Teilnahmebedingungen finden Sie auf jeder Packung und im Internet (www.jacobs.de).
JACOBS KRÖNUNG Balance. Der einzigartige Wohlfühlkaffee mit vollem Aroma und ausbalanciertem Koffein.
JACOBS
KRÖNUNG
Balance

8

Umbruch
»Die Seiten werden gefüllt«

Satztechnisches
Bisher haben Sie den Seitenaufbau eher aus der Vogelperspektive kennen gelernt. Jetzt folgt der handwerkliche Teil, der Ihnen hilft, gut lesbare Seiten zu produzieren.

Früher setzte man den Fließtext fortlaufend als so genannte „Fahne". Er wurde dann manuell an der Stelle getrennt, an der eine neue Spalte anfangen sollte; dieser Umbruch geschieht heute elektronisch. Sie sollten dennoch einen Blick auf das automatische Ergebnis Ihres Layoutprogramms werfen, um folgende Fehler zu vermeiden:

Zeilenzusammenhalt
- Die erste Zeile eines Absatzes sollte nicht am Ende einer Spalte alleine stehen bleiben („Schusterjunge"); achten Sie darauf, dass mindestens zwei volle Zeilen des folgenden Absatzes die Spalte abschließen.
- Ebenso sollte eine Spalte nicht mit der letzten Zeile eines Absatzes beginnen, auch hier lassen Sie mindestens zwei Zeilen des vorangegangenen Absatzes den Spaltenanfang machen („Hurenkind").
- Das Gleiche gilt für die Anzahl von Zeilen nach Zwischenüberschriften, der Überschrift sollten immer mindestens zwei Zeilen folgen.

Die diskriminierenden, aber eindrücklichen Begriffe Schusterjunge (Einzelzeile unten) und Hurenkind (Einzelzeile oben) entstammen der wenig zimperlichen Setzersprache des 19. Jahrhunderts.

Trennungen
- Um Trennungen zu vermeiden, die Wörter eher verstümmeln, sollten Sie Worte erst ab einer Gesamtlänge von sechs Zeichen trennen lassen; die minimale Länge vor der Trennung sollte zwei Zeichen betragen, die minimale Länge nach der Trennung drei Zeichen. Finden Sie diese Einstellmöglichkeit für Trennungen in Ihrem Layoutprogramm heraus.
- Trennen Sie keine Eigennamen, Zahlen oder Abkürzungen und trennen Sie nicht zwischen Werten und ihren Einheiten. Damit bei einem Leerzeichen nicht getrennt werden darf, verwenden Sie ein geschütztes Leerzeichen. Finden Sie das Tastaturkürzel dafür und die Tastenkombination für ein Trennverbot in Ihrem Layoutprogramm heraus und tragen Sie es hier ein:

Absätze
- Ein Absatz sollte aus einer Informationseinheit bestehen. Der Autor führt dabei einen Gedankengang aus. Je nach Zielgruppe und Medium sind Absätze zwischen drei und fünf Zeilen (Web) über fünf bis fünfzehn Zeilen (z. B. Geschäftsbericht) bis zu mehreren Seiten (z. B. Roman) lang.

www.freie-typografische-partei.de: Schauen Sie sich das Wahlprogramm genau an, damit Sie wissen, worauf Sie sich in der typografischen Gemeinde einlassen …

- Absätze sind getrennt durch Leerzeilen, halbe Leerzeilen oder im schlechtesten Fall nur durch kurze Zeilenenden der Absatzenden.
- Weitere Möglichkeiten sind Einzüge am Absatzbeginn, meist nach innen in der Breite von ein bis drei Gevierten. Aber auch das Vorziehen der ersten Zeile als Absatzbeginn kann in Einzelfällen in Betracht gezogen werden. Beachten Sie dabei, dass der erste Absatz nach der Überschrift keinen Einzug aufweist!

Überschriftenhierarchie
Um den Text Ihres mehrseitigen Printproduktes zu strukturieren, werden Sie immer wieder Überschriften und Zwischenüberschriften benötigen, je nach Komplexität des Produkts eine ganze Überschriftenstaffelung. Beachten Sie bei der Gliederung Ihrer Texte Folgendes:

- Zwischenüberschriften gehören optisch zum nachfolgenden Text, das heißt, der Abstand nach der Überschrift ist kleiner als vor der Überschriftenzeile.
- Zwischenüberschriften sollten möglichst in eine Zeile passen; bilden Sie ansonsten sinnvolle Zeilenumbrüche. Daraus resultiert auch, dass die Zwischentitel im linksbündigen oder mittigen Flattersatz gesetzt sind, selbst wenn der Grundtext im Blocksatz gesetzt ist.
- Oft findet man serifenlose Schriften für Zwischentitel in Kombination mit Serifenschriften als Grundschrift.
- Achten Sie darauf, dass Ihre Überschriftenstaffelung deutliche Größenunterschiede aufweist (mindestens 2p), eine zu feine Staffelung irritiert eher, als dass sie bei der optischen Gliederung hilft.
- Parameter der Überschriftenhierarchie sind: Schriftgröße, Schriftfarbe, Auszeichnungsart, Abstände davor und danach. Hier z. B. eine mögliche Hierarchiereihe für eine schlicht gestaltete Diplomarbeit:

    1. Ebene   12 p – fett, Abstand: zwei Zeilen davor, eine danach, farbig
    2. Ebene   10 p – fett, Abstand: eine Zeile davor
    3. Ebene   10 p – fett/kursiv
    4. Ebene   10 p kursiv

11.20 Überschriftenhierarchie

- Bilden Sie zwei verschiedene Hierarchien von (Zwischen-)Überschriften: eine in drei Stufen für eine wissenschaftliche Kinderzeitschrift (für 10- bis 12-Jährige) und eine in vier Stufen für eine Imagebroschüre des Münchner Flughafens.
- Kleben Sie die beiden Beispiele in Originalgröße hier ein:

Zwischenüberschrift
Zwischenüberschrift
Zwischenüberschrift
Zwischenüberschrift
Grundschrift

Hinweis:
Legen Sie am Anfang die Parameter der Grundschrift fest.

11.21 Umbruchfehler
Finden Sie mindestens zehn Umbruchfehler in folgendem Text:

Bauernfäng

Es war zweimal zur alten Zeit der großen Bauernfäng, da löbbet z. B. einst wohl hinter den Bergen der König Klops. Gehabt sich wohl ein Töchterlein, reibliezend und so fein, daß duftet danzen wie Kasparin, wie Melchion und Salbatham. Und sie geheißt Wehschnittchen, weil beim Schnaareheiden immer Aua und so sich Zopfen langer flocht. Die Zinpressin habt ein Schwester, die da Gretl heißen.

Und sein bollergrimmlich bös

Mit Rukkenbück. Und das Gretl immer hänseln das Wehschnittchen op dem Zopfen, weshalb rotzeschluchze sie verschnofft. So Wehschnittchen eines Morgens, kaum kräht der erste Sonnenstrahl, da gehet sie ohn' Hoffnung davon

Fallersleben in den Brunnen

vor dem Tor. Tempig tunket uns Wehschnittchen in die Tiefe hinab. Mit dem Zopfe sie rapurzelt in das gruffe glitsche Grab.

Kaum, daß sie wieder, ist sich da ein blumenwiesig Meer: Hier flatterschlingt's im Sonnenglitz, dort lustelt's balz im Röhr und zwitsche-zwatsche vögelt's tritt d-en lienzen gaben Tag. So wanderlustelt freunlinckdüselnd Wehschnittchen gar nicht zag. Da dämmert ihr der Abend und sie kommt an Stell, wo Kraut und Rüb sich Gute Nacht. Nun zwarkst so frumb im rabichtschwarzen Tannenficht.

Da warzengraunzt: Mann, hab' ik Dir zum Fressen jern! Hauchseelig keucht Wehschnittchen ihm: Ihr Wollfer männert eins doch nur! Und schon rumpelstelzt der Wöllf daher: Oh Weh, Dir Schnittchen! Es war zweimal zur alten Zeit der großen Bauernfäng, da löbbet einst wohl hinter den Bergen der König Klops. Gehabt sich wohl ein Töchterlein.

Dag wie Kasparin, wie Melchion

Und Salbatham. Und sie geheißt Wehschnittchen, weil beim Schnaareheiden immer Aua und so sich Zopfen langer flocht. Die Zinpressin habt ein Schwester, die da 1000 km heißen und sein bollergrimmlich bös mit Rukkenbück.

Und das Gretl immer hänseln das Wehschnittchen op dem Zopfen, weshalb rotzeschluchze sie verschnofft. So Wehschnittchen eines Morgens, kaum kräht der erste Sonnenstrahl, da gehet sie ohn' Hoffnung davon Fallers.

Eben in den Brunnen vor dem Tor. Tempig tunket uns Wehschnittchen in die Tiefe hinab. Mit dem Zopfe sie rapurzelt in das gruffe glitsche Grab. Kaum, daß sie wieder, ist sich da ein blumenwiesig Meer: Hier flatterschling-

11.22 Zeitschriftenumbruch

- Entwerfen Sie vier Seiten einer Zeitschrift (zwei Doppelseiten) in A4 Hochformat. Satzspiegel, Seitenränder, Anzahl der Spalten sind frei wählbar. Legen Sie sich ein Grundlinienraster an.
- Erstellen Sie den Umbruch mit dem vorgegebenen Textmaterial (der Grundtext soll komplett verwendet werden).
    Sonstige Seitenelemente, die enthalten sein müssen:
    – Rubriktitel: Seite 30 bis 33 | Weltschau | März 14
    – Textzitate (größerer Schriftgrad, frei gestaltet) aus dem Text
    – Hängende Initialen der Punkte 1 bis 10
    Mögliche Seitenelemente:
    – Passendes Bildmaterial (das Sie selbst suchen), grafische Elemente
    – Texte Leute (evtl. Text kürzen für extra Textkästen)

Bewertungskriterien:
- Korrekte Lesereihenfolge
- Lesbarkeit der Texte durch Satzspiegel, Spaltenbreite, ZAB
- Abgestimmte Gestaltung der Seitenelemente: Rubriktitel, Zwischenüberschriften, Titel, Pagina, Textzitate
- Beachten der Umbruchregeln und Gesamteindruck

Material zum Download
11_22_Umbruch.zip

Tipp:
Sie können diese Aufgabe auch zweimal lösen: einmal vor und einmal nach der Lektüre der folgenden Seiten.

Bei dieser komplexen Aufgabe sind sicher einige Unklarheiten und Probleme entstanden, notieren Sie sie hier und versuchen Sie diese Fragen im Laufe des Kapitels zu klären:

___

___

___

___

Rhythmus in der Umbruchgestaltung

Bei mehrseitigen Gestaltungsprodukten (z. B. Katalogen, Büchern, Zeitschriften, Geschäftsberichten) wird jeweils eine Doppelseite als Gestaltungseinheit betrachtet. Auf dieser Doppelseite befinden sich u.a. folgende Elemente: Fließtext in Spalten, Überschriften mehrerer Kategorien, Bilder und Grafiken, Tabellen, vergrößerte Zitate, Text in Tonwertflächen.

Der Rhythmus wird durch herausragende Elemente gebildet, die zuerst den Blick des Lesers auf sich ziehen; das sind häufig Bilder und Headlines. Auch diesen Rhythmus können Sie klopfen. Ist er zu gleichartig, wurde die Seite vermutlich uninteressant gestaltet.

Siehe auch Gestaltungsprinzipien: Rhythmus und Dynamik, S. 96

Wir gehen in der nächsten Übung davon aus, dass Sie absolute Gestaltungsfreiheit in der Wahl der Texte und Bilder haben. Sie können also Texte und Bilder beliebig anlegen und verteilen. In der Realität sind Sie wesentlich eingeschränkter durch Zugehörigkeiten von Text und Bild, durch eine vorgegebene Textmenge und das vorhandene Bildmaterial. Schulen Sie in der folgenden Übung Ihren Blick für die ganze Seite, dann werden Sie auch unter schwierigeren Praxisbedingungen brauchbare Lösungen finden.

Tipps zur Umbruchgestaltung (Zusammenfassung)

- Halten Sie den Blick des Betrachters innerhalb der Seite oder Doppelseite, indem Sie die Hauptelemente in Dreiecksstruktur auf der Seite verteilen. Kleinere gleichartige Elemente werden, wenn sie nahe beieinanderstehen, als Einheit wahrgenommen und zählen zusammengenommen als Hauptelement.

Siehe auch Wahrnehmungsgesetze, S. 211
Siehe auch Positionswahl, S. 223

- Wählen Sie kräftige, asymmetrische Rhythmen; dies gelingt Ihnen, indem sich Ihre Hauptelemente vom visuellen Gewicht stark unterscheiden. Ausnahme: Das Produkt erfordert eine seriöse, harmonische und dadurch statischere Gestaltung.
- Nach oben rechts offene Bewegungslinien gelten im europäischen Raum als positiv. Dennoch sollten diese nicht als offensichtliche Treppen angelegt werden, z. B. durch „Stapelung" von Textblöcken oder Bildern.
- Informieren Sie sich über Hurenkinder und Schusterjungen und satztechnische Umbruchregeln.

Siehe auch Grundlinienraster, S. 92

- Alle Textzeilen der Grundschrift sollten Schriftlinie halten, dazu hilft Ihnen in der Praxis ein Grundlinienraster.

11.23 Umbruchscribble

Scribbeln Sie Ihre Seitenelemente auf die Doppelseiten, die auf der folgenden Seite abgebildet sind. Das Seitenraster bietet Ihnen Unterstützung, muss aber nicht sklavisch eingehalten werden. Schreiben Sie Überschriften in Druckbuchstaben als Blindtextzeilen mit erkennbarem Zeilenfall, ziehen Sie Linien in Höhe der Mittellängen für den Grundtext und verwenden Sie für Bilder einen Platzhalter. Beachten Sie die Tipps zur Umbruchgestaltung.

Siehe auch Scribbeln, S. 180

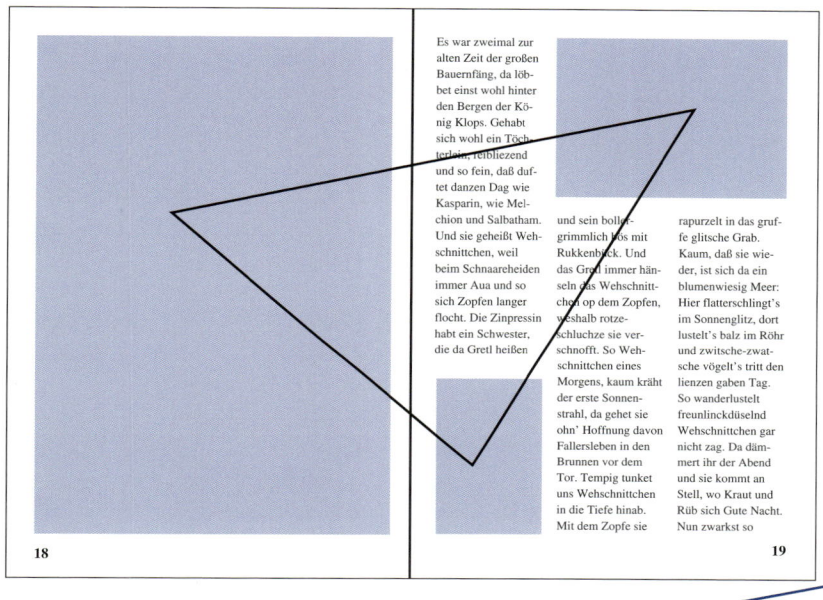

Beachten Sie in den beiden Beispielen das unterschiedliche optische Gewicht der Hauptelemente und die Dreiecksverteilung über die Doppelseite.

Diese drei Bilder werden als Einheit wahrgenommen.

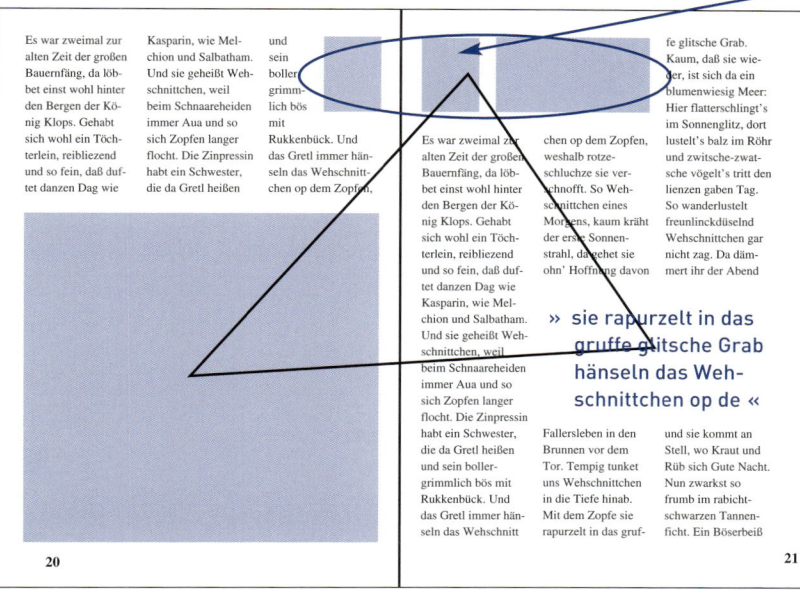

Beispiel einer Anzeige, bei der die vier Gestaltungsblöcke alle ein ähnliches optisches Gewicht haben. Dadurch fällt die Wahrnehmungsreihenfolge schwer.

Scribble-Vorschlag:

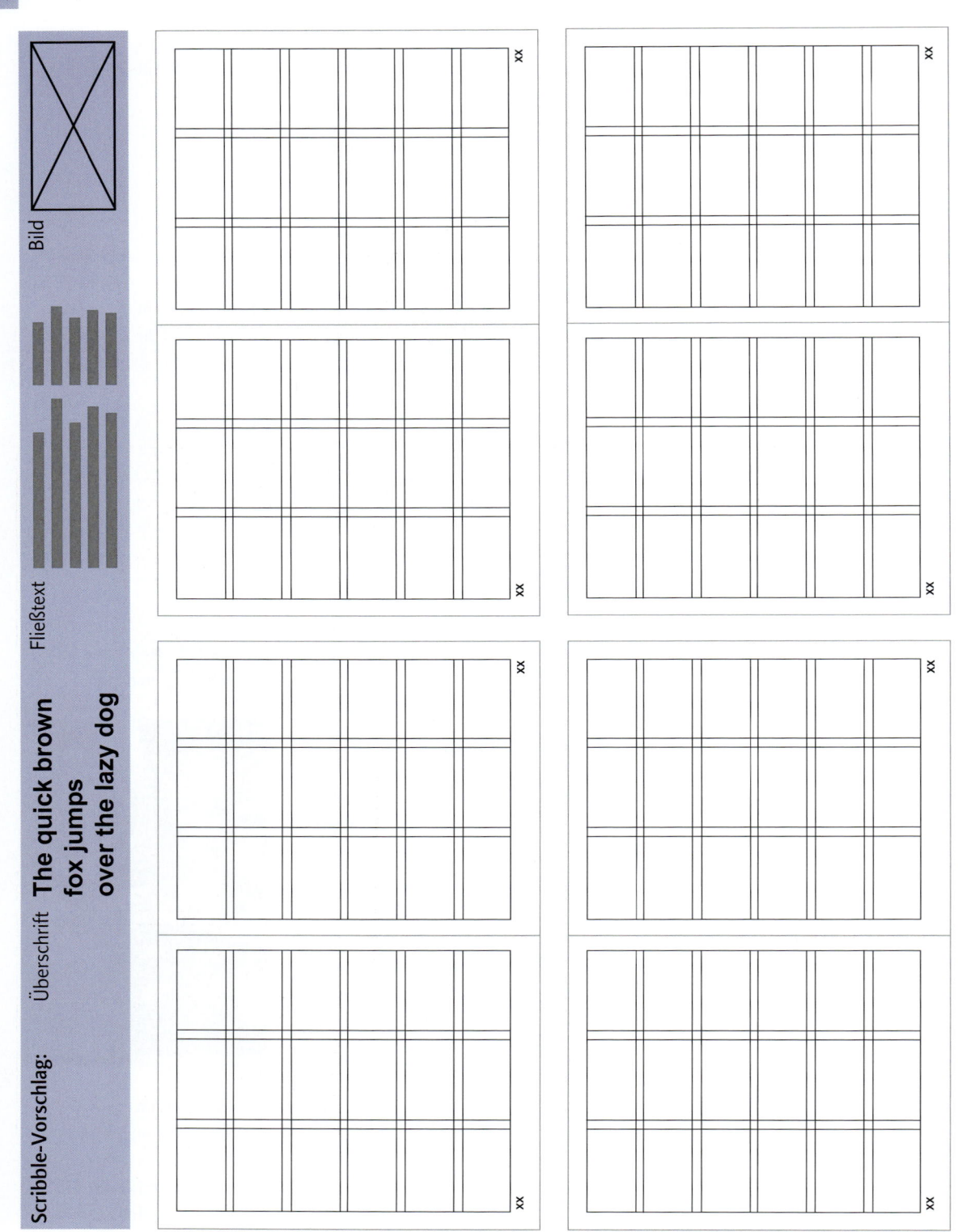

Überschrift **The quick brown fox jumps over the lazy dog**

Fließtext

Bild

Bildintegration
»Bilder schon, aber wo und wie?«

11.24 Suchbild
- Kreuzen Sie jeweils bei dem Doppelseiten-Vergleich in der abstrahierten Darstellung an, bei welcher der beiden Doppelseiten die Bilder besser integriert wurden.
- Finden Sie jeweils vier Unterschiede und formulieren Sie in einem zweiten Schritt für jeden Unterschied eine Richtlinie, die den Umgang mit den Bildern bei der Integration beschreibt.
Zum Beispiel Höhenunterschied: Nebeneinanderstehende Bilder sollten nach Möglichkeit…

Wie oft standen Sie schon vor einem fremden Küchenherd und es war Ihnen nicht klar, welcher Drehknopf zu welcher Herdplatte gehört? Das sollte Ihren Lesern beim Zuordnen der Bildlegenden nicht geschehen.

Bildlegende

Sehen Sie in der Bildlegende kein notwendiges Übel, das dem Bild irgendwie angehängt werden muss, sondern nutzen Sie diese kleinen Textblöcke als weiteres Mittel, Rhythmus in Ihre Seiten zu bringen.

Die Bildlegenden müssen nicht immer beim Bild direkt stehen, sie können auch zusammen z. B. am Fuß der Seite stehen. Doch dann sollten Sie das „Mapping" (also die Zuordnung) im Auge behalten, denn der Leser muss trotzdem jederzeit klar erkennen können, welche Legende zu welchem Bild gehört.

11.25 Hinweise zu Bildlegenden

Fügen Sie die Sätze zu sinnvollen Aussagen über die Verwendung von Bildlegenden zusammen, indem Sie Verbindungspfeile zeichnen.

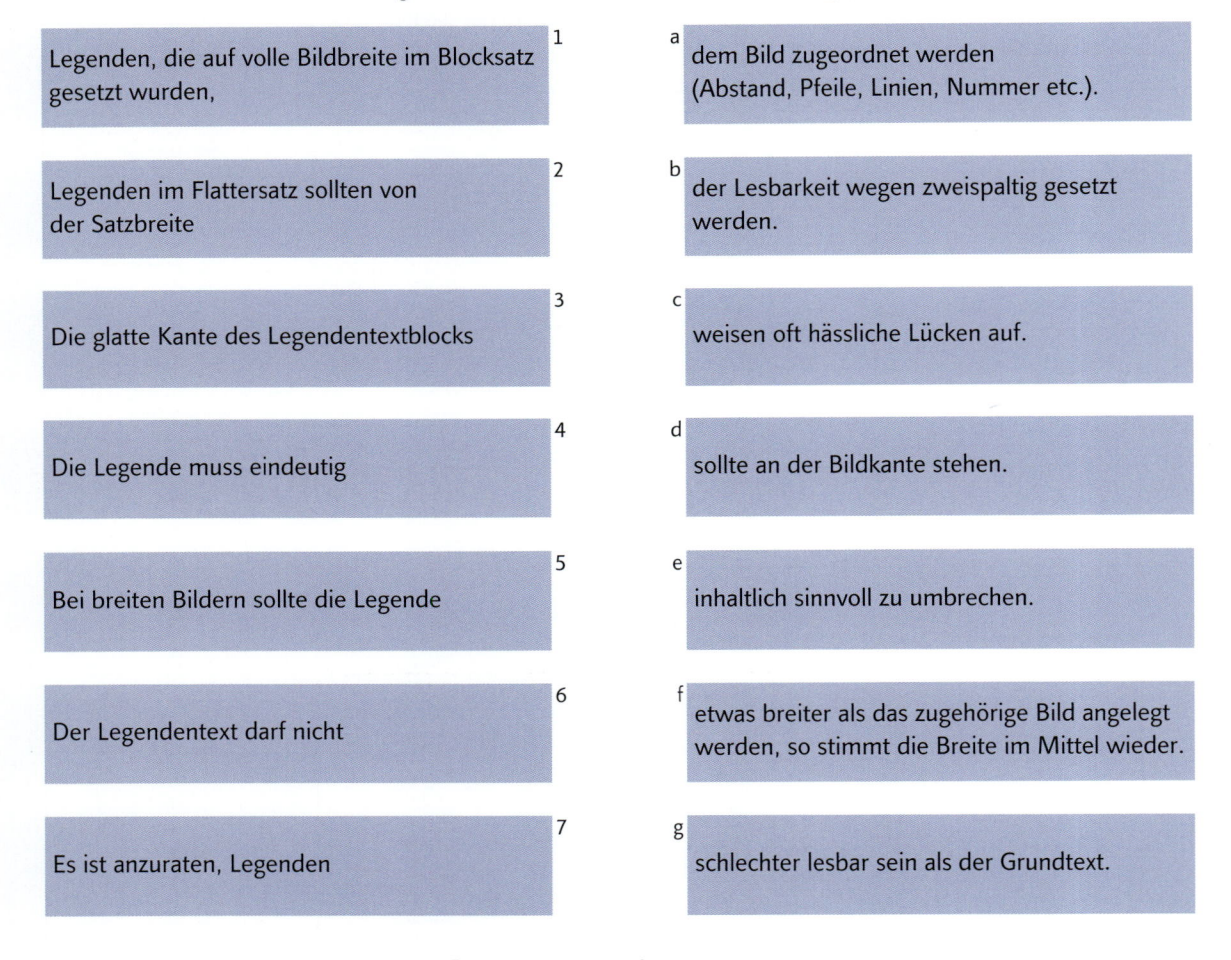

#		#	
1	Legenden, die auf volle Bildbreite im Blocksatz gesetzt wurden,	a	dem Bild zugeordnet werden (Abstand, Pfeile, Linien, Nummer etc.).
2	Legenden im Flattersatz sollten von der Satzbreite	b	der Lesbarkeit wegen zweispaltig gesetzt werden.
3	Die glatte Kante des Legendentextblocks	c	weisen oft hässliche Lücken auf.
4	Die Legende muss eindeutig	d	sollte an der Bildkante stehen.
5	Bei breiten Bildern sollte die Legende	e	inhaltlich sinnvoll zu umbrechen.
6	Der Legendentext darf nicht	f	etwas breiter als das zugehörige Bild angelegt werden, so stimmt die Breite im Mittel wieder.
7	Es ist anzuraten, Legenden	g	schlechter lesbar sein als der Grundtext.

Material zum Download:
11_26_Bildlegenden.pdf

11.26 Bildlegenden-Integration

Schneiden Sie das Material aus. Gestalten Sie damit auf der folgenden Seite eine Doppelseite mit Integration der Bildlegenden. Vergleichen Sie Ihre Lösungen untereinander. Es müssen alle Bilder verwendet werden!

11 Layoutgestaltung | Bildintegration 237

Gestaltungsraster
»Schnell, viel und gut gestalten«

Material zum Download:
11_27_Gestaltungsraster.pdf

11.27 Gestaltungsraster rekonstruieren

- Ermitteln Sie anhand der fünf Layoutseiten das Gestaltungsraster, das dahinterliegt. Hinweis: Es besteht aus Kästchen, die die Seite einteilen. Meistens werden Sie auch bei Layoutseiten aus der Praxis mehrere Seiten benötigen, bis das Raster vollständig in Erscheinung tritt.
- Verwenden Sie Transparent- oder Butterbrotpapier, das Sie über den Seiten befestigen. Zeichnen Sie dann mit einem Lineal die vertikalen Linien des Layouts auf. So erhalten Sie die Spalten. Zeichnen Sie auch prägnante horizontale Linien, diese sind allerdings nicht so strikt durchgehalten. Also lassen Sie sich nicht in die Irre führen.
Auf diese Weise versuchen Sie, das Raster zu rekonstruieren. Sie erhalten dadurch ein Gefühl dafür, was ein Gestaltungsraster sein kann.

Buchtipp:
Andreas & Regina Maxbauer:
Praxishandbuch Gestaltungsraster, Hermann Schmidt Verlag, Mainz

Diese Sammlung von horizontalen und vertikalen Linien, die die Seite in Bereiche einteilen, bildet also das Gestaltungsraster.

Vielleicht fragen Sie sich aber grundsätzlich, warum man sich freiwillig die Beschränkung auferlegt, innerhalb eines Gittersystems zu gestalten.

11.28 Seitenvergleich

- Vergleichen Sie die beiden Layoutseiten. Wo wurde vermutlich mit, wo ohne Gestaltungsraster gearbeitet?
- Finden Sie Attribute, wie die eine und die andere Gestaltung jeweils wirkt.

Beispiele mehrseitiger Gestaltungsprodukte mit strukturierter und unstrukturierter Elementplatzierung:
Katalogseite „das magazin" 1
(Tisch und Trend)
Katalogseite 2
(Hess Natur-Textilien)

Gründe für den Einsatz von Gestaltungsrastern:
- **Vorstrukturierung:** Die leere Seite wirkt weniger beängstigend und hemmend, wenn auf ihr ein Raster vorgegeben ist.
- **Effektivität, Zeit- und Kostenersparnis:** Der Aufbau der Seiten, die Seitengestaltung, geht wesentlich schneller, die Abwicklung von Layout- bzw. Umbruchkorrekturen wird beschleunigt.
- **Konsistente Seitenwirkung:** Die Gestaltungselemente selbst bekommen (unsichtbaren) Halt, die Seiten wirken klarer, strukturierter und damit professioneller.
- **Standardisierung:** Serien von Druckprodukten, die über Wochen, Monate oder Jahre laufen, können über das Raster standardisiert werden (z. B. Zeitschriften, Broschüren, Geschäftsberichte).
- **Wesentlicher Bestandteil des Corporate Design:** Koordination verschiedener Grafiker/Agenturen

Je nach Aufbau und Komplexität des Rasters lassen sich Kategorien bilden:

1. *Spaltenraster*
Fast jedes mehrseitige Druckprodukt, das Texte beinhaltet, beruht auf einem mehrspaltigen Layout. Damit haben Sie schon eine einfache Form des Gestaltungsrasters. Dieses wird meistens als Musterseite angelegt. Auf dieser Musterseite befindet sich ebenfalls der Stand von Seitenzahl, evtl. lebendem Kolumnentitel und anderen festen Seitenelementen. Auch sie sind im weiteren Sinne Bestandteile des Gestaltungsrasters.

2. *Zellenraster*
Die reine Aufteilung in Spalten ist bei Gestaltungsprodukten, deren Seiten nicht immer gefüllt sind und deren Material je Seite stark variiert, etwas wenig. Oft kennzeichnet diese Produkte, dass viel mit Bildern und freier Fläche gearbeitet wird. Hier bietet sich ein Zellenraster an, bei dem die Seite nicht nur vertikal, sondern auch horizontal unterteilt ist. Damit wird es nicht nur möglich, die Texte schnell zu platzieren, sondern auch Bilder in „passenden" Formaten in das Layout zu integrieren.

3. *Ebenenraster mit Gestaltungsregeln*
Bei mehrseitigen Printprodukten der gehobenen Preisklasse trifft man oft ein Raster an, das kein Kästchenraster über den ganzen Satzspiegel aufweist, aber mit Zonen bzw. Ebenen für bestimmte Gestaltungselemente arbeitet. So gibt es Text- und Bildebenen, evtl. feste Plätze oder Bereiche für das Spiel mit anderen Gestaltungselementen wie Zitaten oder Tonwertflächen. Ergänzt wird diese Art des Rasteraufbaus durch Gestaltungsregeln, die die Verwendung der Elemente auf den einzelnen Ebenen näher beschreiben.
  Diese Art der Layoutgestaltung erfordert gefestigte typografische Kenntnisse, um gleichzeitig die Ebenen miteinander kommunizieren zu lassen und innerhalb der einzelnen Ebenen die Elemente gut zu variieren. Allerdings muss dabei die Gestaltung konsistent bleiben und immer noch wie aus einem Guss wirken.

In der Musik ist es auch leichter zu improvisieren, wenn Sie auf festen Rhythmen und Akkordfolgen aufbauen. Je besser Sie werden, desto freier und ungezwungener werden Sie mit dem Grundmuster umgehen.

Fortgeschrittene entwerfen dann sinnvollerweise das Raster schon aufgrund ihrer Layoutvorstellungen. Das erfordert allerdings einiges an Übung.

Die Begriffe Spalten-, Zellen- und Ebenenraster sind nicht standardisiert, sie dienen nur der besseren Unterscheidung.

Beispiele für denkbare Regeln:
- In dem sechsspaltigen Raster dürfen Texte nur über zwei, drei oder vier Spalten gesetzt werden.
- Wenn eine Überschrift mit auf der Seite steht, wird das Hauptbild groß in den Hintergrund gelegt und erhält als Gegengewicht drei kleine Bilder, die jeweils eine Rasterzelle ausfüllen.
- In der Zitatenzone müssen die Bilder auf 30 % abgesoftet sein.
- Auf der Textebene wird der dreispaltige Satz zum zweispaltigen, wenn das Bildmaterial sehr unruhig ist.

Diese Anweisungen werden von erfahrenen Gestaltern festgelegt, die die Grundgestaltung konzeptuell erarbeiten. Die eigentliche produktive Gestaltung kann dann auch innerhalb des vorgegebenen Rahmens von anderen Gestaltern ausgeführt werden.

Konstruktion eines Spaltenrasters

11.29 SPALTENRASTER

Material zum Download: 11_29_Spaltenvariationen.pdf

Beschaffen Sie sich zusätzlich zu den Beispielen aus dem Netz mehrseitige Druckprodukte, die Sie jeweils auf folgende Fragen hin analysieren:
- Wie viele Spalten weist der Satzspiegel auf?
- Über wie viele Spalten wird der Text variiert?
- Über wie viele Spalten erstrecken sich die Bilder, gibt es dabei eine begrenzte Zahl an Bildbreiten oder sind alle möglichen Breiten verwendet?
- Gibt es halbe Spalten? Befinden sie sich immer an der gleichen Stelle im Layout?
- Ist bei jeder Seite das Spaltenraster klar zu erkennen? Wenn nicht, wodurch wird es aufgehoben bzw. gesprengt?

Mögliche Vorgehensweise:

Siehe auch Format, S. 86

1. Wahl des Papierformats

Siehe auch Satzspiegel, S. 90

2. Festlegen eines vorläufigen Satzspiegels

Siehe auch Grundlinienraster, S. 92

3. Aufbau eines Grundlinienrasters

Das Grundlinienraster teilt den Satzspiegel in Linien auf, die dem Zeilenabstand der Grundschrift folgen. Bei der Positionierung der ersten Zeile des Grundlinienrasters müssen Sie entscheiden, ob die Oberlänge der Schrift in der ersten Zeile an den Satzspiegelrand hochgezogen wird. Dies wäre z. B. der Fall, wenn Bilder bündig mit den Oberlängen der Texte abschließen sollen.

Siehe auch Gestalten mit Spalten, S. 244

Wenn Sie kein vollständiges Zellenraster gestalten wollen und Ihnen ein einfaches Spaltenraster genügt, bietet sich der Trick mit dem halbierten Grundlinienraster an: Stellen Sie die Schrittweite des Grundlinienrasters einfach auf einen halben Zeilenabstand ein. Bei einer 9p-Schrift also beispielsweise auf 2,25 mm. Daraus leiten sich zwei Vorteile ab: Sie können Bilder überall bündig zur optischen Oberkante der Schrift positionieren. Und Sie können halbe Zeilen als Absatzabstände verwenden. Achten Sie hierbei nur darauf, dass nebeneinanderstehende Textblöcke unten wieder bündig abschließen, indem Sie in beiden Fällen eine ungerade oder gerade Anzahl an Absätzen eingefügt haben.

Halbes Grundlinienraster mit einer halben Leerzeile zur Absatzgliederung und bündig zur Schrift positioniertem Bild. Durch den Trick mit dem halben Grundlinienraster entfällt zudem die lästige Versalhöhenanpassung!
Siehe auch www.youtube.com/typotraining

4. Festlegen der Spaltenanzahl

Die Zahl der Spalten richtet sich nach dem Verwendungszweck und nach der gewünschten Gestaltungsflexibilität. Je schneller das Layout aufgebaut werden soll und je einfacher die Layoutgestaltung sein darf, desto weniger Spalten können Sie verwenden.

Je komplexer der Inhalt, je aufwendiger die Gestaltung sein soll, desto mehr Spalten setzen Sie ein. Bei einem Hochformat, dessen Maße sich in der Nähe der DIN-Formate bewegen, wird man zwischen zwei und neun Spalten wählen. Achten Sie immer darauf, dass Ihre Spaltenbreiten ganzzahlige Millimeterwerte aufweisen. Wenn Sie Ihr Layoutprogramm selbst rechnen lassen, landen Sie meist bei krummen Maßen. Das erschwert Ihnen später das exakte Angeben von Bildmaßen und damit die genaue Bildpositionierung.

Dynamischer wird das Layout mit einer ungeraden Zahl an Spalten, aber es kann auch Einsatzbereiche für gerade Spaltenanzahlen geben, wenn die ruhige und seriöse Wirkung gewünscht ist.

Wenn Sie viele Spalten verwenden, müssen Sie zusätzlich festlegen, über wie viele Spalten der Text gesetzt werden darf. Bei einem neunspaltigen Raster würden die Textspalten sehr schmal und damit der Zeilenumbruch schlecht werden, also müssen Sie zwei Spalten für den Text zusammenfassen. Ob Sie die Textbreite variieren wollen oder mit einer Textbreite auskommen, hängt wieder von der Flexibilität ab, die Ihre Gestaltung haben sollte.

5. Festlegen des Spaltenabstandes

Am schnellsten und saubersten wird das Spaltenraster, wenn Sie den Zeilenabstand der Grundschrift als Spaltenabstand verwenden. Das ist ja gleichzeitig die Schrittweite Ihres Grundlinienrasters (wenn Sie nicht das halbe verwenden).

6. Endgültiges Festlegen des Satzspiegels

Sie werden am Satzspiegel noch nachbessern müssen, da die gewünschte Spaltenanzahl mit dem gewünschten Spaltenabstand selten genau Ihre Satzspiegelbreite trifft. Verteilen Sie übrig gebliebenen Raum proportional auf die Ränder oder verringern Sie diese proportional. Betrachten Sie sich Ihren endgültigen Satzspiegel noch einmal kritisch, ob er den Anforderungen an das Produkt noch standhält, sonst müssen Sie die Spaltenbreiten nachkorrigieren.

Wanderspalte oder die Kunst der halben Spalte
Es gibt eine weitere Möglichkeit, das Layout zu flexibilisieren, ohne allzu viele Spalten anlegen zu müssen. Sie wählen eine geringe Anzahl an Spalten (zwei bis vier) und ergänzen diese durch eine Wanderspalte, die meist halb so breit ist wie die ganzen Spalten. Diese Spalte kann nun zwischen die anderen Spalten oder an den Rand wandern, je nachdem, wo sie benötigt wird.

11.30 Wanderspalte
Analysieren Sie den Einsatz der Wanderspalte in den Abbildungen, wozu wird sie verwendet? Welche Möglichkeiten fallen Ihnen außerdem ein?

Beispiel eines konsequent 3½-spaltigen Layouts: Interface: internationales Magazin für die grafische Industrie (AGFA)

11.31 Spaltenvariationen

Zeichnen Sie so viele Spaltenvariationen ein, wie Sie finden können. Rahmen Sie die Spalten dazu mit einem farbigen Stift über dem Template ein.

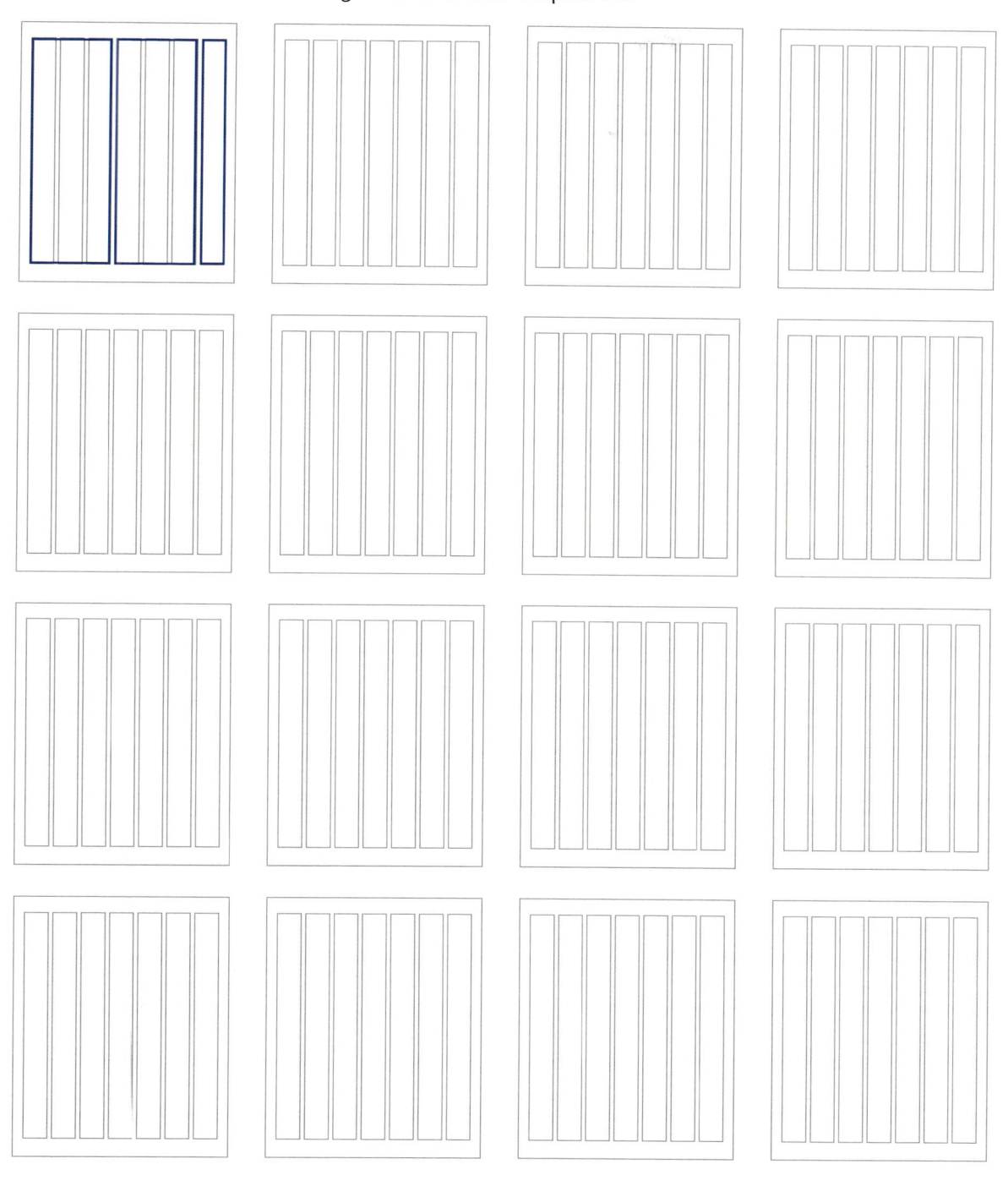

11.32 Spaltenraster erstellen

Material zum Download:
11_32_Infoschrift.zip

- Erarbeiten Sie zwei Varianten eines Spaltenrasters für die Informationsschrift „Extrablatt". Papierformat DIN A4.
- Erstellen Sie ein mehrspaltiges Spaltenraster und ein Spaltenraster mit halbspaltiger Wanderspalte. Legen Sie die Spaltenraster im Layoutprogramm als Musterseite und mit durchgezogenen Linien an, so dass Sie sie ausdrucken können. Dieser Ausdruck kann wiederum als Scribble-Vorlage für Ihre Seiten dienen. Nach dem Scribbeln einiger Seiten entscheiden Sie sich für eine Rastervariante.
- Erstellen Sie vier Seiten unter Verwendung des Materials.

Exkurs Gestalten mit Spalten

Die folgende Tabelle soll Sie anregen, sich vor der Festlegung des Spaltenrasters Gedanken über die Zusammenhänge zwischen den Anforderungen Ihres Produkts und der Anzahl der Spalten zu machen:

	1-spaltig	2-spaltig	3-spaltig	4-spaltig	5-spaltig etc.
Wirkung	ruhig, statisch, seriös, solide, elementar, massiv, symmetrisch, langweilig	symmetrisch, ruhig, getragen, elegant (bei schlanken Spalten und viel Weißraum)	wandelbar, von ruhig bis dynamisch, von gewöhnlich bis elegant	eher aktiv, manchmal aber auch sachlich, statisch (z. B. bei Blocksatz)	relativ leicht chaotisch, bewegt, „pulsierend"
Einsatzgebiet	Bücher, Editorials Plakate	repräsentative Drucksachen (z. B. Geschäftsberichte, Imagebroschüren)	Zeitschriften, Broschüren aller Art, „eierlegende Wollmilchsau"	Zeitschriften, Broschüren mit vielen verschiedenen Inhalten, die gleichzeitig sichtbar sein müssen	Verzeichnisse, z. B. Restauranttipps, Veranstaltungsprogramme, vergleichende Übersichten
Typografie	Zeilenlänge ca. zwischen 12–15 cm, häufig Marginalien, evtl. aus- oder eingerückte Satzteile	gut lesbare Spaltenbreiten bei linksbündigem Flattersatz (diesen möglichst manuell nacharbeiten)	gut lesbare Spaltenbreiten, akzeptable Trennhäufigkeit bei Blocksatz oder linksbündigem Flattersatz, evtl. große Initialen, möglich: Spalten unten flattern lassen	Bei kurzen Infoblöcken ergibt sich z. B. mit Fettschnitt oder Farbe des einen Textteils und der Grundschrift quasi von selbst ein interessanter Rhythmus.	kein Blocksatz, meist zu viele Lücken, Trennungen kontrollieren, klare Auszeichnungen und Achsen zur Informationsstrukturierung
Bilder	oft ganzformatige Abbildungen, Gestaltung mit viel Freiräumen an den Seitenrändern, z. B. für Illustrationen	größere Abbildungen über eine oder zwei Spalten mit kleineren Gegenakzenten verbinden	Anordnung der Bilder im Dreieck (klare Größenhierarchie!), Material oft randabfallend gestaltet	Anordnung der Bilder im Dreieck (klare Größenhierarchie!), zu viel Symmetrie vermeiden	feste Bildzonen einplanen, sonst kommt es leicht zu einer Patchworkstruktur, klare Größenakzente setzen
Achtung…	Bei zu langen Zeilen werden die Texte nur von Hochmotivierten gelesen, gezielt Seitendynamik erarbeiten.	gutes Ausgangsmaterial wegen Größe der Abbildungen erforderlich, Vorüberlegungen zum Einpassen von Überschriften anstellen	Balance zwischen horizontaler und vertikaler Gestaltung	klare Infozonen vergeben	eher für größere Papierformate, Unruhe in den Griff bekommen, vertikale Struktur durch horizontale ergänzen

Konstruktion eines Zellenrasters

Grundvoraussetzung für diese Art von Gestaltungsraster ist, dass Sie im Umgang mit dem Spaltenraster vertraut sind. Denn beim Kästchenraster werden die Spalten zusätzlich horizontal unterteilt, um zu den Zellen zu gelangen. Die Höhe der Rasterzellen können Sie rein theoretisch frei festlegen, es ist allerdings sinnvoll, diese am Bildmaterial zu orientieren.

Als Hilfestellung kann man sich vorstellen, dass eine Zelle die Größe der kleinsten im Layout vorkommenden Abbildung darstellt. Ob Sie querformatige oder hochformatige Zellen wählen, hängt ebenfalls von Ihrem Bildmaterial ab. Ein Heimwerkerkatalog weist vermutlich viele querformatige Abbildungen auf, der Katalog einer Personalvermittlungsagentur eher hochformatige Portraitfotos.

Grundsätzlich errechnet sich die Zellenhöhe aus einem Vielfachen des Zeilenabstands des Grundlinienrasters. Der Abstand zur nächsten Zeile beträgt genau einen Zeilenabstand.

Mögliche Vorgehensweise:

1. Entscheiden Sie, ob Sie hoch- oder querformatige Zellen wollen.
2. Legen Sie fest, wie viele Zeilen Ihre Zelle hoch sein soll.
3. Teilen Sie die Anzahl der Zeilen Ihrer Seite (also die Zeilen des Grundlinienrasters) durch die Zeilen Ihrer Zelle. Sie erhalten meist eine Kommazahl, die Ihnen angibt, wie viele ganze Zellen auf Ihre Seite passen. (Haben Sie keinen Rest, ist Ihr Rest die Zeilenanzahl einer Zelle, denn Sie benötigen ja Abstand zwischen den Zellen ...)
4. Multiplizieren Sie die Zahl zurück, indem Sie die ganze Zahl mit der Zahl der Zeilen multiplizieren, ziehen Sie das Ergebnis von der Gesamtzahl der Zeilen ab.
5. Sie erhalten die Restzeilen, die Ihnen als Zellenabstände dienen. Hier benötigen Sie (Zellenanzahl – 1) Abstände. Am Ergebnis sehen Sie, um wie viele Zeilen Sie Ihren Satzspiegel erhöhen oder verkürzen müssen.
6. Würde der Satzspiegel zu stark verändert, müssen Sie mit einer anderen Zeilenanzahl pro Zelle die Rechnung von vorne vornehmen, bis Sie einen zufriedenstellenden Kompromiss gefunden haben.

Diese Berechnung funktioniert nach ein wenig Übung wesentlich schneller als ein grafisches „Probieren". Zudem erhalten Sie direkt ganzzahlige Zellen, so dass Sie die späteren Zelleninhalte besser berechnen können.

11.33 Zellenraster berechnen

- Berechnen Sie ein Zellenraster Ihrer Wahl für ein vierspaltiges Layout. Format DIN A4, Satzspiegelhöhe 184 mm, Zeilenabstand 4 mm.
- Um wie viele Millimeter müssen Sie den Satzspiegel vergrößern oder verkürzen?
- Vergleichen Sie Ihre Lösungen. Bei welcher Lösung wird der Satzspiegel am wenigsten verändert? Zeichnen Sie alle Lösungsversuche farbig ins Layout auf der nächsten Seite ein, damit Sie optisch verstehen, was Sie tun.

Eine schnelle optische Vorgehensweise in InDesign finden Sie auch auf:
www.youtube.com/typo-training

Beispiel:
Seite DIN A4
Satzspiegelhöhe 190 mm,
38 Zeilen mit 5 mm Abstand
ohne Zeileneinzug nach oben

Hochformatig 8 Zeilen,
die Zelle wäre also
5 × 8 mm hoch
38 : 8 = 4,75

4 × 8 = 32
38 − 32 = 6

6 Zeilen Rest,
benötigt werden nur 3,
d. h., Satzspiegel um 3 Zeilen verkürzen

Alternative Lösung:
Zelle über 7 Zeilen,
Zellenhöhe also 35 mm
38 : 7 = 5,42; 5 × 7 = 35
38 − 35 = 3 Restzeilen
4 werden benötigt,
d. h., Satzspiegel um 1 Zeile erhöhen

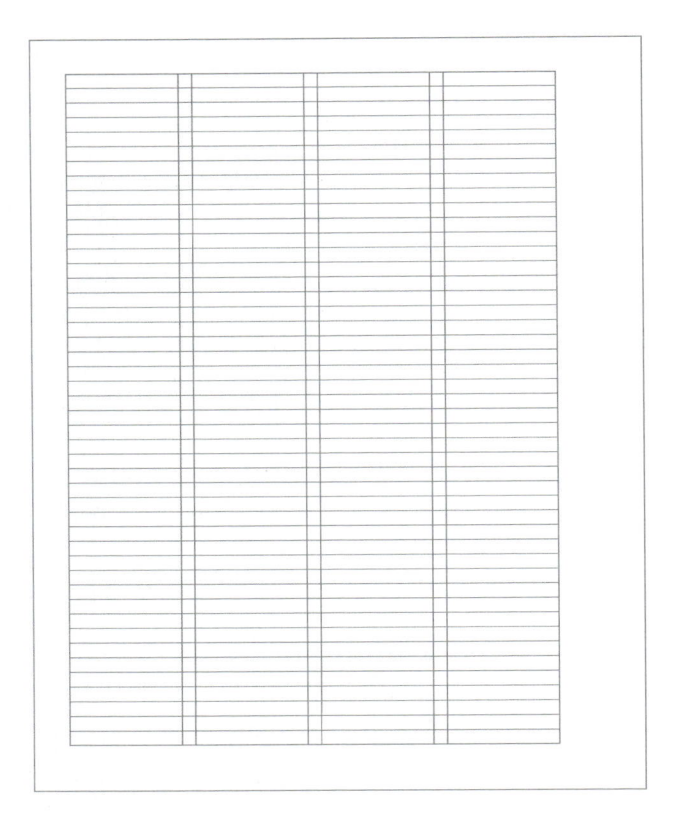

Material zum Download:
11_33_Zellenraster.zip

Wenn Ihnen diese Vorgehensweise zu schwierig ist, können Sie direkt in InDesign eine andere ausprobieren. Sie finden eine Schritt-für-Schritt-Anleitung im Downloadbereich, ebenso die dazugehörige InDesign-Datei, mit der Sie die Schritte nochmals optisch nachvollziehen können.

Die Entwicklung eines Zellenrasters dauert, wenn Sie das Prinzip verstanden haben, weniger als eine halbe Stunde. Natürlich können Sie auch fertige Templates im Internet kostenpflichtig bestellen. Aber wie immer wird genau das, was Sie benötigen, nicht dabei sein. Also, seien Sie stark und rastern Sie selbst ...

11.34 Satzspiegel nach Zellenraster berechnen

- Sie wollen ein Zellenlayout von 5 Zellen in der Breite und 5 Zellen in der Höhe. Das Seitenformat beträgt 160×200 mm. Die Schriftgröße der Grundschrift beträgt 9 p.
- Entwerfen und errechnen Sie auf der Grundlage eines vernünftigen Zeilenabstands einen Satzspiegel. Wie groß ist Ihr Satzspiegel, aus wie vielen Zeilen besteht eine Zelle? Welche Maße hat eine Zelle?

Vermeiden Sie die Arbeit mit quadratischen Zellen, da sich extreme Quer- und Hochformate ergeben, wenn Sie Zellen zusammenfassen. Sie müssten also das Bildmaterial jeweils stark beschneiden, und das ist meist unrealistisch.

Bilder erreichen in den seltensten Fällen direkt die Zellenhöhe, die Sie benötigen. Vorrangig ist das Einhalten der Zellenbreite. Wenn Sie trotzdem wollen, dass die Zellen optisch deutlicher zur Geltung kommen, lassen Sie den restlichen Raum bis zur nächsten Zelle frei, oder Sie hinterlegen den Rest der Zelle, den das Bild nicht abdeckt, mit einer Tonwertfläche, die bis an den Zellenrand reicht.

11.35 GESTALTUNGSRASTER FINDEN
- Zeichnen Sie in beiden Beispielen das Gestaltungsraster farbig ein.
- Wieso wird ein Zellenraster, bei dem die Zellen jeweils akkurat gefüllt sind, selten in der Praxis anzutreffen sein?

Beispiele von Gestaltungsrastern, die nach praktikablen Gesichtspunkten „gefüllt" wurden:

1 Katalogseite IKEA
2 Katalogseite Manufactum

11.36 ZELLENRASTER ANALYSIEREN
- Analysieren Sie nun die Zellenraster auf der folgenden Seite. Nehmen Sie eine Folie oder Transparentpapier. Zeichnen Sie darauf die horizontalen und vertikalen Linien einer Seite ab, hinter der Sie deutliche Gestaltungsrasteransätze sehen. Legen Sie die Folie auf weitere Seiten und vervollständigen Sie die horizontalen und vertikalen Linien, bis Sie ein vollständiges Gestaltungsraster vor sich haben.
- Was fällt Ihnen bei den Mirabeau-Seiten in Bezug auf die Anordnung von Text und Bild auf?
- Es gibt Produkte, die zwar die Systematik des Rasters benötigen, das Raster aber gar nicht gerne sichtbar machen wollen. Durch welche grafischen Mittel wird auf den JAKO-O-Seiten mit ihm gespielt, wie wird die Statik des Rasters aufgebrochen?

Nächste Seite:
Seiten aus dem Wohnkatalog Mirabeau (oben)
Seiten aus dem Kinderkatalog JAKO-O (unten)

248

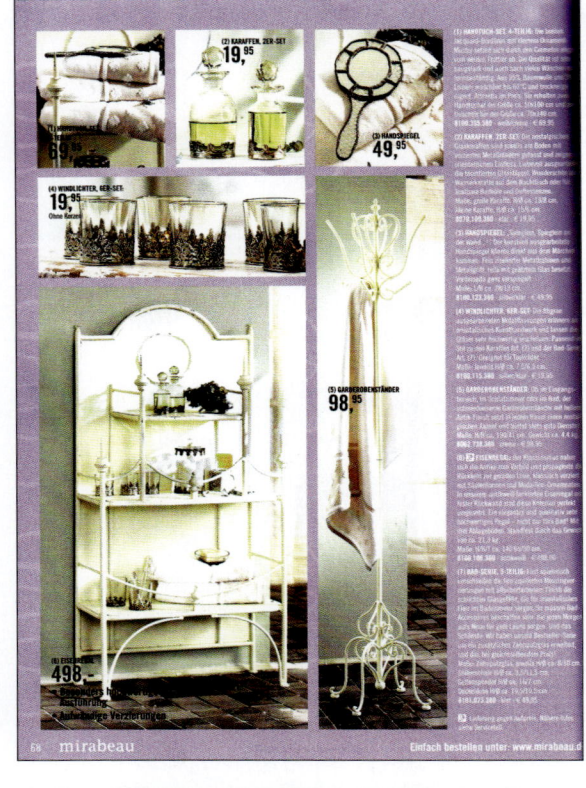

Ebenenraster mit Designvorgaben

Das Ebenenraster ist keine eigene Rasterart für sich, sondern eine Kombination aus Rasterbereichen, freien Bereichen und Designvorgaben. Oftmals finden sich inhaltlich getrennte Ebenen immer an der gleichen Position im Layout, das muss aber nicht so sein.

Beispiel: Bildband mit optisch getrennter Bild- und Erläuterungsebene. Die Bildebene basiert auf einem Kästchenraster, die Erklärungsebene auf einem einfachen Spaltenraster.

Genauso denkbar wäre allerdings, dass sich beide Ebenen nicht immer an derselben festen Position befinden.

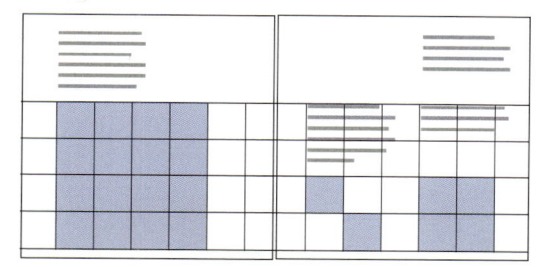

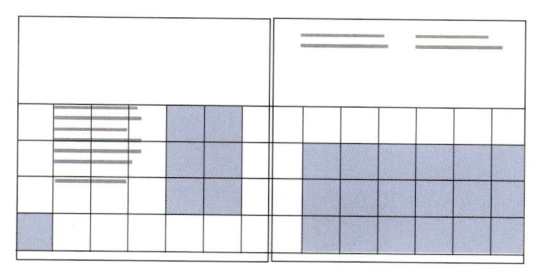

Dennoch sind die Ebenen inhaltlich und gestalterisch getrennt, so dass sie vom Leser oder Betrachter auch einzeln wahrgenommen werden können. Er muss so nicht lange suchen, wenn ihn nur die Information der einen Ebene interessiert.

Allerdings ergibt sich ein hoher Platzbedarf, da die Seiten nur teilweise genutzt werden, was gestalterisch oft gewünscht, produktionstechnisch aber aufwendig ist. Zudem sollte darauf geachtet werden, dass der Seitenaufbau ausreichend variiert, damit keine statische Gesamtwirkung entsteht.

Sinnvoll ist diese Art von Ebenen auch bei mehrsprachigen Büchern, wenn es der Platz erlaubt. Bei Lehrbüchern wäre eine Ebenengestaltung häufig angebracht, in der Praxis wird sie aus finanziellen Gründen selten ausgeführt.

Wird das Ebenendenken konsequent durchgeführt, erübrigt sich oft ein zusätzliches Raster, da die Seite durch die Ebenen und eine konsistente Platzierung der Elemente ausreichend strukturiert ist. Allerdings erfordert sowohl das Aufstellen von Designvorgaben als auch deren flexible Handhabung einige Übung.

Seiten aus Reiseprospekt Kuf-Reisen

11.37 Analyse Ebenenraster

- Welche Ebenen identifizieren Sie im Vergleich der Doppelseiten?
- Welche Verwendungsregeln lassen sich für die einzelnen Ebenen formulieren?

11.38 Designvorgaben formulieren

Die Festlegung von Designvorgaben findet sich häufig im Corporate Design Manual. Beispielformulierung für einen Produktkatalog:

1. Das Hauptbild ist immer randabfallend und ganzformatig auf der linken Seite angeordnet.
2. Der Text wird auf der rechten Seite im Formsatz mit freigestellten Bildmotiven kombiniert.

■ Leiten Sie aus folgenden Seitenabbildungen einige „Regeln" ab, die dann als sinnvolle Designvorgaben für weitere Seiten dienen.

Beispiel eines Produkts, in dem Designvorgaben vorhanden sind, aber „freizügig" gehandhabt werden:

Produktkatalog „Wohnen mit allen Sinnen" (Grüne Erde)

11.39 Raster für mehrsprachigen Geschäftsbericht

Drucken Sie sich das Rohlayout mehrfach aus. Scribbeln Sie mindestens zwei Entwürfe eines Spalten- und Ebenenlayouts für einen dreisprachigen Geschäftsbericht. Inhaltsbestandteile: Textebenen (deutsch, englisch, französisch; Vorsicht: unterschiedliche Textvolumina!), Bild- und Grafikebene (ca. ein Drittel der Gesamtfläche), Ebene für die dreisprachigen Bildunterschriften. Arbeiten Sie ein- oder doppelseitig. Vergleichen Sie Ihre Lösungen.

Material zum Download:
11_39_Raster.pdf

11.40 Kochbuchseiten mit Ebenenraster

Gestalten Sie drei Doppelseiten eines Kochbuchs. Richten Sie eine Rezeptebene, eine Bildebene und eine Zutatenebene ein. Überlegen Sie sich Designregeln, die die flexible Verwendung der Ebenen festschreiben.

Material zum Download:
11_40_Kochbuch.zip

11.41 Designvorgaben Analyse

Formulieren Sie einige Designvorgaben für folgende Produkte. Lassen Sie sich von der Frage leiten: Was bleibt gestalterisch und inhaltlich immer gleich, was wird variiert? Auf welchen Ebenen werden Raster verwendet? Um welche Art von Raster handelt es sich? Wie frei oder eng werden sie „gefüllt"?

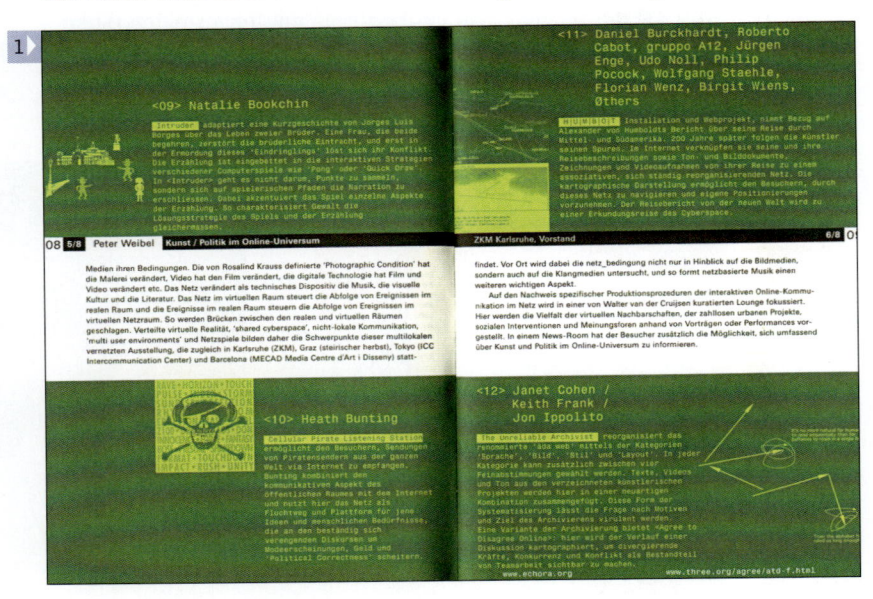

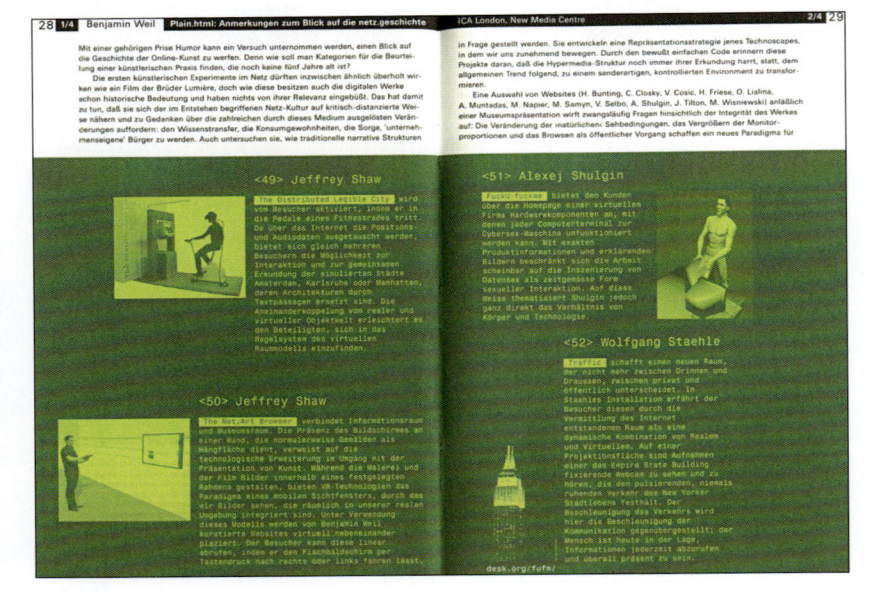

Beispiele von mehrseitigen Layouts, die durch Ebenen und Designvorgaben konsistente Gestaltung über mehrere Seiten erlauben:
Veranstaltungsbroschüre 1
„net_condition" (zkm)
Werbebroschüre 2
„ThinkSchuhe"
(MARKO-Schuhfabrik)

11 Layoutgestaltung | Gestaltungsraster   253

Notizen:

12 Bild

*Der stetig wachsende Bildanteil reduziert das Textvolumen.
Das entspricht offenkundig den Bedürfnissen der Mehrheit,
erfordert aber rhythmischen Wechsel in Form und Größe,
in dynamischer, freier Gestaltung bis hin zur Collage.
Bei visueller Ödnis des Textes und konventioneller Bebilderung
reagieren sowohl junge als auch alte Leser mit Desinteresse.*

GÜNTER GERHARD LANGE

Layout-Bild-Verhältnis
»Lassen Sie Bilder wirken«

Siehe auch Positionswahl, S. 223
Siehe auch Umbruch, S. 229

In der Umbruchgestaltung haben Sie bisher das Bild als eines von vielen Gestaltungselementen kennen gelernt und es auch so behandelt. Relevant waren für Sie als Seitengestalter nur die Größe des Bildes und dessen Platzierung als Fläche. Durch gekonntes Layouten mit Bildern können Sie nun spannungsreiche Seiten aufbauen. Die Bildgestaltung und der Bildinhalt selbst wurden bisher allerdings noch nicht beachtet. Früher war das auch nicht Aufgabe der Typografinnen und Typografen, doch heute wird ihre Gestaltungskompetenz vor allem durch die technischen Möglichkeiten auch in den Bildbereich erweitert. So benötigen Sie ein Basiswissen über Bildgestaltung, das früher den Fotografen vorbehalten war. Nur dann wird es Ihnen gelingen, Seiten mit Bildern gezielt und gekonnt zu gestalten.

Überblick zum Layout-Bild-Verhältnis

Textlayout
Bild

Bildlayout
Text

Bildbehandlung	Einflussnahme des Gestalters
Bilder fließen mit anderen Gestaltungselementen in das Layout ein, sie werden sinnvoll „untergebracht" (z. B. Lexikon, Fachzeitschrift).	Größenveränderung und gezielte Platzierung der Bilder, so dass das Layout ausgewogen erscheint.
Bilder werden in verschiedenen Formaten in das Layout integriert (z. B. Flyer, Broschüren).	Form und Ausschnitt der Bilder werden so gewählt, dass das Layout interessant wird.
Der Bildinhalt wird in die Layoutgestaltung mit einbezogen. Bilder können zum Teil vom Gestalter selbst ausgewählt werden (z. B. Buchtypografie, Lifestyle-Zeitschriften).	Aufbau und Inhalt der Bilder werden bei der Layoutintegration beachtet, dabei geht es z. B. um die Einstellgröße, Perspektive und Hell-Dunkel-Verteilung des Bildes oder um die bildeigene Linienführung oder den Aktivitätsgrad des Bildinhalts.
Die Bilder spielen die wesentliche Rolle, das Layout wird zur Bühne für die Bildauftritte (z. B. Bildbände, Anzeigen).	Die Bilder erhalten z. B. durch Bildanordnung, Ausschnitt- und Größengestaltung einen dramaturgischen Ablauf, sie werden inszeniert.

Bildform
»Form follows function«

Wenn Bilder vorgegeben sind, bleibt den Gestaltenden nicht selten nur die Wahl der Bildform. Rechteckige, runde und freie Bildformen stehen zur Verfügung. Auch kann das Hauptbildmotiv freigestellt werden. Wieder wird es Sie nicht überraschen, dass die Form zur Interpretation des Bildinhalts beiträgt.

12.1 Charakter von Bildformen
- Ordnen Sie folgende Attribute nebenstehenden möglichen Bildformaten zu: lieblich, streng, pubertär, verspielt, modern, zeitlos, trendy, solide, frech, jung, konservativ, überheblich, edel.
  Diskutieren Sie Ihre Ansichten und ergänzen Sie mit eigenen Attributen.
- Erfinden Sie Einsatzgebiete für jeden Bildformat-Typus. Beispiel: Quadratische Bildformate eignen sich für Bildbände.

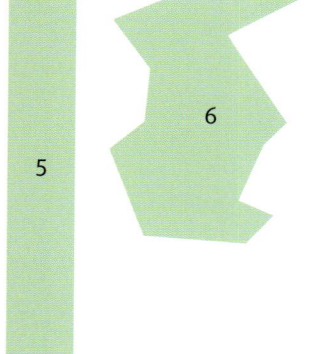

12.2 Bildform
Welche Bildform passt? Berücksichtigen Sie jeweils Motiv und Produkt. Zeichnen Sie die Formen als Bildausschnitte in die Formate ein.

Bild 1: Reiseprospekt Südengland

Bild 2: Zeitschrift Arbeitssicherheit

Bild 3: Landser-Zeitschrift

Bild 4: Kaffeefahrt in den Odenwald

Bild 5: Pflanzenkatalog einer Baumschule

Bild 6: Taschenkalender (Buddhismus)

Bildausschnitt
»Wer beschneidet, entscheidet!«

Die Einstellgrößen werden am Beispiel Mensch erläutert, gelten aber ebenso für andere Motive „in dieser Größenordnung".

Wenn Sie bei der Motivgestaltung mitwirken können oder das Bild die Wahl der Einstellung noch zulässt, bedenken Sie die Wirkung der verschiedenen Einstellungsgrößen:

- Weit: Weite Landschaften, Panoramen werden so gezeigt, dass sich der Einzelne in der Landschaft verliert. Solche Einstellungen haben häufig symbolische Funktion, so z. B. die berühmten Schlussbilder, in die der Held hinausreitet und sich mit seiner Geschichte vom Zuschauer entfernt, bis er nicht mehr zu sehen ist.
- Totale: Ein Überblick über ein Geschehen wird vermittelt, in dem aber der Einzelne noch zu erkennen ist. Die Einstellung dient der räumlichen Orientierung des Betrachters. Oft sind diese Bilder leider nicht gut ausgeleuchtet und nichtssagend („Schuss in die Menge"), Personen sollten dabei nicht von hinten gezeigt werden.
- Halbtotale: Die Figur ist ganz zu sehen, ihre Körpersprache dominiert. Personen in Aktion wirken dabei stets interessanter und authentischer als gestellte „Standbilder".
- Halbnah: Die Figur ist bis zu den Knien bzw. Oberschenkeln zu sehen. Die Mimik bleibt noch im Hintergrund, die Gestik wird deutlich.
- Nah: Ein Brustbild oder bis zum Bauch. Es ist die normale Distanz des Nachrichtensprechers. Neben der Gestik wird auch die Mimik wichtig.
- Groß: Ein Kopf wird bis zum Hals oder zur Schulter gezeigt. Der Betrachter kann so die Mimik des Gezeigten genau erkennen („das Gesicht als Landschaft"), jede Regung bekommt Bedeutung. Je größer z. B. der Kopf bei Portraitabbildungen im Format steht, desto intensiver wird die Abbildung (Stirn und Kinn können dabei angeschnitten werden).
- Detail: Hier ist nur ein kleiner Ausschnitt zu sehen, ein Auge, ein Mund. Detaileinstellungen werden meist zur Spannungssteigerung und Emotionalisierung eingesetzt.

12.3 EINSTELLGRÖSSEN
Schneiden Sie aus beliebigen Druckprodukten je ein Bildbeispiel für jede Einstellgröße aus und kleben Sie es an den Rand der Beschreibung ein. Je nach Größe können Sie nur einen Rand festkleben und den Rest einfalten.

12.4 EINSTELLGRÖSSEN
Stellen Sie sich vor, Sie layouten eine Fachzeitschrift und können jeweils aus einer Auswahl an Bildern entscheiden, welches Bildmaterial Sie verwenden und wie es dargestellt werden soll.
- In welcher Einstellgröße würden Sie folgende Motive abbilden?

- Welche zusätzlichen Ideen oder Wünsche hätten Sie an die entsprechenden Aufnahmen? Diskutieren Sie die Ergebnisse:
  1. Vier Personen bei einer Preisverleihung
  2. Firmenansicht (Anlass: Firmenjubiläum)
  3. Neues Vorstandsmitglied bei einem Druckmaschinenhersteller
  4. Neu in den Markt eingeführtes Farbkopierermodell
  5. CCD-Arrays in der Digitalfotografie (die Funktion wird im Fachartikel erklärt)
  6. Landschaftsaufnahme (Betriebsausflug zum Hambacher Schloss)
  7. Redner beim Vortrag auf einer Messe

Viele Agenturen verwenden Bilder der Bildagenturen, deren Ausschnitt vom Fotografen schon festgelegt wurde. Dennoch werden Bilder immer wieder in ein vorgegebenes Raster gepresst, wobei das Bild als bunte Fläche gesehen wird, ohne den Bildinhalt zu berücksichtigen. Dabei benötigen viele Bildmotive „Luft zum Atmen". So sollten Personen in Blickrichtung Platz haben. In Bewegungsrichtung bei dynamischen Bildern muss ebenfalls genug Raum vorhanden sein, damit das bewegte Objekt nicht „gegen eine Wand rennt" oder „gedeckelt" wird.

Wenn Sie viel Platz um das Hauptmotiv haben, hilft Ihnen als Positionierungsrichtlinie wieder die Dreierteilung oder der Goldene Schnitt.

Angeschnittene Bildmotive vermitteln immer den Eindruck, dass das Bild weitergeht. Bei sachlich-informativen Darstellungen, bei denen das Bild dokumentiert, z. B. im Verkaufsbereich, ist diese Wirkung nicht immer erwünscht. Je freier und experimenteller das Produkt ist, desto gewagter können Sie auch die Bilder anschneiden.

Freigestellte Bildmotive sind ein Sonderfall. Sie lockern das Layout auf, sind allerdings ohne Anpassung des Textes selten gut integriert. Das erfordert zusätzliche Handarbeit und ist auch durch den eher verspielten Charakter nicht in allen Drucksachen erwünscht. Beachten Sie bei der Platzierung freigestellter Bilder unbedingt die Bildrichtung. Meist benötigen sie einen Schatten, um nicht völlig haltlos auf der Seite zu stehen (Lichtrichtung von oben/links). Auch sollten Sie bei umfließendem Text den Textfluss und die Trennungen sorgfältig nachbearbeiten!

Positionieren Sie das Hauptobjekt klassischerweise auf den Kreuzungspunkten oder entlang der Linien.

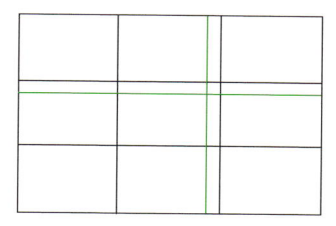

Siehe auch Freisteller, S. 271

12.5 BILDAUSSCHNITT

Schneiden Sie die Bilder aus. Schneiden Sie ebenso die Flächen der „Rahmen" aus. Wählen Sie eine passende Rahmenform für das Motiv und verschieben Sie die Bilder so lange unter dem Rahmen, bis Ihnen der Ausschnitt gefällt. Dann kleben Sie die Bilder von hinten fest. Wie sind Sie vorgegangen?

Material zum Download:
12_05_Bildausschnitt.pdf

Aufnahme
»Ein Foto sucht sich seinen Platz«

Bei fertigen Bildvorlagen können Sie die Art der Aufnahme im Nachhinein nicht mehr beeinflussen. Was Sie tun können, ist, dem Bild einen der Aufnahme angemessenen Platz auf der Seite zu geben.

12.6 Bildposition nach Aufnahmeeigenschaften

Kreuzen Sie an, wo Sie die Bilder auf der Seite positionieren würden:

		oben	mittig	unten
1.	größere Nachtaufnahme	○	○	○
2.	freigestellte Seifenblase	○	○	○
3.	spritzenden Springbrunnen	○	○	○
4.	Frosch aus Vogelperspektive	○	○	○
5.	Haus aus Froschperspektive	○	○	○
6.	Trampolinspringer	○	○	○
7.	Turmspringerin	○	○	○
8.	frontale Häuserzeile	○	○	○
9.	lichtdurchflutetes Zimmer	○	○	○

Sicher haben Sie eine gute Positionierung schon „im Gefühl" gehabt. Interessant sind die Begründungen bei ganz verschiedenen Lösungen.

Hell-Dunkel-Verteilung
Eher dunkle Bilder sinken automatisch auf der Seite nach unten, die Seite wird dadurch allerdings sehr stabil und statisch, helle Bilder schweben nach oben. Vermeiden Sie bei mehreren dunklen und hellen Bildern auf einer Seite eine schachbrettartige Verteilung, die Blickführung wird dadurch sehr unruhig. Es empfiehlt sich, helle und dunkle Bilder jeweils nebeneinanderzustellen.

Perspektive
Stellen Sie sich vor, Sie sind halb so groß wie Ihr Papierformat und stehen direkt davor. So wie Sie jetzt die Seite sehen, ist die realistische Perspektivdarstellung. Den oberen Teil sehen Sie aus der Froschperspektive, die Mitte aus Normalsicht und unten aus der Vogelperspektive.

Bildrichtung

Siehe auch Linienführung, S. 219

Viele Bilder haben eine Richtung, das heißt, die Hauptlinien des Bildes weisen diagonal nach oben oder nach unten. Geben Sie dem Bild Platz, so dass es sich in diese Richtung weiter entfalten kann (auch wenn dort Text stehen sollte!). Dieses Prinzip kann natürlich wiederum bewusst durchbrochen werden. Wenn in dem Text z.B. über das Ende einer Rennfahrerkarriere geschrieben wird, darf der Rennfahrer ruhig über die Seite „ins Bodenlose" hinausfahren. Die „alte Regel", dass eine Person im Layout immer zum Bund hinblicken sollte, muss also inhaltlich jeweils überprüft werden.

12.7 PORTRAIT-POSITIONIERUNG

Ordnen Sie folgende fiktive Persönlichkeiten den vier Kopfpositionen zu:
- Selbstmordkandidat
- visionärer Manager, spielt stets mit dem Feuer
- konservativer Politiker ohne neue Ideen
- ehrgeiziger Aufsteiger, der nicht so kann, wie er will

Die zugegebenermaßen etwas überzogene Zuordnung demonstriert Ihnen, wie viel der aufmerksame Betrachter ohne Lesen des Textes durch die Bildsprache und Bildpositionierung intuitiv erfassen kann. Diese menschliche Fähigkeit sollten Sie für Ihre Gestaltungsarbeiten nutzen.

Achten Sie auf Beispiele dieser Art vor allem im Zeitungsdesign. Schneiden Sie Beispiele aus, bei denen die Blickrichtung eines abgebildeten Portraits nicht zum Text oder zum Bund hin weist. Gibt es einen Zusammenhang zwischen inhaltlicher Aussage und gestalterischer Abweichung?

Aktivitätsgrad

Bilder, auf denen sehr viel „los ist", die dynamische Linien, kräftige Farben und actionreiche Motive enthalten, schieben sich wie laute Musik stets in den Vordergrund der Wahrnehmung.

Sie sind deswegen besser auf einer rechten Seite positioniert. Wollen Sie dennoch, dass ein ruhiges Bild die Seite optisch dominiert, sollte das ruhige Bild wesentlich größer als das aktive Bild gehalten werden, nur so erzielen Sie ein visuelles Gleichgewicht.

Bezug ähnlicher Bilder

Wenn Sie Seiten mit mehreren Bildern gestalten, die ähnliche Motive aufweisen, z. B. eine Ahnengalerie oder einen Schottland-Bildband, sollten Sie den Bezug der Bilder untereinander beachten. So können Sie Horizontlinien auf eine Höhe stellen oder Personenabbildungen bzw. die Größe der Köpfe aneinander anpassen. Achten Sie besonders bei vermischten Querformat- und Hochformatmotiven auf der Seite auf einheitliche Proportionen. Auch wenn Sie sich an ein Spaltenraster halten, sollten die Hochformatabbildungen von der Fläche her nicht kleiner ausfallen als die Querformate.

12.8 Bildpositionierung

Schreiben Sie jeweils die Nummer des Bildes an die Stelle im Layout, an der Sie das Motiv positionieren würden. Begründen Sie Ihre Wahl.

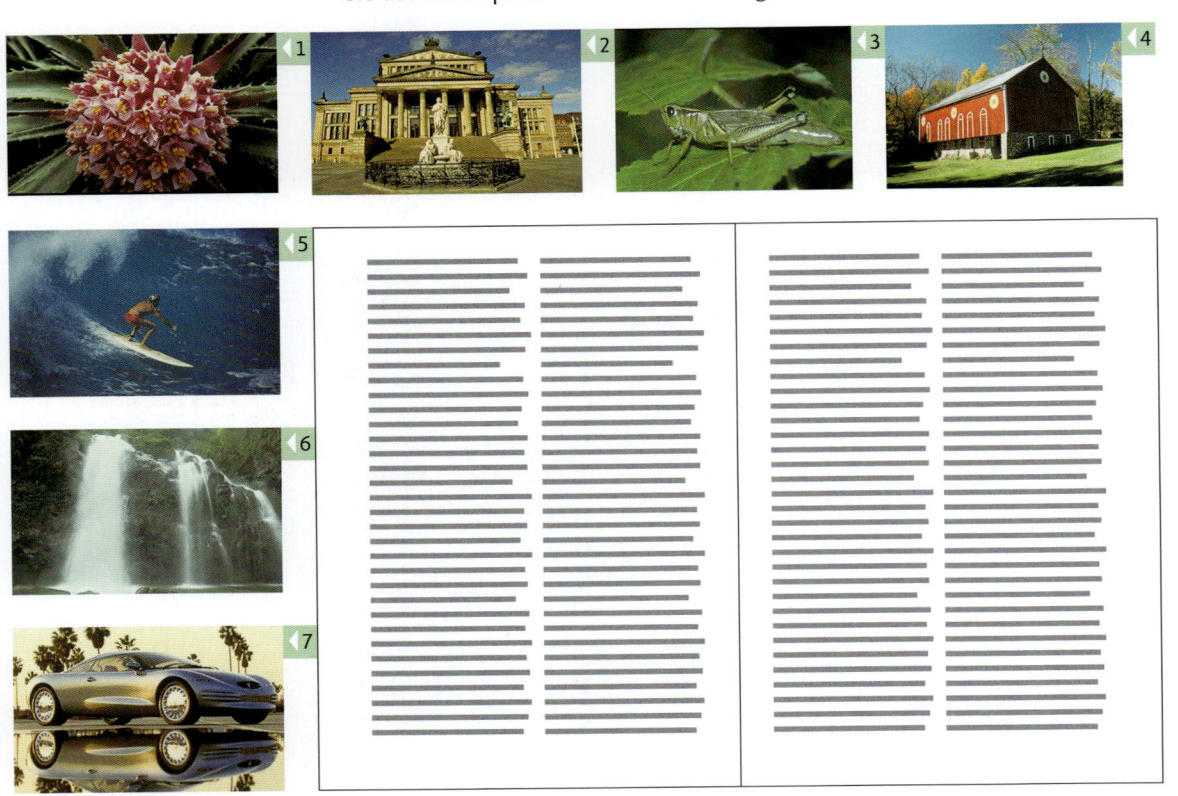

Bilddramaturgie
»Image goes film«

In Zeiten, in denen die Bewegtbild-Medien zunehmend Einfluss auf die Printmedien nehmen, findet man immer mehr Bilderfolgen, die eine Geschichte erzählen.

Meist sind die Bilder rhythmisch über die Seite verteilt. Das ist gar nicht so einfach, denn es gilt ja, eine Blickführung auszuarbeiten, die dem Betrachter die Reihenfolge vorgibt. Diese muss nicht immer mit der normalen Leserichtung übereinstimmen, da Bilder ja auch in der Reihenfolge ihres visuellen Gewichts wahrgenommen werden.

Vermeiden sollten Sie aber – wie in der filmischen Gestaltung auch – den Achssprung, bei dem die (unsichtbare) Kameraposition die Achse wechselt und z. B. Personen plötzlich von der anderen Seite gezeigt werden.

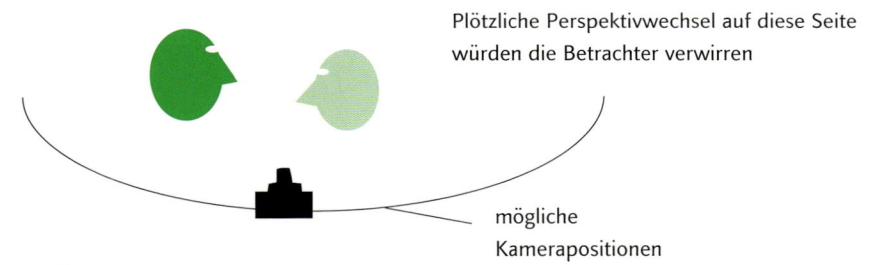

Plötzliche Perspektivwechsel auf diese Seite würden die Betrachter verwirren

mögliche Kamerapositionen

12.9 FOTOSTORY

- Gestalten Sie mit Hilfe des Materials eine Fotostory ohne Text. Verteilen Sie eine Auswahl der Bilder in von Ihnen gewählten Größen und Ausschnitten über das Format DIN A4 quer (in der Mitte gefalzt), den Satzspiegel legen Sie selbst fest, auch randabfallende (angeschnittene) Bilder sind erlaubt. Sie können auch Bilder mehrfach mit verschiedenen Ausschnitten verwenden.
- Versuchen Sie darüber hinaus, die Bilder in einer Spannungskurve zu präsentieren. Legen Sie sie dazu als Vorübung in der von Ihnen gewählten Reihenfolge auf ein Blatt Papier vor sich hin und zeichnen Sie Ihren gewünschten Spannungsverlauf darunter. Dann überlegen Sie, wie Sie durch Positionierung, Ausschnitts- und Größenwahl diese Spannungskurve optimal abbilden.

Material zum Download:
12_09_Fotostory.zip

Siehe auch Rhythmus und Dynamik, S. 96

Beispiele für Spannungskurven

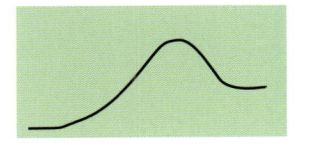

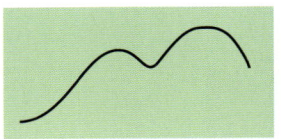

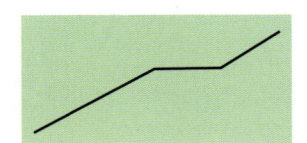

Beispiele dramaturgischer Anzeigengestaltung:
Anzeige DAK 1
Anzeige Eberspächer 2
Anzeige Karstadt (inScene) 3
Anzeige MEGGLE 4

12.10 Bilddramaturgie

In folgenden Beispielen wurden Bilder inszeniert.

- Welche Beispiele erzählen eine Geschichte? Fassen Sie diese kurz zusammen.
- Wodurch entsteht der Zusammenhang der Bilder in dem Beispiel, bei dem die Bilder nicht inhaltlich über eine Handlung verbunden sind?

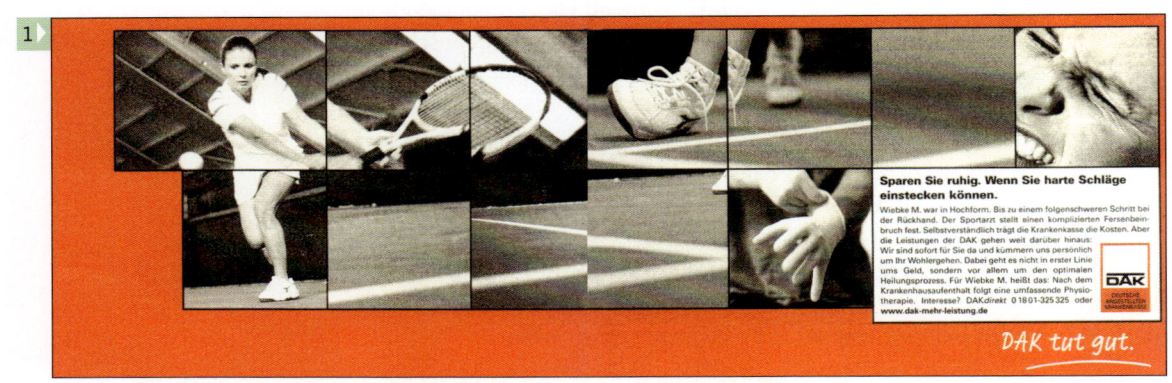

Text-Bild-Partnerschaft
»Hand in Hand, Seite an Seite oder Kopf gegen Kopf?«

Die Gehirnforschung kennt zwei Hemisphären, also zwei Seiten unseres Gehirns, die durch eine „Brücke" miteinander verbunden sind. Beide Hälften haben ihren eigenen „Denkmodus". Die linke Seite ist für logisches, analytisches Denken zuständig, damit auch für die Sprache und das Textverständnis. Die rechte Gehirnhälfte „denkt" mehr ganzheitlich und intuitiv, sie verarbeitet die Bildwahrnehmung und die nonverbale Körpersprache.

Die höchste Aufmerksamkeit und Gedächtnisleistung unseres Gehirns erhält man dann, wenn beide Seiten gemeinsam angesprochen werden. Und das genau ist ja Ziel der grafischen Gestaltung. Denn Sie wollen mit Ihren Printprodukten unter anderen Produkten auffallen und Sie wollen, dass die dargebotenen Informationen in Erinnerung bleiben.

Im engeren Sinn hat sich typografische Gestaltung ja auf die Gestaltung von Texten beschränkt, heute haben Sie aber auch alle Möglichkeiten der Bildgestaltung. Nutzen Sie sie, denn:

- Der visuelle Wahrnehmungskanal ist größer als die anderen Sinneskanäle („Bilder sind schnelle Schüsse ins Gehirn", verrät uns ein Verhaltens- und Konsumforscher).
- An Bilder erinnert man sich besser als an Worte.
- Bilder werden mit geringerer gedanklicher Anstrengung verarbeitet als Texte (oder warum sitzt ganz Deutschland jeden Abend vor dem Fernseher statt über Büchern?).
- Bilder wirken stark emotional, nicht so sachlich wie Texte (darauf basiert ja gerade das Konzept der Bild-Zeitung).

Siehe auch Scribbeln, S. 180

12.11 STÄRKEN VON TEXTEN UND BILDERN

Texte und Bilder haben durch ihre unterschiedliche Verarbeitungsweise verschiedene Stärken. Ordnen Sie die Nummern der Aussagen den beiden Gestaltungselementen in der Tabelle zu. Texte oder Bilder ...

1. ... können abstrakte Sachverhalte begreifbar machen.
2. ... vermitteln ihre Botschaft linear in einzelnen Bausteinen, erst zum Schluss entsteht der Gesamteindruck (analytische Wahrnehmung).
3. ... wirken intuitiv, wecken Emotionen, die sich oft nicht direkt begründen lassen.
4. ... wirken logisch, argumentativ. Eines ergibt sich aus dem anderen.
5. ... lassen konkrete Dinge blitzschnell erkennen.
6. ... sind vieldeutig, lassen oft verschiedene Interpretationen zu.
7. ... wirken zuerst als Ganzes, sie vermitteln Eindrücke (synthetische Wahrnehmung).
8. ... sind eindeutig (im sachlichen Bereich).

Texte	Bilder

Eselsbrücke:

12.12 Eselsbrücke

Erfinden Sie eine Eselsbrücke, wie Sie sich merken, dass rechts im Gehirn vorrangig Bilder und links Texte bzw. Sprache verarbeitet werden, denn diese Information werden Sie noch oft benötigen.

Partnerschaftsmodelle

Siehe auch Kommunikation der Elemente, S. 224

Bislang haben Sie ein „friedliches Beisammensein" von Bild und Text im Layout kennen gelernt. Texte und Bilder waren dort durch Position und Linienführung verbunden. Jetzt werden Sie noch einen Schritt weiter gehen und Bild und Text direkt aufeinandertreffen lassen. Aus dem Nebeneinander wird ein Miteinander. Und wie Sie es aus dem Bereich der menschlichen Partnerschaft kennen, sind da recht verschiedene Formen vorstellbar. Ob nun die Wirkung des Textes oder die der Bilder stärker zum Tragen kommt, hängt von der Art der Partnerschaft ein, die sie eingehen.

Im Idealfall ergänzen sich die Partner gegenseitig, und es entsteht in der Partnerschaft etwas Neues, das größer ist als die Summe der beiden Teile, die die Partner einbringen.

Nachfolgend einige Beispiele mit dem Versuch einer kurzen Erläuterung, welche Formen von Partnerschaft sich in der Gestaltung finden lassen.

1: Der Bezug zwischen Text und Bild sind Farbe (und Form), die dem Bild entnommen wurden. Das ist vergleichbar mit einem Paar, das sich wenig zu sagen hat, denen aber ihr passendes „Outfit" sehr wichtig ist.

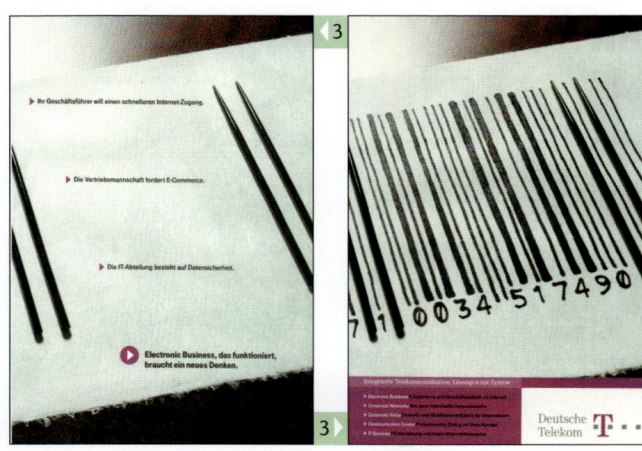

2: Hier wurde eine stilistische Anpassung des Hauptschriftzugs an den Stil des Bildes vorgenommen. Dadurch ergibt sich eine Harmonie, wie man sie bei lang verheirateten Paaren finden kann. Auch die Verwendung von spanischen Ausrufezeichen stellt einen Bezug zum Bild her.

3: Im Aufgreifen von Linien oder Formen zeigt sich hier ein Bezug zwischen Text und Bild. Das lässt sich vergleichen mit einer Partnerschaft, in der die Paare stark auf ein abgestimmtes Verhalten in der Öffentlichkeit

1 Artikel Brigitte (Ausschnitt)
2 Anzeige Viva Macoba
3 Anzeige Telekom
   (3 Folgeseiten)
4 Anzeige Škoda
5 Anzeige COMEDY CENTRAL
6 Seite aus der Wochenzeitung DIE ZEIT

Vergleiche auch Beispiel Mini Cooper, S. 55

4: Hier wurden die Text- und Bildebene dezent miteinander verwoben. Spielereien dieser Art erregen Aufmerksamkeit, müssten in der Anzeigentypografie allerdings deutlicher sein … Dies erinnert an Paare, bei denen der/die eine in der Öffentlichkeit im Vordergrund steht, während der/die andere im Hintergrund die Zügel in der Hand hält …

5: In dieser Anzeige scheint der Text eine untergeordnete Rolle zu spielen. Da ihm aber durch das Bild eine neue Interpretation verliehen wird, erhält sowohl das Bild aus auch der Text eine zusätzliche Bedeutungsebene. An der bekannten Lucky-Strike-Plakatkampagne sehen Sie, dass solchen Partnerschaften auch nach längerer Zeit selten „die Luft ausgeht", denn die eigentliche Werbebotschaft entsteht erst durch das Zusammenwirken von Text und Bild.

6: Auch bei diesem Beispiel bleibt der Text ohne Grafik langweilig und die Grafik ohne Text trivial. Die beiden sind aufeinander angewiesen. So mag es in Partnerschaften aussehen, bei denen die Partner sehr unterschiedlich sind, sich aber darin ergänzen, dass sie am gleichen Strang ziehen, um weiterzukommen.

12.13 ANALYSE PARTNERSCHAFTSMODELLE

Beispiele inszenierter Text-Bild-Kommunikation:

- Formulieren Sie, wodurch Text und Bild miteinander kommunizieren.
- Versuchen Sie dann für jedes Beispiel einen Partnerschaftsvergleich aus dem menschlichen Bereich zu finden. Die Text-Bild-Partnerschaft ist wie …

12 Bild | Text-Bild-Partnerschaft   269

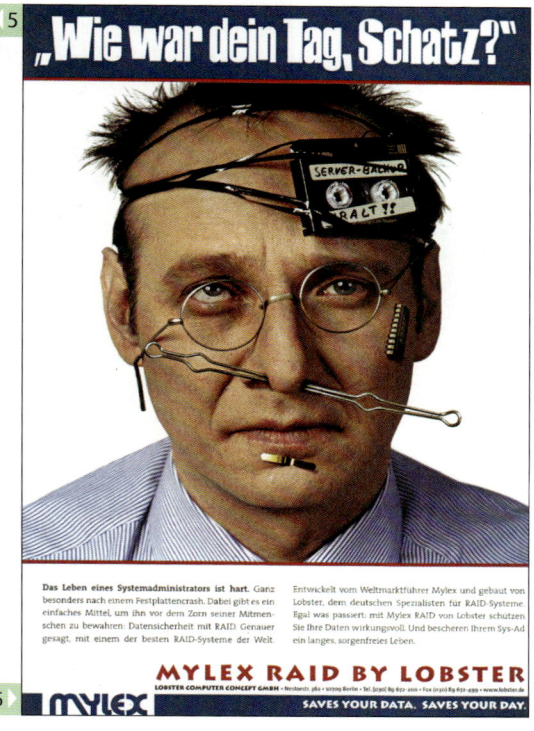

1 Anzeige Auto Bild
2 Anzeige Gebrüder Schmidt Druckfarben
3 Flyerseite Nike
4 Anzeige CMA
5 Anzeige VIVA
6 Anzeige Mylex (Lobster Computer Concept)
7 Anzeige Toblerone
8 Magazin-Doppelseite (Auftraggeber Rolling Stones)
9 Anzeige Zanders

Text auf Bild
»Gelungene Überlagerung«

Wenn Sie mit Texten auf Bildern gestalten, können Ihnen zwei große Fehler unterlaufen: Der Text wird unlesbar, oder das Bild ist nicht mehr auf Anhieb zu erkennen.

Deswegen hier einige Hinweise, wie Sie diese Klippen umschiffen können:
- Wenn Sie Text in einen abgesofteten Kasten stellen, achten Sie darauf, dass dessen Kanten gut ins Bild integriert sind (orientieren Sie sich z. B. an Bildkanten). Einzelne Bildpartien stark weichzuzeichnen, um Text daraufzustellen, wirkt meist sehr unprofessionell.
- Die wesentlichsten Teile des Bildes (z. B. Personenköpfe) sollten nicht von Text überlagert werden.
- Wenn Sie ein Hintergrundbild abgesoftet hinter einen Text legen, sollte die Tonwertdifferenz ausreichend sein und das Bild zudem keine unruhigen Bildstrukturen aufweisen.
- Manchmal sieht man eine Zweiteilung des Textes in dunkle Partien, die auf hellem Bilduntergrund stehen, und hellen Textpartien, die auf dunklen Bildteilen stehen. Dies ist nur anzuraten, wenn die Lesetexte nicht zu lang sind und die „Nahtstelle" der Schwarz-Weiß-Gestaltung durch Wortzwischenräume und nicht direkt durch die Buchstaben geht.
- In der Fernsehtechnik wird oft der Trick angewandt, den Vordergrund-Hintergrund-Kontrast durch Schattierung der Schrift zu erhöhen. Im Fernsehen kann man nicht anders gestalten (z. B. bei einem Abspann, der durch verschiedene Bildpartien läuft), im Printdesign weist die Schattierung dagegen entweder auf „Home-DTP" oder sie zeigt Ihnen, dass der Hintergrund zu unruhig ist und die Gestaltung überdacht werden sollte.

12.14 Schriftwahl auf Bild
Welche Kriterien weisen Schriften auf, die trotz „ungünstiger" Hintergründe gut lesbar bleiben? Vergleichen Sie zur Abgrenzung den Anzeigenausschnitt links.

_____
_____
_____

12.15 Text-Bild-Überlagerung
Gestalten Sie den Text auf zwei vorgegebenen Bildern: Die Bild darf im Ausschnitt nicht verändert werden, kann allerdings im Bildbearbeitungsprogramm partiell in den Tonwerten verändert werden. Der Text muss vollständig in gut lesbarer Typografie untergebracht werden. Position und Gestaltung sind dabei frei wählbar.

Lustig, aber so eher nicht ...

Beispiel eines Textes, der auf stark strukturiertem Hintergrund überleben muss: Anzeige VW (Originalschriftgröße, Ausschnitt)

Material zum Download: 12_15_Überlagerung.zip

Freisteller
»Viel Arbeit für wenig Geld«

Freisteller sind im Bildbearbeitungsprogramm freigestellte Bilder, die gleichsam „frei schwebend" ins Layout eingebaut werden. Damit diese schwebende Funktion auch realistisch wirkt, sind sie meist mit einem Schatten versehen.
Das freigestellte Bild sollte für den Inhalt des Gestaltungsprodukts Substanz haben, weil ihm vom Betrachter automatisch Bedeutung zugemessen wird, denn wer hätte sich sonst die Mühe gemacht, es „auszuschneiden"?
Die Wirkung eines Freistellers wird erhöht, wenn:
- die Motive sich so tatsächlich in natura auf dem Papier befinden könnten und annähernd in Originalgröße abgebildet sind (kleine Insekten, kleine Gegenstände, Obst, Werkzeuge etc.);
- das freigestellte Bild mit einem nicht freigestellten Bild oder Tonwertflächen überlappt;
- durch das Freistellen Bildelemente deutlicher hervortreten, die eventuell untergehen, und damit die Bildkommunikation verstärkt wird;
- Bildrichtungen (z. B. Kopfhaltung, Blickrichtung von Personen) durch andere Gestaltungselemente wieder aufgegriffen werden.

12.16 FREISTELLER
- Recherchieren Sie in Büchern über Bildbearbeitung und im Internet, wie Sie einen wirkungsvollen Schatten für ein freigestelltes Motiv aufbauen, der die Plastizität der Abbildung dezent unterstützt. Wenn Sie in der Gruppe arbeiten, vergleichen Sie Ihre Lösungen. Tragen Sie hier die wesentlichen Schritte der effektivsten Vorgehensweise ein:

_____
_____
_____
_____

- Gestalten Sie unter Anwendung Ihrer neuen „Schattenkenntnisse" mit dem freigestellten Rucksack und Tonwertflächen die Vorderseite einer Postkarte für das Rote Kreuz, die als Wurfsendung in Haushalte gehen könnte und den Notfallrucksack vorstellt.
- Sammeln Sie einige große Tages- oder Wochenzeitungen (z. B. ZEIT, Süddeutsche, FAZ) und durchforsten Sie sie nach Freistellern. Diskutieren Sie jeweils, welcher Effekt, welche zusätzliche Wirkung sich eventuell durch das Freistellen der Hauptmotive ergibt.

Veranstaltungsflyer
Centralstation (Ausschnitt)

Dieser aufklappbare, leere Rucksack (in Papierform an die Haustür gehängt) sollte als anzufassender „Freisteller" das Interesse an der Problematik wecken.

Material zum Download:
12_16_Rucksack.tif

Notizen:

13 Webdesign

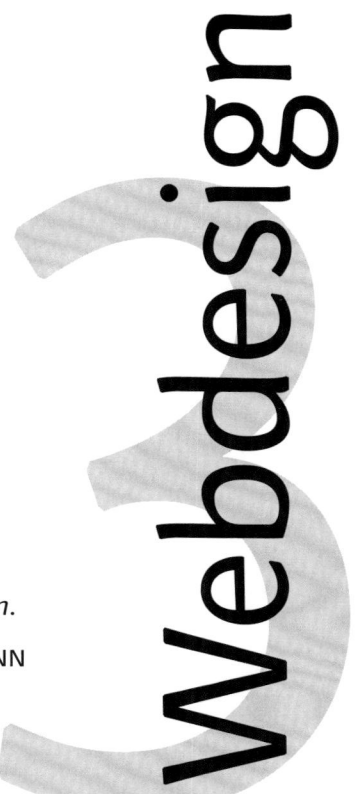

Inhalt benötigt Design.
Design ohne Inhalt ist kein Design, sondern Dekoration.

JEFFREY ZELDMANN

Webdesign-Einführung
»Was sollte man als Printdesigner wissen?«

Die Printaufträge gehen in vielen Agenturen und Druckvorstufenbetrieben zurück, der Umsatz im Bereich Webdesign hält sich zumindest stabil. Oft sind Printaufträge an die Entwicklung einer Website gebunden oder Nachfolgeaufträge dieser Tätigkeit. Als Grafikerin oder Mediengestalter sollten Sie zumindest einen Einblick in die Thematik bekommen, damit Sie Möglichkeiten, Herausforderungen und Besonderheiten dieses Design-Bereichs kennen lernen.

Dieses Kapitel liefert Ihnen einen kleinen Rundflug über das Areal des Webdesigns ohne Anspruch auf Vollständigkeit und ohne Vertiefung der technischen Herausforderungen. Damit sollte es Ihnen gelingen, erste Weblayouts gestalterisch zu konzipieren.

Printdesign goes Webdesign (Veranstaltungsfolder Theater Heidelberg)

Der größte Störfaktor im Web ist: „You don't see what you get." Nun haben wir uns so schön daran gewöhnt, alles, was wir in den Layoutprogrammen gestalten, auch 1:1 im Druck wiederzufinden. Webseiten verhalten sich allerdings anders als gedruckte Seiten. Das hat mehrere Ursachen. Einige seien hier beispielhaft genannt:

Auf der Seite www.browsershots.org wird von einer Website jeweils ein Screenshot in den unterschiedlichsten Browserversionen und Browsertypen angefertigt, so dass Sie schnell die Unterschiede feststellen können.

- Die unterschiedlichen Browsertechniken und -versionen erzeugen ein oft nur minimal unterschiedliches Layout. Im Webdesign geht es nun darum, Generationenentscheidungen zur Technik, die noch bedient wird, zu treffen und möglichst viele Webanwender bzw. die Zielgruppe mit ihrem Webdesignstandard abzuholen.
- Der Anwender kann in das Layout eingreifen, indem er die Bildschirmauflösung oder Browsereinstellungen verändert oder gar die Darstellgröße zoomt.
- Auch die Farbdarstellung variiert je nach Bildschirmtechnologie, Browser und Betriebssystem.
- Ob Bilder überhaupt dargestellt werden, entscheidet der Betrachter. Er kann weiterhin die Darstellung von Videos und Animationen unterbinden.
- Webseiten werden nicht nur für die Ausgabe im Web konzipiert, sondern auf den unterschiedlichsten mobilen Endgeräten gelesen.

13.1 Vergleich Print- und Nonprintdesign
Legen Sie eine Tabelle an, in der Sie die Aspekte der Print- und der Nonprintgestaltung aus der Perspektive des Users gegenüberstellen, z. B. Nutzen, Interaktionsmöglichkeiten, Sehgewohnheiten, grafische Möglichkeiten.

Schrift- und Textgestaltung
»Texte aus Pixel & Co«

Cascading Style Sheets (CSS)
Webdesign zu erklären, ohne einige rudimentäre Kenntnisse der gängigen Standards wie HTML und CSS zu vermitteln, ist kaum möglich. Waren die typografischen Gestaltungsmöglichkeiten in den Anfängen des Webdesigns auf wenige vorformatierte Absatzformate wie `<p>` oder `<h1>` beschränkt, kommen die Formatierungsmöglichkeiten durch Cascading Style Sheets den Formatierungen im Print immer näher. Sie können Cascading Style Sheets mit Stilvorlagen/Absatzformaten vergleichen, die an HTML-Elemente angedockt werden und deren Formatierung überschreiben. Über die typografische Funktionalität hinaus wird CSS auch dazu verwendet, die Layoutelemente einer Website zu positionieren und Ebenen übereinanderzuschichten.

Die Style Sheets können entweder an HTML-Elemente im Code direkt angebunden werden oder übergeordnet in einer dem HTML-Dokument zugeordneten Stylesheet-Datei definiert werden, die im Kopf des HTML-Dokuments aufgerufen wird (Dateiname *.css).

Konsequent durchgeführt, lässt sich so mit CSS eine Trennung von inhaltlicher Struktur und Gestaltung schaffen, die wichtig ist, damit Webtexte auch in Datenbanken weiterverarbeitet oder im Cross-Media-Publishing unterschiedlich formatiert aufbereitet werden können.

Auch wenn Sie selbst keine Webseiten programmieren und meist keine Style Sheets selbst definieren müssen, hilft Ihnen ein Grundverständnis des Codes, um zu wissen, wie Gestaltung im Webbereich funktioniert.

Auf HTML-Grundkenntnisse kann in diesem Rahmen nicht eingegangen werden: Info z. B. unter www.de.selfhtml.org.

13.2 CSS-Code lesen
Versuchen Sie folgenden Text ohne große Vorkenntnisse in CSS sinngemäß zu verstehen.

```
<p style="font-weight:bold; font-style:italic;
color:#25223D; background-color:#F1FFA8;
font-size:12px; text-align:left; font-family:trebuchet
MS,sans-serif; line-height:2; margin:2px;
padding:10px; width:400px;">Dies ist ein Typoblind-
text. An ihm kann man sehen, ob alle Buchstaben da
sind und wie sie aussehen. Manchmal benutzt man Worte
wie Hamburgefonts, Rafgenduks oder Handgloves, um
Schriften zu testen.</p>
```

Lesen Sie dann die Ausführungen auf den nächsten Seiten und kommen Sie später noch einmal zum CSS-Code zurück, um ihn intensiver zu übersetzen.

Hier das grafische Ergebnis des CSS-Codes der letzten Seite

> Dies ist ein Typoblindtext. An ihm kann man sehen, ob alle Buchstaben da sind und wie sie aussehen. Manchmal benutzt man Worte wie Hamburgefonts, Rafgenduks oder Handgloves, um Schriften zu testen.

Das Besondere an den Style Sheets ist das „*Cascading*". Das bedeutet, dass es eine wasserfallartige Dokumentstruktur gibt: Übergeordnete Eltern-(Parent-) Elemente können ihre Eigenschaften an Kinder-(Child-)Elemente „vererben". Das heißt, man arbeitet sich vom Allgemeinen zum Besonderen: Welche Formatierungen benötige ich für das gesamte Dokument? Diese werden eher als Elternelemente definiert. Welche Formatierungen treten eher selten auf? Diese können lokal beispielsweise mit Unterklassen (s. u.) definiert werden.

Formatierungswege mit CSS:
- Anhängen der CSS-Eigenschaften an ein vordefiniertes HTML-Element:
```
body
{
font-family: Georgia, Times, serif;
font-size: 11 px;
color : #cccccc;
}
```
- Definition von Unterklassen eines HTML-Dokuments:
```
h1.kleinrot
```
[übernimmt die Formatierungseinstellungen von h1]
```
{
font-size: 14 px;
color : #ff0000;
}
```

Barrierefreiheit:
Eine Website ist dann barrierefrei, wenn auch Menschen mit visuellen oder akustischen Einschränkungen Zugriff auf die Inhalte haben.

- Definition einer freien Klasse, diese kann dann an alle möglichen Tags angehängt werden:
```
.negativ
```
[kann jeden Text dann weiß formatieren]
```
{
color: #000000;
}
```

Schriftarten (font-face)

Die Wunschreihenfolge der Schriften kann über CSS eingestellt werden :
```
{
font-face: „Rotis sans", Calibri, Arial, sans-serif;
}
```

Gestaltung mit Schrift im Web unterscheidet sich grundlegend von der Gestaltung im Printbereich. Beispielsweise schrumpft die schöne große Typowelt auf eine Handvoll Schriften, wenn Sie versuchen, Ihre Webseite möglichst barrierefrei einer großen Zielgruppe zur Verfügung zu stellen.

Die Systemschriften Arial, Times New Roman, Courier New, Verdana, Comic Sans, Courier, Trebuchet MS, Tahoma und Georgia sind sowohl auf der Windows-Plattform als auch in der Mac-Welt mit annähernd 100-prozentiger

Garantie installiert. Auf Nummer sicher gehen Sie dann, wenn Sie zusätzlich noch eine Schriftgruppe wie „serif", „sans-serif" oder „monospace" angeben, die gewährleistet, dass eine ähnliche, auf dem Rechner verfügbare Schrift die nicht vorhandene Systemschrift ersetzt.

Die Verfügbarkeit sagt allerdings noch nichts über die Lesbarkeit und Tauglichkeit für das Screendesign aus. Oft gibt es jedoch in den Betriebssystemen spezielle Pixelvarianten dieser Schrift, die für den Bildschirm optimiert sind.

13.3 Lesbarkeit am Bildschirm

Setzen Sie in Photoshop je fünf Serifenschriften und fünf Serifenlose Ihrer Lieblings-Printschriften.

- Vergleichen Sie die Lesbarkeit in unterschiedlichen Schriftgrößen. Bis zu welchem Schriftgrad können Sie welche Schrift noch lesen?
- Wählen Sie jeweils die Funktion „scharf" (Anti-Aliasing, Glättung von Pixelkanten) und „ohne" und vergleichen Sie erneut die Lesbarkeit. Gehen Sie davon aus, dass die Leseschrift im Web meist ohne Anti-Aliasing dargestellt wird.

Grundsätzlich müssen Schriften, die am Bildschirm gut lesbar sein sollen, einige Merkmale aufweisen, damit das Bildschirm-Pixelgerüst sie nicht kaputt und damit unlesbar macht:

- Stabile Strichstärken (z. B. keine Light-Schnitte)
- Gemäßigte Strichstärkenunterschiede (z. B. keine klassizistischen Schriften)
- Hohe Mittellängen (damit sind sie auch in kleine Schriftgraden noch gut lesbar)
- Gleichmäßiger Grauwert (das Verhältnis von Punzen und Buchstabenabständen muss ausgeglichen sein, nicht stark asymmetrisch wie z. B. bei der Century Gothic)

13.4 Für den Bildschirm geeignete Schriften

- Welche der folgenden Schriften erfüllt die oben genannten Kriterien?
- Ordnen Sie die Schriftnamen nach dem Ausschlussprinzip zu:
  Rotis, Georgia, Times, Bodoni, Garamond, Verdana, Trebuchet, Frutiger.

Schriftarten mit Anti-Aliasing (Glättung in Photoshop)

Auf der Seite **http://www.typetester.org** können Sie sehr komfortabel unterschiedliche Schriftarten und Schriftgrößen in ihrer Bildschirmdarstellung vergleichen, um zu einer optimalen Lesbarkeit zu kommen.

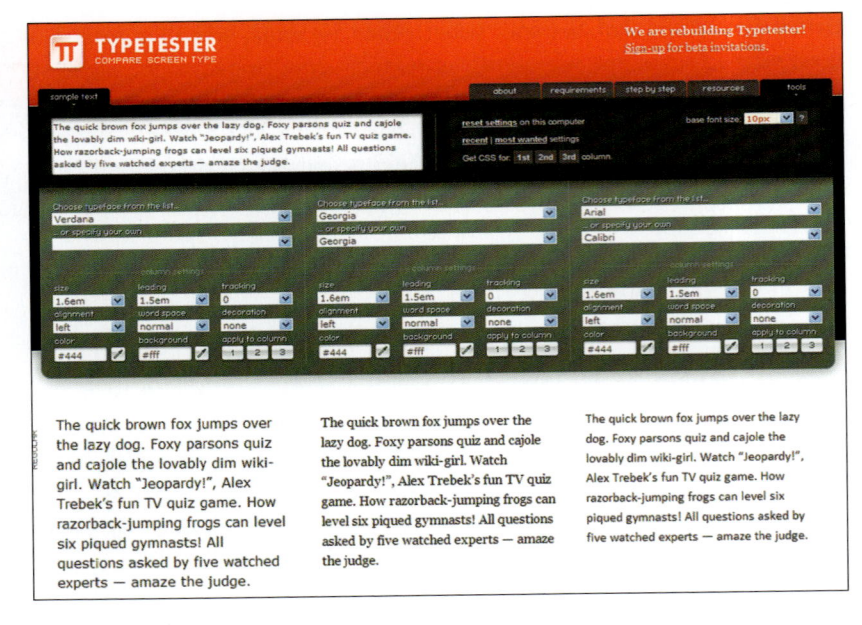

Schriftarten im Web einbinden

Unter **www.fontsquirrel.com/ fontface** können fertig gepackte @Fontface-Kits zum direkten Einbinden in die Website geladen werden. Auch können Sie hier unter **www.fontsquirrel.com/ fontface/generator** Schriften hochladen und den Code zur Einbettung erzeugen lassen.

Webdesigner kämpfen damit, Schriftarten zuverlässig, also browsersicher in ihre Seiten einzubinden. Die Option, Texte als Grafiken einzubinden geht immer, erhöht aber die Dateigröße und gilt nicht als barrierefrei, wenn Sie die Texte nicht zusätzlich im Code belassen, damit sie bspw. für die Sprachausgabe verfügbar sind.

In den letzten Jahren haben sich verschiedene Wege und Technologien entwickelt, wie Schriften integriert oder verlinkt werden können. Einige seien hier kurz vorgestellt:

- Mit @font-face können Schriftdateien von einer Webadresse oder der eigenen Domain aus aufgerufen und eingebettet werden, die dann später im Code für einzelne Formatierungen verwendet werden können. Diese CSS3-Technologie wird allerdings noch nicht von allen Browsern und Browserversionen unterstützt.
- Auf dieser CSS-Erweiterung setzt Google mit seiner Font-Schnittstelle auf. Über eine Codezeile werden Schriften eingebunden, darunter viele im Netz verfügbare Freefont-Klassiker wie Yanone Kaffeesatz, Vollkorn, Lobster oder Ubuntu. Wenn dann eine Website aufgerufen wird, werden die Schriften über einen Google-Server dazugeladen. (**www.google.com/webfonts**)
- Es gibt kostenlose und kostenpflichtige Lizenzierungsmodelle, z. B. Typekit, hier werden Schriftpakete per JavaScript eingebunden.

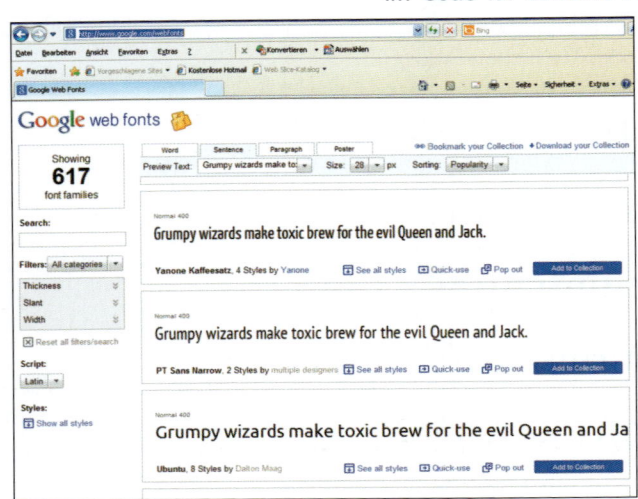

- Dynamische Schriftersetzung über Cufón:
  Das ist eine JavaScript-Lösung, bei der die entsprechenden Schriften in den Cufón-Generator geladen werden, der dann ein Skript zur Einbindung erzeugt. Derart formatierte Texte bleiben im Quelltext erhalten, können aber nicht mehr mit dem Cursor im Browser markiert werden.

Bei allen Technologien ist es notwendig, dass trotzdem eine sogenannte Fallback-Systemschrift im Stylesheet definiert ist, so dass eine Schriftdarstellung unter allen Umständen gewährleistet bleibt.

Schriftformatierung

Schriftgröße (font-size):
Auch das Einstellen der Schriftgröße im Webdesign ist für Printdesigner gewöhnungsbedürftig. Stellen Sie sich einfach vor, Sie erarbeiten mit Ihrem Design einen Vorschlag, wie der User Ihre Seite sehen sollte. Wenn aber die Nutzer selbstständig Schriftgrößenänderungen vornehmen, wie große Schriftgrade im Browser oder Ausblenden von (Typo-)Bildern, dann haben Sie das Design nicht mehr in der Hand.

Verbreitet ist die Einheit Pixel (px). Hier gibt es allerdings Unterschiede, die berücksichtigt werden müssen. Die Schriftgrößen am Mac fallen kleiner aus, da dort 72 dpi für die interne Berechnung der Bildschirmausgabe zugrunde gelegt werden, bei Windows sind es 96 dpi. Am Mac ist demnach die Schriftdarstellung nur 75 % der Windows-Darstellung. Pixel sind die statische Einheit im Web, so wie Sie „Punkt" im Printdesign wählen würden.

Dann gibt es die Einstelloption über ein M-Space (em), das ist vergleichbar mit dem Geviert im Printdesign. Hierüber können Sie alle Elemente einer Seite proportional definieren. Diese Einstelloption wird gerne für elastische Layouts verwendet, die sich an die vom Nutzer definierte Browserseitengröße anpassen. (Wird beispielsweise der Grundtext mit 1 em definiert, könnte eine Überschrift 3 em groß sein, ein Bild 7 em, die Textbreite 20 em usw.) Die Ausgangstextgröße (font-size) sollte definiert werden, weil sonst die Browserstandardtextgröße von 16 px mit 1 em gleichgesetzt wird.

Ein dritter Weg geht über die Definition von Prozentwerten. Wird die Ausgangstextgröße auf 62,5 % oder 75% festgelegt, dann haben Sie die Standardschriftgröße von 16 px auf 10 px bzw. 12 px runtergefahren, was ein guter Ausgangswert sein sollte.

Es gibt Umrechnungstools im Web, die Ihnen auch gleich den CSS-Code (s.u.) mit ausgeben: http://pxtoem.com.

Zeilenabstand (line-height):
Auch der Zeilenabstand lässt sich so auf unterschiedlichen Wegen einstellen. Prozentual oder in em-Einheiten ist am sinnvollsten; wählen Sie hier eine Option zwischen 130 bis 150% bzw. 1.3 bis 1.5 em, außer Sie müssen sehr viel Text unterbringen.

Laufweite (letter-spacing):
Die Laufweite ist im Web nicht so einfach anzupassen wie im Print. So passiert es immer wieder, dass Grafiker ein Photoshop- oder InDesign-Weblayout

liefern und die Schrift angesperrt oder unterschnitten haben. Hier geht der einzig sinnvolle Weg über das Verändern der em-Einheit.

Halten Sie sich zumindest bei Grundschriftgrößen mit dem Eingreifen in die Laufweite zurück. Erstens danken es Ihnen die Webdesigner und auch die Schriftdesigner selbst müssen sich dann nicht im Grab herumdrehen, weil ihre monatelange Zurichtungsarbeit umsonst war.

Zeilenlänge (width in Verbindung mit div-Tag):
Zeilenlängen im Web können bei flexiblen Layouts schnell sehr breit werden. Die Lesbarkeit ist dann stark eingeschränkt. Ansonsten gilt: Halten Sie Spalten eher etwas schmaler als im Print, da die Lesbarkeit am Bildschirm gegenüber Printprodukten erschwert ist. Gelten im Print eher 60–70 Zeichen als optimal lesbar, sollten Sie sich im Web auf etwa 50 Zeichen beschränken.

Textstruktur:
Fügen Sie spätestens nach zwei bis drei Sätzen einen Absatz ein. So erleichtern Sie die Lesbarkeit. Auf vielen Webseiten wird darauf verzichtet, längere Texte anzubieten. Meist gibt es einen Anreißer von wenigen Zeilen, und nur wer mehr lesen möchte, klickt auf „mehr…".

Alle Abstände, die Sie beispielsweise nach Überschriften formatieren, sollten rechnerisch auf den Zeilenabstand Bezug nehmen. So wirkt Ihre vertikale Elementausrichtung in sich stimmig.

Auch Einzüge (text-indent) am Anfang eines Absatzes sind möglich.

Satzart (text-align):
Generell können Sie alle Satzarten, die Sie kennen, auch im Web einstellen. Schwierig wird es mit dem freien Zeilenfall, den sollten Sie eher als Bild einfügen, da sonst nicht gewährleistet ist, dass er sich unter den verschiedenen Ausgabebedingungen verschiebt. Blocksatz können Sie zwar einstellen. Aber derzeit unterstützen die Browser noch keine Silbentrennung, so dass Sie unschöne Lücken bekommen. Deswegen ist der linksbündige Rausatz die Satzart der Wahl im Web. Denn es hat im Gegensatz zur Printtypografie keinen Sinn, die Flatterkante nachzubearbeiten.

Auszeichnungsarten:
Im Web machen die beiden Auszeichnungsarten farbig und fett das Rennen. Unterstrichen ist traditionell für Links vergeben, also sollten Sie davon unbedingt als Auszeichnungsart absehen. Auch (künstliche) Kapitälchen wirken wenig professionell, und bei Versalien müssten Sie dann wieder die Laufweite erhöhen.

Die Standard-Print-Auszeichnungsart kursiv eignet sich zumindest bei kleinen Schriftgraden und Serifenschriften im Web nicht, da die schrägen Linien oft pixelig oder unscharf dargestellt werden.

Bei kursiven Schriften treten vermehrt Pixelfehler auf, die die Lesbarkeit beeinträchtigen (links ohne Glättung, rechts mit Glättung).

Myriad Pro kursiv   *Myriad Pro kursiv*
Gentium Basic kursiv   *Gentium Basic kursiv*

13 Webdesign | Schrift- und Textgestaltung

Sonderzeichen im Web:
Für Printdesigner ist die Arbeit mit Sonderzeichen selbstverständlich. Im Web sind sie auch verfügbar, müssen allerdings „programmiert" werden. Dazu gibt es wieder zwei Möglichkeiten: die HTML-Entitys, die der HTML-Standard bereitstellt. Ein „ö" ist z. B. im Code als „ö" einzugeben. Der zweite Weg geht über die Einbettung der Sonderzeichen als Unicode, die langsam die Einbettung der Entitys ablöst. Generell muss überprüft werden, ob das entsprechende Zeichen in der Schrift überhaupt verfügbar ist.

Unicode
Ein internationaler Standard, in dem je Zeichensatz mehr als eine Million Zeichen abgelegt werden können. Aktuell (9/2012) sind etwa 100 Schriftsysteme mit insgesamt über 100 000 Zeichen erfasst. Siehe auch S. 13.

Hier einige Codes für wichtige Sonderzeichen:

	HTML-Entity	Unicode
Euro-Zeichen:	&euro;	&#8364;
Et-Zeichen:	&amp;	&#38;
Halbgeviertstrich:	&ndash;	&#8211;
An- und Abführungszeichen:	“/”	“/”
Achtelgeviert:		

13.5 SCHRIFTFORMATIERUNG IM WEB

Analysieren Sie folgende Textblöcke auf ihre Textformatierung hin. Was kann so übernommen werden, was müsste man als Webdesigner verbessern?

WorkAwesome

Think of this as the ying to the FreelanceSwitch yang. It's all about the office here, imagine yourself at a giant water cooler. Learn More

Several web application have launched recently with an invite system where you not only give them an email address to notify you but also reserve your username. Some even go a little further and ask you to connect with Facebook, Twitter etc. The latest one to do so is connect.me, which I signed up for [...]

CONTINUE READING »

I heart design. I have done for donkeys. I spend an unhealthy amount of time designing WordPress themes and heading up the team over at ThemeZilla. When I'm not, I design a bunch of free stuff for designers. I'm known to chat nonsense on Twitter, and throw a few shots up on Dribbble from time to time.

Topics this year will be focusing on UFOs - Paranormal - Crop Circles- Abductions and Alien Contact - Ancient History of the Mound Builders and Preparing for the 2012 Shift
Ancient Races and Sacred Sites of North America

Farbe am Bildschirm
»Achtung, Augenflimmern«

Eigentlich bietet die Farbdarstellung am Bildschirm mit dem RGB-Farbraum deutlich mehr Farbnuancen als der CMYK-Farbraum, der die im Druck darstellbaren Farben beinhaltet.

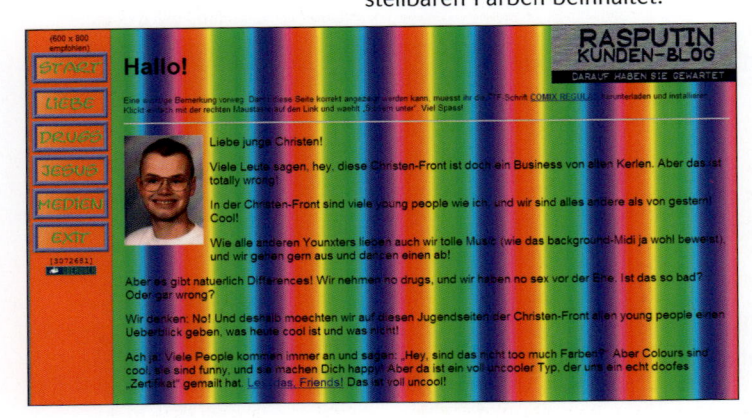

Während Farben im Print über Reflexion vom Papier/Druckträger wahrgenommen werden, schauen wir am Bildschirm direkt in die Leuchtquellen. Die Farbbetrachtung heller oder kräftiger Farben wird dadurch intensiver und auch anstrengender als bei Farbe im Printdesign. Bei der additiven Farbmischung kann jeder Bildschirmpixel in einer der drei Grundfarben in 256 Abstufungen dargestellt werden.

In RGB noch viel schöner:
http://www.rasputin.de/CF/Jugend/

Farbe lässt sich wiederum auf mehrere Arten codieren:
- Als Abstufung zwischen 0 und 255:
  ```
  color: rgb(0,255,0);
  ```
  Hier kann ab CSS3 auch ein Alphawert für die Transparenz festgelegt werden:
  ```
  Color: rgba(0,0,255,0.5);
  ```
  [1 ist deckend, 0.5 ist 50% transparent]
- Mit Farbnamen:
  ```
  color: green;
  ```
  Hier gibt es viele spannende Farbnamen wie „Blanched Almond", „Dark Orchid" oder „Light Salmon", unter denen man sich selten eine präzise Farbe vorstellen kann.
- Die gebräuchlichsten Farbbezeichnungen sind im Hexadezimal-Code angelegt. Hier auch in der Reihenfolge RGB:
  ```
  color: #00ff00;
  ```
  In Photoshop können Sie sich die Hexadezimalwerte in der Farbpalette direkt ausgeben lassen, so dass Sie nicht selbst rechnen müssen.

Während im Printdesign oft ein maximaler Helligkeitskontrast (z. B. Schwarz auf cremefarbenem Papier) die beste Lesbarkeit gewährleistet, muss der Kontrast im Webdesign etwas abgemildert werden, um eine optimale Lesbarkeit zu erreichen. Nur so laden Sie Ihre Leser und Leserinnen am Bildschirm überhaupt zum Lesen ein.

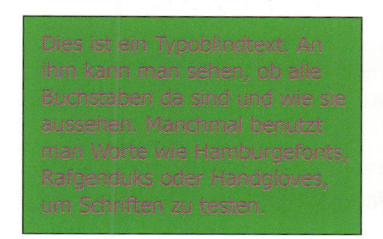

13.6 Farbkontraste und Lesbarkeit

Wählen Sie aus den unten stehenden Abbildungen die drei mit der besten Lesbarkeit aus. Legen Sie danach selbst drei unterschiedliche Textblöcke mit guter Lesbarkeit basierend auf Vorder- und Hintergrundfarbe am Bildschirm an.

Zusätzlich zur ausreichenden Kontrastierung Ihrer Texte müssen Sie bedenken, dass Farbe am Bildschirm variiert: Je nach Fabrikat, Bildschirmtechnologie, Alter des Bildschirms, Browser und Betriebssystem sieht Ihr Leser später eine etwas andere Farbe. Die Farbpaletten der Mac- und der Windows-Welt sind beispielsweise nur auf den ersten 216 Plätzen gleich codiert. Wenn Sie ganz auf Nummer sicher gehen wollen, z. B. bei der Farbe einer großen Überschrift oder einer Fläche, wählen Sie sogenannte websafe-Colours. Diese verlieren allerdings durch verbesserte Monitortechnologie weltweit zunehmend an Bedeutung.

Hier sehen Sie die Palette der Websafe-Colours. Diese Farben erkennen Sie daran, dass in ihnen nur die Hexadezimalwerte 00, 33, 66, 99, cc, ff vorkommen.

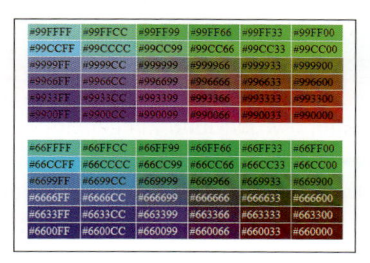

13.7 Farbschemata erkennen

Welche Inhalte, Dienstleistungen oder Produkte assoziieren Sie mit den einzelnen Farbeschemata?

Tipp:
Um die Funktionalität der von Ihnen angelegten Kontraste einer Seite überprüfen zu können, gibt es einen einfachen Weg. Öffnen Sie später den in 13.9 erstellten Layoutentwurf in Photoshop. Wählen Sie im Ebenen-Menü „Neue Einstellebene" und „Farbton/Sättigung". Schieben Sie den Sättigungsregler auf Null, dann erhalten Sie eine Ansicht Ihrer Seite in Graustufen, ohne einzelne Farben anpassen zu müssen. Beurteilen Sie die Seite in dieser Ansicht, ob Farben vom Helligkeitswert zu nah beieinanderliegen und ob die Elemente, die Sie besonders kontrastieren wollten, auch hier noch gut erkennbar sind.

Die Farbwahl und Farbgestaltung im Web unterliegt generell den gleichen Regeln wie beim Printdesign. Hier eine Checkliste, wie Sie die Farbwahl für die Gestaltung einer neuen Website überprüfen können:

- Passen die Farben zur Branche/zum Produkt/zum Thema der Site?
- Habe ich eine oder mehrere der Farbebenen bei der Farbauswahl beachtet (physiologisch, psychologisch, symbolisch)?
- Welche Farben werden von der Zielgruppe erwartet? Welche Farben könnten darüber hinaus zur Zielgruppe passen?
- Welche Stimmung/welche Tonality möchte ich mit dem Design der Website transportieren?
- Ist mir grundsätzlich klar, ob ich die Farbigkeit eher kontrastiv oder harmonisch anlegen möchte? Welches Kontrast- bzw. Harmoniemodell wähle ich?
- Habe ich mehrere Farbschemata ausprobiert?
- Passen die gewählten Farben zum Bildmaterial?
- Habe ich aktive, warme Farben eher für Vordergrundelemente und passivere, dezentere Farben tendenziell für Hintergründe gewählt?
- Habe ich die Farben getestet, dass alle Informationen sichtbar und lesbar bleiben auch bei Farbfehlsichtigkeit? (**http://colororacle.org**)
- Wurde das Layout in Graustufen getestet? (s. Tipp)

13.8 Farbschemata anlegen

Legen Sie jeweils zwei passende Farbschemata von fünf Farben an. Kästchengröße 2 × 2 cm, einmal mit weißem Hintergrund, einmal auf schwarz. Beispiel:

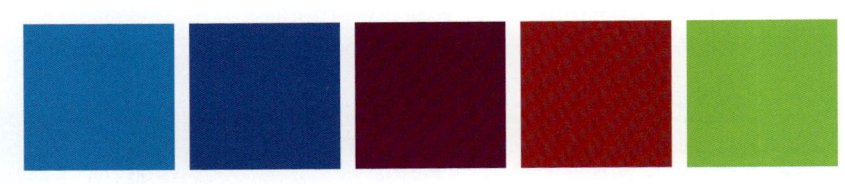

- Ein Seniorenwohn- und Pflegeheim
- Ein Designerlabel für ökologisch nachhaltig produzierte Kleidung
- Ein Stadt-Event-Magazin einer mittleren deutschen Stadt, z. B. Mainz

13.9 Website mit Farbschema gestalten

Wählen Sie dann Ihr Lieblingsthema bzw. Farbschema und legen Sie in Photoshop auf Basis folgender Angaben ein Layout in den Farben an (Seitengröße: 1024 × 768 px). Verwenden Sie auch Tonwerte einzelner Farben und bringen Sie alle Farben des Farbschemas unter.

Grundstruktur: Website mit Kopf, links Navigation, zwei Contentspalten, Headline, Subheadline und Grundtext mit Farbangaben im Hexadezimalwert. Beispiel:

Hilfsprogramme zur Farbschema-Erstellung:
http://kuler.adobe.com,
http://colourlovers.com
Siehe auch S. 158 ff. im Kapitel Farbe

Muster und Texturen:

Layoutdesign im Web wirkt schnell flächig. Das kommt daher, dass die Bildschirmoberfläche deutlich glatter, manchmal sogar spiegelnd wirkt, im Gegensatz beispielsweise zu einer Naturpapier-Struktur. Über Texturen wird es möglich, die reale Welt ein wenig ins Web zu holen, so dass Ihre Seiten natürlicher und noch lebendiger wirken. Selbstverständlich gilt auch beim Gestalten mit Texturen das Prinzip „Weniger ist mehr". Zudem sollten Sie nur Muster aus einer „Welt" wählen, also keinen gestylten Metallic-Look mit einem unorthodoxen Rough-Look mischen.

Tipp:

Quellen für Strukturen und Texturen:
Brant Wilson stellt auf der Seite **www.designM.ag** viele Quellen für kostenlose Texturen vor. Hier finden Sie alles von Holz-, Papier- und Stoffstrukturen, bis zu Retro-Hintergründen und Blendenflecken.

1 www.kennysaunders.com
2 www.mailchimp.com
3 Blog-Template von www.wpthemegenerator.com

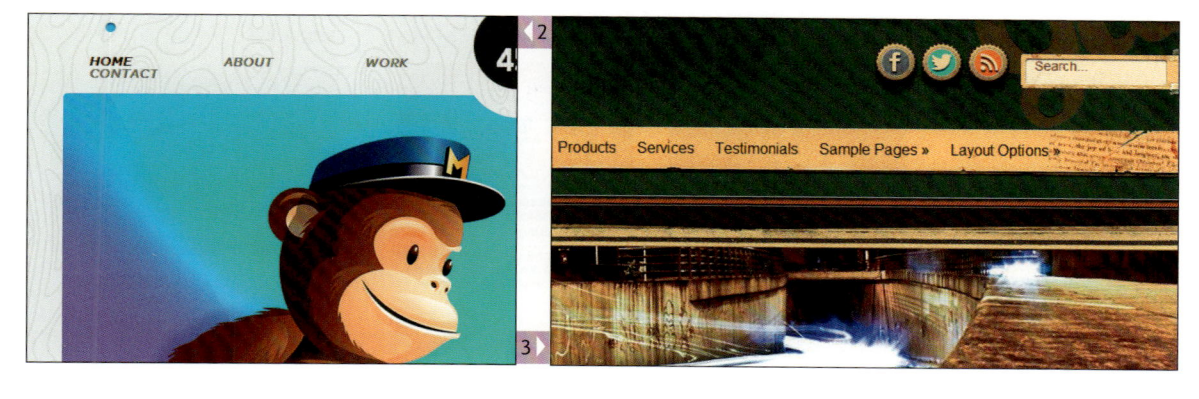

Bilder im Web
»Selbstverständlich, aber wie?«

Heute sind Bilder im Webdesign nicht mehr wegzudenken. Auch mit den Dateigrößen der Bilder muss nicht mehr so geknausert werden wie vor zehn Jahren. Bilder finden sich in vielfältiger Form und Funktion im Web:

- als Hintergrundmotive, die die Seiteninhalte tragen und einrahmen,
- als funktionale Bilder, wenn beispielsweise eine Person vorgestellt oder ein Produkt verkauft wird,
- als repräsentative bzw. schmückende Bilder, wenn Bilder die Stimmung einer Website wiedergeben und unterstützen sollen,
- als Bilder, die in Navigationselemente eingebaut oder Teil des Leitsystems sind, sowie
- als Textelemente, um besondere Schriften darstellen zu können.

Auch Illustrationen erleben seit Anfang des 21. Jahrhunderts eine Renaissance und treten in den oben genannten Ausprägungen auf.

13.10 BILDFUNKTIONEN

Bestimmen Sie die verschiedenen Funktionen der Bilder auf der folgenden Website:

www.galerieslafayette.de

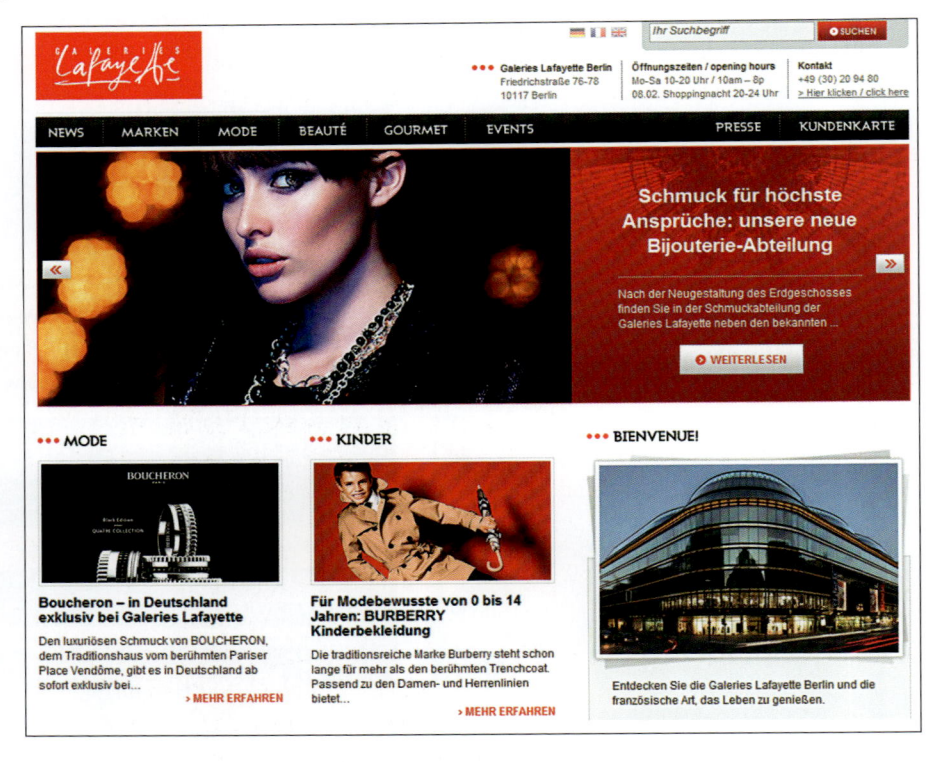

Qualität von Bildern im Web

Auch wenn die Auflösung im Web geringer ist als im Print (72 dpi genügen), sollten Sie darauf achten, dass das Bildmaterial selbst von guter Qualität ist und professionell präsentiert wird. Das sollte gelingen, wenn Sie einige Grundregeln beachten:

- Bedenken Sie, ob Bilder skaliert werden, dann darf das Endformat die oben genannte Auflösung nicht unterschreiten.
- Verzichten Sie bei der Bearbeitung auf Filtereffekte in Photoshop, denn in der Endauflösung wirken diese Effekte oft nicht mehr so gut wie in einer höheren Auflösung.
- Bilder sind im RGB-Modus anzulegen.
- Wählen Sie interessante Motive und Bildausschnitte, denn im Web konkurrieren Sie mit einer deutlich größeren Bilderflut als im Printdesign. So wird es noch schwieriger, die Aufmerksamkeit der Betrachter zu bekommen und zu behalten.
- Achten Sie darauf, dass die spätere Darstellungsgröße dem Motiv angemessen ist. Eine interessante, detailreiche Aufnahme, z. B. ein Gesicht oder eine Luftaufnahme, verdient eine größere Abbildung als reizarme und flächige Motive wie eine Grünanlage oder ein Bürogebäude.
- Wenn Sie eher nichtssagendes Bildmaterial positionieren müssen, weil Kunden darauf bestehen, können Sie evtl. mit Rahmenvarianten oder Bildtableaus noch etwas Spannung hineinbringen.
- Auch wenn im Web oft das extreme Querformat gewählt wird, damit es sich besser in das Gesamtlayout einfügt, achten Sie darauf, dass das Bild nicht verstümmelt wird und die Bildinformation immer noch ausreichend transportiert wird.
- Im Vorgriff auf die Layoutgestaltung ist es auch bei Webseiten angemessen, einen eindeutigen Blickfang zu gestalten. Achten Sie weiterhin darauf, die Bilder in unterschiedlichen optischen Gewichten zu präsentieren, damit die Seite spannungsreicher wird. Das optische Gewicht setzt sich zusammen aus Größe, Farbintensität, Position auf der Seite und evtl. Bildform.

Im weitesten Sinn stellt sich die Qualitätsfrage auch bei den Bildrechten. Hier müssen Sie für jedes einzelne Bild gewährleisten können, dass Sie die Rechte daran besitzen. Nichts ist leichter, als schöne Bilder im Web zu klauen und auf einer anderen Site einzubinden. Damit begeben Sie sich aber auf dünnes Eis. Für Low-Budget-Websites ist es besser, Bilder freier Bildanbieter wie **www.pixelio.de** oder **www.flickr.de** mit seinem Creative-Commons-Bereich einzusetzen.

Die Dateiformate im Web

- Die meisten Bilder im Web sind JPEG-Dateien. In Photoshop (unter Datei > für Web und Geräte speichern) lassen sich genaue Kompressionsdaten für dieses Format einstellen und Sie bekommen eine Vorschau, über die Sie leicht beurteilen können, welche Qualitätsstufe Sie wählen möchten.

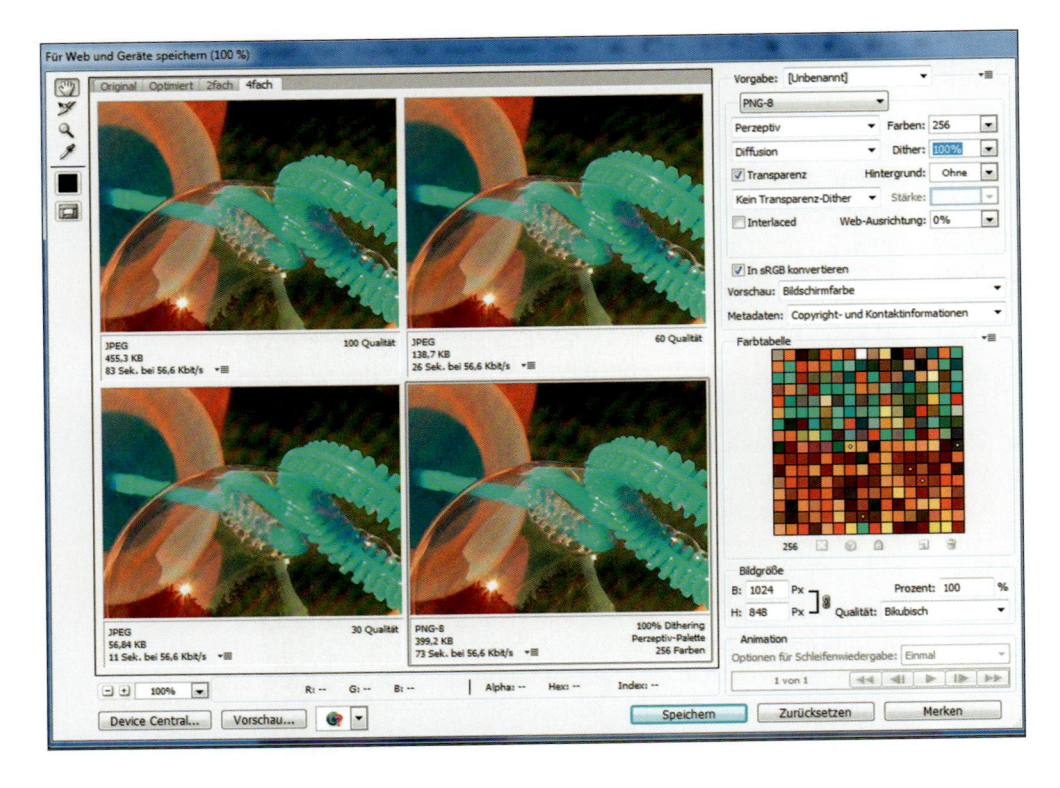

Hier wurden drei unterschiedliche JPEG-Qualitätsstufen einer PNG-Einstellung einander gegenübergestellt.

- PNG-Dateien sind dann sehr nützlich, wenn Sie für Ihre Bilder Transparenz benötigen, beispielsweise für freigestellte Motive oder Bilder in Layertechnik. Dieses Format erlaubt 256 Transparenzstufen. Da die früheren Browserprobleme der Vergangenheit angehören, gilt es inzwischen auch als sicheres Dateiformat.
- GIF-Dateien können maximal aus 256 Farben bestehen; hier kann eine Farbe auf transparent gestellt werden. Dieses Dateiformat wählen Sie dann, wenn Sie eine einfache Grafik animieren wollen oder tatsächlich auf sehr kleine Dateigrößen kommen müssen.

Um informative Bilder für alle Webuser – auch die mit eingeschränkten visuellen Rezeptionsfähigkeiten – verfügbar zu machen, müssen Bilder immer einen Alternativtext enthalten, der eine kurze Beschreibung des Bildinhalts darstellt. Bei rein schmückenden Bildern kann dieser Text weggelassen werden.

13.11 Seitenanalyse

Untersuchen Sie den Bildeinsatz auf den Webseiten www.bundesverband50-plus.net und www.hotel-vitalis.de oder auf Seiten Ihrer Wahl:

- Passt die Motivwahl zum Thema?
- Welche Tonality transportiert die Bildsprache?
- Gibt es ein Hauptmotiv, das diesen Namen durch Inhalt und Qualität der Darstellung auch verdient?
- Wie ist die Anordnung der Bilder, gibt es klare Hierarchien?
- Sind Rahmen und sonstige Effekte, die Bilder mehr in die Gesamtseite einbeziehen, sinnvoll und dem Thema bzw. der Zielgruppe gemäß verwendet?

Navigation
»Hilfsmittel gegen ‚Lost in Cyberspace'«

Wenn Sie Webseiten planen, gibt es einen Seitenbereich, der Ihnen als Printdesigner vermutlich am wenigsten vertraut ist. Das ist der Navigationsbereich, der meistens in Form einer horizontalen oder vertikalen Navigationsleiste auftritt. Im Code nimmt die Navigationsleiste die Form einer Liste an. Dann gibt es aber auch Navigationselemente wie das Logo, Kontakt, Impressum, die Suche etc., die oft erst auf den zweiten Blick als Navigation erkannt werden und auch noch ins Layout integriert werden wollen.

Ohne eine klar erkennbare Navigation sind alle Besucher der entsprechenden Site verloren, weil die Navigation der einzige Weg ist, sich alle Inhalte einer Website zu erschließen. Also werden Navigationsleisten sinnvollerweise meist oben und links angeordnet, damit auch auf kleinen Ausgabemedien die Navigation sichtbar und damit verfügbar bleibt.

Einige Vorbemerkungen über sinnvolle Navigation:
- Der Webuser muss sich in jedem Augenblick orientieren können, wo er sich auf der Website befindet. Sinnvoll ist eine Standortbestimmung, bei der die aktuelle Seite im Menü hervorgehoben wird. Auch ein sogenannter Brotkrumenpfad zeigt den bisher gewählten Pfad auf der Seite an (Bsp. Ihre Position: UniRZ/TYPO3-Hilfe/Funktionen/Verschiedenes), damit man noch besser als Hänsel und Gretel den Weg nach Hause findet.
- User sollten mit möglichst wenigen Klicks ihr Ziel erreichen können. Sehr schnell lassen die Aufmerksamkeit und die Lust an der Informationsaufnahme nach, wenn man sich durch zahlreiche Untermenüs navigieren muss. Usability-Untersuchungen haben gezeigt, dass breite Navigationen mit nicht allzu vielen Unterpunkten eher akzeptiert werden als Menüs mit weniger Hauptmenübegriffen und vielen Unterebenen.
- Generell gilt hier die Regel, dass die Top-Navigation zwischen fünf bis neun Menüpunkten fassen sollte. Alles darüber hinaus sprengt unser Fassungsvermögen und die Fähigkeit, sich für einen Punkt zu entscheiden. Der Mensch ist in der Lage, maximal sieben Informationseinheiten auf einmal aufzunehmen, daran können Sie sich im Webdesign und in der Seitenstrukturierung immer wieder orientieren.
- Eine Sitemap, also eine „Landkarte" der kompletten Website in Linkform, ist ein Geschenk an die User einer Website, die sich sehr schnell

Usability
Darunter versteht man die Benutzerfreundlichkeit und leichte Handhabung einer Website.

Ausschnitt der Sitemap von:
www.esamultimedia.esa.int

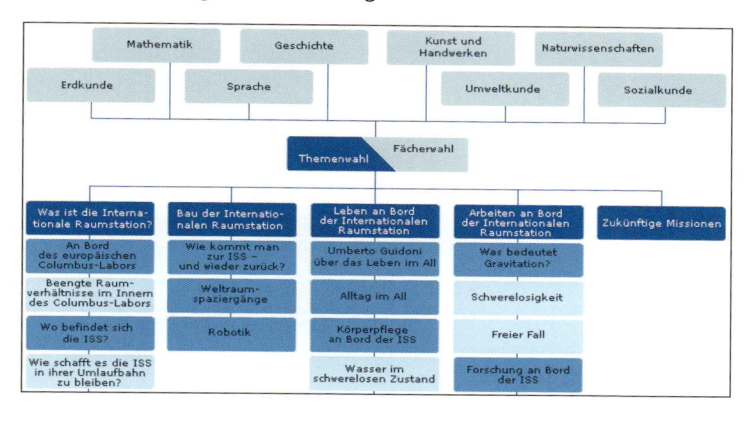

einen Überblick verschaffen wollen und über die Sitemap auch direkt in Unterseiten einsteigen wollen.

- Eine ähnliche Funktion bietet eine sogenannte Tag-Cloud. Die Wortwolke speist sich aus allen auf der Website vorkommenden Themen, die je nach Relevanz und Häufigkeit größer oder kleiner abgebildet werden. Die einzelnen Begriffe lassen sich direkt anklicken.
- Bieten Sie Ihren Nutzern auf umfangreicheren Seiten eine interne Suchmöglichkeit. Hierüber kann eine Seite oft schnell und direkt ohne mehrere Klicks angesteuert werden, wenn der User weiß, was er will.
- Haben Sie sehr lange Inhaltsseiten, können Sie am Seitenanfang mit einer lokalen Navigation mit Hilfe von Sprungmarken die Leser an unterschiedliche Stellen im Dokument springen lassen. Nach jedem inhaltlichen Abschnitt gibt es dann auch wieder die Möglichkeit zurückzuspringen.
- Auf Forenseiten oder Blogseiten, auf denen es sehr viele Einträge gibt, ist der Einsatz einer Paginierung sinnvoll. Hier können Sie direkt mehrere Bildschirmseiten vor- und zurückspringen (Bsp. www.immoscout24.de), wenn Sie zum Beispiel Objekte nach Preisen geordnet durchsuchen wollen.

Blog
Abkürzung von Weblog (Webtagebuch), Website mit fortlaufenden Einträgen

13.12 SITE-STRUKTUR ERFASSEN
Gehen Sie auf eine Ihrer Lieblings-Websites und zeichnen Sie deren Site-Struktur in Form einer Sitemap. Kennzeichnen Sie die Hauptnavigation farbig. Versuchen Sie, alle Navigationselemente auf der Startseite zu benennen.

Beispiel einer einfachen Beratungsseite

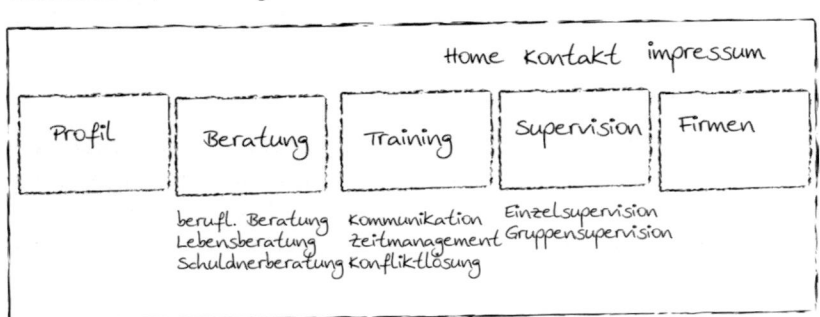

Gestaltung von Navigationsleisten

Die wenigsten professionellen Websites kommen heute ohne Untermenüs aus. Insofern ist das Standard-Auswahlmenü heute ein Menü mit Subnavigation, meist zum Ausklappen. Hierbei schieben sich die Untermenüpunkte oft mehr oder weniger raumgreifend über die Seite und verdecken andere Menüpunkte oder Inhalte.

Der ausgewählte Menüpunkt muss sich wiederum von den anderen, derzeit nicht aktiven Menüpunkten abheben. Menüleisten sind Aneinanderreihungen von Texten oder Bildelementen mit Button- bzw. Link-Funktionalität.

Eine CSS-Menüleiste, die aus mehreren Buttons besteht, hat im Web mehrere Zustände, die im Code abgedeckt werden müssen:

Normal (so sieht sie aus, wenn nichts passiert), hover (der Zustand, wenn die Maus sich vor dem Klicken über dem Button befindet), active (Zustand in dem Moment, wenn sie angeklickt wird), visited (Zustand, wenn der Button bereits besucht wurde; dieser Zustand wird in Menüleisten meist nicht vergeben, in Einzellinks schon).

Für Einzelbuttons können Sie sich auch CSS-Code recht einfach über den Buttongenerator erzeugen lassen:
www.cssbuttongenerator.com

1 www.designcharts.com mit dynamischer Negativ-Konversion
2 www.klarmobil.de mit bildhafter Subnavigation
3 www.sport-schuster.de mit sehr umfangreichem Untermenü
4 www.technobase.com mit direkter Subnavigation

13.13 Menüleisten-Sammlung
Um ausreichend Ideen für die zukünftige Menügestaltung zu entwickeln, können Sie von jeder Website, deren Menügestaltung Ihnen zusagt, einen Screenshot (evtl. mit ausgeklapptem Submenü) machen. Erstellen Sie sich so eine private Sammlung an Ideen, auf die Sie in der Gestaltungspraxis zurückgreifen können.

13.14 Menüleistengestaltung
Gestalten Sie jeweils zwei unterschiedliche Menüleisten (ohne Subnavigation) für folgende Aufgabenstellungen: Die erste sollte eher schlicht und rein typografisch ausgearbeitet sein, bei der zweiten Version können Sie Verläufe, grafische Elemente und/oder Formen integrieren. Die Ausarbeitung der Menüleisten in Photoshop oder Fireworks als „Dummy" genügt. Eventuell könnte sie später für den Einsatz auf einer Website gesliced werden.

1. Hauptnavigation für eine Architektin mit folgenden Menüpunkten:
Verena Gölz | Projekte | Profil | Atelier | Energieberatung | Kontakt

2. Menüleiste für ein Gymnasium:
Schule | Organisation | Schulprofil | Schüler | Lehrende | Eltern | Service

Slicen oder Slicing ist die Technik, ein im Bildbearbeitungsprogramm erstelltes größeres Element in einzelne Teile zu zerschneiden. Diese Teile werden später passgenau im Code wieder zur Website zusammengefügt. Dieses Verfahren eignet sich für Navigationsleisten, die auf Bildelementen aufbauen.

Slicen und Umsetzen einer Website im HTML-Tutorial:
www.muse-design.de/
29-website-tutorial.html

13.15 Navigationsanalyse

www.staatsphilharmonie.de
www.snickers.de

Untersuchen Sie die Navigation der abgebildeten Webseiten und benennen Sie die einzelnen Navigationselemente:

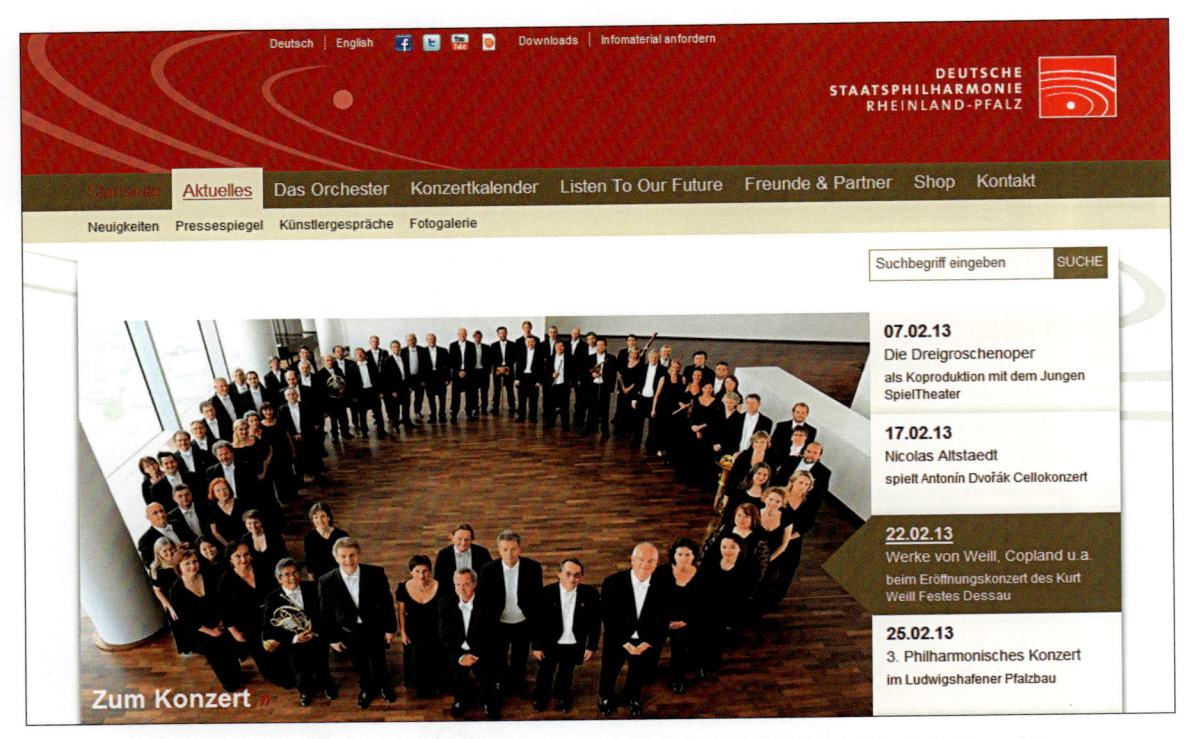

Layoutgestaltung im Netz
»Im Web ein dehnbarer Begriff«

Ein Weblayout ist im Printdesign am ehesten vergleichbar mit einem Zeitungslayout. Hier werden verschiedene Bereiche (Head, Leadtext, Artikel 1, Artikel 2, Anzeige 1, Anzeige 2, Infokasten etc.) vorgesehen, die erst im Nachhinein mit Inhalt gefüllt werden. So besteht auch ein CSS-Layout aus Containern für vordefinierte Bereiche. Im einfachsten Fall ist das der Seitenkopf (Header), der oft das Logo enthält, der Inhaltsbereich (Content) und ein Seitenfuß (Footer), der beispielsweise weiterführende Links oder Verweise auf Kontaktdaten und das Impressum enthält.

Auch Webuser haben Sehgewohnheiten etabliert, die man nur in Ausnahmefällen durchbrechen sollte. So wird eben der Footer unten erwartet und die Navigationsleiste horizontal oben oder vertikal links.

Der Inhaltsbereich ist oft stark gegliedert und enthält nicht selten eine Subnavigation. Die Herausforderung für Webdesigner besteht darin, das Layout so modular anzulegen, dass es die unterschiedlichsten Bedürfnisse erfüllen kann, die inhaltlich auftreten werden.

Auch hier greift wieder der Vergleich mit dem Zeitschriftenlayout. Sie benötigen ein flexibles und oft mehrspaltiges Raster, um möglichst viele Gestaltungsoptionen später wahrnehmen zu können. Dennoch sollte das ganze Layout über alle Seiten hinweg konsistent und aufgeräumt wirken.

Diese Multispaltenlayouts müssen Sie nicht selbst erstellen. Auch hier gibt es ein Tool (Yet Another Multicolumn Layout = YAML), das Ihnen bei der Erstellung hilft. Aber auch die gängigen Webdesign-Layoutprogramme bieten hier vorgefertigte Optionen, so dass ein Seitenlayout schnell erstellbar ist.

Dreamweaver-Layoutoptionen (oben)

www.builder.yaml.de

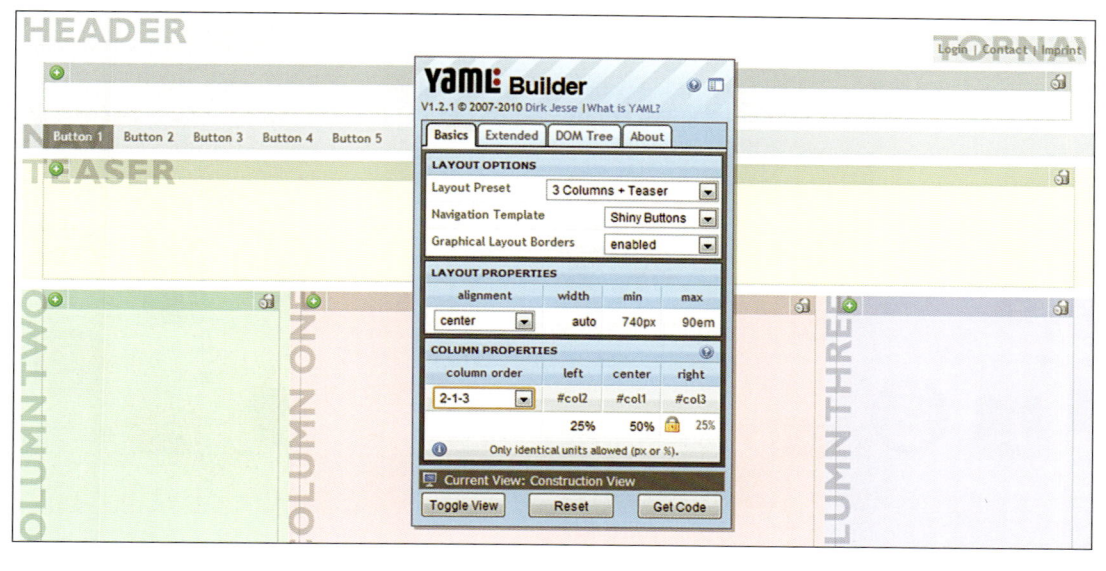

Seitengröße

Jeder Browser hat eine eigene Sichtfenstergröße (Viewport), in der der Inhalt abzüglich aller anderen Browserbestandteile wie Scrollbalken, Werkzeugleisten und Sidebars angezeigt wird. Allerdings ist auch diese Größe je nach Einstellung der Webuser wieder unterschiedlich, da Browserteile eingeklappt werden können, der User auf Vollbild gehen kann, die Bildschirmauflösung differiert oder der Anwender mit Page-Zoom einfach seine Seite größer oder kleiner skaliert. Sie kennen das schon ...

Heute gilt die Bildschirmauflösung von 1024 x 728 Pixel als minimaler Standard. Aus rechnerischen Gründen hat sich oft eine Breite von 960 Pixeln in der Praxis durchgesetzt.

Layout, fest, flexibel oder elastisch?

Die Seite www.webdesignerdepot.com ist mit einer Millimeterpapier-Struktur hinterlegt. Die rhythmischen Elemente „verwischen" den Übergang zur zentriert ausgerichteten eigentlichen Website.

Fixe Layouts weisen eine feste Breite auf und werden in Pixeln angelegt. Hiermit werden sich Printdesigner vermutlich am ehesten anfreunden können, da die Wahrscheinlichkeit am höchsten ist, dass der User die Seite auch so zu sehen bekommt, wie Sie sie angelegt haben.

Allerdings können diese Layout auf großen Bildschirmen sehr klein aussehen. Da hilft es, wenn das Layout wenigstens immer in die Mitte wandert und evtl. noch ein dezentes Hintergrundbild über die Vollfläche anbietet.

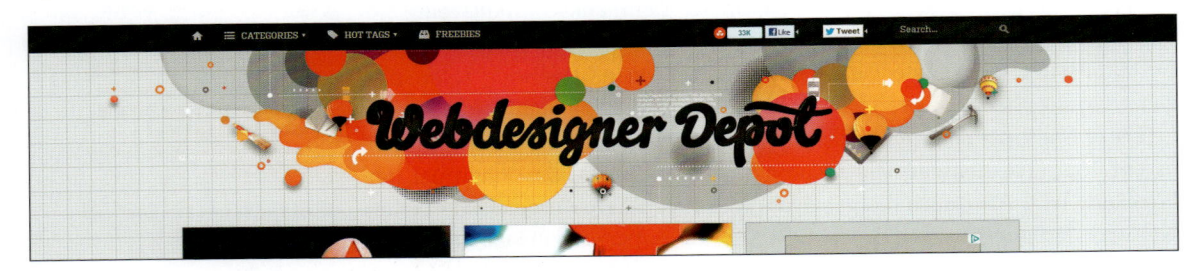

Die Seite www.pinterest.com passt die Spaltenanzahl der Browserseitengröße an und bietet so ein sinnvolles, flexibles Layout.

Bei *flexiblen* oder *Liquid Layouts* werden Spaltenbreiten über Prozentwerte definiert. So kann das Layout mit der Browserfenstergröße mitwachsen. Damit es hierbei nicht zu ewig langen Zeilenlängen kommt, legen viele Webdesigner minimale oder maximale Breiten fest. Die Größen der Einzelelemente wie Schrift und Bild bleiben gleich, lediglich das Layout passt sich der Größe an.

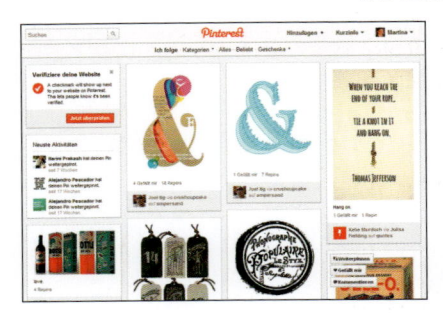

Fluide oder elastische Layouts wurden entwickelt, damit sich ein Layout unterschiedlichen Browser- bzw. Bildschirmgrößen anpassen lässt. Hier wachsen oder schrumpfen alle Layoutelemente mit, da sie proportional über em-Werte definiert wurden. So ist ihr Verhältnis untereinander gleichbleibend, das Layout kann aber insgesamt größer oder kleiner dargestellt werden. Diese Funktion tritt aber in den Hintergrund, weil die Nutzer über Page-Zoom sowieso ihre eigene Skalierung einstellen können (bspw. Windows: Strg-Taste und Scrollrad der Maus drehen).

CSS-Layout in der Praxis

Der CSS-Layoutaufbau im Web weicht von der Handhabung der Elemente im Layoutprogramm etwas ab. Für jedes Element einer Seite wird ein rechteckiger Bereich reserviert, der in einem Boxmodell beschrieben ist. Dieser Bereich besteht aus dem eigentlichen Inhalt, einem Innenabstand zu dem Rahmen des Elements, dem Rahmen und dem Abstand zu anderen Elementen, die auf einer Seite zu finden sind. Die folgende Grafik soll dies veranschaulichen:

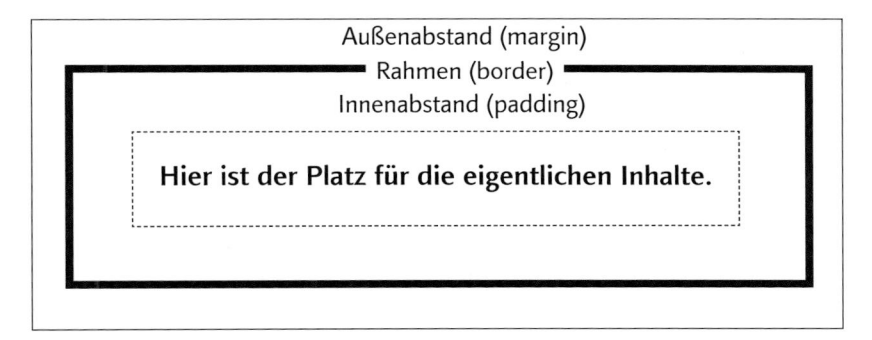

Der innere Bereich, der aus dem Inhalt, z. B. Text und Grafiken, besteht, stellt ein Rechteck dar. Die Größe kann von unterschiedlichen Faktoren abhängen: Wenn keine Angaben zur Breite und Höhe gemacht sind, bestimmt das eingefügte Element die Größe, ansonsten lassen sich hier Breite (width) und Höhe (height) bestimmen.

Die Farben sind in dem Boxmodell natürlich auch festgelegt. Die Hintergrundfarbe erstreckt sich über den Bereich des Inhalts und des Innenabstands. Der Rahmen hat seine eigene Farbe und der Außenabstand ist immer transparent. Insofern entspricht der Außenabstand dem Spaltenabstand, aber auch dem vertikalen Abstand der Elemente untereinander.

Damit noch nicht genug. Diese einzelnen Boxen können nun auch mit der CSS-Eigenschaft „position", „relativ", „absolut" oder „fixiert" zueinander ausgerichtet werden. Zudem lassen sich die Boxen mit der „float"-Eigenschaft aus der Seitenabfolge lösen und rechts und links ausrichten. War man in den frühen Zeiten der Webgestaltung auf Tabellen oder Frames angewiesen, ist diese Vorgehensweise heute richtig komfortabel, und es lassen sich letzten Endes alle gewünschten Positionierungen und Überlagerungen erreichen.

13.4 Box-Elemente identifizieren

Zeichnen Sie alle Box-Elemente, die Sie finden können, mit Bleistift in das Layout ein. Beobachten Sie, wie sich vermutlich die Außenabstände und die Innenabstände verhalten.

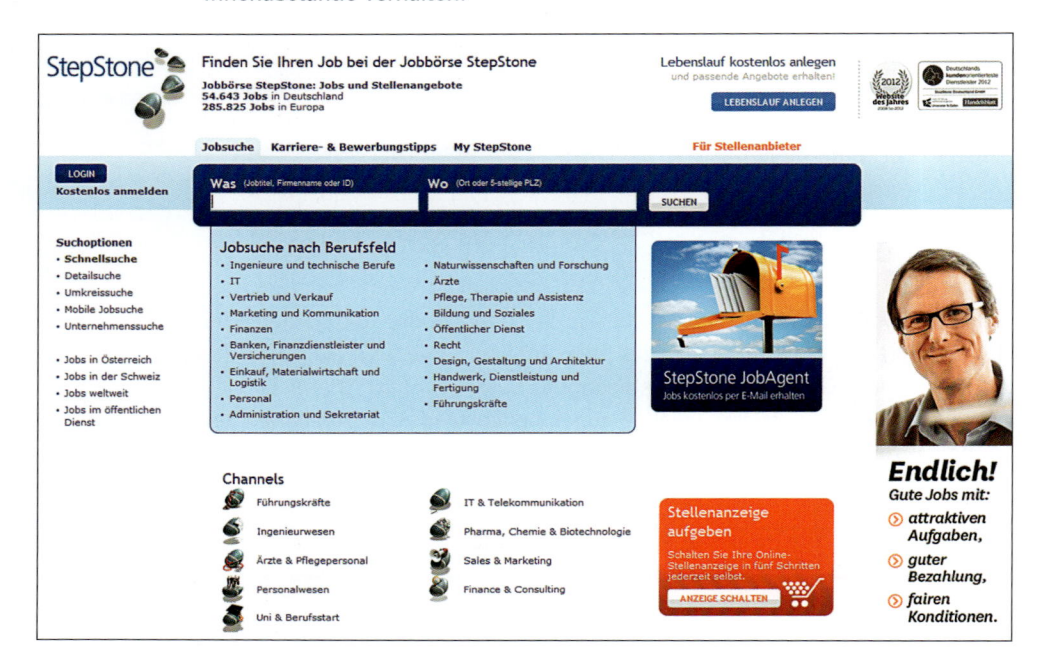

Wireframes

www.developer.yahoo.com/ypatterns
www.wireframesketcher.com ist ein kostenpflichtiges Tool.

Da die Umsetzung eines Layouts im Web deutlich aufwendiger ist als im Print, wird hier noch mehr von Hand oder digital vor der Erstellung des richtigen Layouts konzipiert. Die Informationsarchitektur muss sehr sorgfältig vorab geplant werden, damit die Umsetzung möglichst reibungslos erfolgen kann.

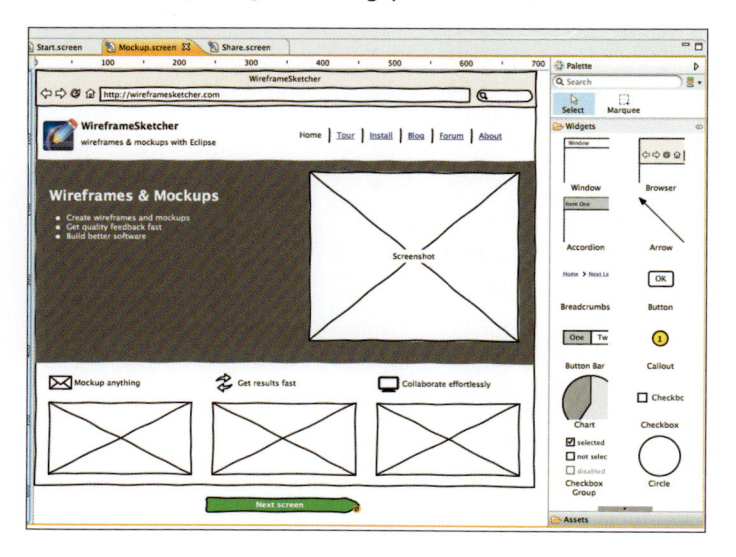

Eine gute Visualisierungsmöglichkeit sind sogenannte Wireframes, ursprünglich Drahtrahmen oder -modelle aus der 3D-Gestaltung. Mit ihnen wird das Layout und in der detaillierteren Fassung auch die Funktionalität der Elemente flächig in einer Art Scribble dargestellt. Es gibt im Netz frei verfügbare Baukastensysteme mit Schablonen oder Stencils, mit deren Hilfe unterschiedliche Bedienelemente einer Website schnell visualisiert und zusammengebaut werden können. In einfachen Fällen genügt auch ein handschriftliches Scribble.

Gestaltungsraster im Web

Grundsätzlich lassen sich Gestaltungsraster im Web am besten als Kästchenraster anlegen. Das ist eine einfache Form des Rasters, bei dem Sie die Seite mittels Hilfslinien in Zonen einteilen. Ob diese gleichmäßig oder asymmetrisch sind, bleibt Ihnen überlassen. Es ist sinnvoll, sich hierbei nach den gewünschten Bildformaten des Kunden zu richten. Viele querformatige Rasterzellen verlangen kleine hochformatige oder größere querformatige Zellen, viele hochformatige Abbildungen benötigen eher größere hochformatige Zellen.

Den Abstand innerhalb der Zelle zum Beispiel zu einem in der Zelle enthaltenen Text erhalten Sie durch den Innenabstand (padding).

Weit verbreitet ist ein Raster, das auf der Basis von 960 Pixeln viel Spaltenflexibilität mit sich bringt. Denn die 960 Pixel lassen sich in 3, 4, 5, 6, 8, 10, 12, 15 und 16 Spalten teilen.

Download dieses 960er-Rasters für verschiedene Programme
www.960.gs
Hier das Raster mit 16 Spalten

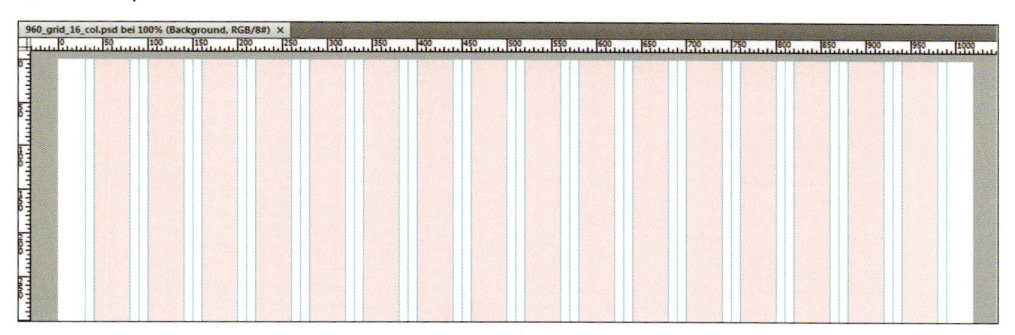

13.15 RASTERENTWICKLUNG

Entwerfen Sie einen Raster, in dem die vom Kunden (Finanzberater) gewünschten Layoutelemente gut platziert werden können: Websiteformat 1024 × 768, Textbausteine, Bilder, Infokasten, kleines Kontaktformular. Hierzu können Sie das „Browser-Papier" downloaden und verwenden:

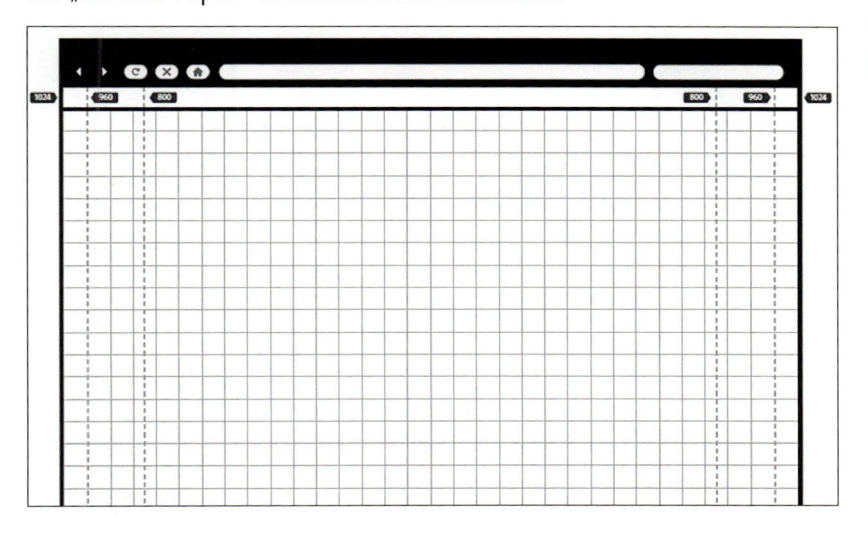

**www.raincreativelab.com/
paperbrowser**

www.anwaelte-bos.de (links oben)
www.lush.de (links unten)
www.labbe.de/zzzebra/index.asp
(rechte Seite)

13.16 Layoutanalyse

Bewerten Sie die auf dieser Seite abgebildeten Layouts in der Tabelle nach den fünf wesentlichen Bereichen, die Sie in diesem Kapitel kennen gelernt haben: Typografie, Farbe, Bild, Layout und Navigation jeweils mit ++, +, 0, –, ––. Nehmen Sie als Maßstab immer die potenzielle Zielgruppe. Trifft die Gestaltung und die Bedienbarkeit deren visuelle und funktionelle Erwartungen?

Website	Typografie	Farbe	Bild	Layout	Navigation	Gesamteindruck
BOS-Anwälte						
Lush						
Labbe Web-Mag						

13.17 Persönliche Website

Jetzt ist es so weit, dass Sie sich an die Gestaltung Ihrer eigenen Website wagen können. Beschränken Sie sich fürs Erste auf vier bis fünf Einzelseiten. Bauen Sie die Site entweder mit einem Weblayoutprogramm wie Dreamweaver oder wenn Sie das nicht zur Verfügung haben mit einem kostenlosen Wysiwyg-Editor und geslicten Bildern. Legen Sie den Schwerpunkt auf die Gestaltung und setzen Sie die Technik erst einmal so ein, dass die Seite in „good enough quality" angezeigt wird.

Nach dieser kurzen Einführung hoffe ich, dass Sie aufmerksamer durch die Weblandschaft streifen. Analysieren Sie weiterhin alle Seiten, die Sie ansprechen, und machen Sie Ihre ersten Gehversuche mit der Gestaltung eigener Webseiten – vielleicht fühlen Sie sich dann bald in beiden Welten zu Hause.

Buchtipp:
Jens Jacobsen und Matthias Gidda: Die eigene Website – Nicht mehr als Sie brauchen; Addison-Wesley Verlag, München

Wysiwyg-Editoren: beispielsweise SeaMonkey, kompoZer, beide sind auch in Deutsch erhältlich

Notizen:

Literaturempfehlungen

Hier nun meine privaten Favoriten für Ihre Typo-Bibliothek in alphabetischer Reihenfolge*:

Ein Klassiker, bei dem vor allem die Verbindung von Form und Inhalt überzeugt, so dass man allein beim Durchblättern schon etwas über Gestaltung lernt. Der Preis ist mir allerdings für den Umfang etwas hoch: 34,90 €.

Ein Corporate-Design-Leitfaden, der die gestalterische und kalkulatorische Seite des Corporate-Design-Prozesses in den Blick nimmt. Viele Praxisbeispiele inspirieren für immerhin 45 €.

Dieses Buch ist inzwischen ein absoluter Klassiker für den schnellen und fundierten Überblick zum Einsatz von Typografie in Printerzeugnissen und zur Layouterstellung, der im Titel angekündigte Screendesign-Teil fällt allerdings etwas knapp aus. Eines meiner Lieblingsbücher zum Preis von 17,00 €!

Dieses Buch wird von den Leser/inne/n hoch gelobt. Es verfolgt den Ansatz, anhand von Praxisbeispielen zu lernen, und die gibt es reichlich. So ist das Buch nicht nur für Quereinsteiger geeignet, sondern für alle, die sich nach und nach an das Thema Gestaltung herantasten wollen. Analysen, Anleitungen und Vorher-Nachher-Vergleiche helfen dabei. Es kostet 24,80 €.

Der Typo-Scout präsentiert umfangreiche Schrift- und Farbkombinationen und ist so ein kombinierter Schriftenkatalog mit den passenden Farbklängen für die unterschiedlichsten Einsatzbereiche. Die Kapitel Stimmung, Konzepte, Zeit und Kontexte lassen verschiedenste Zugriffsmöglichkeiten zu, wenn Schriften oder Farben für ein bestimmtes Gestaltungsprojekt gesucht werden. Zum Preis von 34 € empfehlenswert.

Alle typografischen Spezialfragen, alle Feinheiten, die nicht mehr in das vorliegende Buch aufgenommen werden konnten, finden Sie in diesem Typo-Duden. Von der Mikrotypografie bis zum fremdsprachlichen Satz oder zum Umgang mit Braille-Schrift lässt Sie dieses Werk für schlappe 98 € nicht im Regen stehen.

Ein praktischer und verständlicher Basic-Workshop, der an das Wissen, das Sie hier im Buch erwerben, anschlussfähig ist und Einsteiger/innen nicht überfordert. Nach wenigen Workshops können Sie stolz Ihre schlichte, aber ansprechend gestaltete Website begutachten. „Kursgebühr": 22 €.

Eine umfassende „Schnellbleiche" in guten typografischen Umgangsformen bekommen Anfänger/innen in diesem Buch von dem Typografie-Autor schlechthin. Gerade für Einstiegskurse und -klassen oder als Überblick für Laien zum Preis von 12,80 € sehr zu empfehlen.

---

* **Nein**, ich erhalte keinerlei Provision, aber Sie sollten die Preise kennen...

Buchstaben kommen selten allein (2004) von Indra Kupferschmid, Niggli Verlag, CH-Sulgen

Corporate Design (2007) von Rayan Abdullah und Roger Hübner, Hermann Schmidt Verlag, Mainz

Crashkurs Typo und Layout (2005) von Dominik Khazaeli, Rohwohl Verlag, Reinbek

Das Design-Buch für Nicht-Designer (2013) von Claudia Korthaus, Galileo Design, Bonn

Der Typo-Scout (2006) von Timothy Samara, Stiebner Verlag, München

Detailtypografie (2004) von Friedrich Forssman und Ralf de Jong, Hermann Schmidt Verlag, Mainz

Die eigene Website – Nicht mehr als Sie brauchen (2011) von Jens Jacobsen und Matthias Gidda, Addison-Wesley Verlag, München

Erste Hilfe in Typografie (2004) von Hans Peter Willberg und Friedrich Forssman, Hermann Schmidt Verlag, Mainz

Grundlagen der Mediengestaltung (2010) von Christian Fries und Rainer Witt, Hanser Fachbuchverlag, München	Dieses Buch liefert für 29,90 € eingängiges Hintergrundwissen über die konzeptionelle Mediengestaltung. Die Definition der Zielgruppen und ein durchgängiges Konzept machen Mediengestaltung erst richtig sinnvoll und erfolgreich. Praktische Übungen und Checklisten motivieren zum Ausprobieren. Auf einer Internetseite zum Buch werden weitere Übungen bereitgestellt.
Handbuch Grafik und Design (2010) von Markus Wäger, Galileo Design, Bonn	Ein umfassendes Handbuch, auf das sicher viele Lernende im Medien- und Gestaltungsbereich gewartet haben. Eine fundierte Übersicht über alle wesentlichen Bereiche des Gestaltungsmetiers. Der Preis von 39,80 € ist für 600 Seiten nicht zu hoch gegriffen.
Ideen visualisieren (2011) von Gregor Krisztian und Nesrin Schlempp-Ülker, Hermann Schmidt Verlag, Mainz	Scribbeln ist wahrlich nicht meine Stärke, deswegen wurde dieser Teil im vorliegenden Buch etwas stiefmütterlich behandelt. Wenn Sie gerne Ideen zu Papier bringen und wissen wollen, wie die Profis mit Marker und Farben hantieren, sollten Sie sich unbedingt dieses Grundlagenwerk mit vielen Tipps und Tricks für 49,80 € kaufen!
Kalligrafie – Erste Hilfe und Schrift-Training (2005) von Gottfried Pott, Hermann Schmidt Verlag, Mainz	Es gibt im deutschsprachigen Raum wenig gut aufbereitete und umfassende Kalligrafiebücher. Hier können Sie für 14,80 € eines erwerben, mit dem sie entweder einen fundierten Einstieg in die Hobby-Kalligrafie finden oder einfach nur Ihre Handschrift verbessern können.
Kribbeln im Kopf (2010) von Mario Pricken, Hermann Schmidt Verlag, Mainz	Wenn es Sie in den Fingern juckt, mehr über das Thema Kreativität und Kreativitätstechniken zu erfahren, liegen Sie mit diesem Bestseller mit unzähligen inspirierenden Beispielen für 39,90 € absolut richtig.
Lehrbuch Mediengestaltung (2007) von Ralf Lankau, dpunkt Verlag, Heidelberg	Hier erhalten Sie umfangreiches Hintergrundwissen zu Kommunikations- und Visualisierungsprozessen, illustriert anhand zahlreicher Beispiele. Zusätzlich finden Sie viele Übungsanregungen, so dass aus dem Theoriebuch auch ein Arbeitsbuch wird. 44 €, die Sie investieren sollten, wenn Sie sich mit dem „großen Ganzen", auf dem die Medienbranche aufbaut, beschäftigen möchten.
Lesetypografie (2010) von Hans Peter Willberg und Friedrich Forssman, Hermann Schmidt Verlag, Mainz	Ein absolutes Muss für Typofans, die sich intensiver mit lesefreundlicher Typografie auseinandersetzen wollen. Über 500 Beispiele illustrieren die gut verständlichen Erläuterungen. Gerade größere Werke stellen andere Anforderungen als die Gebrauchs- und Werbetypografie, in die schwerpunktmäßig im vorliegenden Buch eingeführt wurde. Hier gibt es weit reichende Hilfestellung für die gestalterische Praxis. 39,80 €, die sich lohnen...
Marketing mit Farben. Gelb wie der Frosch (2003) von Erich und Fabian Küthe, Gabler, Wiesbaden	Ein Farbenbuch für den Bereich Printdesign zu empfehlen, ist schwierig. Dieses kommt m. E. den Anforderungen am nächsten: Farbenlehre, Farbpsychologie, Farbsymbolik und zielgruppenbezogener Einsatz im Marketing werden für 39,90 € ausführlich dargestellt.
Praxishandbuch Gestaltungsraster (2002) von Andreas und Regina Maxbauer, Hermann Schmidt Verlag, Mainz	Lange habe ich nach einem wirklich guten Buch über das Gestalten mit Rastern und das Wissen „drumherum" gesucht und es in diesem Buch gefunden. Hut ab vor dem Paar, das dieses Thema mit unzähligen Beispielen so verständlich und unterhaltsam aufbereitet hat. Eine absolut empfehlenswerte Investition von 59 € und immer noch aktuell!

Hier finden Sie, wie der Untertitel schon sagt, das komplette Menü der Printproduktion verständlich aufbereitet. Auch die besten Gestalter/innen kommen an medientechnischen Herausforderungen und Hintergrundwissen nicht vorbei, so sollte dieser empfehlenswerte Rundumschlag für 19,80 € nicht auf Ihrem Schreibtisch fehlen.

Printproduktion well done! (2008) von Kaj Johansson, Peter Lundberg und Robert Ryberg, Hermann Schmidt Verlag, Mainz

Frau Rechmann hat sich die Mühe gemacht, komplexe Projektaufgaben für Mediengestalter zusammenzustellen. Wem es also an gestalterischem und technischem Übungsmaterial in der Ausbildung mangelt, der wird hier umfassend fündig. Ergänzt wird die Sammlung durch Checklisten und Lösungs- und Bewertungshilfen. Sie kostet 24,90 €.

Projekte für Mediengestalter (2011) von Nicole Rechmann, Christiani Verlag, Konstanz

Was vielen Lernenden fehlt, ist ein Gespür für die zeitliche Herkunft einer Schrift. Das bekommen Sie hier in neun Epochen von 1830 bis 1990 anhand von gängigen Schriften, mit denen Sie auch noch heute gestalten können. Gleich mitgeliefert werden über 227 freie Retrofonts, wirklich praktisch für Gestaltende im Retrohype! Kostenfaktor: 49.80 €.

Retrofonts (2009) von Gregor Stawinski, Hermann Schmidt Verlag, Mainz

Dieses aus dem Amerikanischen übersetzte Buch gibt in etwas knapperer Form als das unten vorgestellte „Typographie – wann wer wie" einen Überblick über berühmte Schrifthersteller (amerikanische Auswahl!), deren Schriftentwürfe und Entstehungsprozesse. Hintergrundwissen für 39,95 €.

Schriftdesign – Menschen, Typen und Stile (2003) von Allan Haley, mitp Verlag, Bonn

Ein im wahrsten Sinne des Wortes erschlagendes Werk, das chronologisch durch die Geschichte der Typografie mit Schriftgestaltern und Typografen sowie deren Werkzeuge führt. Um einen umfassenden Überblick über Ihre Vorgängerinnen und Vorgänger zu erhalten, sollten Sie diesen Wälzer ab ca. 22 € tatsächlich auch gebraucht erwerben.

Typographie – wann wer wie (1998) von Friedrich Friedl, Nicolaus Ott und Bernd Stein, Könemann, Köln

Sie brauchen ein aktuelles Typometer, das mit dem DTP-Punkt misst? Das erhalten Sie etwa ab 12 €, nach oben ist die Grenze offen...

Typometer von carta.media, Cleverprinting oder das klassische PAGE-DTP-Typometer

Ausgezeichnet für Trainer, Dozenten und Lehrer als erprobtes Übungsbuch in der Praxis einzusetzen. Sie vermitteln damit Ihren Klienten zum kleinen Preis von 10 € ein großes Gefühl für Buchstaben und Typografie. Die Lernbilder der Autorin sind Arbeitsblätter, auf denen gerätselt, ergänzt, gezeichnet, geschnippelt und ganz im Sinne des vorliegenden Buches Typografie erfahrbar werden soll.

Typotheater (2005) von Susanna Stammbach, Hermann Schmidt Verlag, Mainz

Mit diesem Arbeitsheft können Sie in der Gruppe oder in Eigenregie die Grundlagen der typografischen Gestaltung von den Basics bis zur fortgeschrittenen Layoutgestaltung lernen. Die abwechslungsreiche Didaktik sorgt dafür, dass das Lernen und Experimentieren auch noch Spaß macht. Kosten ca. 25 €, Klassensätze auf Anfrage.

Typotraining (2014) von Martina Nohl und Simone Graeber, bod, Norderstedt

Gerade für Studierende und Schüler aus dem Medienbereich hat der leider verstorbene Hans Peter Willberg eine umfassende Einführung in den Umgang mit Schrift verfasst. Schriftform, Schriftgeschichte, Aspekte der Lesbarkeit, verschiedene Schriftarten, Schriftwahl und Schriftmischung werden hier noch etwas ausführlicher als im vorliegenden Buch für nur 12,80 € vorgestellt.

Wegweiser Schrift (2001) von Hans Peter Willberg, Hermann Schmidt Verlag, Mainz

Webadressen rund ums Printdesign

Stand Juni (2013), alle Angaben ohne Gewähr

Hier finden Sie meine privaten Favoriten. Das sind schwerpunktmäßig „Metaseiten", die Sie zu hunderten von weiteren interessanten Seiten führen.

www.bluevertigo.com.ar — Sehr umfangreiche Linksammlung zu Themen rund ums Grafik-Design: freie Stock-Fotos, Clip-Arts, Logos, Icons, Patterns, Sounds, Fonts. Die horizontale Gestaltung ist gewöhnungsbedürftig, die von bluevertigo geleistete Vorarbeit unbezahlbar ...

www.dafont.com — Übersicht einer unüberschaubaren Anzahl freier Schriften (Lizenzbestimmungen jeweils lesen!), klassifiziert, geordnet nach Beliebtheit, mit Hinweisen auf Ausbau und direkt zum Download. Was begehren die Fontsüchtigen mehr?

www.desig-n.de — Umfassende Glossarsammlung und damit brauchbarer Rundumschlag zu Themen wie Typografie, Werbung, Internet, Farben etc.

www.designtagebuch.de — Ein überaus gepflegter und fundierter Blog zu Themen wie Logos, Relaunch, Corporate Design, Typo, Netz, Foto, Werbung und mehr

www.ffffound.com — Die Inspirationsquelle für neue Design-Ideen. Immer mal wieder vorbeischaun, allerdings im engeren Sinne wenig typografische Arbeiten.

www.fontage.de — Die gesamte Geschichte der Typografie übersichtlich in einer Zeitleiste dargestellt (Java!) – vom Handsatz bis zur digitalisierten Schrift, Infos zu Satztechniken aller Zeiten ...

www.forum-typografie.de — Wenn Sie tiefer in die typografische Community einsteigen wollen, finden Sie hier Anknüpfungspunkte und Termine. Interessant auch ein Qualitätsstandard für Gestaltung, auf den sich verschiedene grafische Organisationen geeinigt haben.

www.mediencommunity.de — Unter der Schirmherrschaft der ZFA finden sich hier Tutorials, ein umfassendes Glossar der Branche, Infos zu Prüfungen, Web Based Trainings im Lerncenter (Jahresgebühr 30 €).

www.strohhalm.org — Fundgrube für Anlaufstellen zu Grafik- und Bildbearbeitung, Seitengestaltung, Text und Typografie gegliedert nach Foren, Linklisten und archivierten Beiträgen

www.typeimage.de — Unter „typeview" erhalten Sie einen schnellen visuellen Überblick über zahlreiche Schriften: Schriften nach Kategorien und alphabetisch sortiert, Hinweis auf Anzahl der Schnitte.

www.typografie.info — Das größte deutsche Typografie-Portal, ein Projekt von Ralf Hermann, Mitglied im Type Directors Club, New York. Hier werden Artikel zum Thema Typografie gesammelt. Das Typoforum dient als Anlaufstelle für typografische Fragen. Hier entsteht auch die einzige deutsche Typo-Zeitschrift: das TypoJournal.

www.typolexikon.de — Website von Wolfgang Beinert, einem Vollblut-Typografen: umfangreiches, fundiertes Glossar, Grundlagenwissen, eigenes Schriftklassifikationssystem, Newsletter

Anhang

> *Gute Typografie bemerkt man
> so wenig wie gute Luft zum Atmen.
> Schlechte merkt man erst,
> wenn es einem stinkt.*
>
> KURT WEIDEMANN

C 000 M 000 Y 100 % 100	C 000 M 000 Y 100 % 060
C 000 M 000 Y 100 % 040	C 000 M 000 Y 100 % 020
C 000 M 025 Y 100 % 100	C 000 M 025 Y 100 % 060
C 000 M 025 Y 100 % 040	C 000 M 025 Y 100 % 020
C 000 M 050 Y 100 % 100	C 000 M 050 Y 100 % 060

Anhang | Farbfelder 307

C 000 M 050 Y 100 % 040
C 000 M 050 Y 100 % 020
C 000 M 075 Y 100 % 100
C 000 M 075 Y 100 % 060
C 000 M 075 Y 100 % 040
C 000 M 075 Y 100 % 020
C 000 M 100 Y 100 % 100
C 000 M 100 Y 100 % 060
C 000 M 100 Y 100 % 040
C 000 M 100 Y 100 % 020

308

C 000 M 100 Y 075 % 100	C 000 M 100 Y 075 % 060
C 000 M 100 Y 075 % 040	C 000 M 100 Y 075 % 020
C 000 M 100 Y 050 % 100	C 000 M 100 Y 050 % 060
C 000 M 100 Y 050 % 040	C 000 M 100 Y 050 % 020
C 000 M 100 Y 025 % 100	C 000 M 100 Y 025 % 060

Anhang | Farbfelder 309

C 050 M 100 Y 000 % 100	C 050 M 100 Y 000 % 060
C 050 M 100 Y 000 % 040	C 050 M 100 Y 000 % 020
C 075 M 100 Y 000 % 100	C 075 M 100 Y 000 % 060
C 075 M 100 Y 000 % 040	C 075 M 100 Y 000 % 020
C 100 M 100 Y 000 % 100	C 100 M 100 Y 000 % 060

Anhang | Farbfelder

C 100 M 100 Y 000 % 040	C 100 M 100 Y 000 % 020
C 100 M 075 Y 000 % 100	C 100 M 075 Y 000 % 060
C 100 M 075 Y 000 % 040	C 100 M 075 Y 000 % 020
C 100 M 050 Y 000 % 100	C 100 M 050 Y 000 % 060
C 100 M 050 Y 000 % 040	C 100 M 050 Y 000 % 020

C 100 M 025 Y 000 % 100	C 100 M 025 Y 000 % 060
C 100 M 025 Y 000 % 040	C 100 M 025 Y 000 % 020
C 100 M 000 Y 000 % 100	C 100 M 000 Y 000 % 060
C 100 M 000 Y 000 % 040	C 100 M 000 Y 000 % 020
C 100 M 000 Y 025 % 100	C 100 M 000 Y 025 % 060

Anhang | Farbfelder 313

C 100 M 000 Y 025 % 040	C 100 M 000 Y 025 % 020
C 100 M 000 Y 050 % 100	C 100 M 000 Y 050 % 060
C 100 M 000 Y 050 % 040	C 100 M 000 Y 050 % 020
C 100 M 000 Y 075 % 100	C 100 M 000 Y 075 % 060
C 100 M 000 Y 075 % 040	C 100 M 000 Y 075 % 020

314

C 100 M 000 Y 100 % 100
C 100 M 000 Y 100 % 060
C 100 M 000 Y 100 % 040
C 100 M 000 Y 100 % 020
C 075 M 000 Y 100 % 100
C 075 M 000 Y 100 % 060
C 075 M 000 Y 100 % 040
C 075 M 000 Y 100 % 020
C 050 M 000 Y 100 % 100
C 050 M 000 Y 100 % 060

Anhang | Farbfelder 315

C 050 M 000 Y 100 % 040	C 050 M 000 Y 100 % 020
C 025 M 000 Y 100 % 100	C 025 M 000 Y 100 % 060
C 025 M 000 Y 100 % 040	C 025 M 000 Y 100 % 020
K 100	K 60
K 40	K 20

Serifenlose Leseschriften

Avenir

ABCDEFGHIJKLMNO PQRSTUVWXYZ ÄÜÖ 1234567890 !?&@

Wie beiläufig, beim Umblättern der Buchseiten, habe ich dein B berührt. Man hatte dich mir als Type geschildert, der man in allen Bibliotheken begegnet.

Calibri

ABCDEFGHIJKLMNO PQRSTUVWXYZ ÄÜÖ 1234567890 !?&@

Wie beiläufig, beim Umblättern der Buchseiten, habe ich dein B berührt. Man hatte dich mir als Type geschildert, der man in allen Bibliotheken begegnet.

FF DIN

ABCDEFGHIJKLMNO PQRSTUVWXYZ ÄÜÖ 1234567890 !?&@

Wie beiläufig, beim Umblättern der Buchseiten, habe ich dein B berührt. Man hatte dich mir als Type geschildert, der man in allen Bibliotheken begegnet.

Eurostile

ABCDEFGHIJKLMNO PQRSTUVWXYZ ÄÜÖ 1234567890 !?&@

Wie beiläufig, beim Umblättern der Buchseiten, habe ich dein B berührt. Man hatte dich mir als Type geschildert, der man in allen Bibliotheken begegnet.

Finnegan

ABCDEFGHIJKLMNO PQRSTUVWXYZ ÄÜÖ 1234567890 !?&@

Wie beiläufig, beim Umblättern der Buchseiten, habe ich dein B berührt. Man hatte dich mir als Type geschildert, der man in allen Bibliotheken begegnet.

Frutiger (Sippe)

ABCDEFGHIJKLMNO PQRSTUVWXYZ ÄÜÖ 1234567890 !?&@

Wie beiläufig, beim Umblättern der Buchseiten, habe ich dein B berührt. Man hatte dich mir als Type geschildert, der man in allen Bibliotheken begegnet.

Futura

ABCDEFGHIJKLMNO PQRSTUVWXYZ ÄÜÖ 1234567890 !?&@

Wie beiläufig, beim Umblättern der Buchseiten, habe ich dein B berührt. Man hatte dich mir als Type geschildert, der man in allen Bibliotheken begegnet.

Anhang | Schriftmuster

Schrift	Muster	Name
ABCDEFGHIJKLMNO PQRSTUVWXYZ ÄÜÖ 1234567890 !?&@	Wie beiläufig, beim Umblättern der Buchseiten, habe ich dein B berührt. Man hatte dich mir als Type geschildert, der man in allen Bibliotheken begegnet.	Gill
ABCDEFGHIJKLMNO PQRSTUVWXYZ ÄÜÖ 1234567890 !?&@	Wie beiläufig, beim Umblättern der Buchseiten, habe ich dein B berührt. Man hatte dich mir als Type geschildert, der man in allen Bibliotheken begegnet.	Helvetica
ABCDEFGHIJKLMNO PQRSTUVWXYZ ÄÜÖ 1234567890 !?&@	Wie beiläufig, beim Umblättern der Buchseiten, habe ich dein B berührt. Man hatte dich mir als Type geschildert, der man in allen Bibliotheken begegnet.	Kabel
ABCDEFGHIJKLMNO PQRSTUVWXYZ ÄÜÖ 1234567890 !?&@	Wie beiläufig, beim Umblättern der Buchseiten, habe ich dein B berührt. Man hatte dich mir als Type geschildert, der man in allen Bibliotheken begegnet.	Meta
ABCDEFGHIJKLMNO PQRSTUVWXYZ ÄÜÖ 1234567890 !?&@	Wie beiläufig, beim Umblättern der Buchseiten, habe ich dein B berührt. Man hatte dich mir als Type geschildert, der man in allen Bibliotheken begegnet.	Myriad
ABCDEFGHIJKLMNO PQRSTUVWXYZ ÄÜÖ 1234567890 !?&@	Wie beiläufig, beim Umblättern der Buchseiten, habe ich dein B berührt. Man hatte dich mir als Type geschildert, der man in allen Bibliotheken begegnet.	News Gothic
ABCDEFGHIJKLMNO PQRSTUVWXYZ ÄÜÖ 1234567890 !?&@	Wie beiläufig, beim Umblättern der Buchseiten, habe ich dein B berührt. Man hatte dich mir als Type geschildert, der man in allen Bibliotheken begegnet.	Officina sans (Sippe)

Serifenlose Leseschriften

Serifenlose Leseschriften

Optima

ABCDEFGHIJKLMNO
PQRSTUVWXYZ ÄÜÖ
1234567890 !?&@

Wie beiläufig, beim Umblättern der Buchseiten, habe ich dein B berührt. Man hatte dich mir als Type geschildert, der man in allen Bibliotheken begegnet.

Rotis sans (Sippe)

ABCDEFGHIJKLMNO
PQRSTUVWXYZ ÄÜÖ
1234567890 !?&@

Wie beiläufig, beim Umblättern der Buchseiten, habe ich dein B berührt. Man hatte dich mir als Type geschildert, der man in allen Bibliotheken begegnet.

Syntax

ABCDEFGHIJKLMNO
PQRSTUVWXYZ ÄÜÖ
1234567890 !?&@

Wie beiläufig, beim Umblättern der Buchseiten, habe ich dein B berührt. Man hatte dich mir als Type geschildert, der man in allen Bibliotheken begegnet.

Stone sans (Sippe)

ABCDEFGHIJKLMNO
PQRSTUVWXYZ ÄÜÖ
1234567890 !?&@

Wie beiläufig, beim Umblättern der Buchseiten, habe ich dein B berührt. Man hatte dich mir als Type geschildert, der man in allen Bibliotheken begegnet.

Thesis (Sippe)

ABCDEFGHIJKLMNO
PQRSTUVWXYZ ÄÜÖ
1234567890 !?&@

Wie beiläufig, beim Umblättern der Buchseiten, habe ich dein B berührt. Man hatte dich mir als Type geschildert, der man in allen Bibliotheken begegnet.

Today

ABCDEFGHIJKLMNO
PQRSTUVWXYZ ÄÜÖ
1234567890 !?&@

Wie beiläufig, beim Umblättern der Buchseiten, habe ich dein B berührt. Man hatte dich mir als Type geschildert, der man in allen Bibliotheken begegnet.

Univers

ABCDEFGHIJKLMNO
PQRSTUVWXYZ ÄÜÖ
1234567890 !?&@

Wie beiläufig, beim Umblättern der Buchseiten, habe ich dein B berührt. Man hatte dich mir als Type geschildert, der man in allen Bibliotheken begegnet.

ABCDEFGHIJKLMNO PQRSTUVWXYZ ÄÜÖ 1234567890 !?&@	Wie beiläufig, beim Umblättern der Buchseiten, habe ich dein B berührt. Man hatte dich mir als Type geschildert, der man in allen Bibliotheken begegnet.	Bembo	
ABCDEFGHIJKLMNO PQRSTUVWXYZ ÄÜÖ 1234567890 !?&@	Wie beiläufig, beim Umblättern der Buchseiten, habe ich dein B berührt. Man hatte dich mir als Type geschildert, der man in allen Bibliotheken begegnet.	Casablanca	
ABCDEFGHIJKLMNO PQRSTUVWXYZ ÄÜÖ 1234567890 !?&@	Wie beiläufig, beim Umblättern der Buchseiten, habe ich dein B berührt. Man hatte dich mir als Type geschildert, der man in allen Bibliotheken begegnet.	Caslon	
ABCDEFGHIJKLMNO PQRSTUVWXYZ ÄÜÖ 1234567890 !?&@	Wie beiläufig, beim Umblättern der Buchseiten, habe ich dein B berührt. Man hatte dich mir als Type geschildert, der man in allen Bibliotheken begegnet.	Guardi	Renaissance Antiquas
ABCDEFGHIJKLMNO PQRSTUVWXYZ ÄÜÖ 1234567890 !?&@	Wie beiläufig, beim Umblättern der Buchseiten, habe ich dein B berührt. Man hatte dich mir als Type geschildert, der man in allen Bibliotheken begegnet.	Nicolas Cochin	
ABCDEFGHIJKLMNO PQRSTUVWXYZ ÄÜÖ 1234567890 !?&@	Wie beiläufig, beim Umblättern der Buchseiten, habe ich dein B berührt. Man hatte dich mir als Type geschildert, der man in allen Bibliotheken begegnet.	Sabon	
ABCDEFGHIJKLMNO PQRSTUVWXYZ ÄÜÖ 1234567890 !?&@	Wie beiläufig, beim Umblättern der Buchseiten, habe ich dein B berührt. Man hatte dich mir als Type geschildert, der man in allen Bibliotheken begegnet.	Stempel Garamond	

Barock-Antiquas und Klassizistische Antiquas

Bookman

ABCDEFGHIJKLMNO PQRSTUVWXYZ ÄÜÖ 1234567890 !?&@

Wie beiläufig, beim Umblättern der Buchseiten, habe ich dein B berührt. Man hatte dich mir als Type geschildert, der man in allen Bibliotheken begegnet.

Baskerville

ABCDEFGHIJKLMNO PQRSTUVWXYZ ÄÜÖ 1234567890 !?&@

Wie beiläufig, beim Umblättern der Buchseiten, habe ich dein B berührt. Man hatte dich mir als Type geschildert, der man in allen Bibliotheken begegnet.

Palatino

ABCDEFGHIJKLMNO PQRSTUVWXYZ ÄÜÖ 1234567890 !?&@

Wie beiläufig, beim Umblättern der Buchseiten, habe ich dein B berührt. Man hatte dich mir als Type geschildert, der man in allen Bibliotheken begegnet.

Times

ABCDEFGHIJKLMNO PQRSTUVWXYZ ÄÜÖ 1234567890 !?&@

Wie beiläufig, beim Umblättern der Buchseiten, habe ich dein B berührt. Man hatte dich mir als Type geschildert, der man in allen Bibliotheken begegnet.

Bodoni

ABCDEFGHIJKLMNO PQRSTUVWXYZ ÄÜÖ 1234567890 !?&@

Wie beiläufig, beim Umblättern der Buchseiten, habe ich dein B berührt. Man hatte dich mir als Type geschildert, der man in allen Bibliotheken begegnet.

Didot

ABCDEFGHIJKLMNO PQRSTUVWXYZ ÄÜÖ 1234567890 !?&@

Wie beiläufig, beim Umblättern der Buchseiten, habe ich dein B berührt. Man hatte dich mir als Type geschildert, der man in allen Bibliotheken begegnet.

Walbaum

ABCDEFGHIJKLMNO PQRSTUVWXYZ ÄÜÖ 1234567890 !?&@

Wie beiläufig, beim Umblättern der Buchseiten, habe ich dein B berührt. Man hatte dich mir als Type geschildert, der man in allen Bibliotheken begegnet.

ABCDEFGHIJKLMNO
PQRSTUVWXYZ ÄÜÖ
1234567890 !?&@

Wie beiläufig, beim Umblättern der Buchseiten, habe ich dein B berührt. Man hatte dich mir als Type geschildert, der man in allen Bibliotheken begegnet.

American Typewriter

ABCDEFGHIJKLMNO
PQRSTUVWXYZ ÄÜÖ
1234567890 !?&@

Wie beiläufig, beim Umblättern der Buchseiten, habe ich dein B berührt. Man hatte dich mir als Type geschildert, der man in allen Bibliotheken begegnet.

City

**ABCDEFGHIJKLMNO
PQRSTUVWXYZ ÄÜÖ
1234567890 !?&@**

Wie beiläufig, beim Umblättern der Buchseiten, habe ich dein B berührt. Man hatte dich mir als Type geschildert, der man in allen Bibliotheken begegnet.

Clarendon

ABCDEFGHIJKLMNO
PQRSTUVWXYZ ÄÜÖ
1234567890 !?&@

Wie beiläufig, beim Umblättern der Buchseiten, habe ich dein B berührt. Man hatte dich mir als Type geschildert, der man in allen Bibliotheken begegnet.

Lino Letter

ABCDEFGHIJKLMNO
PQRSTUVWXYZ ÄÜÖ
1234567890 !?&@

Wie beiläufig, beim Umblättern der Buchseiten, habe ich dein B berührt. Man hatte dich mir als Type geschildert, der man in allen Bibliotheken begegnet.

PMN Caecilia

ABCDEFGHIJKLMNO
PQRSTUVWXYZ ÄÜÖ
1234567890 !?&@

Wie beiläufig, beim Umblättern der Buchseiten, habe ich dein B berührt. Man hatte dich mir als Type geschildert, der man in allen Bibliotheken begegnet.

Rockwell

ABCDEFGHIJKLMNO
PQRSTUVWXYZ ÄÜÖ
1234567890 !?&@

Wie beiläufig, beim Umblättern der Buchseiten, habe ich dein B berührt. Man hatte dich mir als Type geschildert, der man in allen Bibliotheken begegnet.

Stymie

Serifenbetonte Antiquas

Antiqua-Varianten

Bauhaus

ABCDEFGHIJKLMNO PQRSTUVWXYZ ÄÜÖ
1234567890 !?&@

Wie beiläufig, beim Umblättern der Buchseiten, habe ich dein B berührt. Man hatte dich mir als Type geschildert, der man in allen Bibliotheken begegnet.

Copperplate

ABCDEFGHIJKLMNO PQRSTUVWXYZ ÄÜÖ
1234567890 !?&@

Wie beiläufig, beim Umblättern der Buchseiten, habe ich dein B berührt. Man hatte dich mir als Type geschildert, der man in allen Bibliotheken begeg-

Insignia

ABCDEFGHIJKLMNO PQRSTUVWXYZ ÄÜÖ
1234567890 !?&@

Wie beiläufig, beim Umblättern der Buchseiten, habe ich dein B berührt. Man hatte dich mir als Type geschildert, der man in allen Bibliotheken begegnet.

OCR A

ABCDEFGHIJKLMNO PQRSTUVWXYZ ÄÜÖ
1234567890 !?&@

Wie beil ufig, beim Umbl ttern der Buchseiten, habe ich dein B ber hrt. Man hatte dich mir

Peignot

ABCDEFGHIJKLMNO PQRSTUVWXYZ ÄÜÖ
1234567890 !?&@

Wie beiläufig, beim Umblättern der Buchseiten, habe ich dein B berührt. Man hatte dich mir als Type geschildert, der man in allen Bibliotheken begegnet.

Serpentine

ABCDEFGHIJKLMNO PQRSTUVWXYZ ÄÜÖ
1234567890 !?&@

Wie beiläufig, beim Umblättern der Buchseiten, habe ich dein B berührt. Man hatte dich mir als Type geschildert, der man in allen Bibliotheken begegnet.

Stamp Gothic

ABCDEFGHIJKLMNO PQRSTUVWXYZ ÄÜÖ
1234567890 !?&@

Wie beiläufig, beim Umblättern der Buchseiten, habe ich dein B berührt. Man hatte dich mir als Type geschildert, der man in allen Bibliotheken begegnet.

Anhang | Schriftmuster

ABCDEFGHIJKLMNO PQRSTUVWXYZ ÄÜÖ 1234567890 !?&@	Wie beiläufig, beim Umblättern der Buchseiten, habe ich dein B berührt. Man hatte dich mir als Type geschildert, der man in allen Bibliotheken begegnet.	Chancery
ABCDEFGHIJKLMNO PQRSTUVWXYZ ÄÜÖ 1234567890 !?& @	Wie beiläufig, beim Umblättern der Buchseiten, habe ich dein B berührt. Man hatte dich mir als Type geschildert, der man in allen Bibliotheken begegnet.	Englische Schreibschrift
ABCDEFGHIJKLMNO PQRSTUVWXYZ ÄÜÖ 1234567890 !?&@	Wie beiläufig, beim Umblättern der Buchseiten, habe ich dein B berührt. Man hatte dich mir als Type geschildert, der man in allen Bibliotheken begegnet.	Kids
ABCDEFGHIJKLMNO PQRSTUVWXYZ ÄÜÖ 1234567890 !?&@	Wie beiläufig, beim Umblättern der Buchseiten, habe ich dein B berührt. Man hatte dich mir als Type geschildert, der man in allen Bibliotheken begegnet.	Murray Hill
ABCDEFGHIJKLMNO PQRSTUVWXYZ ÄÜÖ 1234567890 !?&@	Wie beiläufig, beim Umblättern der Buchseiten, habe ich dein B berührt. Man hatte dich mir als Type geschildert, der man in allen Bibliotheken begegnet.	Pendry Script
ABCDEFGHIJKLMNO PQRSTUVWXYZ ÄÜÖ 1234567890 !?&@	Wie beiläufig, beim Umblättern der Buchseiten, habe ich dein B berührt. Man hatte dich mir als Type geschildert, der man in allen Bibliotheken begegnet.	Wiesbaden Swing
ABCDEFGHIJKLMNO PQRSTUVWXYZ ÄÜÖ 1234567890 !?&@	Wie beiläufig, beim Umblättern der Buchseiten, habe ich dein B berührt. Man hatte dich mir als Type geschildert, der man in allen Bibliotheken begegnet.	Zapfino

Schreib- und Handschriften

Freefonts* sans-serif

* bei kommerzieller Nutzung immer die Lizenzbedingungen lesen!

Advent pro
ABCDEFGHIJKLMNO PQRSTUVWXYZ ÄÜÖ 1234567890 !?&@

Wie beiläufig, beim Umblättern der Buchseiten, habe ich dein B berührt. Man hatte dich mir als Type geschildert, der man in allen Bibliotheken begegnet.

Aller
ABCDEFGHIJKLMNO PQRSTUVWXYZ ÄÜÖ 1234567890 !?&@

Wie beiläufig, beim Umblättern der Buchseiten, habe ich dein B berührt. Man hatte dich mir als Type geschildert, der man in allen Bibliotheken begegnet.

AUdimat
ABCDEFGHIJKLMNO PQRSTUVWXYZ ÄÜÖ 1234567890 !?&@

Wie beiläufig, beim Umblättern der Buchseiten, habe ich dein B berührt. Man hatte dich mir als Type geschildert, der man in allen Bibliotheken begegnet.

Carto Gothic
ABCDEFGHIJKLMNO PQRSTUVWXYZ ÄÜÖ 1234567890 !?&@

Wie beiläufig, beim Umblättern der Buchseiten, habe ich dein B berührt. Man hatte dich mir als Type geschildert, der man in allen Bibliotheken begegnet.

Colaborate
ABCDEFGHIJKLMNO PQRSTUVWXYZ ÄÜÖ 1234567890 !?&@

Wie beiläufig, beim Umblättern der Buchseiten, habe ich dein B berührt. Man hatte dich mir als Type geschildert, der man in allen Bibliotheken begegnet.

Delicious
ABCDEFGHIJKLMNO PQRSTUVWXYZ ÄÜÖ 1234567890 !?&@

Wie beiläufig, beim Umblättern der Buchseiten, habe ich dein B berührt. Man hatte dich mir als Type geschildert, der man in allen Bibliotheken begegnet.

Diavlo
ABCDEFGHIJKLMNO PQRSTUVWXYZ ÄÜÖ 1234567890 !?&@

Wie beiläufig, beim Umblättern der Buchseiten, habe ich dein B berührt. Man hatte dich mir als Type geschildert, der man in allen Bibliotheken begegnet.

Anhang | Schriftmuster

ABCDEFGHIJKLMNO PQRSTUVWXYZ ÄÜÖ 1234567890 !?&@

Wie beiläufig, beim Umblättern der Buchseiten, habe ich dein B berührt. Man hatte dich mir als Type geschildert, der man in allen Bibliotheken begegnet.

Edifice

ABCDEFGHIJKLMNO PQRSTUVWXYZ ÄÜÖ 1234567890 !?&@

Wie beiläufig, beim Umblättern der Buchseiten, habe ich dein B berührt. Man hatte dich mir als Type geschildert, der man in allen Bibliotheken begegnet.

Enigmatic

ABCDEFGHIJKLMNO PQRSTUVWXYZ ÄÜÖ 1234567890 !?&@

Wie beiläufig, beim Umblättern der Buchseiten, habe ich dein B berührt. Man hatte dich mir als Type geschildert, der man in allen Bibliotheken begegnet.

Fontin (Sippe)

ABCDEFGHIJKLMNO PQRSTUVWXYZ ÄÜÖ 1234567890 !?&@

Wie beiläufig, beim Umblättern der Buchseiten, habe ich dein B berührt. Man hatte dich mir als Type geschildert, der man in allen Bibliotheken begegnet.

Gauntlet

ABCDEFGHIJKLMNO PQRSTUVWXYZ ÄÜÖ 1234567890 !?&@

Wie beiläufig, beim Umblättern der Buchseiten, habe ich dein B berührt. Man hatte dich mir als Type geschildert, der man in allen Bibliotheken begegnet.

Imperial

ABCDEFGHIJKLMNO PQRSTUVWXYZ 1234567890 !?&@

Wie beilaeufig, beim Umblaettern der Buchseiten, habe ich dein B ber hrt. Man hatte dich mir als Type geschildert, der man in allen Bibliotheken begegnet.

Jura

ABCDEFGHIJKLMNO PQRSTUVWXYZ ÄÜÖ 1234567890 !?&@

Wie beiläufig, beim Umblättern der Buchseiten, habe ich dein B berührt. Man hatte dich mir als Type geschildert, der man in allen Bibliotheken begegnet.

Lacuna

Freefonts* sans-serif *bei kommerzieller Nutzung immer die Lizenebedingungen lesen!

Freefonts* sans-serif ** bei kommerzieller Nutzung immer die Lizenebedingungen lesen!*

Liberation sans (Sippe)

ABCDEFGHIJKLMNO PQRSTUVWXYZ ÄÜÖ 1234567890 !?&@

Wie beiläufig, beim Umblättern der Buchseiten, habe ich dein B berührt. Man hatte dich mir als Type geschildert, der man in allen Bibliotheken begegnet.

Mank sans

ABCDEFGHIJKLMNO PQRSTUVWXYZ ÄÜÖ 1234567890 !?&@

Wie beiläufig, beim Umblättern der Buchseiten, habe ich dein B berührt. Man hatte dich mir als Type geschildert, der man in allen Bibliotheken begegnet.

Moderna

ABCDEFGHIJKLMNO PQRSTUVWXYZ 1234567890 !?&@

Wie beilaeufig, beim Umblaettern der Buchseiten, habe ich dein B ber hrt. Man hatte dich mir als Type geschildert, der man in allen Bibliotheken begegnet.

Museo

ABCDEFGHIJKLMNO PQRSTUVWXYZ ÄÜÖ 1234567890 !?&@

Wie beiläufig, beim Umblättern der Buchseiten, habe ich dein B berührt. Man hatte dich mir als Type geschildert, der man in allen Bibliotheken begegnet.

Pigiarniq

ABCDEFGHIJKLMNO PQRSTUVWXYZ ÄÜÖ 1234567890 !?&@

Wie beiläufig, beim Umblättern der Buchseiten, habe ich dein B berührt. Man hatte dich mir als Type geschildert, der man in allen Bibliotheken begegnet.

Qlassik

ABCDEFGHIJKLMNO PQRSTUVWXYZ ÄÜÖ 1234567890 !?&@

Wie beiläufig, beim Umblättern der Buchseiten, habe ich dein B berührt. Man hatte dich mir als Type geschildert, der man in allen Bibliotheken begegnet.

Quicksand

ABCDEFGHIJKLMNO PQRSTUVWXYZ ÄÜÖ 1234567890 !?&@

Wie beiläufig, beim Umblättern der Buchseiten, habe ich dein B berührt. Man hatte dich mir als Type geschildert, der man in allen Bibliotheken begegnet.

Freefonts* sans-serif und serif

*bei kommerzieller Nutzung immer die Lizenebedingungen lesen!

Raspoutine

ABCDEFGHIJKLMNO PQRSTUVWXYZ ÄÜÖ 1234567890 !?&@

Wie beiläufig, beim Umblättern der Buchseiten, habe ich dein B berührt. Man hatte dich mir als Type geschildert, der man in allen Bibliotheken begegnet.

TitilliumText

ABCDEFGHIJKLMNO PQRSTUVWXYZ ÄÜÖ 1234567890 !?&@

Wie beiläufig, beim Umblättern der Buchseiten, habe ich dein B berührt. Man hatte dich mir als Type geschildert, der man in allen Bibliotheken begegnet.

Yanone Kaffeesatz

ABCDEFGHIJKLMNO PQRSTUVWXYZ ÄÜÖ 1234567890 !?&@

Wie beiläufig, beim Umblättern der Buchseiten, habe ich dein B berührt. Man hatte dich mir als Type geschildert, der man in allen Bibliotheken begegnet.

Bergamo

ABCDEFGHIJKLMNO PQRSTUVWXYZ ÄÜÖ 1234567890 !?&@

Wie beiläufig, beim Umblättern der Buchseiten, habe ich dein B berührt. Man hatte dich mir als Type geschildert, der man in allen Bibliotheken begegnet.

Charis SIL

ABCDEFGHIJKLMNO PQRSTUVWXYZ ÄÜÖ 1234567890 !?&@

Wie beiläufig, beim Umblättern der Buchseiten, habe ich dein B berührt. Man hatte dich mir als Type geschildert, der man in allen Bibliotheken begegnet.

Day Roman

ABCDEFGHIJKLMNO PQRSTUVWXYZ ÄÜÖ 1234567890 !?&@

Wie beiläufig, beim Umblättern der Buchseiten, habe ich dein B berührt. Man hatte dich mir als Type geschildert, der man in allen Bibliotheken begegnet.

Droid Serif (Sippe)

ABCDEFGHIJKLMNO PQRSTUVWXYZ ÄÜÖ 1234567890 !?&@

Wie beiläufig, beim Umblättern der Buchseiten, habe ich dein B berührt. Man hatte dich mir als Type geschildert, der man in allen Bibliotheken begegnet.

Freefonts* serif und slab *bei kommerzieller Nutzung immer die Lizenebedingungen lesen!

Enriqueta	ABCDEFGHIJKLMNO PQRSTUVWXYZ ÄÜÖ 1234567890 !?&@	Wie beiläufig, beim Umblättern der Buchseiten, habe ich dein B berührt. Man hatte dich mir als Type geschildert, der man in allen Bibliotheken begegnet.
Gentium Basic	ABCDEFGHIJKLMNO PQRSTUVWXYZ ÄÜÖ 1234567890 !?&@	Wie beiläufig, beim Umblättern der Buchseiten, habe ich dein B berührt. Man hatte dich mir als Type geschildert, der man in allen Bibliotheken begegnet.
Nadia Serif	ABCDEFGHIJKLMNO PQRSTUVWXYZ ÄÜÖ 1234567890 !?&@	Wie beiläufig, beim Umblättern der Buchseiten, habe ich dein B berührt. Man hatte dich mir als Type geschildert, der man in allen Bibliotheken begegnet.
Nautic	ABCDEFGHIJKLMNO PQRSTUVWXYZ ÄÜÖ 1234567890 !?&@	Wie beiläufig, beim Umblättern der Buchseiten, habe ich dein B berührt. Man hatte dich mir als Type geschildert, der man in allen Bibliotheken begegnet.
Raleigh Serial	ABCDEFGHIJKLMNO PQRSTUVWXYZ ÄÜÖ 1234567890 !?&@	Wie beiläufig, beim Umblättern der Buchseiten, habe ich dein B berührt. Man hatte dich mir als Type geschildert, der man in allen Bibliotheken begegnet.
Vera Serif (Sippe)	ABCDEFGHIJKLMNO PQRSTUVWXYZ ÄÜÖ 1234567890 !?&@	Wie beiläufig, beim Umblättern der Buchseiten, habe ich dein B berührt. Man hatte dich mir als Type geschildert, der man in allen Bibliotheken begegnet.
Vollkorn	ABCDEFGHIJKLMNO PQRSTUVWXYZ ÄÜÖ 1234567890 !?&@	Wie beiläufig, beim Umblättern der Buchseiten, habe ich dein B berührt. Man hatte dich mir als Type geschildert, der man in allen Bibliotheken begegnet.

Anhang | Schriftmuster

Schrift	Alphabet	Textprobe	Name

ABCDEFGHIJKLMNO PQRSTUVWXYZ ÄÜÖ 1234567890 !?&@

Wie beiläufig, beim Umblättern der Buchseiten, habe ich dein B berührt. Man hatte dich mir als Type geschildert, der man in allen Bibliotheken begegnet.

Cartoonist

ABCDEFGHIJKLMNO PQRSTUVWXYZ ÄÜÖ 1234567890 !?&@

Wie beiläufig, beim Umblättern der Buchseiten, habe ich dein B berührt. Man hatte dich mir als Type geschildert, der man in allen Bibliotheken begegnet.

Euphoria-script

ABCDEFGHIJK MNOPQRSTUVW 1234567890 !?&@

Wie beiläufig, beim Umblättern der Buchseiten, habe ich dein B berührt. Man hatte dich mir als Type geschildert, der man in allen Biblio

Freeboter

ABCDEFGHIJKLMNO PQRSTUVWXYZ 1234567890 !?

Wie beiläufig, beim Umblaettern der Buchseiten, habe ich dein B beruehrt. Man hatte dich mir als Type geschildert, der man in allen Bibliotheken begegnet.

Gessele

ABCDEFGHIJKLMNO PQRSTUVWXYZ ÄÜÖ 1234567890 !?&@

Wie beiläufig, beim Umblättern der Buchseiten, habe ich dein B berührt. Man hatte dich mir als Type geschildert, der man in allen Bibliotheken begegnet.

Lobster

ABCDEGHIJKLMNO PQRSTUVWXYZ ÄÜÖ 1234567890 !?&@

Wie beiläufig, beim Umblättern der Buchseiten, habe ich dein B berührt. Man hatte dich mir als Type geschildert, der man in allen

Scriptina

ABCDEGHIJKLMNO PQRSTUVWXYZ ÄÜÖ 1234567890 !?&@

Wie beiläufig, beim Umblättern der Buchseiten, habe ich dein B berührt. Man hatte dich mir als Type geschildert, der man in allen Bibliotheken begegnet.

Tioga

Freefonts* script * bei kommerzieller Nutzung immer die Lizenzbedingungen lesen!

Notizen:

Bildnachweise

S. 4
johnnyb_pixelio.de — Frühling
Helene Souza_pixelio.de — Spargel
S. Hofschlaeger_pixelio.de — Pause

S. 138
www.flickr.com — Klass. Retrolabel
Zeitmagazin — neue Retroseite
Brasstronaut — Retrolabel (neu)

S. 190
Jerzy Sawluk_pixelio.de — alter Sack
http://dribbble.com/flux — Businesscard

S. 224/225/241
Norbert-Höller_pixelio.de — Ziegen
Rainer-Sturm_pixelio.de — Gokart-Bahn
Kurt-F.-Domnik_pixelio.de — Ginko
Ines-Friedrich_pixelio.de — Jungs
nimkenja_pixelio.de — Straße

S. 270
Rainer-Sturm_pixelio.de — Bank

Für die Übungsaufgaben:

Florian Nohl:
hightech, teehaus2, eingang, oddman, frucht, mann, kinder, lasten, sonnenun, bohnen, nebel, bananen, mofa, reisfeld, rosen, geschirr, boutique

Martin Hahn:
rap, besen, ruecken, vorne, blume, diva, blues, hellau, schlag, daumen, schlange, gruppe

Martina Nohl:
alle anderen Fotos

Weitere Bildnachweise direkt in den Aufgabenstellungen im Downloadbereich.

Gestaltungsaufgaben

Aufgabe/Medium		Thema	Stufe (1–10)	Seite
11.13	Anzeige	Körnerkur	5	222
6.15	Anzeige	Spielzeuggeschäft	5	109
8.11	Buchtitel	Roman, 2. Weltkrieg	4	156
6.16	Corporate Design	A-cappella-Chor	6	109
6.4	CD-Cover	Musik	7	99
10.12	Flyerscribble	Kinobistro	5	185
12.9	Fotostory	Lovestory	7	263
3.29	Handzettel	Theater	3	56
11.32	Informationsschrift	Flughafen	8	244
11.17	Kalender	Thailand	6	225
11.40	Kochbuch	Food	8	251
3.30	Plakat	Klass. Konzert	5	56
8.13	Plakat	Ausstellung Stress	6	157
10.30	Plakat	Portugal	6	204
3.9	Speisen- und Getränkekarte	Restaurant, Café	4	29
8.12	Verpackungsserie	Gewürze	6	156
3.31	Veranstaltungsprogramm	Volkshochschule	4	56
13.9	Website mit Farbschema	Dummy	6	285
13.17	Website	eigene Homepage	10	299
6.23	Werbeblatt	Tee	4	113
8.16	Zeitschriftendoppelseite	Migräne	7	159
11.22	Zeitschriftenumbruch	Talent	9	231

Index

Die braun herausgestellten Indexpunkte sind Praxisaufgaben, siehe auch Übersicht linke Seite.

A
Absätze 229
Achse der Rundungen 12
Achssprung 263
Akkolade 118, 125
Aktivitätsgrad 256, 262
Alignieren 93
Anhang 305
An- und Abführungszeichen 122
Anmutungsprofil.
    Siehe Polaritätsprofil
Anstrich/Ansatz 12
Anti-Aliasing 277
Anzeige 222
Apostroph 123
ASCII-Code 111
ASCII-Tabelle 119
Ästhetiktabellen 32
Asymmetrisch 96
Aufnahme 260
Aufsteller 103
Aufzählungspunkt 124
Ausgleichen 32
Ausgleichsmethoden 33, 34
Auslassungszeichen 124
Auslauf/Endstrich 12
Ausstellungsplakat 157
Auszeichnungsarten 46 ff.

B
Bankleitzahl 121
Barrierefreiheit 276
Bewertung von Typografie 173 ff.
Bewertungsgutachten 170
Bewertungskriterien 166 f., 172
Bezug ähnlicher Bilder 262
Bildausschnitt 258 f.
Bilddramaturgie 263 f.
Bildform 257
Bildintegration 235 ff.
Bildlegende 209, 236
Bildnachweise 331
Bildpositionierung 262
Bildqualität im Web 287
Bildrichtung 224, 226
Bildschirmschriften 277
Binnenraum/Punzen 12
Bleisatz 16, 129
Blickaufzeichnungskamera 20
Blickverlauf 220
Blindtext 20, 77
Blocksatz 38, 42
Blog 290
Box-Elemente 296
Brotkrumenpfad 289
Brüche 121
Buchstabenform 66 f
Buchstabenschäfte 67
Buchtitel 156
Bullets 111
Bund 90
Bunt-Unbunt-Harmonie 149
Buttons 290

C
Cascading Style Sheets (CSS) 275
CD-Cover 99
Clarendon 73
Content 293
Corporate Design 109
Corporate Type 13
CSS Code 275
CSS-Layout 295

D
Dachansatz 12
Datumsangaben 120
Deleatur 117
Designvorgaben 249 ff.
Dickte 16
DIN 16518 70, 72, 75
DIN-A4-Variationen 87
Dingbats 111
Diskussionsregeln 165
Divis 124
Dreiecksverteilung 233
Dreierteilung 223
DTP-Punkt 11
Duktus 81
Durchschuss 36
Dynamik 96 ff.
Dynamischer Verlauf 98

E
Ebenenraster 239, 249 ff.
Egyptienne 73
Einheiten 16, 118
Einheitensystem 17
Einstellgrößen 258

Einzelbuchstabenvergleich 66
Elastische Layouts 295
Elektronische Modifikation 13, 47
Elementpositionierung 222
Empfindungskontrast 153
Entwerfen 202 ff
Entwurfsprozess 204
Entwurfstechniken 204
Et-Zeichen 123

F

Fachbegriffe 128
Fachjargon 128
Fadenzähler 8
Fähnchen 67
Fantasiereise 186, 194
Farb- und Tonwertflächen 108
Farbakkorde 160 ff.
Farbbezeichnungen 148
Farbcharakter 144
Farbdreiklang.
 Siehe Farbakkorde
Farbe-an-sich-Kontrast 152
Farbempfinden 143
Farbfehlsichtigkeit 284
Farbgebung 146
Farbgestaltung 161
Farbharmonien 149 ff.
Farbkontraste 151 ff.
Farbkreis 148
Farbparameter 142
Farbsymbolik 144 f.
Farbtyp 144
Farbverwendung 145
Farbwähler 158
Faustregel ZAB 37
Fehler 116, 126
Fett 48
Figurensatz 43
Figur-Grund-Unterscheidung 215
Flächen 107
Flächencharakter 107
Flächenform 107
Flattersatz 41 f.
Flatterzone 39, 41
Fleisch 16

Flyerscribble 185
Fontdesigner 137
Font-face-Technologie 278
Footer 293
Format 90
Formeln 120
Formsatz 43
Fotostory 263
Freier Zeilenfall 38
Freisteller 271
Führungslinie 224
Fuß 90
Fußnoten 209 f.

G

Gedankenstrich 124
Gesamteindruck 166
Geschmacksprofil 167
Gesetz der Ähnlichkeit 214
Gesetz der Geschlossenheit 214
Gesetz der guten Fortsetzung 214
Gesetz der guten Gestalt 215
Gesetz der Nähe 214
Gesperrt 48
Gestaltgesetze.
 Siehe Wahrnehmungsgesetze
Gestaltungsaufgaben 332
Gestaltungsbewertung 167
Gestaltungselemente 25
Gestaltungsraster 238 ff.
Gestaltungsraster im Web 297
Geviert 16 f.
Geviertstrich 125
Glossar 10, 128
Goldener Schnitt 88 f.
Google-Webfonts 278
Groteskschrift 182
Grundlinienraster 92 f.
Grundschrift 20
Grundstrich 12
Guillemets 122

H

Haarstrich 12
Halbe Spalte 242
Halbgeviert 17, 118

Halbgeviertstrich.
 Siehe Gedankenstrich
Halbgeviertziffern 121
Handzettel 56
Hauptinformation 24
Header 293
Headline-Platzierung 225
Hell-Dunkel-Kontrast 150
Hell-Dunkel-Verteilung 260
Hexadezimal-Code 282
Hierarchiebildung 50

I

Icons 111
Ideen 194
Index und Exponent 121
Informationsschrift 244
Initial 209
Intersubjektiv 164
Italienne 73

K

Kalender 225
Kapitälchen 47
Kapitälchenschnitte 48
Kerning 32
Kippfiguren 217
Klammern 125
Klassifikationsmemory 74
Klassifikationssystem 71
Klassifikationsvergleich 75
Kochbuch 251
Kolumne 209
Komplementärkontrast 152
Kompresser Satz 36
Konkrete Poesie 43
Kontonummer 121
Kontrast 50 ff.
Kontrastpaare 50
Kontrastverwendung 53
Kontrastwirkung 50
Konturensatz 43
Kopf 90
Korpus 12
Korrektur 116
Korrekturlesen 116

Korrekturzeichen 116
Kreativer Prozess 196
Kreativität 5, 24, 195
Kreativitätstechniken 196 ff.
Kreativitätsvoraussetzungen 196
Kreuzworträtsel 130
Kriterienkatalog 166
Kursiv 47

L

Laufweite 23, 30 f
Laufweitenveränderung 30
Layout-Bild-Verhältnis 256
Lebender Kolumnentitel 210
Leporello 43
Lesbarkeit 20 ff, 45
Leseanfang 20
Lesetext 22
Leseverhalten 20
Ligaturen 126
Linien 102
Linienführung 219 f.
Linksbündiger Flattersatz 38
Literaturempfehlungen 301
Logotrends 139

M

Marginalien 209, 244
Mediävalziffern 121
Menüleisten 291
Mikrotypografie 118 ff.
Mittelachsensatz 38
Mittelstehender Punkt 124
Monospace-Schriften 17
Möwchen 118
M-Space (em) 279
Multispaltenlayout 293

N

Nachbarschaftsharmonien 150
Nachbreite 16
Navigation 289
Navigationselemente 289
Neue Rechtschreibung 116
Neunerteilung 91

O

OpenType 13 f.
Optical Character Recognition 20
Optische Bildgrößen-
   bestimmung 246
Optisches Gewicht 96, 233
Ornamente 111
Osborn-Checkliste 200 f.
Outline 48

P

Pagina 209
Parenthese 118
Performance 100
Perspektive 260
Physiologische Farbwirkung 143
Piktogramme 111
Plakat 56, 204
Polaritätsprofil 63
Positionswahl 223
Postfachzahlen 121
Postleitzahlen 121
Pragmatik 176
Proportionen 86, 107
Psychologische Farbwirkung 144
Punzen 35

Q

Qualitätskontrast 153
Quantitätskontrast 153
Querbalken 67

R

Rahmen 102
Randausgleich 34
Rausatz 38
Rechtsbündiger Flattersatz 38
Rechtschreibduden 10
Reduktion 24 ff., 29
Reduktionskriterien 25
Reduktionskünstler 26
Register halten 92
Retrodesign 138
Rhythmus 96 ff., 232
Richtung 260

S

Sakkaden 220
Satzachsen 25
Satzart 22, 38 ff.
Satzbreite.
   Siehe Spaltenbreite
Satzspiegel 90 ff., 240
Schattiert 48
Schenkel 67
Schmuckelemente 111 ff.
Schnörkel 111
Schrägstrich 125
Schriftart 21, 25
Schriftbreite 14
Schriftcharakter 60 ff.
Schriftdimensionen 12
Schriften erkennen 66, 69
Schriften mischen 80 ff.
Schriftendreh 83
Schriftenkanon 68
Schriftenpalette.
   Siehe Schriftenkanon
Schriftentrends 79
Schrifterkennungsmerkmale 68
Schriftfamilie 13, 15
Schriftgröße 11, 21, 25
Schriftgruppenbezeichnung 74
Schrifthersteller 77
Schrifthöhe 11
Schriftkataloge 77
Schriftklassifikation 70 ff.
Schrift-Know-how 137
Schriftmerkmale 66
Schriftmischungsregeln 81
Schriftmuster 66
Schriftmusterbuch 10, 77
Schriftordnungsentwürfe 70
Schriftprägung 65
Schrifträtsel 69
Schriftschmieden.
   Siehe Schrifthersteller
Schriftschnitte 13 ff.
Schriftsippe 13, 81
Scribbeln 180 ff., 296
Seitenbausteine 208
Seitenformat 86

Seitenränder 90
Seitenverhältnisse 86
Semantik 176
Semantische Typografie 190
Semiotik 176
Semiotische Analyse 177
Senkrechter Strich 125
Serife 12
Simultankontrast 151
Site-Struktur 290
Skalpell 8
Skizzenbuch 5
Slicen 291
Sonderfarben 8
Sonderzeichen im Web 281
Spaltenabstand 241
Spaltenbreite 45
Spaltenraster 240 ff.
Spaltenvariationen 243
Spaltenwürmer 39
Spannungskurven 263
Spationieren 30
Speisen- und Getränkekarte 29
Steg 90
Stile 138 ff.
„Streitbare" Gestaltung 168
Strichmännchen 183
Strich-neben-Strich-Technik 181
Strichstärke 14, 102
Strichtechnik 182
Strukturen 110
Subjektives Designempfinden 167
Sukzessivkontrast 151
Synkopen.
   Siehe Taktverschiebung
Syntaktik 176
Systemschriften 276

T
Tag-Cloud 290
Taktverschiebung 98
Teile und Prozent 121
Telefon und Fax 120
Textanschluss 45
Text-Bild-Kommunikation 224
Text-Bild-Linienführung 227
Text-Bild-Partnerschaft 265 ff.
Text-Bild-Überlagerung 270
Texturen 285
Themenfarben 147
Tilde 118
Ton-in-Ton-Harmonie 149
Tracking.
   Siehe Laufweite
Trefferquote 25
Trendschriften 79
Trendstyle-Colours 161
Trennungen 229
Treppenbildung im Flattersatz 39
Tropfen/Kugelendung 12
Typekontest 137
Typoanalyse 170
Typografie 2, 11
Typografik 43
Typografischer Instinkt 164
Typometer 8
Typophile 3
Typostile 132 ff.
Typotrends 138

U
Überschrift 209
Überschriftenhierarchie 230
Umbruch 229 ff.
Umbruchfehler 231
Umbruchgestaltung 232
Unicode 13
Unterführungszeichen 122
Unterschneiden 30
Unterstreichen 49

V
Variable Buchstabenabstände 39
Verläufe 110
Verpackungsserie 156
Versalhöhe 11
Versalien 33, 48
Versalsatz 33
Verzerrt 48
Vier-Linien-System 11
Viertelgeviert 118
Vignetten 111
Villard'scher Teilungskanon 91
Virgel 118
Visualisieren 188 ff.
Visualisierende Typografie 190
Volkshochschulprogramm 56
Vorbreite 16

W
WAB.
   Siehe Wortabstand
Wahrnehmungsgesetze 211
Wanderspalte 242
Webadressen 304
Websafe-Colours 283
Website 285
Werbeblatt 113
Wireframes 296
Wortabstand 35

Z
ZAB.
   Siehe Zeilenabstand
Zahlen- und Ziffernsatz 120
Zeichen 11 f.
Zeichensatz 118
Zeichen-Systematisierung 282
Zeile 20
Zeilenabstand 23, 35, 37
Zeilenbreite 22
Zeilenfall 38
Zeilenlänge 22, 45
Zeilenzusammenhalt 229
Zeitangaben 120
Zeitschriftendoppelseite 159
Zeitschriftenumbruch 231
Zellenraster 239, 245
Zielgruppe 166
Zierlinien 111
Zoll-Zeichen 122
Zufallstypo 4
Zurichtung 30
Zwischenüberschrift 209, 230

Ulrich Schurr

Prepress-Knowhow für Grafikdesigner

Beim Anlegen von Layouts und dem Umgang mit Schriften, Bildern und Farben gibt es zahlreiche Fallstricke. Gerüstet mit dem Knowhow über Vorgänge und Abläufe in der Druckvorstufe können Sie Probleme und den Ärger enttäuschter Kunden vermeiden. Denn nur wer versteht, was beim Farbmanagement, Proofen und der Ausgabe sowie speziell bei der PDF-Erstellung zu beachten ist, kann vor bösen Überraschungen sicher sein. Lernen Sie, was die verschiedenen Einstellungen in den CS5-Programmen (inklusive InDesign CS5.5), QuarkXPress 9 und Acrobat X bewirken und wie Sie korrekte Daten für den Druck anlegen.

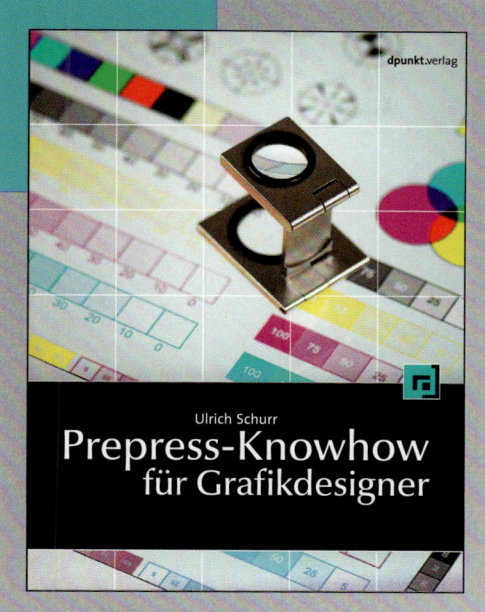

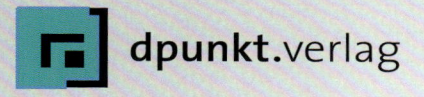

2011, 222 Seiten, komplett in Farbe, Broschur
€ 32,90 (D)
ISBN 978-3-89864-391-7

dpunkt.verlag

Wieblinger Weg 17 · 69123 Heidelberg
fon 0 62 21/14 83 40
fax 0 62 21/14 83 99
e-mail hallo@dpunkt.de
http://www.dpunkt.de

Richard Brammer,
Anselm Hannemann,
Michaela Lehr

Adobe Digital Publishing Suite

Apps entwickeln mit InDesign und HTML5 – inklusive Prozessoptimierung und Profi-Tipps aus der Praxis

Mit InDesign und der Digital Publishing Suite von Adobe lassen sich attraktive interaktive Magazin-Apps für Tablets und Smartphones entwickeln. Wie Sie diese Werkzeuge ausreizen, ergänzend mit JavaScript, HTML5 und CSS3 arbeiten und dazu Adobe Edge Animate einsetzen, verraten drei Profis, die ihr Wissen in den Anleitungen, Beispielen und zahlreichen wertvollen Praxistipps zusammenbringen. Sie führen durch den gesamten Prozess der App-Erstellung, vom Entwurf über die Produktion bis zum Vertrieb in den entsprechenden Stores – inklusive Prozess-, App-Store-Optimierung und Erfolgskontrolle.

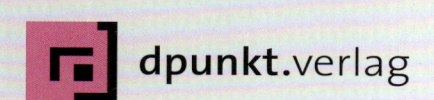

2. Quartal 2013, 286 Seiten,
komplett in Farbe, Broschur
€ 36,90 (D)
ISBN 978-3-86490-039-6

dpunkt.verlag

Wieblinger Weg 17 · 69123 Heidelberg
fon 0 62 21/14 83 40
fax 0 62 21/14 83 99
e-mail hallo@dpunkt.de
http://www.dpunkt.de